渔船安全

综合评估理论与应用研究

任玉清　黄应邦　刘明扬◎著

人民交通出版社
北　京

内 容 提 要

本书是一部渔船安全综合评估理论与应用方面的学术著作。全书分 11 章，内容包括：渔船的定义、分类及概况，国内外渔船安全现状分析，渔船安全综合评估基本理论与方法，沿海渔船通航安全评估指标体系研究，基于集对分析的渔船安全综合评估模型，渔船安全综合评估指数模型研究，渔船舵机液压系统仿真模拟及故障诊断研究，大型远洋渔船火灾及船员逃生仿真研究，小型木质海洋渔船安全风险评估研究，基于综合安全评估的渔船火灾事故风险评估研究，渔船综合效益评估模型研究。

本书可作为研究生教材和相关专业研究人员的参考书。

图书在版编目(CIP)数据

渔船安全综合评估理论与应用研究/任玉清，黄应邦，刘明扬著. —北京：人民交通出版社股份有限公司，2024.5

ISBN 978-7-114-19033-9

Ⅰ.①渔… Ⅱ.①任… ②黄… ③刘… Ⅲ.①渔船—船舶安全 Ⅳ.①U698

中国国家版本馆 CIP 数据核字(2023)第 199308 号

Yuchuan Anquan Zonghe Pinggu Lilun yu Yingyong Yanjiu

书　　名：**渔船安全综合评估理论与应用研究**
著 作 者：任玉清　黄应邦　刘明扬
责任编辑：周　凯
责任校对：孙国靖　刘　璇
责任印制：刘高彤
出版发行：人民交通出版社
地　　址：（100011）北京市朝阳区安定门外外馆斜街 3 号
网　　址：http：//www. chinasybook. com
销售电话：（010）64981400，59757915
总 经 销：北京交实文化发展有限公司
印　　刷：北京虎彩文化传播有限公司
开　　本：787×1092　1/16
印　　张：24
字　　数：525 千
版　　次：2024 年 5 月　第 1 版
印　　次：2024 年 5 月　第 1 次印刷
书　　号：ISBN 978-7-114-19033-9
定　　价：120.00 元

前言
Preface

我国是世界上渔业产量最大的国家，同时也是渔船数量最多的国家。海洋渔业是我国国民经济的重要组成部分，同时，也是“树立大食物观，构建多元化食物供给体系”的重要保证手段。然而，海洋渔业也是国际范围内公认的最危险行业之一。渔船作为海洋渔业生产工具，在渔业生产和渔业经济发展中具有不可替代的作用和重要的战略地位。渔船安全对渔业生产安全乃至渔区社会稳定、渔业资源可持续利用和海洋渔业环境保护都具有十分重要的影响。努力构建“平安渔业、和谐渔业”已是我国各级渔业渔政主管部门工作的重中之重。

所谓渔船安全评估，就是以实现由“人-船-环境-管理”构成的渔船系统安全为目的，利用安全系统工程的原理和方法，对渔船所处的危险状态进行定量和定性分析，查找、分析和预测存在的危险、有害因素及可能导致的危险、危害后果，以及后果的严重程度，并根据其可能造成事故的风险大小，提出合理可行的安全对策措施，指导危险源监控和事故预防，保证渔船安全系统的正常运行。

作者从事有关渔船安全的教学、科研、渔业行业管理及渔业服务领域工作几十年，本书即为近年来作者和研究生们主要教学科研成果的一部分。作者在多年来的工作过程中，一直在为介绍这一跨学科新领域和撰写相关著作进行资料收集和研究。但是鉴于研究内容日新月异，虽然几经易稿，仍不免挂一漏万，难成系统。

本书取材多属作者近年来在渔船安全综合评估研究中的最新成果，理论和实际应用结合紧密，致力于解决渔业安全生产中面临的实际问题。全书共分为

11章，其中第3、4、5、6、7、8、10章由任玉清撰写，第1、9、11章由黄应邦撰写，第2章由刘明扬撰写。全书由任玉清统稿完成。本书也反映了学生厚得雨、张庆男、薛臻、于梦露、杨文博、崔凯等研究生攻读期间在渔船安全综合评估方面的一些工作；许志远、孙风胜、孙鹏、黄亚南、吴洽儿、马胜伟、杨长平、周利粒、陈余海、潘灶林、简其等老师在作者研究期间提供了大量的协助和支持；王悦凯、孙英健、李潇阳、刘伟、温天旗、宋雨澳、王立伟、王煜、杨兴泽、谭爽、尹冰鑫、唐宇等同学在数据收集、书稿整理和图形处理中付出了艰辛的劳动，在此一并表示感谢。

目前我国在渔船安全及风险评估方面还没有形成热点，从事研究的人员还比较少。关于渔船安全综合评估的课题并非一人一时的研究就能取得成果，因此，希望本书的出版能够起到抛砖引玉、与国内外同行学者进行学术交流之目的，也希望有更多的科研机构和人员参与进来，一起为构造我国“平安渔业、和谐渔业”献计献策。本书若有任何疏漏与不当之处，敬请专家和学者批评指正。

在本书撰写和修改过程中，得到大连海洋大学、中国水产科学研究院南海水产研究所、辽宁省渔业互保协会、全国渔业安全事故调查专家委员会等单位有关专家的大力帮助，在此表示感谢。

作　者

2024年5月

目录 Contents

第1章 渔船的定义、分类及概况

第2章 国内外渔船安全现状分析

第3章 渔船安全综合评估基本理论与方法

第4章 沿海渔船通航安全评估指标体系研究

第5章 基于集对分析的渔船安全综合评估模型

第6章 渔船安全综合评估指数模型研究

第 7 章　渔船舵机液压系统仿真模拟及故障诊断研究

第 8 章　大型远洋渔船火灾及船员逃生仿真研究

第 9 章　小型木质海洋渔船安全风险评估研究

第 10 章　基于综合安全评估的渔船火灾事故风险评估研究

第 11 章　渔船综合效益评估模型研究

第1章

渔船的定义、分类及概况

1.1 渔船的定义

1.1.1 我国关于渔船的定义

渔船是渔业船舶的简称。习惯上认为，渔船区别于客船、货船、工程船、科学考察船和军用舰船等，同属于广义上的船舶，是渔业不可或缺的重要生产要素。但在不同的法律法规和文献中，由于其目的不同，而给出了不同的定义，赋予了不同的含义。

《中华人民共和国渔港水域交通安全管理条例》（1989 年 5 月 5 日国务院第四十次常务会议通过，1989 年 7 月 3 日国务院令第 38 号发布，自 1989 年 8 月 1 日施行；根据 2011 年 1 月 8 日《国务院关于废止和修改部分行政法规的决定》第一次修订，根据 2017 年 10 月 7 日《国务院关于修改部分行政法规的决定》第二次修订，根据 2019 年 3 月 2 日《国务院关于修改部分行政法规的决定》第三次修订）第四条规定[1]：

渔业船舶是指从事渔业生产的船舶以及属于水产系统为渔业生产服务的船舶，包括捕捞船、养殖船、水产运销船、冷藏加工船、油船、供应船、渔业指导船、科研调查船、教学实习船、渔港工程船、拖轮、交通船、驳船、渔政船和渔监船。

《中华人民共和国渔业船舶登记办法》（农业农村部令 2019 年第 2 号）在第五十二条给予了与上述内容相同的规定[2]。

综合上述规定可以看出，构成渔业船舶的要素是以下二者之一：

（1）从事渔业生产。

在实践中，一般将渔业船舶理解为主要从事渔业生产的船舶，如捕捞生产船、养殖船等；而临时从事渔业生产的船舶则不能被视作渔业船舶。

（2）属于水产系统为渔业生产服务。

如为渔业行政管理或科研、教学和生产服务的各类船舶，如水产运销船、冷藏加工船、油船、供应船、渔业指导船、科研调查船、教学实习船、渔港工程船、拖轮、交通船、驳船、渔政船和渔监船等。

《国内海洋渔船法定检验技术规则（2019）》（中华人民共和国海事局公告〔2018〕28 号）中对渔船、渔业辅助船和渔业船舶定义如下[3]：

渔船：系指从事捕捞鱼类或其他水生生物资源的船舶。

《渔业船舶法定检验规则（船长大于或等于12m国内海洋渔业船舶2017）》中对渔业船舶定义如下[4]：

渔业船舶：系指从事渔业生产的船舶以及属于水产系统为渔业生产服务的船舶，包括捕捞船、养殖船、水产运销船、冷藏加工船、油船、供应船、渔业指导船、科研调查船、教学实习船、渔港工程船、拖轮、交通船、驳船、渔政船和渔监船。

《渔业船舶法定检验规则（船长大于或等于12m国内海洋渔业船舶2017）》中对“渔业船舶”的定义与《中华人民共和国渔港水域交通安全管理条例》关于“渔业船舶”定义是一致的；《国内海洋渔船法定检验技术规则（2019）》中对“渔船”的定义与上述“渔业船舶”定义中的捕捞船含义一致。如此，则前面所述关于渔船的定义是一致的。

《渔船作业避让规定》（1983年9月20日农牧渔业部〔83〕农（管）字第28号公布，2007年11月8日农业部令第6号修订）第五十二条规定[5]：

“渔船”一词是指正在使用拖网、围网、灯诱、流刺网、延绳钓渔具或定置渔具进行捕捞作业的船舶（但不包括使用曳绳钓和手钓渔具捕鱼的船舶）。

此定义强调：

（1）“渔船”正在进行捕捞作业。

（2）使用的拖网、围网、灯诱、流刺网、延绳钓渔具或定置渔具等（不包括曳绳钓和手钓渔具）限制了船舶的操纵性能，该“渔船”往往不能自由地通过改向或者变速操纵进行避让。

1.1.2 有关国际公约关于渔船的定义

国际海事组织（IMO）1995年通过的《1995年渔船船员培训、发证和值班标准国际公约》（The 1995 International Convention on Standards of Training, Certification and Watch-keeping for Fishing Vessel Personnel，简称STCW-F公约）在第2条第7款和第8款分别给出了“渔船”“船舶”“海洋渔船”的定义[6]：

“渔船”或“船舶”系指商业性捕鱼或其他海洋生物资源所使用的任何船舶。

“海洋渔船”系指除仅在内陆水域中，或者遮蔽水域或者港章所适用的区域内，或与此两者紧邻水域中航行以外的渔船。

根据此定义，可得出：

（1）该船从其用途来说，必须是一条捕捞生产船舶，但是并不一定正在从事捕捞生产作业。

（2）从事的渔业捕捞生产必须是商业性质的，以获得经济利益为目的，若是以休闲娱乐、陶冶情趣为目的而进行如垂钓等渔业的船舶，则不属于“渔船”。

《1972 年国际海上避碰规则公约》（Convention on the International Regulation for Preventing Collisions at Sea，1972，简称 COLREG 1972）的附件《1972 年国际海上避碰规则》（International Regulation for Preventing Collisions at Sea，1972）第 3 条第 4 款规定[7]：

“从事捕鱼的船舶”一词，指使用网具、绳钓、拖网或其他使其操纵性能受到限制的渔具捕鱼的任何船舶，但不包括使用曳绳钓或其他并不使其操纵性能受到限制的渔具捕鱼的船舶。

该定义主要是从渔船避让能力和责任的角度作出的。从“从事捕鱼的船舶”的定义来看，判断一船是否属于“从事捕鱼的船舶”必须满足两个条件：

（1）该船必须正在从事捕鱼作业，而且可能是在航或者锚泊状态。

因此，往返渔场的船舶、等待另一船起网的对拖渔船、在海面搜索鱼群的围网渔船，都不属于“从事捕鱼的船舶”。但正在起网或放网的渔船属于“从事捕鱼的船舶”。所谓正在从事捕鱼作业，通常是指从下网开始，直至收网完毕的整个过程。

（2）使用的渔具限制了船舶的操纵性能。

若一艘船舶正在从事捕鱼作业，然而其所使用的渔具并不使其操纵性能受到限制，则该船不属于《1972 年国际海上避碰规则》定义的从事捕鱼的船舶。

所谓操纵性能受到限制，是指一船的旋回性能、停止性能等受到一定的限制，不能按《1972 年国际海上避碰规则》的要求进行转向或变速。“渔具”包括拖网、围网、流网、定置网和绳钓等。

因此，凡是不满足上述两个条件的船舶，无论其是否在进行捕鱼作业，均不能视为“从事捕鱼的船舶”。

1.2 我国渔船的分类

我国渔船种类繁多，分类方法也不一。一般来说，渔船的分类方法大致有以下几种：

（1）按渔船功能分：渔业生产船、渔业辅助船。

（2）按作业海区分：沿岸渔业船舶、近海渔业船舶和远洋渔业船舶。

（3）按建造材料分：木质渔船、钢质渔船和玻璃钢渔船。

（4）按渔船动力分：机动渔船和非机动渔船。

（5）按捕获物分：捕鱼船、捕虾船和捕鲸船等。不过，我国已于 1981 年完全停止了捕鲸作业，现在没有捕鲸船。

(6) 根据渔船的作业方式分：拖网渔船、围网渔船、流网渔船、张网渔船和延绳钓渔船。

1) 拖网渔船

拖网渔船，是指一艘或一艘以上从事拖网或起、放拖网作业的船舶。拖网是一种过滤性的运动渔具，依靠机动或风力的渔船，拖曳具有一囊两翼或具有袋形的网具，利用船舶的运动，拖曳渔具在海底或海中前进[8]。在拖曳过程中，迫使渔具经过水域中的鱼、虾、蟹等捕捞对象，拖入网内又不刺缠于网目，达到捕捞的目的。

拖网渔船在我国海洋渔船中占有很大比重，分布也最为广泛。据统计，截至 2021 年末，拖网渔船占我国海洋捕捞机动渔船总数的 18.86%，多年来一直是我国海洋捕捞生产作业中的骨干力量。拖网渔船分为两种：

(1) 双船拖网（对拖）：两艘渔船分开一定距离合拖一顶拖网进行捕捞作业。对拖渔船的主机功率在 73.5 ~441kW 之间，作业水深在 100m 以内，主要捕捞对象为底层鱼类。

(2) 单船拖网（单拖）：一艘渔船单独拖曳网具进行捕捞作业。单拖渔船根据作业方式和位置的不同，又有舷拖渔船和尾拖渔船之分。我国在西非作业的远洋渔船中还有一种臂架式拖网渔船，即在渔船两舷伸展的臂架上各拖一顶拖网具进行捕捞作业。

2) 围网渔船

这是一种主要捕捞中、上层密集鱼群的渔船。围网渔船可由单船或双船进行作业，当发现鱼群后，在鱼群周围撒下长带形网具，包围鱼群。然后绞收括纲，以封闭网具下端开口，使其近似呈碗状，鱼群就被围在碗形的网具里。

(1) 灯诱围网渔船：根据某些鱼群的趋光习性，利用一两艘灯船探测、诱集鱼群，然后网船进行围捕鱼群。

(2) 围缯网船：多见于我国闽、浙沿海，由两艘机帆船协同作业，围捕小黄鱼、带鱼等，分张开、包围及拖带三个过程。

3) 流网渔船

流网（又称流刺网），是一种长带形网具。流网渔船作业时垂直敷设于鱼群栖息或洄游的水域中，拦截鱼群。当鱼类强行穿越时，会刺挂在网目中或被网衣缠络而被捕。网放好后船和网随风、流漂移，定时巡航起网取鱼。

4) 张网渔船

张网属于定置渔具。张网渔船的网具张设于近岸浅水急流区域，网架用桩或以渔船抛锚来固定。利用潮汐急流使网口张开，鱼群随流进入网内。网身随着潮流的变化而围绕着锚泊点回转。

5) 延绳钓渔船

用一根相当长的细绳作钓绳的干线，在这根干线上系有很多带有钓钩的支线，钓钩上装有饵料，悬浮在鱼类活动的水层，以饵料诱鱼上钩，达到捕捞目的。延绳钓渔船的作业分放钩、巡钩和起钩三个过程。比较常见的大洋金枪鱼延绳钓渔船，根据捕捞对象的不同，可划分为超低温型、常温型和冰鲜型延绳钓船。

1.3 世界渔船概况

1.3.1 总体情况

根据联合国粮农组织（Food and Agriculture Organization of the United Nations，简称FAO）统计，2020年世界渔船总数估计为410万艘，这一数字在过去20年里一直呈下降趋势。在2015—2020年期间，全球渔船规模减少了近10%，在2019—2020年期间减少了近4%。其中，亚洲拥有世界上最多的捕捞船队，到2020年末估计有268万艘，约占全球渔船总数量的三分之二（图1-1），这一比例在2015—2020年期间下降了8%。相对于世界其他地区来说，非洲的渔船数量则一直在增加，目前约占世界渔船总数的23.5%，比2015年增加了10%。美洲渔船数目前占世界渔船总数不足9%，比2015年下降了1.5%。欧洲和大洋洲在世界渔船总数中的占比分别为2%和不到1%。

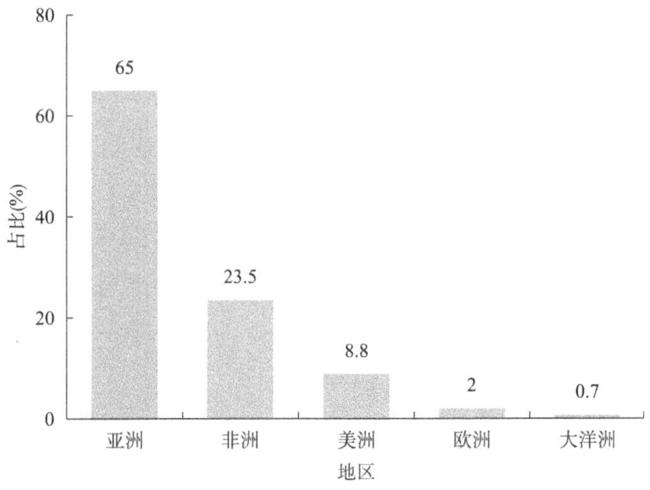

图1-1 世界各大洲渔船分布情况（2020年）

（数据来源于FAO）

另据 FAO 统计，欧盟在 2020 年末总共拥有约 74000 艘渔船，与 2000 年相比，减少了 28%。在过去的二十年里，欧盟通过共同渔业政策（Common Fishery Policy，简称 CFP）要求所有成员国都实施“减船计划”，以削减渔船捕捞能力、保证渔业资源的合理利用和渔业的可持续发展。图 1-2 为欧盟渔船规模的变化情况。然而，仅减小船队规模并不一定保证渔业能有更可持续的结果，因为捕鱼效率的变化可以抵消减小船队规模带来的可持续性收益。也就是说，尽管渔船数量在减少，但是渔船向大型化、大功率化和渔具高效化的发展趋势依然有损害海洋渔业发展可持续性的可能。

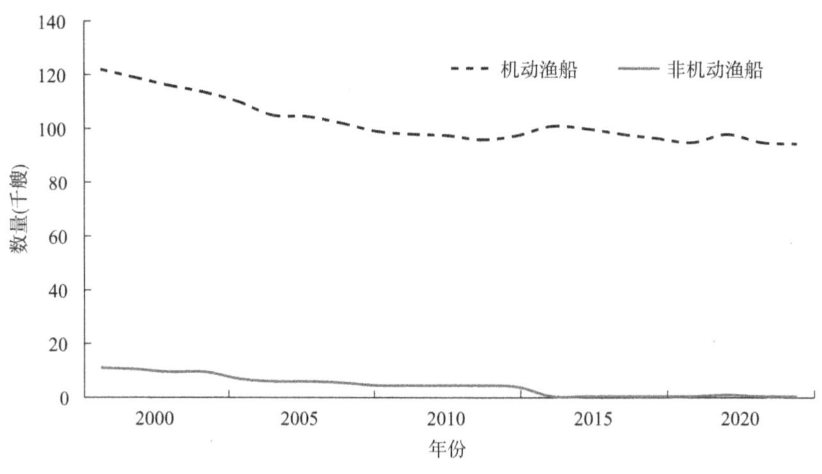

图 1-2　欧盟渔船规模变化情况（2000—2020 年）

（数据来源于 FAO）

1.3.2　渔船按动力方式分布情况

据 FAO 估计，全球的机动渔船数量约为 250 万艘，占全球捕鱼船队的 62%。各大洲机动渔船和非机动渔船所占比例如图 1-3 所示。从中可以看出，这两种船舶的分布很不均匀。2020 年，亚洲的机动渔船占全球机动渔船数量近四分之三（190 万艘）。世界上绝大多数的非机动渔船（约 97%）分布在亚洲和非洲，估计分别有 81. 5 万艘和 70. 2 万艘。当然，许多国家的报告数据仍然缺少长度、机动化情况和渔船类型方面的分类。目前，这些非机动渔船大多被分在船长（L_{OA}）小于 12m 的一类渔船，这表明目前的统计数据还存在很大的局限性。

1.3.3　渔船按照长度分布情况

2020 年，世界上已知长度分类的机动渔船中，约 81% 的渔船 L_{OA} < 12m，其中大多数

没有甲板。如图 1-4 所示，小型渔船在各大洲的机动渔船中所占的比例最大。就绝对值而言，这些小型机动渔船大多数分布在亚洲，其次是美洲（特别是拉丁美洲和加勒比地区）和非洲。据估计，全球的大型渔船（L_{OA} 为 24m 或以上，通常总吨位超过 100t）约有 45000 艘，占世界机动渔船的 5% 以下。2020 年，这些大型渔船在美洲、大洋洲和亚洲的比例最高。值得注意的是，大型渔船数量虽然不多，却约占全球渔船发动机总功率的三分之一。

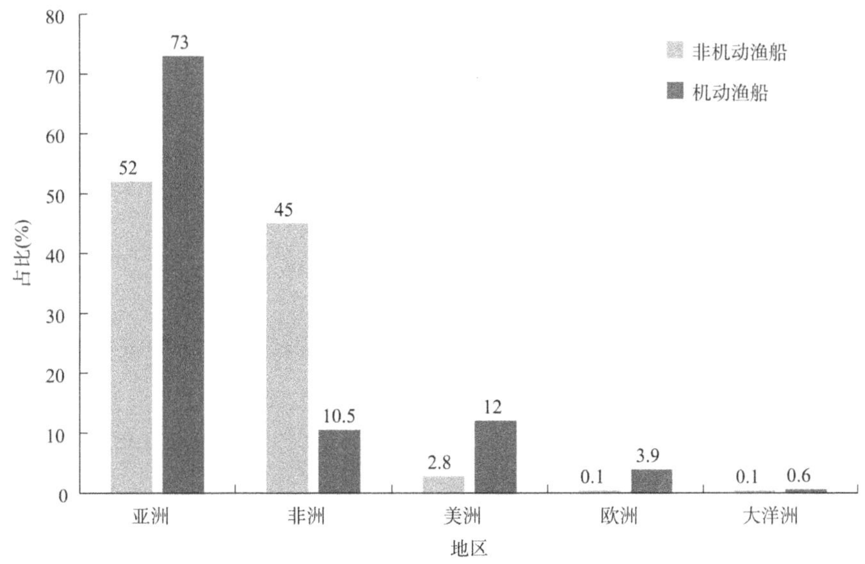

图 1-3　渔船按动力方式分布情况（2020 年）

（数据来源于 FAO）

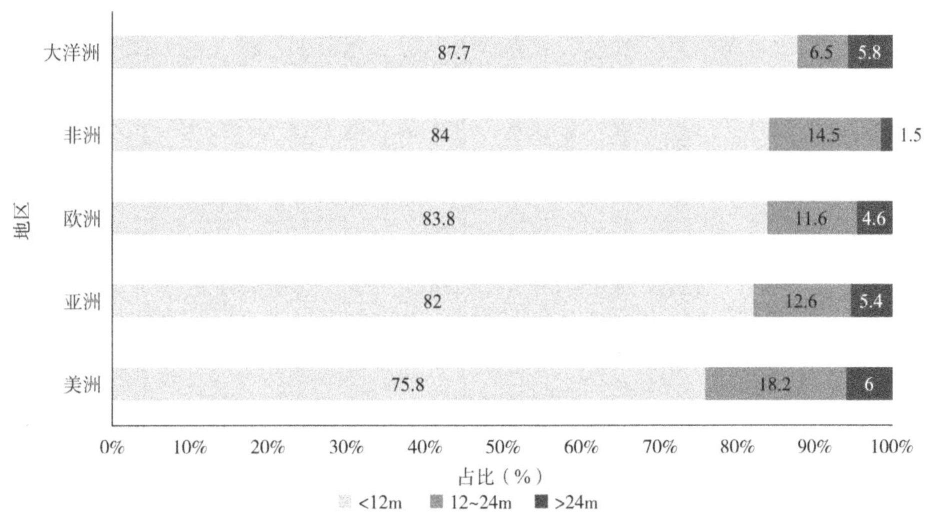

图 1-4　世界各大洲渔船的长度分布情况（2020 年）

（数据来源于 FAO）

1.4　我国渔船概况

我国是渔船大国，渔船保有量多年来一直排名世界第一。随着我国海洋渔业发展宏观战略的调整，以及多年来渔船“双控”制度的严格管控，根据农业农村部渔业渔政管理局统计[9]，2013 年底，我国渔船拥有量达到峰值，约为 107.1 万艘。随后开始逐年降低，截至 2021 年底，我国渔船拥有量已经降到了 52.1 万艘，相对于 2013 年降幅为 51.35%，年均降幅 4.28%。2010—2021 年我国渔船拥有量的变化情况如图 1-5 所示。

海洋捕捞机动渔船分为沿海捕捞机动渔船和远洋渔船两类。本节试图分析我国海洋捕捞机动渔船拥有量近年来的变化情况，特别是从船长、主机功率和作业方式等三个角度来分析我国海洋捕捞机动渔船拥有量的变化情况，但是受到农业农村部渔业渔政管理局渔船统计口径的限制，只能从沿海捕捞机动渔船、远洋渔船、海洋捕捞机动渔船（按照主机功率和作业方式统计）和海洋捕捞机动渔船（按照船长统计）四个方面进行。

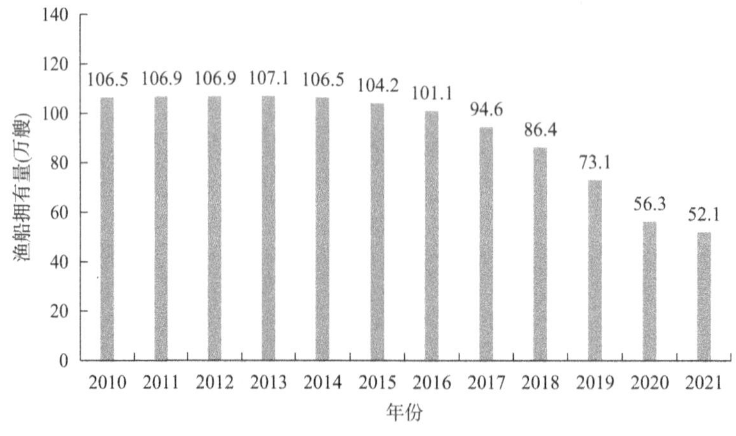

图 1-5　我国渔船拥有量变化情况（2010—2021 年）

（数据来源于《中国渔业统计年鉴》）

1.4.1　沿海捕捞机动渔船

总体上来说，我国沿海捕捞机动渔船的数量亦呈逐年下降趋势，由 2010 年的 20.30 万艘，降到了 2021 年的 12.97 万艘，降幅为 36.08%，年均降幅约为 3%，如图 1-6 所示。

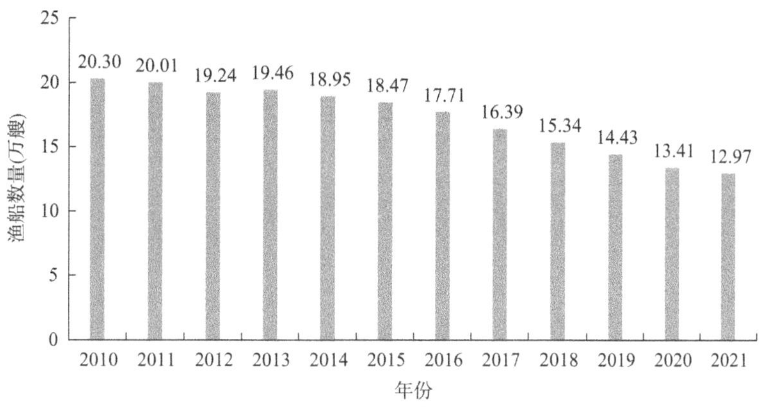

图 1-6 我国沿海捕捞机动渔船拥有量变化情况（2010—2021 年）
（数据来源于《中国渔业统计年鉴》）

从主机总功率的变化上看，我国沿海捕捞机动渔船的主机总功率也呈比较明显的降低趋势（图 1-7），由 2010 年的 1218.2 万 kW，降到了 2021 年的 1034.4 万 kW，降幅为 15.09%，年均降幅 1.26%。由此可见，我国渔船“双控”制度的管控效果良好，渔船发展态势趋好。

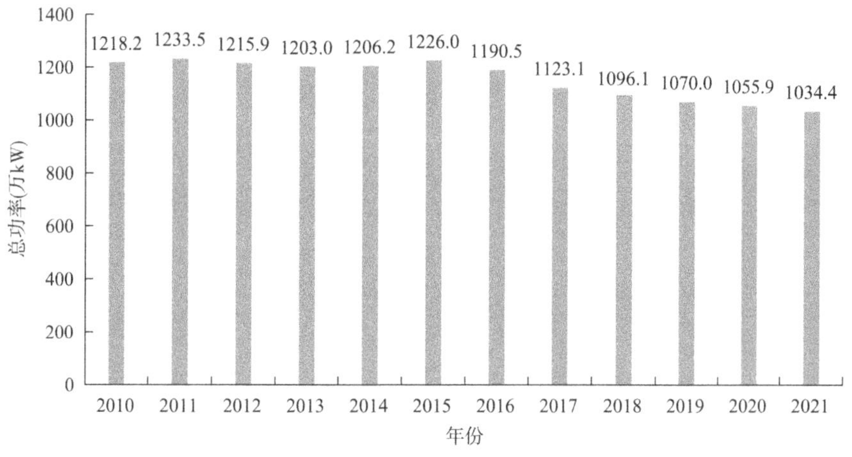

图 1-7 我国沿海捕捞机动渔船总功率变化情况（2010—2021 年）
（数据来源于《中国渔业统计年鉴》）

1.4.2 远洋渔船

远洋渔业作为我国重点发展的战略产业，得到了国家的高度重视。这在远洋渔船数量和总功率方面得到了很好的体现。2008—2021 年间我国远洋渔船拥有量和总功率的数据变化情况如图 1-8 和图 1-9 所示。

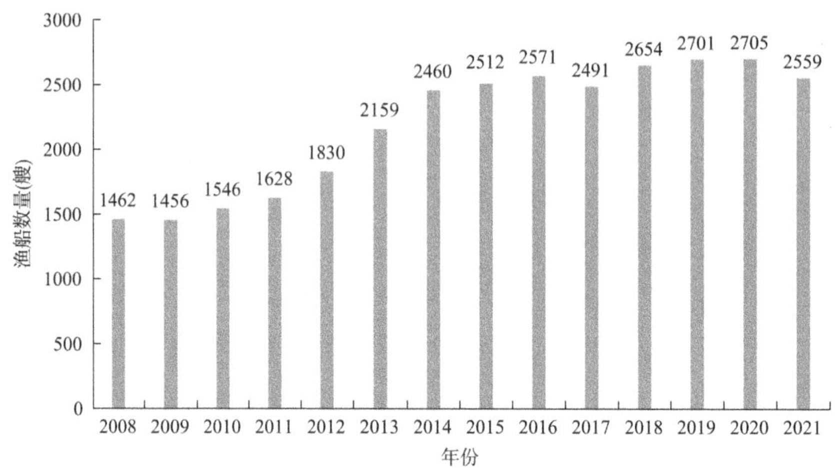

图 1-8　我国远洋渔船拥有量变化情况（2008—2021 年）

（数据来源于《中国渔业统计年鉴》）

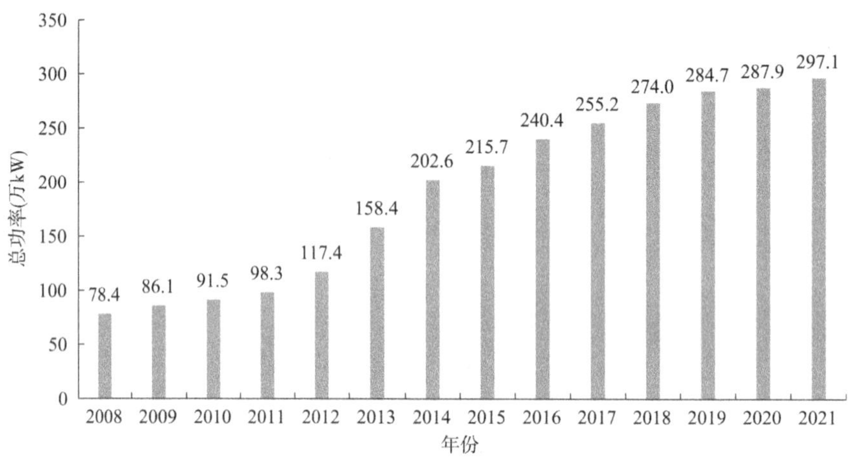

图 1-9　我国远洋渔船主机总功率变化情况（2008—2021 年）

（数据来源于《中国渔业统计年鉴》）

由图可知，我国远洋渔船拥有量在 2009—2016 年呈逐年增长态势。其中，在 2009—2011 年增幅不大，不到 100 艘；从 2012 年开始的连续三年，得益于国家实施大力扶持发展远洋渔业的战略，远洋渔船数量增长明显提高，年均增加 315 艘。随后，远洋渔业发展进入调整期（2015—2021 年），远洋渔船数量增长缓慢，总体数量趋于相对稳定。

从主机总功率变化情况看，我国远洋渔船总功率则得到了迅猛发展，由 2008 年底的 78. 4 万 kW，增长到了 2021 年底的 297. 1 万 kW，增幅达到了 279%，年均增幅达 19. 9%。

而且，在 2015 年远洋渔船数量增长趋缓的大背景下，远洋渔船总功率依然保持明显增长的态势。表明我国远洋渔业企业也在走远洋渔船大功率、大型化发展之路。

从远洋渔船的地区分布看，远洋渔船数量最多的地区是浙江、山东、福建、辽宁和广东五省，远洋渔船数量合计 2101 艘，占全国远洋渔船总数的 82.10%。这些地区毫无疑问也是我国远洋渔业发达地区。另外，中国农业发展集团有限公司（简称“中农发集团”）作为我国远洋渔业发展的龙头央企，拥有 272 艘远洋渔船，占全国远洋渔船总数的 10.63%，如图 1-10 所示。

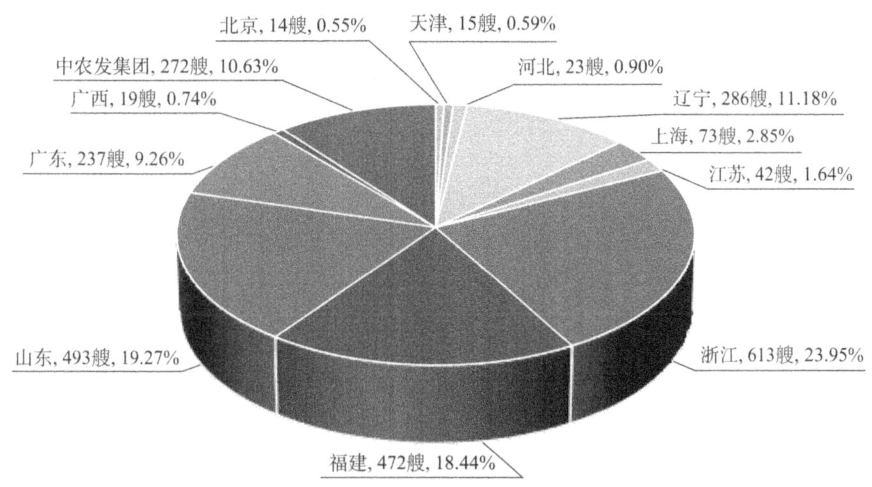

图 1-10 我国各地区远洋渔船 2021 年年末拥有量

（数据来源于《中国渔业统计年鉴》）

1.4.3 海洋捕捞机动渔船（按主机功率和作业方式统计）

我国渔业行政主管部门从主机功率和作业方式两个角度对海洋捕捞机动渔船进行了分类统计。2017—2021 年我国海洋捕捞机动渔船拥有量（包括沿海捕捞机动渔船和远洋渔船）的变化情况如图 1-11 所示。

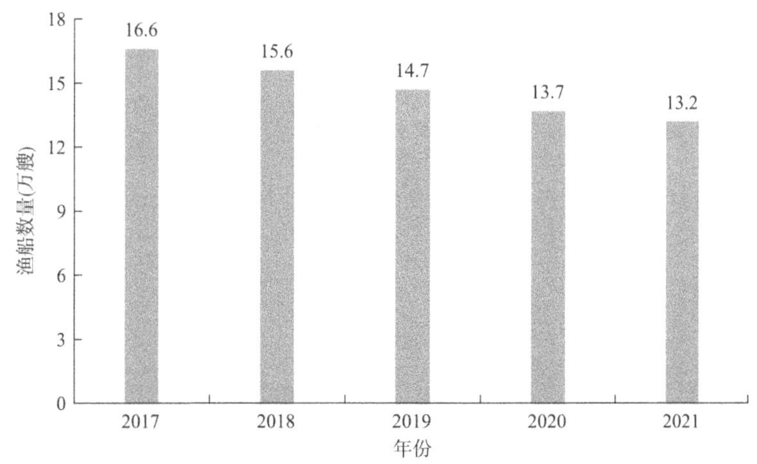

图 1-11 我国海洋捕捞机动渔船拥有量变化情况（2017—2021 年）

2017 年以来，我国海洋捕捞机动渔船拥有量呈明显减少趋势。由 2017 年的 16.6 万艘，降到了 2021 年的 13.2 万艘，减少了 20.5%，年均减少 5.1%。

从主机总功率的变化情况看，小型渔船（小于 44.1kW）和中型渔船（44.1 ~ 441kW）均呈减少趋势，其中小型渔船的数量减少非常明显，由 2017 年的 10.9 万艘，减到了 2021 年的 8.2 万艘，总体减少了 25.1%，年均减少 5.0%。大型渔船（441kW 及以上）则呈增加态势，由 2017 年的 2595 艘，增加到了 2021 年的 3254 艘，总体增加了 25.4%，年均增加 5.0%，如图 1-12 所示。这种变化，主要得益于我国老旧渔船淘汰更新和小船并大船的发展政策，对于改善渔船海上安全现状来说是非常有益的。

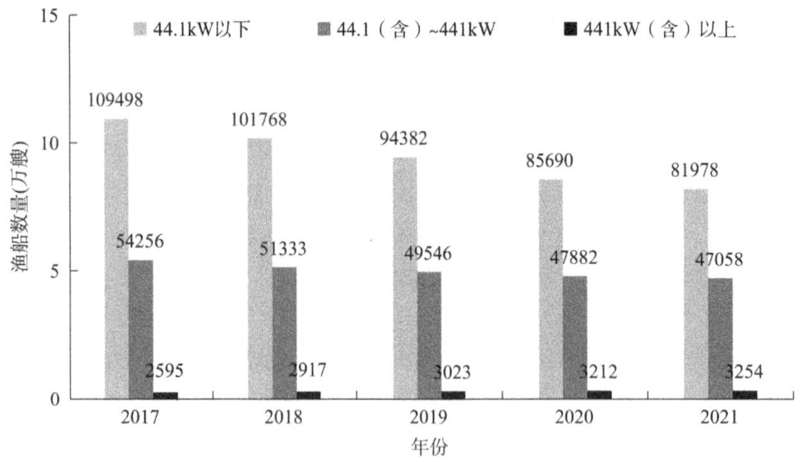

图 1-12　我国海洋捕捞机动渔船拥有量变化情况（按照主机功率）（2017—2021 年）

从作业方式的变化情况看，受到我们近海渔业资源保护政策的影响，近年来拖网、围网、刺网和张网渔船均有减少，其中张网渔船缩减 41.25%，围网渔船缩减 27.72%，拖网渔船缩减 20.64%，刺网渔船缩减 19.00%。钓业渔船则增长了 3.32%（图 1-13 和表 1-1）。

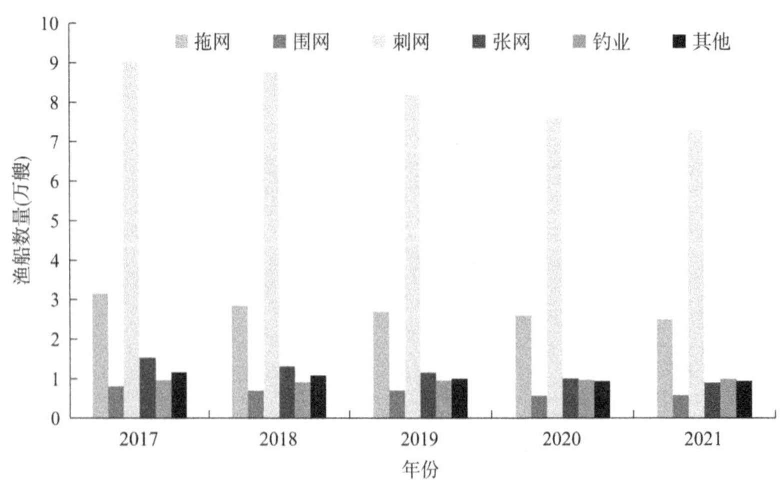

图 1-13　我国海洋捕捞机动渔船拥有量变化情况（按照作业方式）（2017—2021 年）

我国海洋捕捞机动渔船拥有量变化情况（按照作业方式）（2017—2021 年）（单位：艘）

表 1-1

年份	捕捞方式						
	拖网	围网	刺网	张网	钓业	其他	合计
2017	31437	8049	90375	15274	9600	11614	166349
2018	28364	6946	87664	13125	9100	10819	156018
2019	26889	7005	81942	11525	9570	10020	146951
2020	25936	5691	76019	10057	9685	9396	136784
2021	24949	5818	73210	8974	9919	9420	132290

截至 2021 年底，我国登记的生产渔船为 342339 艘、总功率 1606.6 万 kW。其中，捕捞渔船 238215 艘、总功率 1464.8 万 kW，分别占生产渔船的 69.6%、91.1%；养殖渔船 104124 艘、总功率 141.8 万 kW，分别占生产渔船的 30.4%、8.9%。

在海洋捕捞机动渔船中，从事流刺网作业的渔船数量最多，为 73210 艘、194.26 万总吨、364.2 万 kW，分别占捕捞渔船的 55.34%、24.65%、20.25%；拖网渔船为 24949 艘、319.9 万总吨、558.93 万 kW，分别占捕捞渔船的 18.86%、40.59%、31.09%。而且，从事流刺网作业的渔船多为小船，吨位与功率都很小，平均每艘仅为 26.53 总吨、49.75kW。而从事拖网作业的渔船多为大船，平均每艘船为 128.22 总吨、224.03kW。我国各地区海洋捕捞机动渔船按照作业方式的统计情况如表 1-2 所示。

各地区海洋捕捞机动渔船统计情况（2021 年）（单位：艘） 表 1-2

地区	捕捞方式						
	拖网	围网	刺网	张网	钓业	其他	合计
北京	0	0	0	6	8	0	14
天津	24	9	321	12	9	4	379
河北	172	42	3131	0	0	0	3345
辽宁	3924	84	8496	1125	817	572	15018
上海	189	12	0	21	23	0	245
江苏	571	35	2670	774	1	89	4140
浙江	5490	304	5351	2055	1143	697	15040
福建	2744	1311	7990	2256	1335	3296	18932
山东	4962	265	7972	1593	954	296	16042
广东	3496	1241	18660	206	2289	2707	28599
广西	1722	209	4223	0	241	452	6847
海南	1520	2301	14392	922	2979	1303	23417

续上表

地区	捕捞方式						
	拖网	围网	刺网	张网	钓业	其他	合计
中农发集团	135	5	4	4	120	4	272
合计	24949	5818	73210	8974	9919	9420	132290

1.4.4 海洋捕捞机动渔船（按船长统计）

我国渔业行政主管部门对海洋捕捞机动渔船按照船长进行了统计。2017—2021 年我国海洋捕捞机动渔船拥有量如图 1-14 所示。按照船长的统计情况如图 1-15 和表 1-3 所示。

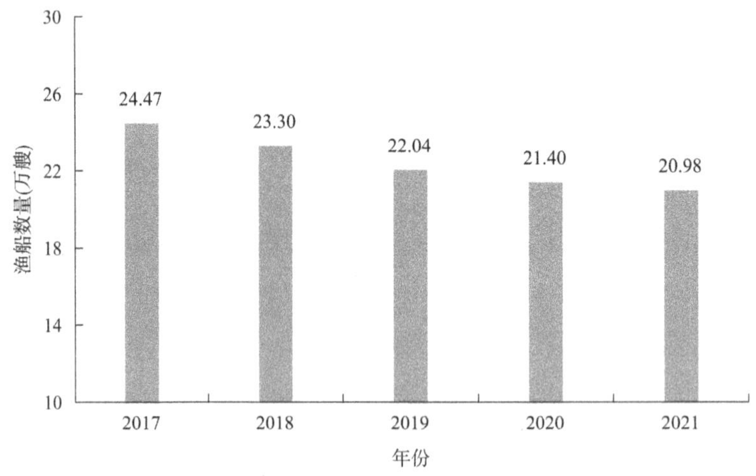

图 1-14　我国海洋捕捞机动渔船拥有量变化情况（2017—2021 年）

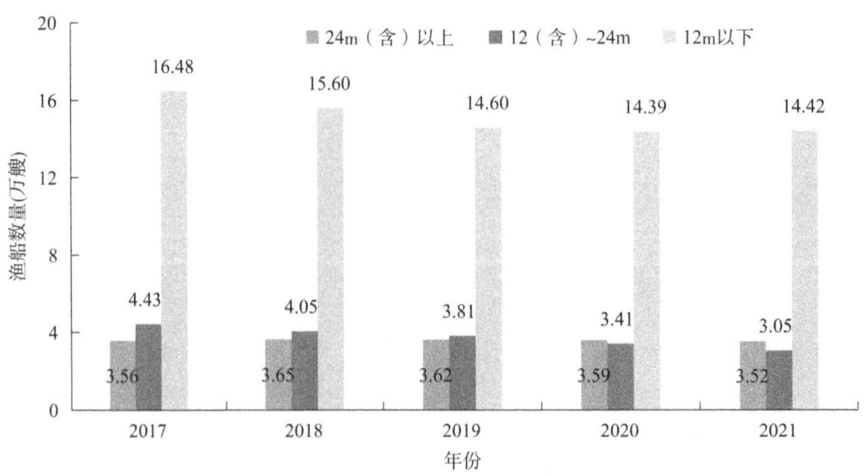

图 1-15　我国海洋捕捞机动渔船拥有量变化情况（按照船长）（2017—2021 年）

我国海洋捕捞机动渔船拥有量变化情况（按照船长）（2017—2021年）（单位：艘）表1-3

年份	按船长分类			
	24m（含）以上	12（含）~24m	12m以下	总计
2017	35608	44335	164769	244712
2018	36493	40520	155966	232979
2019	36233	38119	146009	220361
2020	35948	34149	143920	214017
2021	35153	30500	144195	209849

截至2021年末，我国海洋捕捞机动渔船主要集中于浙江、福建、广东和山东四省，四省海洋捕捞机动渔船总计为14.10万艘、662.29总吨、1013.31万kW，占全国海洋捕捞机动渔船总数的67.21%、总吨位的71.36%和总功率的61.40%。

渔船数量最多的是福建，为52082艘，占总量的24.82%；其次是广东，为35132艘，占总量的16.74%。海洋捕捞机动渔船总功率最大的是浙江，共436.41万kW，占总功率的26.44%；其次是福建，290.61万kW，占总功率的17.61%（表1-4）。

各地区海洋捕捞机动渔船统计情况（2021年） 表1-4

地区	统计分类		
	渔船数量（艘）	总吨	总功率（kW）
北京	14	10146	13122
天津	418	36794	64371
河北	5962	275611	457174
辽宁	25561	676446	1736461
上海	287	103881	152637
江苏	4846	343145	614800
浙江	22287	3005672	4364094
福建	52082	1563221	2906103
山东	31546	1075548	1960171
广东	35132	978488	1902721
广西	7732	475829	621429
海南	23709	601339	1481019
中农发集团	272	135501	228512
合计	209848	9281621	16502614

24m及以上海洋捕捞机动渔船数量最多的地区是浙江，共12357艘，占全国24m及以

上海洋捕捞机动渔船总数的35.15%；其次是山东，为4984艘，占14.18%。12m以下海洋捕捞机动渔船数量最多的地区是福建，共42995艘，占全国12m以下海洋捕捞机动渔船总数的29.82%；其次是广东，为25641艘，占17.78%（表1-5）。

各地区海洋捕捞机动渔船统计情况（按照船长）(2021年)（单位：艘）　　表1-5

地区	按船长分类			
	24m（含）以上	12（含）~24m	12m以下	合计
北京	14	0	0	14
天津	83	224	111	418
河北	1209	2086	2667	5962
辽宁	2896	5511	17154	25561
上海	250	32	5	287
江苏	2497	1531	818	4846
浙江	12357	1733	8197	22287
福建	4749	4338	42995	52082
山东	4984	4729	21833	31546
广东	2968	5623	26541	35132
广西	1633	529	5570	7732
海南	1252	4153	18304	23709
中农发集团	261	11	0	272
总计	35153	30500	144195	209848

参考文献

[1] 中华人民共和国国务院．中华人民共和国渔港水域交通安全管理条例［EB/OL］．(2019-03-02)［2023-08-29］．http：//www.gov.cn/zhengce/2020-12/25/content_5574043.htm.

[2] 中华人民共和国农业农村部．中华人民共和国渔业船舶登记办法［EB/OL］．(2019-04-25)［2023-08-29］．http：//www.gov.cn/zhengce/2019-04/25/content_5721374.htm.

[3] 中华人民共和国海事局．国内海洋渔船法定检验技术规则（2019）［EB/OL］．(2018-12-28)［2023-08-29］．https：//www.msa.gov.cn/.

[4] 中华人民共和国渔业船舶检验局．渔业船舶法定检验规则（船长大于或等于12m国内海洋渔业船舶2017）［M］．北京：人民交通出版社股份有限公司，2017.

[5] 中华人民共和国农业部．渔船作业避让规定［EB/OL］．(2007-11-08)［2023-08-29］．http：//www.moa.gov.cn/.

[6] International Maritime Organization. The 1995 International Convention on Standards of Training, Certification and Watchkeeping for Fishing Vessel Personnel. [EB/OL]. (1995-07-07) [2023-08-29]. https://www. imo. org/.

[7] International Maritime Organization. Convention on the International Regulation for Preventing Collisions at Sea, 1972 [EB/OL]. (1972-10-20) [2023-08-29]. https://www. imo. org/.

[8] 黄锡昌. 实用拖网渔具渔法 [M]. 北京：农业出版社，1984.

[9] 农业农村部渔业渔政管理局，全国水产技术推广总站，中国水产学会. 中国渔业统计年鉴（2009—2022）[M]. 北京：中国农业出版社，2022.

第2章

国内外渔船安全现状分析

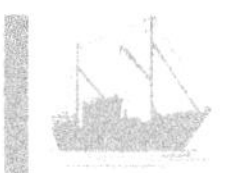

2.1 国外渔船安全现状及趋势

2.1.1 美国

商业捕鱼业是推动美国经济发展的重要力量。2019 年，商业渔民捕获了 93 亿 lb① 海产品，收入超过 55 亿美元。其中，鲑鱼、龙虾、螃蟹和扇贝利润极高。在美国，商业捕鱼是最危险的职业之一。根据美国海岸警卫队（United States Coast Guard，简称 USCG）的有关记录，渔船造成的伤亡事故在所有商业船队中占很大比例。据统计[1]，1992—2007 年间，美国共损失了 1903 艘渔船，平均每年损失 119 艘，造成了 40% 的人员死亡。2002 年渔船船员死亡率为 71. 1 人/10 万人，2004 年为 86. 4 人/10 万人，2007 年为 118. 4 人/10 万人，2008 年为 128. 9 人/10 万人。

美国的渔船安全状况由国家职业安全与健康研究所（National Institute of Occupational Safety and Health，简称 NOISH）负责统计研究，并针对阿拉斯加、东海岸、西海岸、墨西哥湾和夏威夷/太平洋五个地区进行区域分析研究。

美国商业捕鱼作业的特点主要包括恶劣天气、工作时间长、繁重的劳动和使用危险机械设备等四个方面。自 1991 年以来，NIOSH 阿拉斯加西部州分部（Western States Division，简称 WSD）办公室对渔业安全进行了研究，以降低全国渔民的伤亡率。为此，NIOSH 开发了商业捕鱼事件数据库（Commercial Fishing Incident Database，简称 CFID），以跟踪该行业中与工作相关的死亡事件。对 CFID 数据的研究表明[2]，虽然不同渔业和地区的危害可能有所不同，但渔民面临的最大危险是船舶灾难、人员落水和船上风险。

1）渔民面临的主要风险

NIOSH 将美国从事商业捕鱼业的渔民面临的主要风险分成船舶灾难、人员落水、船上风险和其他风险等四种。

（1）船舶灾难。

沉船或倾覆等船舶灾难是造成商业捕鱼业渔民死亡的主要原因。在 2000—2019 年期间，美国共发生了 245 起渔船灾难事件，造成 414 名渔民死亡，占美国渔民死亡总数的

---

① lb（磅），1lb（磅）≈0. 45kg。

47%。在54%的案例中，恶劣天气是事故的促成因素之一。另外，浸水沉没和稳性不足则是最常见的触发事件。

（2）人员落水。

落水是造成美国商业渔民死亡的第二大因素。在2000—2019年，共有266名渔民死于落水，占渔民死亡总数的30%。而且，所有受害者在死亡时都没有穿着功能性个人漂浮装置（PFD），其中大约57%的落水事故没有目击者，通常是一个人在甲板或船上工作。据统计，致命的落水事件最常发生在墨西哥湾虾、阿拉斯加鲑鱼和美国东海岸的龙虾作业渔船。

（3）船上风险。

船上发生的伤害（指与船舶灾难或落水事件无关）是导致渔民死亡和住院治疗的重要原因。潮湿的倾斜甲板会导致许多渔民滑倒、绊倒。穿过液压拖车和绞车的高压电线和电缆也可能导致渔民接触伤害，包括截肢和死亡。另外，长时间使用渔具和拉网绳也会使渔民面临疲劳方面的危险。

在2000—2019年间，全美国共计有122名渔民在渔船上遭受致命伤害，占渔民死亡总数的14%。导致这些死亡事故的主要原因是与渔具、设备和机械的接触（占40%）。其他原因还包括跌倒、触电和接触有害物质或环境（如缺氧、硫化氢）等。此外，也发生了非作业性死亡事件，如自杀、凶杀和非故意药物过量（占35%）。

（4）其他风险。

虽然在过去20年中（2000—2019年），其他风险导致的渔民死亡人数仅占渔民死亡总数的5%左右，但这些类型的事故在从事潜水渔业或进行计划外潜水（例如，清除污染的螺旋桨）的渔民中经常发生。潜水员很容易面临减压病、动脉气体栓塞和溺水等风险。2000—2019年，42名渔民在潜水时死亡，占死亡总数的5%。按潜水类型划分，69%的死亡者是潜水捕捞者，其余与计划外/维护潜水有关。溺水是最常见的死因（74%）。其他原因还包括动脉气体栓塞、氧中毒、一氧化碳中毒、减压病和心律失常等。

2）美国各地区渔船安全状况

2019年，商业渔民因工死亡的比例是普通工人的40多倍。根据NIOSH的统计数据，在2000—2019年的20年间，共有878名商业渔民在美国捕鱼时因外伤死亡，平均每年超过43人死亡（图2-1）；几乎一半的死亡（414人，47%）发生在渔船失事之后，266人（30%）死于落水事件，122人（14%）因船上受伤而死亡，其余76人（9%）的死亡发生在潜水时或岸上受伤（图2-2）。

按地区划分，死亡人数最多的地区是东海岸（288人，33%），其次是阿拉斯加（236人，27%）、墨西哥湾（201人，23%）、西海岸（141人，16%）和夏威夷/太平洋（12人，1%），如图2-3所示。

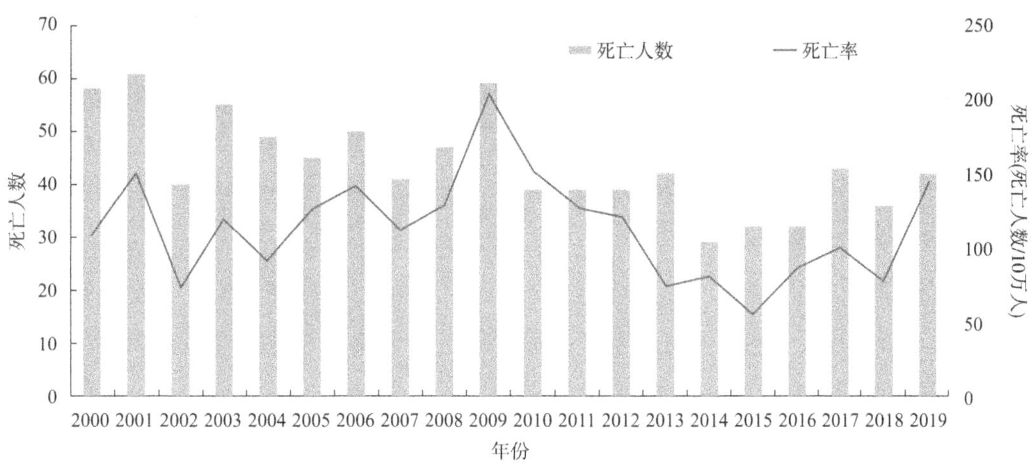

图 2-1 2000—2019 年美国商业渔民死亡人数发展趋势

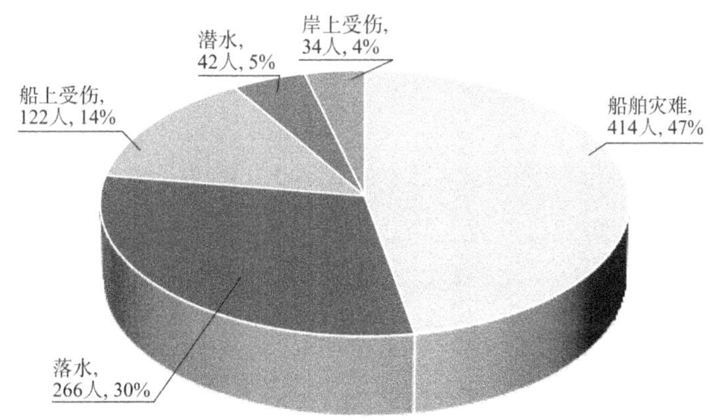

图 2-2 2000—2019 年美国商业渔民死亡人数（按事故类型）

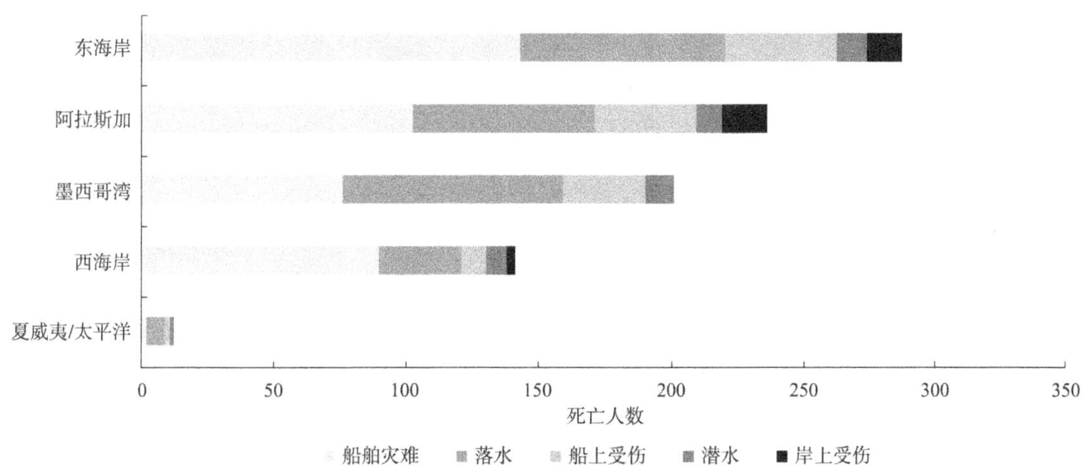

图 2-3 2000—2019 年美国商业渔民死亡人数（按地区和事故类型）

(1) 阿拉斯加。

自 20 世纪 90 年代初以来，NIOSH 一直在研究阿拉斯加的商业捕鱼安全问题。虽然商业捕鱼仍然是一个高风险职业，但阿拉斯加因事故而死亡的渔民人数在 30 年间（1990—2019 年）下降了 70%，见表 2-1、图 2-4。据分析，阿拉斯加的渔船安全状况大幅度改善得益于政府部门及有关组织采取的一系列行动，主要包括制定安全法规和针对每种渔业特定风险的针对性干预措施等。

白令海/阿留申岛（Bering Sea/Aleutian Island，简称 BSAI）捕蟹船队的安全状况改善最为典型。一直以来，白令海/阿留申岛的捕蟹业被称为最致命的渔业。在 20 世纪 90 年代后期，该渔业的死亡率为 770/10 万名全职当量工人（Full-time Equivalent，简称 FTE），在仅持续 4 天的捕捞季节中，平均每年有 8 人死亡。NIOSH 经过分析研究，确定死亡的主要原因是渔船倾覆事件后的溺水，而造成渔船倾覆的原因是，捕蟹船因甲板上的蟹罐超载和结冰而失去稳性。

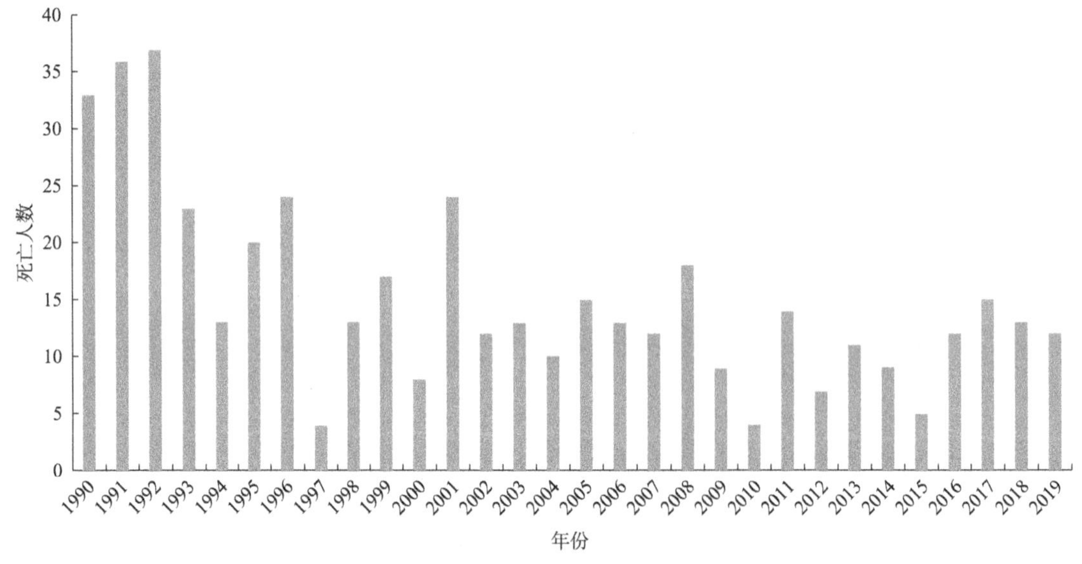

图 2-4　1990—2019 年阿拉斯加商业渔民死亡人数（456）趋势

阿拉斯加商业渔民每 10 年平均死亡人数　　表 2-1

时间段	年均死亡人数	时间段	年均死亡人数
1990—1999 年	22	2010—2019 年	10.2
2000—2009 年	13.4		

据统计，在 2000—2019 年期间，阿拉斯加共有 236 名渔民死亡。具体死亡情况如表 2-2 所示。船舶灾难（103 人，44%）和落水事件（68 人，29%）是导致渔民死亡的主要事故类型，渔民死因绝大部分还是溺水（180 人，76%），鲑鱼流刺网捕捞是死亡率

最高的捕捞方式（30 人，13%）。

阿拉斯加商业渔民死亡情况（2000—2019 年）　　表 2-2

事故类型	主要死因	捕捞方式
船舶灾难（103 人，44%）	溺水（180 人，76%）	鲑鱼流刺网（30 人，13%）
落水（68 人，29%）	钝力创伤（18 人，8%）	鳕鱼篓（26 人，11%）
船上受伤（38 人，16%）	意外服药过量（11 人，5%）	鲷鱼底拖网（22 人，9%）
岸上受伤（17 人，7%）	—	三文鱼网（20 人，8%）
潜水（10 人，4%）	—	—

（2）西海岸。

在 2000—2019 年的 20 年期间，美国西海岸商业捕鱼业发生了 141 起商业渔民因事故伤害而死亡的事件。虽然每年都有波动，但在这 20 年中，每年的死亡人数普遍下降（图 2-5）。

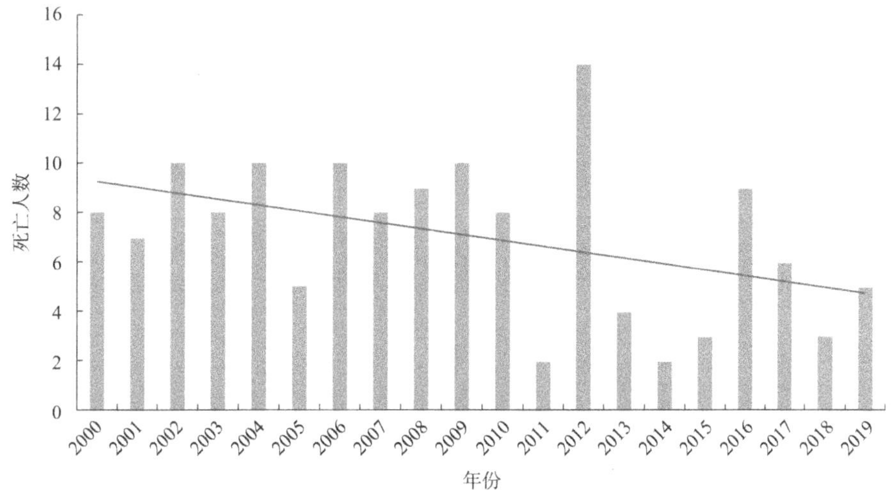

图 2-5　2000—2019 年西海岸商业渔民死亡人数

美国西海岸商业捕鱼业每 10 年平均死亡人数见表 2-3，具体死亡情况如表 2-4 所示。容易知道，船舶灾难是致死率最高（90 人，64%）的事故类型，渔民死因绝大部分还是溺水（126 人，89%），珍宝蟹捕捞是死亡率最高的捕捞方式（44 人，31%）。

西海岸商业渔民每 10 年平均死亡人数　　表 2-3

时间段	年均死亡人数	时间段	年均死亡人数
2000—2009	8. 5	2010—2019	5. 6

美国西海岸商业捕鱼业死亡情况（2000—2019 年） 表 2-4

事故类型	主要死因	捕捞方式
船舶灾难（90 人，64%）	溺水（126 人，89%）	珍宝蟹捕捞（44 人，31%）
落水（31 人，22%）	钝力创伤（6 人，4%）	三文鱼网（17 人，12%）
船上受伤（9 人，6%）	气栓塞（3 人，2%）	—
潜水（8 人，6%）	—	—
陆上受伤（3 人，2%）	—	—

（3）东海岸。

在 2000—2019 年期间，美国东海岸发生了 288 起商业渔民因事故伤害而死亡的事件。虽然第二个 10 年的年平均死亡人数低于第一个 10 年，但在整个 20 年期间，死亡人数总体呈相对稳定态势（图 2-6）。

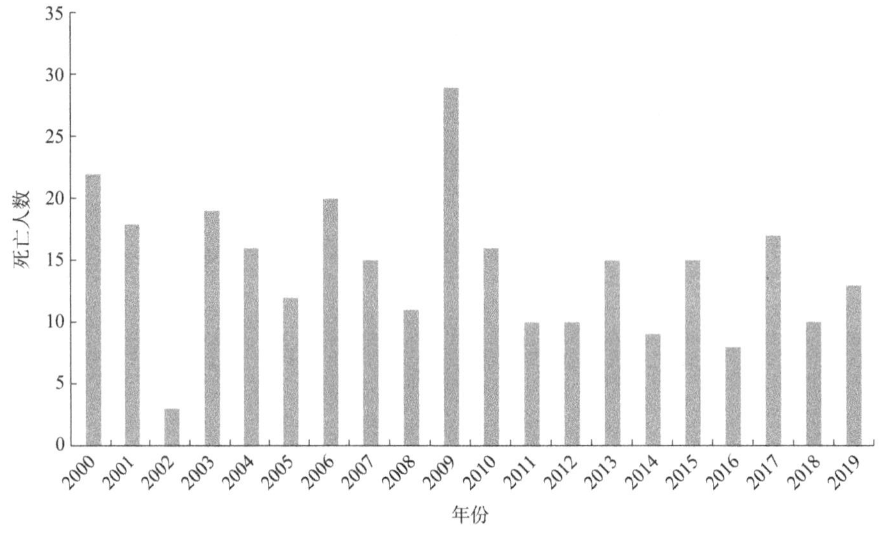

图 2-6 2000—2019 年东海岸商业渔民死亡人数

美国东海岸商业捕鱼业每 10 年平均死亡人数见表 2-5，具体死亡情况如表 2-6 所示。船舶灾难（143 人，50%）和落水事件（77 人，27%）是导致渔民死亡的主要事故类型，渔民死因绝大部分是溺水（234 人，81%），扇贝捕捞是死亡率最高的捕捞方式（53 人，18%）。

东海岸商业渔民每 10 年平均死亡人数 表 2-5

时间段	年均死亡人数	时间段	年均死亡人数
2000—2009	16. 5	2010—2019	12. 3

美国东海岸商业捕鱼业死亡情况（2000—2019年） 表2-6

事故类型	主要死因	捕捞方式
船舶灾难（143人，50%）	溺水（234人，81%）	扇贝捕捞（53人，18%）
落水（77人，27%）	钝力创伤（22人，8%）	捕龙虾（36人，13%）
船上受伤（42人，15%）	意外服药过量（16人，6%）	多种底栖鱼类拖网（32人，11%）
陆上受伤（14人，5%）	—	—
潜水（12人，4%）	—	—

（4）墨西哥湾。

2000—2019年期间，美国墨西哥湾水域的商业捕鱼业中因事故伤害事件导致201人死亡。在这20年期间，死亡人数总体呈下降趋势（图2-7）。

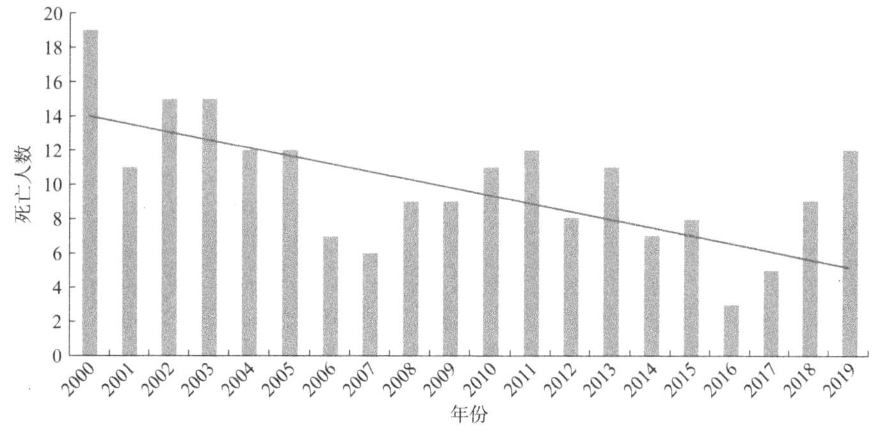

图2-7 2000—2019年墨西哥湾商业渔民死亡人数

美国墨西哥湾商业捕鱼业每10年平均死亡人数见表2-7，具体死亡情况如表2-8所示。从中可知，落水事件（83人，41%）和船舶灾难（76人，38%）是导致渔民死亡的主要事故类型，渔民死因绝大部分依然是溺水（164人，82%），捕虾是墨西哥湾死亡率最高的捕捞方式（103人，51%）。

墨西哥湾商业渔民每10年平均死亡人数 表2-7

时间段	年均死亡人数	时间段	年均死亡人数
2000—2009	11.5	2010—2019	8.6

美国墨西哥湾东海岸商业捕鱼业死亡情况（2000—2019年） 表2-8

事故类型	主要死因	捕捞方式
落水（83人，41%）	溺水（164人，82%）	捕虾（103人，51%）
船舶灾难（76人，38%）	钝力创伤（20人，10%）	鲷鱼/石斑鱼网（21人，10%）

续上表

事故类型	主要死因	捕捞方式
船上受伤（31 人，15%）	意外服药过量（3 人，2%）	捕捞牡蛎（15 人，7%）
潜水（11 人，5%）	—	—

（5）夏威夷/太平洋地区。

2000—2019 年间，在夏威夷/太平洋地区共有 12 名渔民死亡，具体死亡情况如表 2-9 所示。从中可知，落水事件（7 人，58%）是渔民致死率最高的事故，渔民死因绝大部分依然是溺水（9 人，75%），金枪鱼延绳钓是夏威夷/太平洋地区死亡率最高的捕捞方式（6 人，50%）。

美国夏威夷/太平洋地区商业捕鱼业死亡情况 表 2-9

事故类型	主要死因	捕捞方式
落水（7 人，58%）	溺水（9 人，75%）	金枪鱼延绳钓（6 人，50%）
船舶灾难（2 人，17%）	钝力创伤（1 人，8%）	其他/未知（6 人，50%）
船上受伤（2 人，17%）	烟尘吸入（1 人，8%）	—
潜水（1 人，8%）	中毒（1 人，8%）	—

2.1.2 英国

英国商业捕鱼业渔船安全状况的统计研究工作由交通运输部（Department for Transport，简称 DFT）下属的海事调查局（Marine Accident Investigation Branch，简称 MAIB）全权负责，并且以年度报告的形式统计渔船事故及职业渔船船员伤亡情况，对渔船及渔船船员的系统安全问题进行深入研究。英国健康与安全执行局（Health and Safety Executive，简称 HSE）负责统计与工作相关的疾病、伤害和危险发生率等资料。作者研究的资料涉及 1997 年 1 月 1 日至 2021 年 12 月 31 日期间渔船发生的所有事故，包括期间所有在英国渔船上工作的专职或者兼职船员的受伤事故和致命事故，但不包括同期受伤和致死的“业余爱好”渔民[3]。

（1）渔船事故情况。

据统计，2008—2021 年的 14 年间，英国共发生渔船事故 2675 起，年均 191 起（图 2-8）。总体来看，渔船事故起数大体呈逐年下降的趋势。但是，考虑到英国海洋捕捞渔船规模的逐年减少，实际上，1997—2007 的 11 年间，千艘渔船事故率并没有降低，2008—2021 年间，渔船事故率具有明显降低的趋势（图 2-9）。

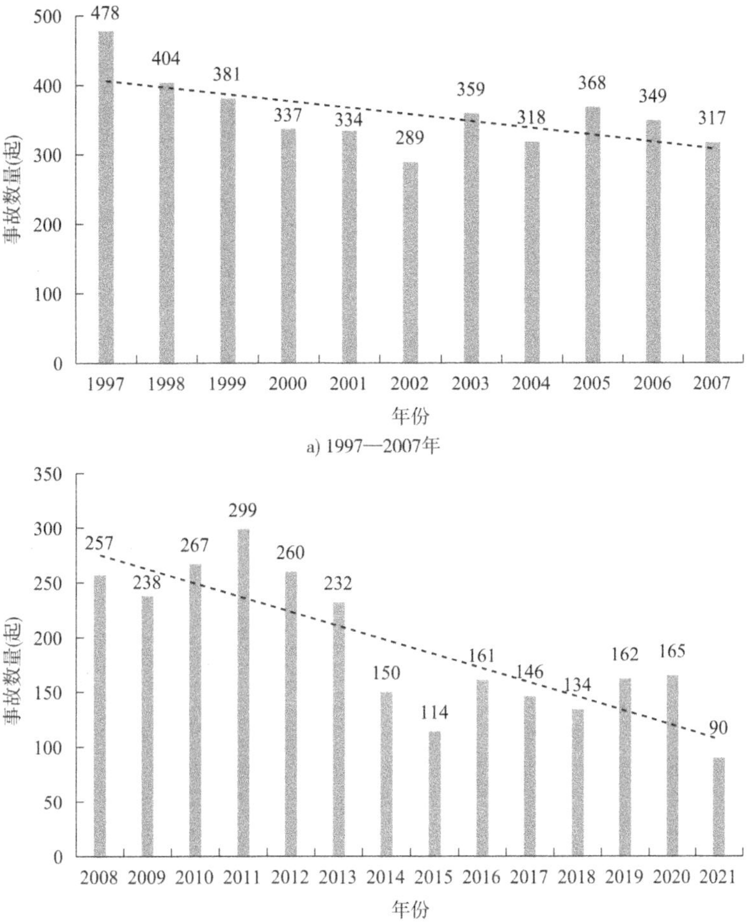

图 2-8　英国商业渔船发生事故情况

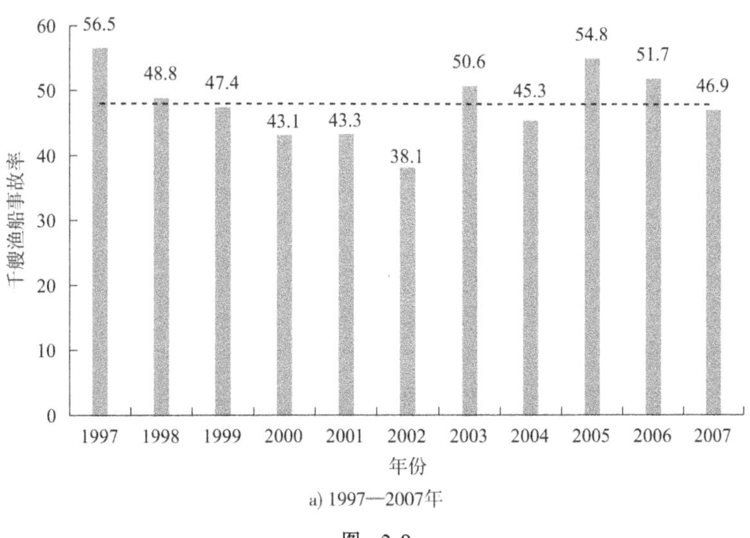

图　2-9

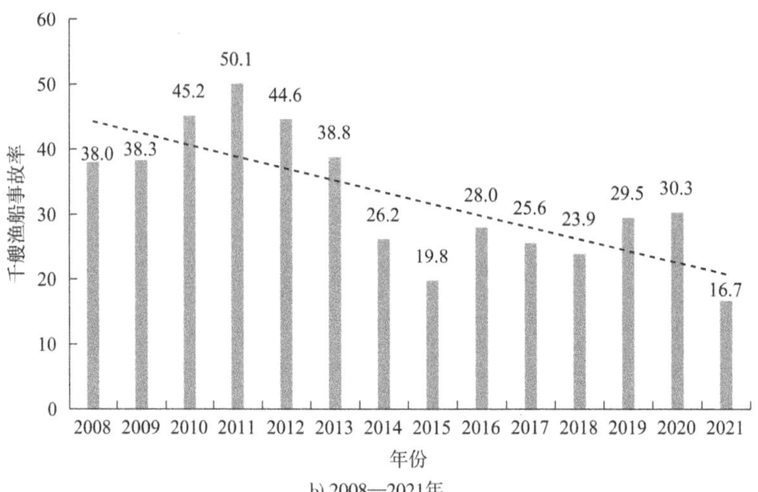

b) 2008—2021年

图2-9 英国商业渔船的千艘渔船事故率

英国渔船事故类型见表2-10、表2-11。

英国渔船事故情况（1997—2007年） 表2-10

事故类型	年份										
	1997	1998	1999	2000	2001	2002	2003	2004	2005	2006	2007
倾覆/倾斜	8	11	15	4	3	5	4	2	6	5	3
碰撞	22	20	15	25	17	15	17	12	23	12	18
触碰	4	0	7	2	6	1	7	3	3	3	4
火灾/爆炸	17	11	15	16	10	13	13	19	16	15	9
淹没/沉没	51	62	54	59	46	40	50	40	54	34	32
搁浅	44	40	31	40	29	26	38	29	19	24	24
恶劣天气损坏	1	2	4	4	0	2	1	2	3	1	5
机器故障	316	247	232	174	212	181	221	202	232	240	213
渔船失踪	0	1	0	1	0	0	1	1	0	1	0
人员落水	14	8	8	11	11	6	6	6	11	14	8
其他	1	2	0	1	0	0	1	2	1	0	1
事故总计	478	404	381	337	334	289	359	318	368	349	317
全损渔船	23	21	33	40	34	18	28	25	34	19	21

英国渔船事故情况（2008—2021年） 表2-11

事故类型	年份													
	2008	2009	2010	2011	2012	2013	2014	2015	2016	2017	2018	2019	2020	2021
倾覆/倾斜	3	2	7	8	5	3	3	2	0	2	5	2	3	4
碰撞	17	10	15	11	16	12	14	14	10	14	5	13	10	5
触碰	2	6	4	4	4	3	3	1	4	2	0	2	3	2

续上表

事故类型	年份													
	2008	2009	2010	2011	2012	2013	2014	2015	2016	2017	2018	2019	2020	2021
火灾/爆炸	11	8	10	15	11	5	1	2	2	3	6	8	8	3
淹没/沉没	33	31	25	25	23	22	15	6	18	10	8	14	9	9
搁浅	28	26	14	25	21	23	13	19	15	10	19	21	15	18
恶劣天气损坏	0	3	1	1	1	0	0	0	0	0	0	0	0	0
机器故障	156	139	182	195	174	164	101	69	112	105	90	102	117	49
渔船失踪	0	0	0	0	0	0	0	1	0	0	0	0	0	0
人员落水	7	13	9	15	5	0	0	0	0	0	0	0	0	0
其他	0	0	1	0	0	16	3	1	2	0	2	1	0	0
事故总计	257	238	268	299	260	248	153	115	163	146	136	163	165	90
全损渔船	23	15	12	24	9	18	12	13	8	6	8	5	8	6

在1997—2007年的11年间，英国共损失渔船296艘，年均损失26.9艘，2008—2021年的14年间，共损失165艘渔船，年均损失11.8艘。英国渔船损失数量和损失率分布如图2-10所示。英国损失渔船数量及千艘渔船损失率均有明显的降低。

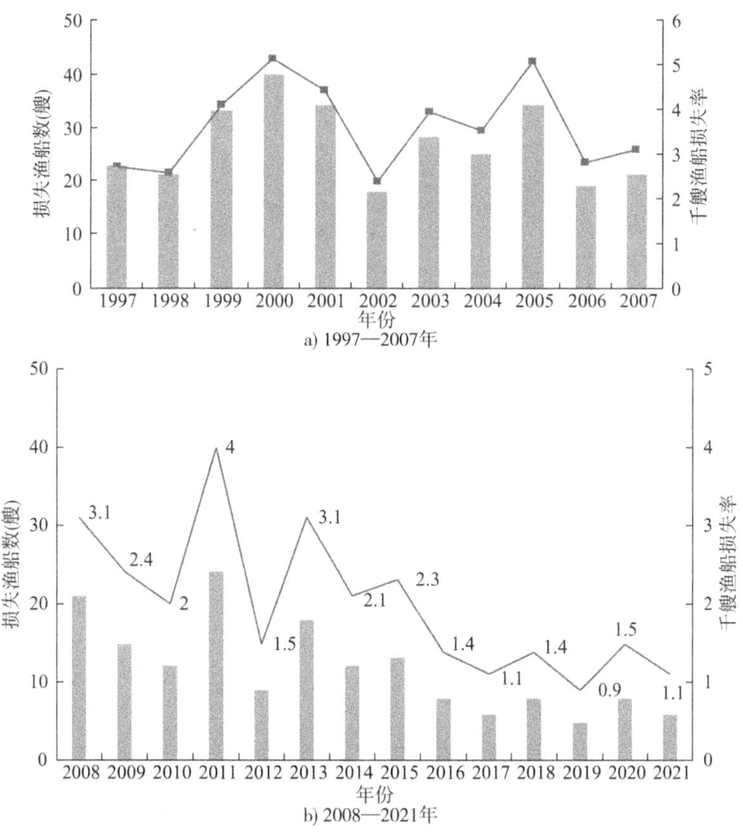

图2-10 英国渔船损失量及损失率

从渔船的事故类型来看，在2008—2021年发生的所有2701起事故当中，机器故障共有1755起，占事故总数的绝对多数（65.0%），各年度的机器故障发生率也远高于其他类型的事故，如图2-11和图2-12所示。

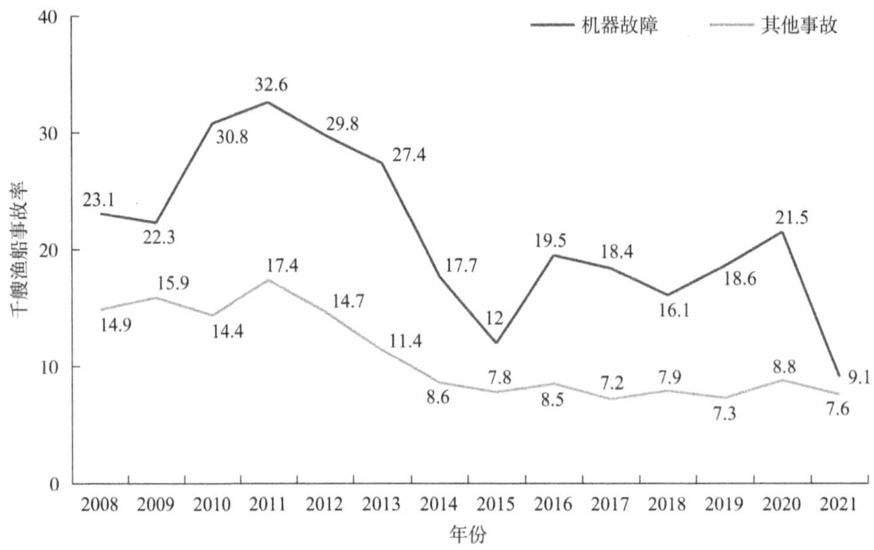

图2-11　英国渔船事故类型及趋势图（2008—2021年）

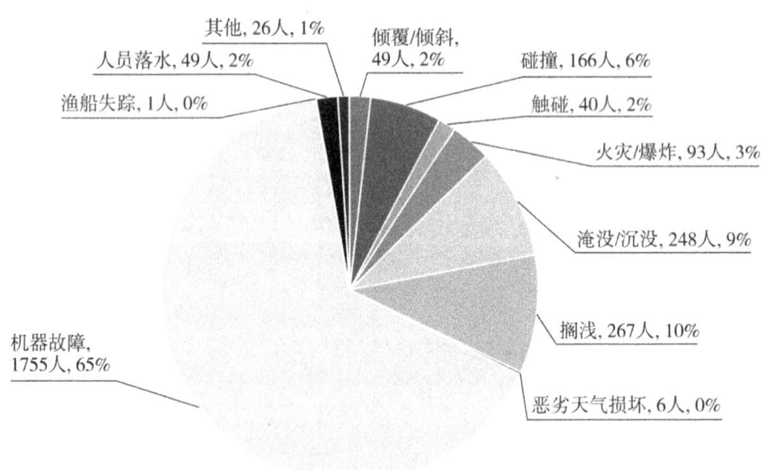

图2-12　英国渔船事故种类分布（2008—2021年）

（2）船员伤亡情况。

从英国渔船船员的伤亡情况来看，1997—2007年的11年间，渔船船员共计受伤745人，死亡168人。各年度的伤亡情况如图2-13所示。从伤亡数字看，大体呈下降的趋势。但是，由于渔船船员总数的逐年减少，船员的伤亡率并没有明显的降低趋势，特别是船员的死亡率［死亡人数/100000（人·年）］，基本维持在相对稳定的比例（图2-14）。

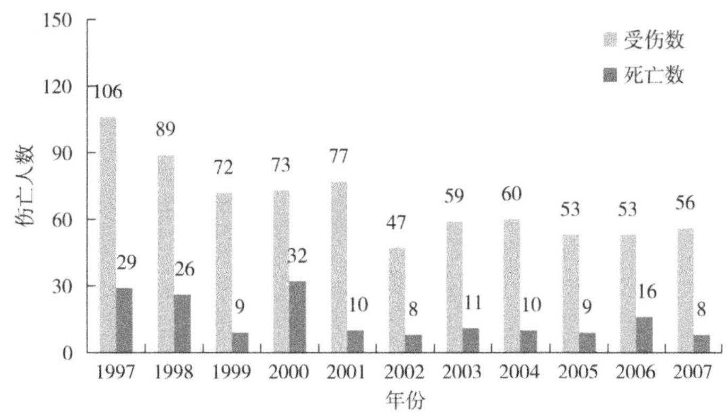

图 2-13 英国渔船船员伤亡情况（1997—2007 年）

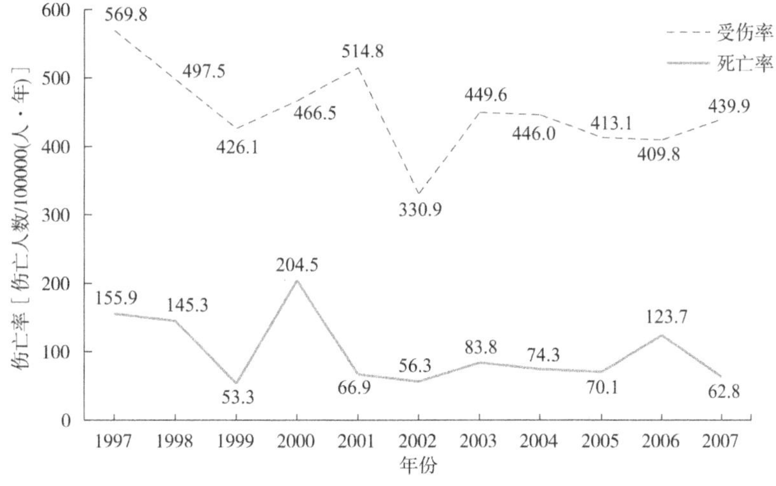

图 2-14 英国渔船船员伤亡率（1997—2007 年）

在 2008—2021 年的 14 年间，英国渔船船员共计受伤 622 人，死亡 96 人，如图 2-15 和图 2-16 所示，英国渔船船员伤亡率呈比较明显的降低趋势，船员死亡率也有比较明显的降低（2021 年例外，出现较大幅度的反弹）。

研究表明，人员落水和网机事故是商业捕鱼业中导致船员死亡和伤残的最主要原因。在英国的商业捕鱼业中，拖网和捕捞机械的起、放网操作是船员经常从事的工作中最危险的作业，特别是在恶劣的天气条件下。由于无适当的保护设备、安全操作规程和安全意识，渔船船员常常会被沉重的装备或绳索击中，不慎落水或卷入齿轮、拖入海中或绞车。

经统计，2008—2021 年的 14 年间，英国渔船船员平均死亡率为 57. 29 人/100000（人·年）。然而，据英国健康与安全执行局（HSE）统计[4-5]，同期的农业、林业和渔业（不包括商业捕鱼业）的平均死亡率为 8. 61 人/100000（人·年），公用事业的平均死亡率为 2. 85 人/100000（人·年），所有行业（不包括商业捕鱼业）的平均死亡率仅为 0. 41 人/100000（人·年）。商业捕鱼业的平均死亡率是农业、林业和渔业的 6. 7 倍，是所有行业平均值的140倍（图2-17）。可见，在英国，商业捕鱼业是最危险的行业。

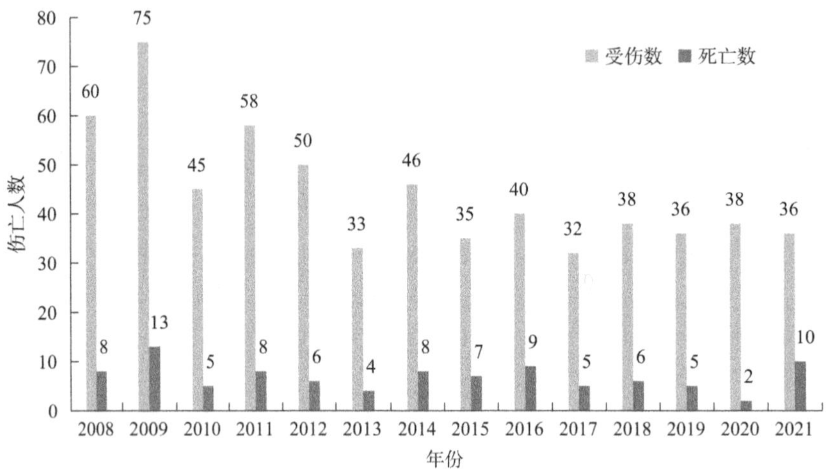

图2-15 英国渔船船员伤亡情况（2008—2021年）

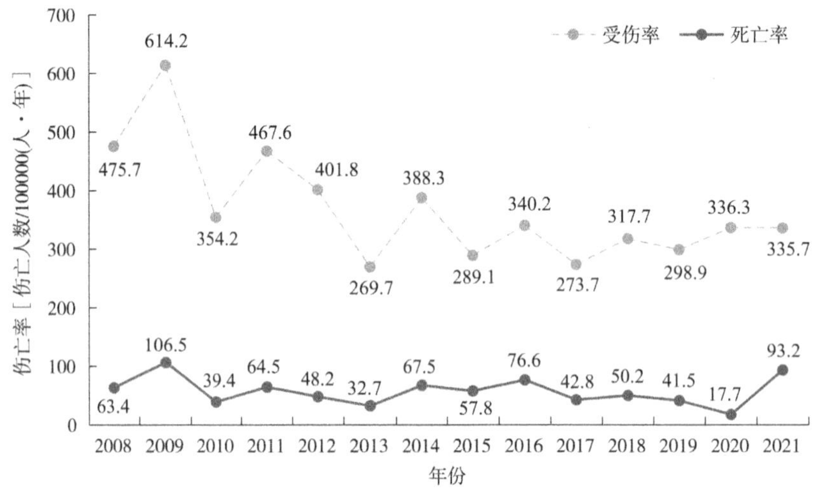

图2-16 英国渔船船员伤亡率（2008—2021年）

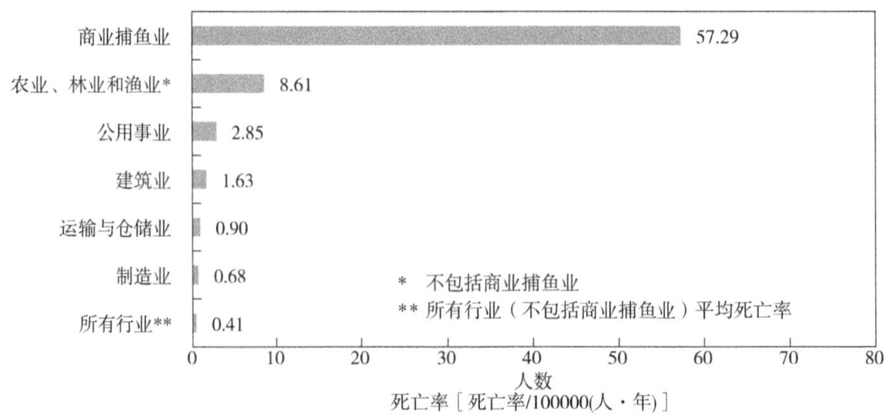

图2-17 英国商业捕鱼业船员死亡率与其他行业的比较（2008—2021年）

2.1.3 日本

日本海上保安厅负责统计分析日本历年来的渔船海上事故，并且定期发布统计年报。据统计[6]，2013—2022 年，造成人员伤亡事故的渔船数量共计 5438 艘，年均 543.8 艘；渔船事故共造成 927 人伤亡，年均伤亡 92.7 人。

（1）渔船事故情况。

2013—2022 年间，日本发生事故的渔船数量如图 2-18 所示。由图可知，发生事故的渔船数量总体呈下降态势，由 2013 年的 646 艘降到了 2022 年的 449 艘，减少了 30.5%。各年度造成人员伤亡事故的渔船数量如图 2-19 所示，造成人员死亡（失踪）事故和受伤事故的渔船数量分别见图 2-20 和图 2-21。结果表明，造成人员伤亡事故、死亡（失踪）事故和受伤事故的渔船数量均呈降低态势。

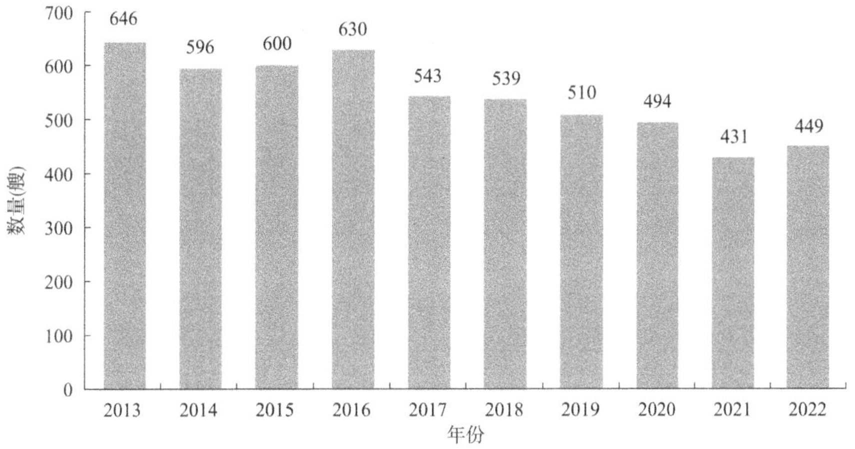

图 2-18 日本发生事故的渔船数量（2013—2022 年）

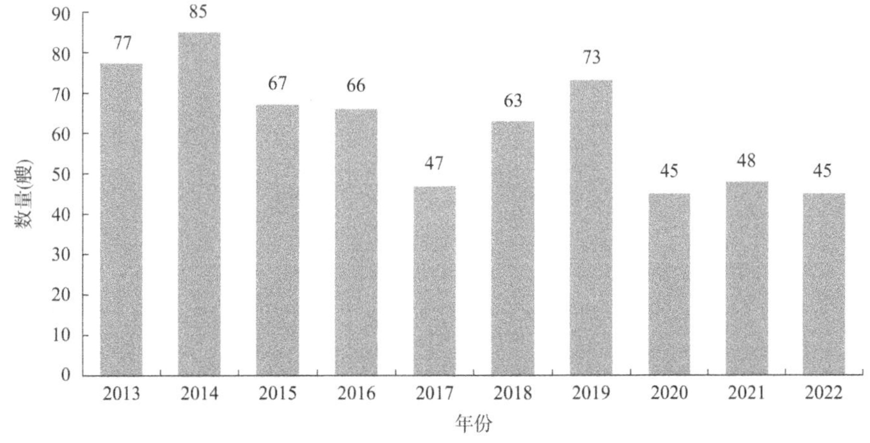

图 2-19 造成人员伤亡事故的渔船数量（2013—2022 年）

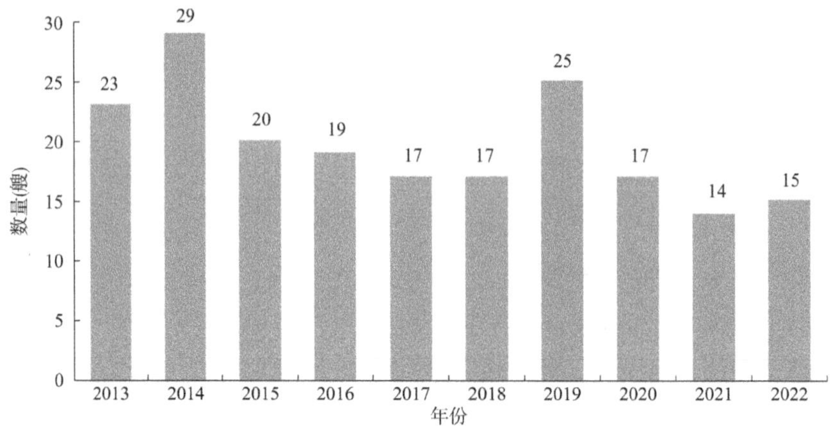

图 2-20　造成人员死亡（失踪）事故的渔船数量（2013—2022 年）

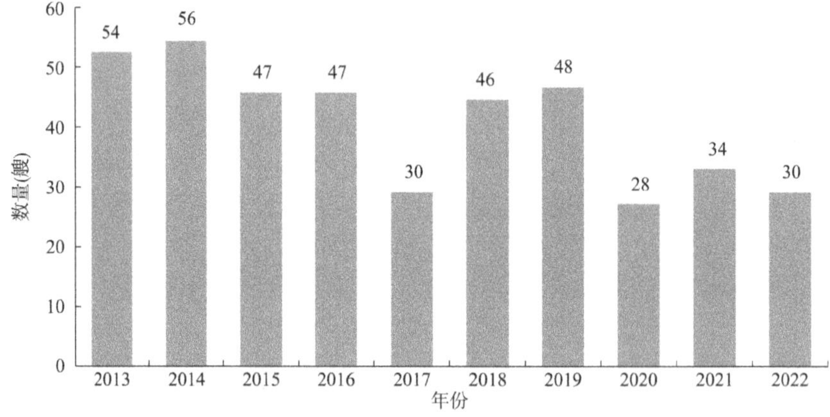

图 2-21　造成人员受伤事故的渔船数量（2013—2022 年）

（2）渔船事故造成的人员伤亡情况。

据统计，在过去的 10 年间（2013—2022 年），日本因为渔船事故共有 927 人伤亡。各年度的人员伤亡数量见图 2-22。各年度渔船事故造成的死亡（失踪）人数和受伤人数分别见图 2-23 和图 2-24。从中可知，各年度渔船造成的人员伤亡数量呈相对稳定态势。

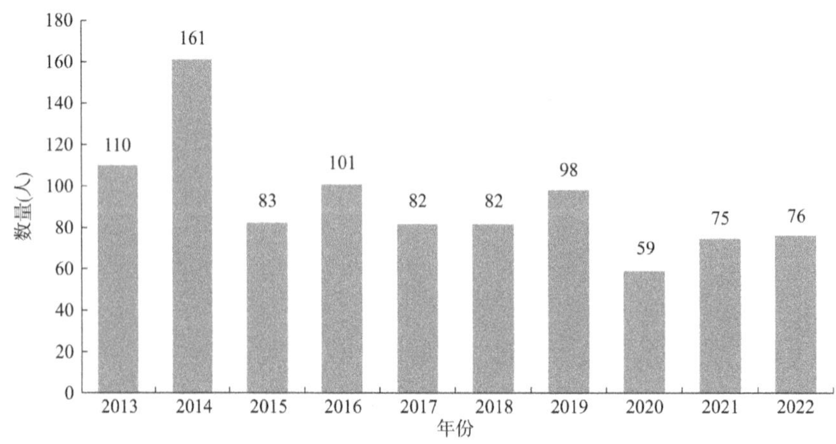

图 2-22　渔船事故造成的人员伤亡数量（2013—2022 年）

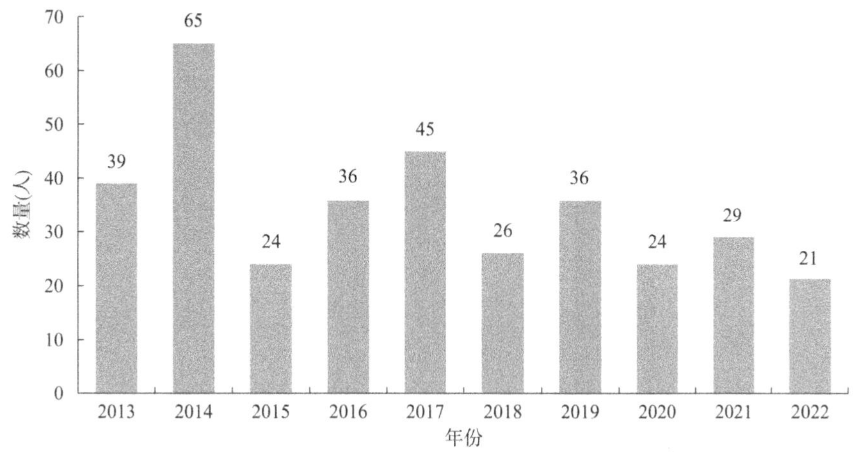

图 2-23 渔船事故造成的人员死亡（失踪）人数（2013—2022 年）

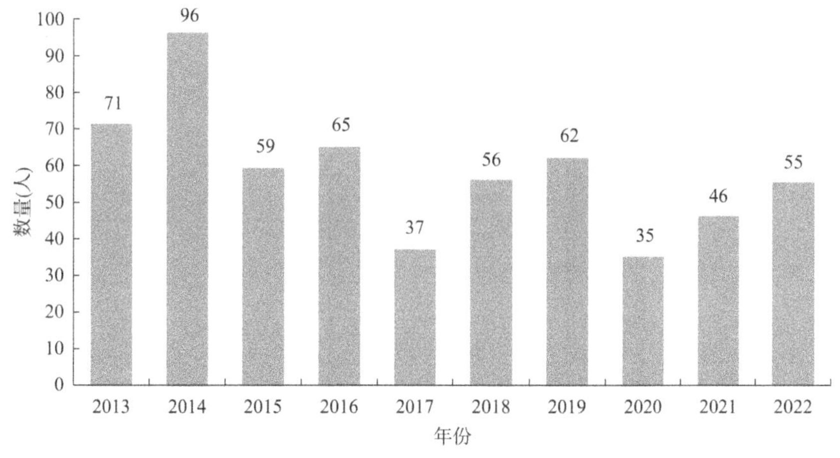

图 2-24 日本渔船事故受伤人数（2013—2022 年）

（3）渔船事故种类分析。

日本海上保安厅在进行事故统计分类时，将渔船事故分为碰撞、触礁、搁浅、倾覆、浸水、火灾、爆炸、无法航行和其他等九个类别，其中，无法航行和碰撞造成的渔船事故数量高居前两位（图 2-25 和表 2-12）。

针对导致渔船无法航行的原因，日本海上保安厅又开展了进一步的分析，具体分为推进器故障、舵故障、主机故障、不了解主机操作、电池放电过度、燃料不足、责任心不强、无人漂流（系固不牢）、无人漂流（人员落水）、操船技能不足、有人漂流、船体倾斜、走锚、大风浪航行和其他等 15 个原因。2013—2022 年，导致渔船无法航行的原因分类统计如表 2-13 所示。从中可知，推进器故障、主机故障和无人漂流（人员落水）是导致渔船无法航行的三大原因。

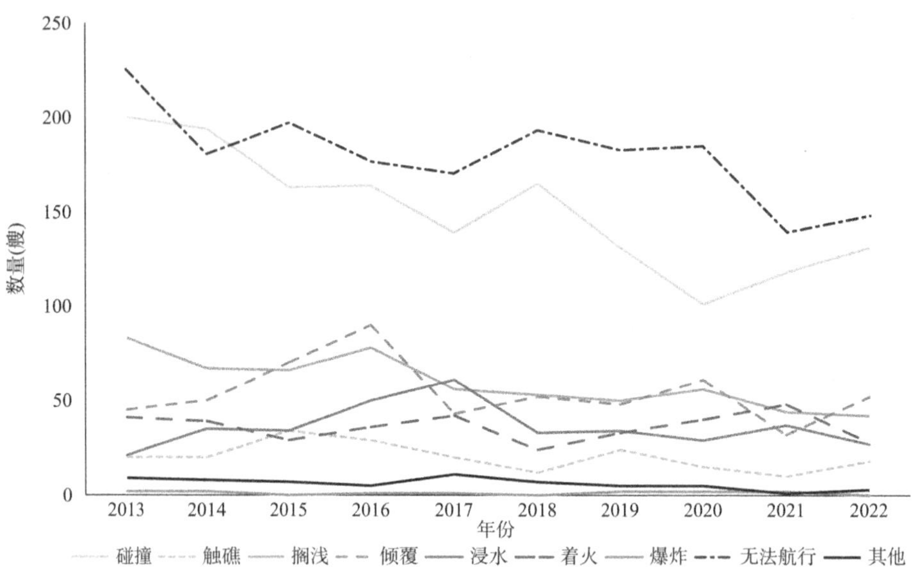

图 2-25 日本渔船事故种类（2013—2022 年）

日本渔船事故种类（2013—2022 年）（单位：艘） 表 2-12

事故种类	年份									
	2013	2014	2015	2016	2017	2018	2019	2020	2021	2022
碰撞	200	194	163	164	139	165	131	101	118	131
触礁	20	20	34	29	20	12	24	15	10	18
搁浅	83	67	66	78	56	53	50	56	44	42
倾覆	45	50	70	90	43	52	48	61	32	52
浸水	21	35	34	50	61	33	34	29	37	27
火灾	41	39	29	36	42	24	33	40	48	28
爆炸	2	2	0	1	1	0	2	2	2	0
无法航行	225	181	197	177	170	193	183	185	139	148
其他	9	8	7	5	11	7	5	5	1	3
合计	646	596	600	630	543	539	510	494	431	449

导致渔船无法航行的原因分类（单位：艘） 表 2-13

事故种类	年份									
	2013	2014	2015	2016	2017	2018	2019	2020	2021	2022
推进器故障	35	39	54	32	36	45	37	28	30	37
舵故障	7	3	6	2	3	4	8	7	2	6
主机故障	52	45	31	38	38	43	39	47	23	31
不了解主机操作	3	4	2	2	3	1	3	4	4	1

续上表

事故种类	年份									
	2013	2014	2015	2016	2017	2018	2019	2020	2021	2022
电池放电过度	9	2	5	4	0	3	2	4	6	2
燃料不足	2	3	3	5	2	4	1	3	1	3
责任心不强	0	0	0	0	0	0	0	0	0	0
无人漂流（系固不牢）	24	24	21	28	11	25	14	13	15	17
无人漂流（人员落水）	54	36	44	36	51	35	41	44	33	29
操船技能不足	0	0	0	0	0	0	0	0	1	0
有人漂流	33	17	28	26	20	26	34	30	17	16
船体倾斜	1	1	0	0	10	0	2	0	0	0
走锚	2	4	1	2	2	4	1	0	1	1
大风浪航行	0	0	0	2	1	1	1	3	0	1
其他	3	3	2	0	3	2	0	6	6	4
合计	225	181	179	177	170	193	183	185	139	148

2021 年，日本发生事故的渔船为 431 艘。从事故种类来看，渔船发生碰撞事故最多有 118 艘，占 27%，其次是无法航行（无人漂流）及火灾，均为 48 艘，各占 11%（图 2-26）。

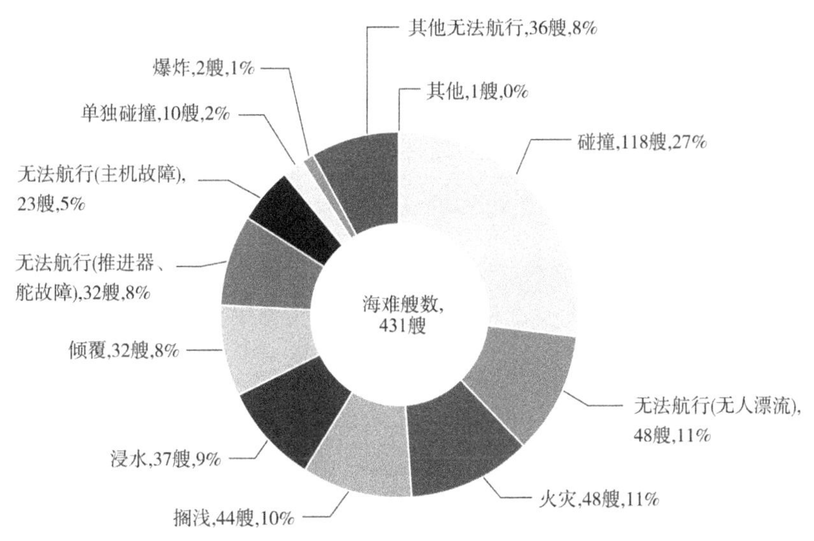

图 2-26　日本渔船事故种类分布

从发生的渔船碰撞事故来看（图 2-27 和图 2-28），导致碰撞的最大的原因是瞭望不充分，共 93 艘，占 79%，其次是操纵不当，13 艘，占 11%。

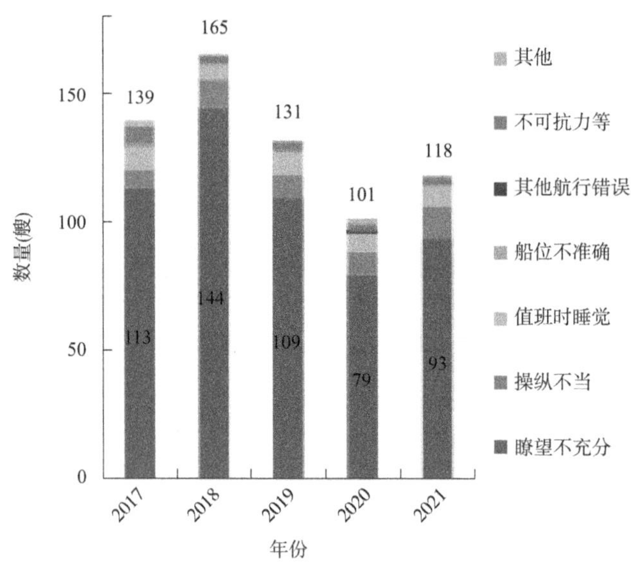

图 2-27　碰撞事故发生原因的历年趋势

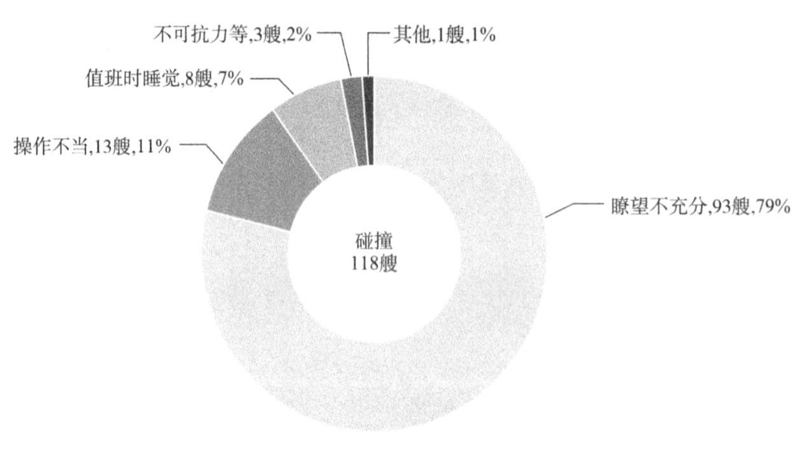

图 2-28　日本渔船碰撞事故发生原因比例（2021 年）

此外，日本海上保安厅还针对近年来发生的渔船事故，从操纵不当、瞭望不充分、船位不准确、不了解气象海况、机械设备故障、不了解航线、值班时睡觉、其他航行错误、主机操作失误、配载不当、灭火操作不当、材质结构缺陷、不可抗力和其他等 14 个方面的事故致因进行了统计分析。以 2022 年的渔船事故为例，根据日本海上保安厅统计分析，从事故致因来看，人为因素是导致渔船事故的主要因素，约占渔船事故总数的 72%。主要的事故致因表现在：瞭望不充分、操纵不当、主机操作失误、不了解气象海况、值班时睡觉和船位不准确等。其中，瞭望不充分是占比最高的事故原因（约占 26%）。此外，不可抗力因素导致的事故也非常之多，约占 28%。2013—2022 年日本渔船事故致因情况如表 2-14 所示。

日本渔船事故致因分类（单位：艘） 表 2-14

事故种类	年份									
	2013	2014	2015	2016	2017	2018	2019	2020	2021	2022
操纵不当	55	49	48	49	33	36	36	39	29	46
瞭望不充分	189	183	161	168	140	174	138	106	114	117
船位不准确	24	24	15	21	23	11	16	15	14	12
不了解气象海况	28	23	28	32	26	35	21	29	23	15
机械设备故障	38	38	38	32	17	33	25	24	30	24
不了解航线	8	4	7	7	6	5	4	1	5	5
值班时睡觉	40	36	48	25	25	16	25	25	18	14
其他航行错误	29	28	14	11	9	23	23	16	13	6
主机操作失误	42	42	16	18	18	27	33	41	28	27
配载不当	4	8	6	4	2	6	8	2	2	2
灭火操作不当	20	13	10	9	9	12	12	10	11	8
材质结构缺陷	18	19	20	32	18	12	24	20	10	20
不可抗力	124	103	161	197	181	127	120	144	114	125
其他	27	26	28	25	36	22	25	22	20	28
合计	646	596	600	630	543	539	510	494	431	449

2.1.4 其他国家

除了美国、英国和日本之外，在其他主要的渔业国家，商业捕鱼业也都是十分危险的行业之一。2010—2020 年间，加拿大运输安全委员会（Transportation Safety Board，简称 TSB）每年平均报告 236 起海上事故，渔船事故约占 33%[7]。2011—2015 年间，与渔业相关的职业，包括渔船船员、船长在内，是加拿大死亡率高的十大职业之一。以渔船甲板船员为例，他们的死亡率（77 人/100000 人）是警察死亡率（5.4 人/100000 人）的 14 倍。2003—2010 年，澳大利亚海洋捕捞业的死亡率为 46 人/100000 人[8]。另外，据联合国粮食及农业组织（FAO）2019 年估计[9]，全球渔业每年发生约 3.2 万起致命事故。

总的来看，海洋捕捞业是世界上高危职业之一。渔船船员死亡率是各种职业中极其高的，在许多国家渔船船员死亡率都远高于其他行业。沉船、倾覆和搁浅是经常发生的、导致渔民死亡的事故。近年来，各国开始重视以上问题，并采取了一系列措施，在主要发达国家，海洋捕捞业的安全状况正在逐步好转。

2.2 我国渔船安全现状及趋势

2.2.1 中国渔业互保协会承保渔船安全状况

中国渔业互保协会（China Fishery Mutual Insurance Association，简称 CFMI），前身是中国渔船船东互保协会。其主要职责是集中船东会员转移而来的渔船风险，通过互助共济、防灾减灾、安全指导和再保险等方式进行风险控制和风险管理，进而实现了广大渔民生命和财产的风险转移和管理。近年来，中国渔业互保协会充分利用其得天独厚的优势，在渔船安全问题的统计分析以及渔船事故的定性、定量研究方面作出了重要的贡献。

1）承保渔船事故情况

据统计[10]，1994—2015 年，中国渔业互保协会共承保渔船 661058 艘（次），承保渔船共出险 79450 艘（次），总体事故率为 12.02%。各年度渔船事故率如图 2-29 所示。结果表明，2000 年以来，渔船事故发生率虽然出现小幅波动，但总体呈下降趋势。

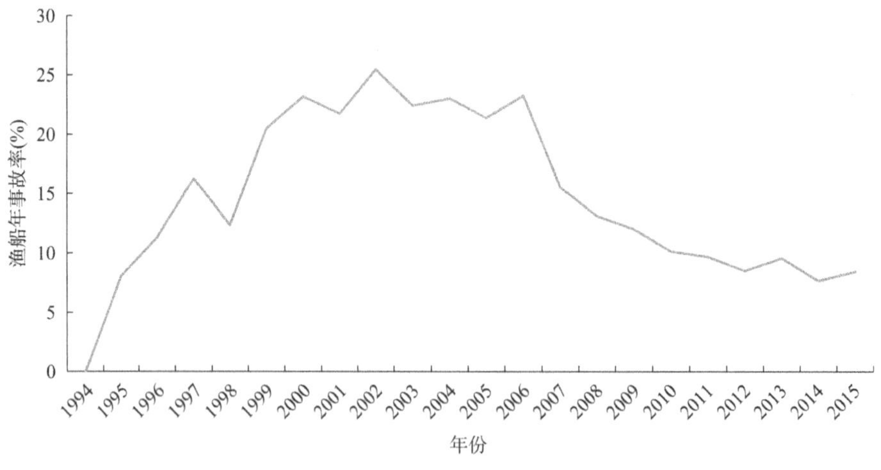

图 2-29　互保协会承保渔船总体事故率趋势图

（1）事故种类分析。

1994—2015 年，协会承保的渔船中：碰撞事故 42233 艘（次），占 53.16%；风灾事故 11081 艘（次），占 13.95%；触损事故 7738 艘（次），占 9.74%；搁浅事故 5030 艘（次），占 6.33%；触礁事故 4528 艘（次），占 5.70%；单独机损事故 2629 艘（次），占

3.31%；火灾事故2329艘（次），占2.93%（表2-15、图2-30）。

互保协会承保渔船事故种类 表2-15

事故种类	事故数量［艘（次）］	占比（%）
碰撞	42233	53.16
风灾	11081	13.95
触损	7738	9.74
搁浅	5030	6.33
触礁	4528	5.70
单独机损	2629	3.31
火灾	2329	2.93
自沉	832	1.05
失踪	59	0.07
涉外抓扣	58	0.07
爆炸	16	0.02
雷击	7	0.01
其他	2910	3.66

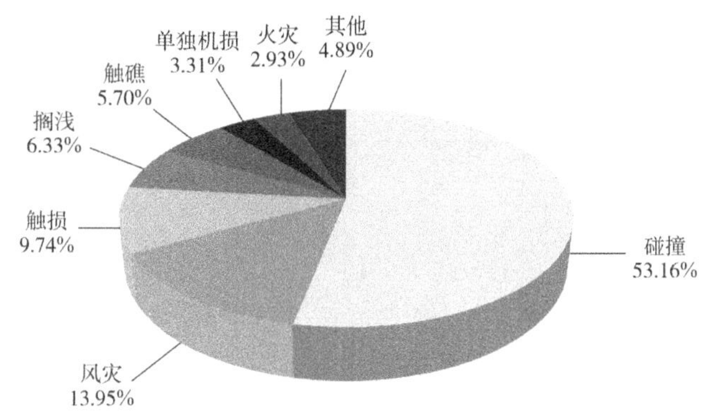

图2-30 互保协会承保渔船事故种类

（2）事故损失程度分析。

1994—2015年，协会出险渔船发生全损事故2996艘（次），全损率为0.45%；部分损失渔船76454艘（次），部分损失率为11.57%。渔船全损与部分损失的比例约为1∶26。其中渔船发生全损的灾害类型数目为：风灾事故为1366次，占45.59%；自沉事故为473次，占15.79%；碰撞事故为286次，占9.55%；火灾事故为268艘，占8.95%；触礁事故为228次，占7.61%；搁浅事故为78次，占2.60%；触损事故为61次，占2.04%，见表2-16和图2-31。

互保协会承保渔船全损事故种类　　表 2-16

事故种类	事故数量（次）	占比（%）	事故种类	事故数量（次）	占比（%）
风灾	1366	45.59	触损	61	2.04
自沉	473	15.79	失踪	59	1.97
碰撞	286	9.55	涉外抓扣	10	0.33
火灾	268	8.95	单独机损	1	0.03
触礁	228	7.61	其他	166	5.54
搁浅	78	2.60			

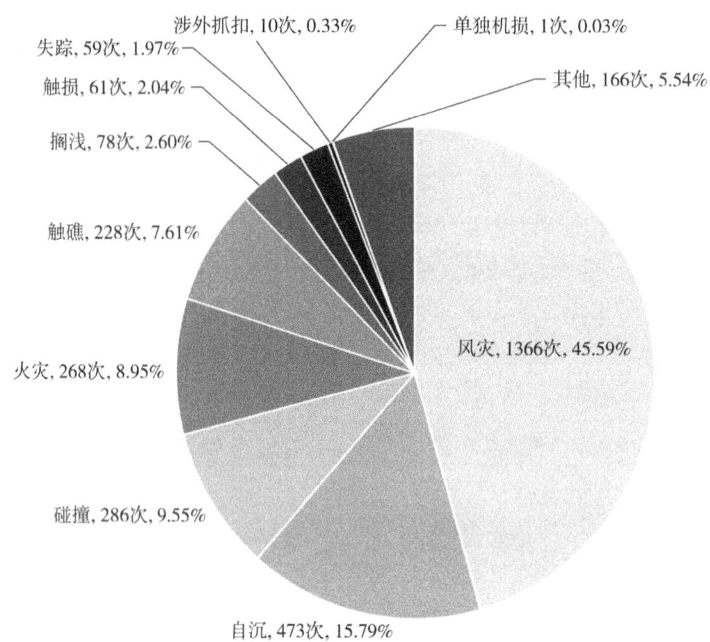

图 2-31　互保协会承保渔船全损事故种类

风灾是造成渔船全损的主要事故原因，共发生了 1366 次的风灾全损事故，占渔船全损事故的 45.59%。

出险渔船发生部分损失的事故数量：碰撞事故为 41947 次，占 54.87%；风灾事故为 9715 次，占 12.71%；触损事故为 7677 次，占 10.04%；搁浅事故为 4952 次，占 6.48%；触礁事故为 4300 次，占 5.62%；火灾事故为 2061 次，占 2.70%，见表 2-17 和图 2-32。

互保协会承保渔船部分损失事故种类　　表 2-17

事故类型	事故数量（次）	占比（%）
碰撞	41947	54.87
风灾	9715	12.71

续上表

事故类型	事故数量（次）	占比（%）
触损	7677	10.04
搁浅	4952	6.48
触礁	4300	5.62
单独机损	2628	3.44
火灾	2061	2.70
自沉	359	0.47
涉外抓扣	48	0.06
爆炸	16	0.02
雷击	7	0.01
其他	2744	3.59

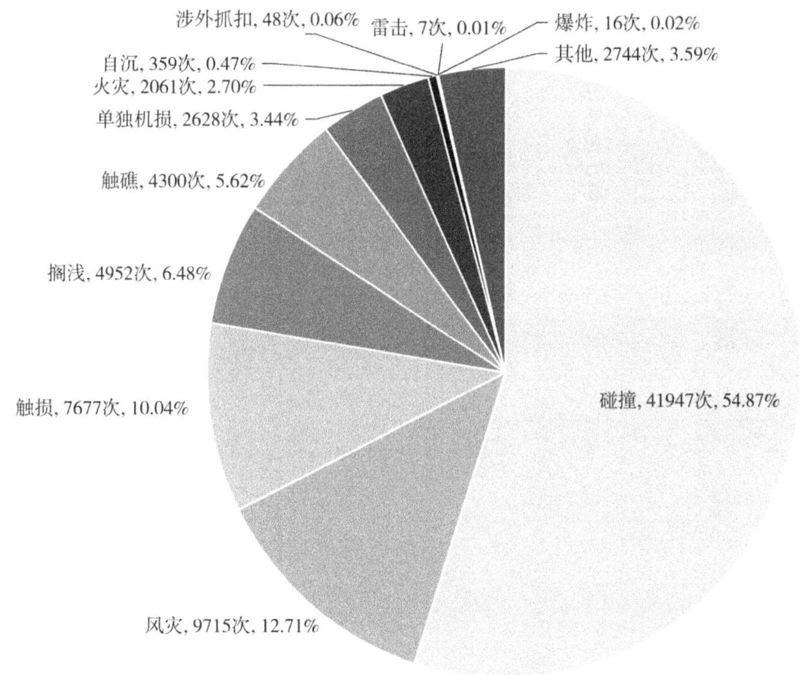

图 2-32　互保协会承保渔船部分损失事故种类

碰撞是造成渔船部分损失的主要事故原因，共发生 41947 次碰撞部分损失事故，占渔船部分损失事故的 54.87%。

除了风灾事故中自然灾害的因素比重较大以外，其余各种事故中人的不安全行为和渔船、环境的不安全状态是导致事故发生的主要原因，其中人的不安全行为是更为主要的原因，是今后制定防灾减损措施应该重点研究的方向[11]。

2）承保渔民伤亡事故情况

1994—2015 年，互保协会一共承保渔民 9398155 人（次），出险 107887 人（次），总体的出险率为 1.15%。其中渔民死亡 11347 人，死亡率为 0.12%，渔民伤残 41610 人（次），渔民伤残率为 0.44%。互保协会承保渔民的死亡率、伤残率和总事故率情况见表 2-18 和图 2-33。

互保协会承保渔民出险情况　表 2-18

年份	承保渔民数量（人）	死亡（人）	死亡率（%）	伤残率（人）	伤残率（%）	事故合计（次）	事故率（%）
1994	1709	0	0.00	0	0.00	0	0.00
1995	86138	134	0.16	306	0.36	975	1.13
1996	154261	314	0.20	856	0.55	2365	1.53
1997	173232	366	0.21	941	0.54	2814	1.62
1998	309582	433	0.14	920	0.30	2758	0.89
1999	231750	496	0.21	1274	0.55	2583	1.11
2000	237358	547	0.23	1590	0.67	4085	1.72
2001	200581	469	0.23	1612	0.80	3369	1.68
2002	178090	408	0.23	1118	0.63	2942	1.65
2003	194731	423	0.22	1178	0.60	3276	1.68
2004	209220	477	0.23	1225	0.59	3884	1.86
2005	299926	515	0.17	1298	0.43	3969	1.32
2006	349297	446	0.13	1276	0.37	4027	1.15
2007	468709	466	0.10	1953	0.42	5500	1.17
2008	554871	656	0.12	3345	0.60	7910	1.43
2009	604109	720	0.12	3333	0.55	8554	1.42
2010	701504	732	0.10	3543	0.51	7637	1.09
2011	790133	720	0.09	3574	0.45	8176	1.03
2012	959086	810	0.08	3120	0.33	8645	0.90
2013	977412	854	0.09	3036	0.31	8507	0.87
2014	915023	720	0.08	3194	0.35	8041	0.88
2015	801433	641	0.08	2918	0.36	7870	0.98
合计	9398155	11347	0.12	41610	0.44	107887	1.15

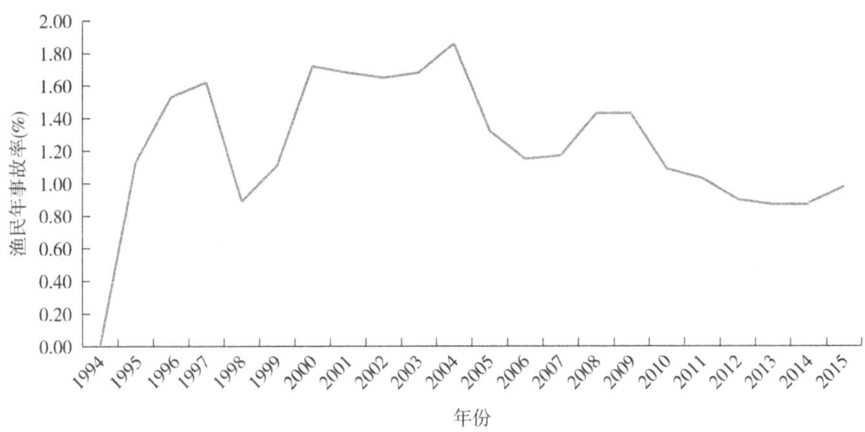

图 2-33 互保协会承保渔民年事故率

（1）渔民死亡原因分析。

通过分析导致渔民死亡的原因，研究发现：落水造成死亡 3831 人，占全部死亡人数的 33.76%；风灾造成死亡 1289 人，占 11.36%；摔倒造成渔民死亡 638 人，占 5.62%；渔船碰撞事故造成死亡 556 人，占 4.90%；物体打击造成死亡 532 人，占 4.69%；起网（重）伤害造成死亡 393 人，占 3.46%；淹溺造成渔民死亡 385 人，占 3.39%；陆上事故造成渔民死亡 364 人，占 3.21%（图 2-34）。落水是造成渔民死亡的最主要原因。

（2）渔民伤残原因分析。

分析发现：导致渔民伤残的原因中，物体打击造成渔民伤残 22398 人（次），占全部伤残事故的 23.20%；摔倒造成伤残 17724 人（次），占 18.36%；起网（重）伤害造成伤残 12811 人（次），占 13.27%；机械伤害造成伤残 12193 人（次），占 12.63%；渔船触碰造成伤残 3855 人（次），占 3.99%；落水造成渔民伤残 1928 人（次），占 2.00%；渔船碰撞造成伤残 1836 人（次），占 1.90%；坠落造成伤残 1643 人（次），占 1.70%；渔船搁浅造成伤残 1520 人（次），占 1.57%；陆上事故造成渔民伤残 1505 人，占 1.56%（图 2-35）。物体打击、摔倒、起网（重）伤害和机械伤害是造成渔民伤残的四大主要原因。

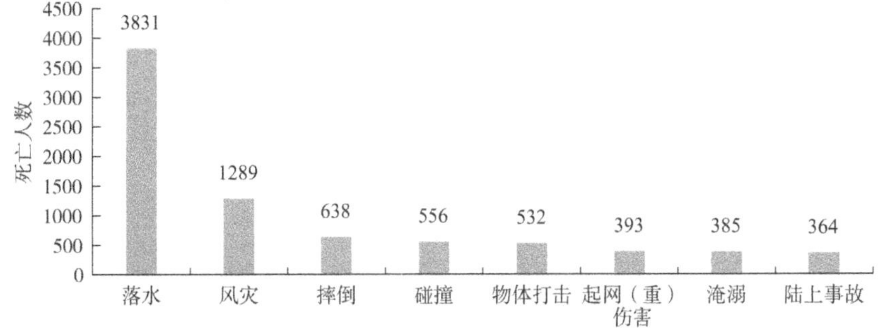

图 2-34 互保协会承保渔民死亡原因分析

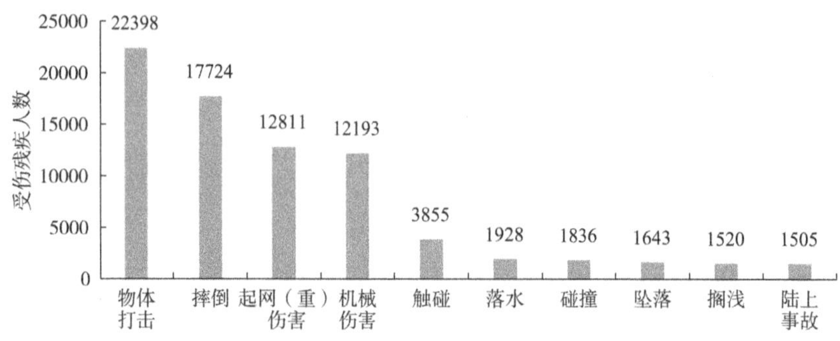

图 2-35 互保协会承保渔民受伤残疾原因分析

经过进一步研究发现，2006—2015 年，互保协会承保渔船的事故率和渔民死亡率均呈明显下降趋势，其中渔民年均死亡率为 99.0 人/100000 人，与同期英国商业捕鱼业船员的年均死亡率（66.7 人/100000 人）相比还有较大差距；渔船年均事故率为 117.9 艘/1000 艘，远高于同期的英国渔船的平均千船事故率（40.0 艘/1000 艘）。尽管互保协会承保渔船和渔民的安全状况有了很大改善，但是与发达国家相比依然不容乐观。

2.2.2 全国渔船水上安全状况及趋势

2016 年 12 月 18 日，《中共中央　国务院关于推进安全生产领域改革发展的意见》印发，这是我国官方首次明确将渔业生产列入八个高危行业领域之一。渔业捕捞在我国也属于高投入、高风险行业。本节以农业农村部渔业渔政管理局在《中国渔业年鉴》和《中国渔业统计年鉴》中公开发布的数据资料为基础，主要分析渔业安全事故种类、事故等级、渔船事故率和船员死亡率等，对我国近年来渔船水上安全事故状况进行比较全面的分析，以研究我国渔业水上安全事故现状及其变化趋势。

1）渔业水上安全事故种类分析

根据我国渔业行政主管机关规定，渔船水上安全事故分类主要分为：水上安全生产事故、水上交通事故和自然灾害事故[12]。2006—2007 年，渔船水上安全事故没有进行分类统计，仅记录了总体数据情况；2008—2013 年，则在统计渔业水上安全事故总体数据的基础上，细分了碰撞事故和风损事故；2014—2020 年，渔业水上安全事故被划分为水上安全生产事故、水上交通事故和自然灾害事故三类[13]。在此，将以上数据进行统一归类。

由于碰撞事故和风损事故是典型的水上交通事故和自然灾害事故，且所占比例较大，其数据对水上交通事故和自然灾害事故的影响具有很强的代表性，所以将 2008—2013 年有关碰撞事故和风损事故的统计数据分别归类到水上交通事故和自然灾害事故中进行分析。2008—2020 年，我国发生的渔业水上安全事故及其分类统计情况如表 2-19 所示。我国渔业水上安全事故起数与死亡人数趋势如图 2-36 所示。各类渔业水上安全事故起数和死亡人数的变化趋势如图 2-37 和图 2-38 所示。

我国渔业水上安全事故分类统计（2008—2020 年） 表 2-19

年份	水上安全事故（起）	死亡（失踪）数（人）	水上安全生产事故（起）	死亡数（人）	水上交通事故（起）	死亡数（人）	自然灾害事故（起）	死亡数（人）
2008	446	399	214	110	162	152	70	137
2009	503	523	327	306	118	122	58	95
2010	338	417	263	319	50	54	25	44
2011	325	424	254	142	31	139	40	143
2012	224	352	155	141	20	86	49	125
2013	350	491	241	243	68	90	41	158
2014	301	261	252	178	26	56	23	27
2015	263	305	208	154	28	94	27	57
2016	314	349	258	201	27	70	29	78
2017	200	192	170	140	6	7	24	45
2018	178	217	145	104	15	51	18	62
2019	165	170	150	118	9	34	6	18
2020	140	145	120	103	17	39	3	3

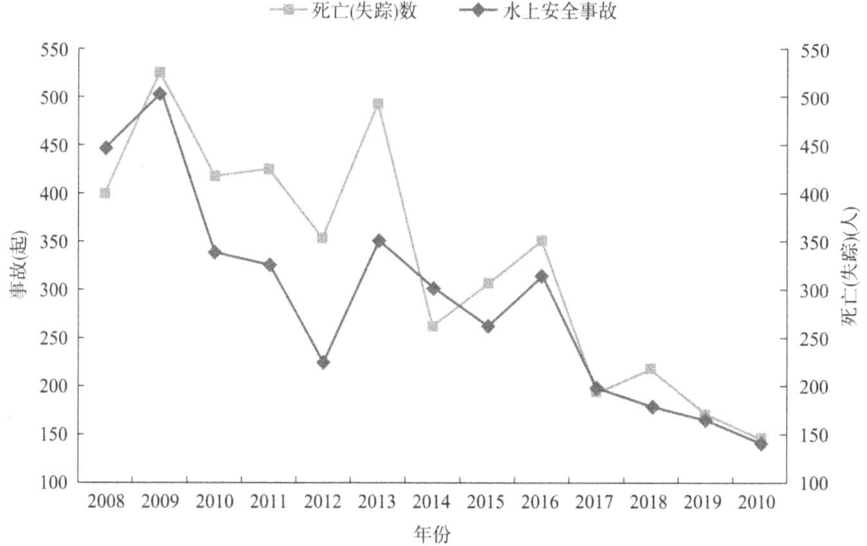

图 2-36 我国渔业水上安全事故起数与死亡人数变化趋势（2008—2020 年）

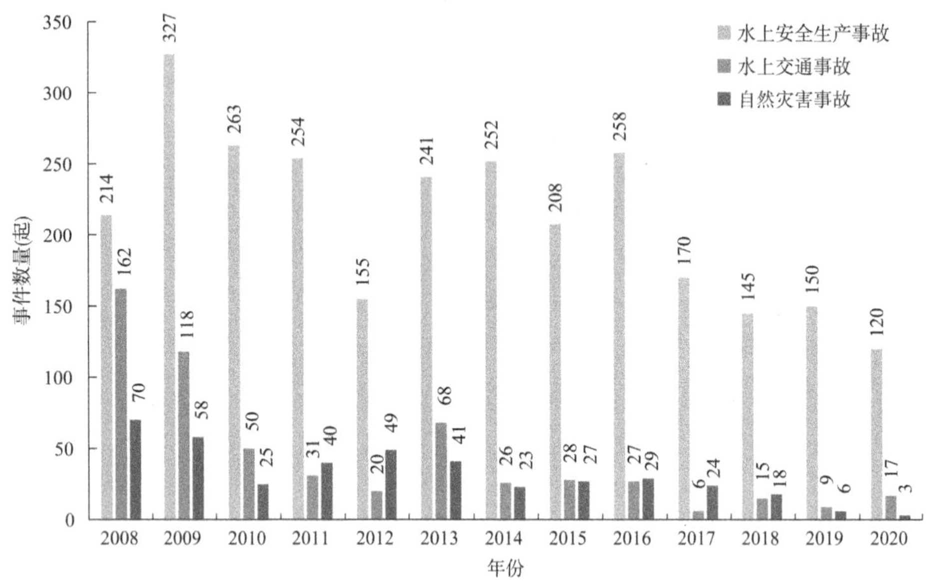

图 2-37　我国各类渔业水上安全事故起数趋势（2008—2020 年）

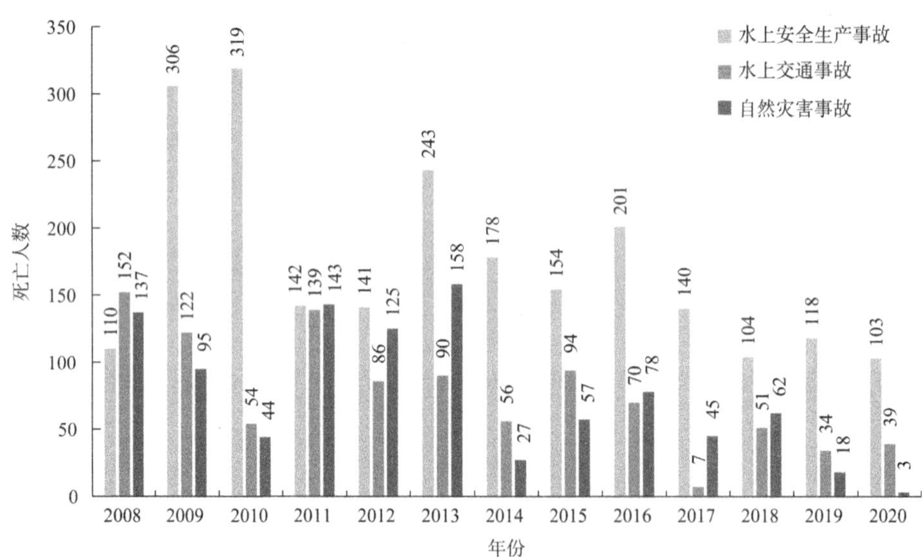

图 2-38　我国各类渔业水上安全事故死亡人数趋势（2008—2020 年）

由图可知，我国渔业水上安全事故起数与死亡人数均呈减少趋势，各类安全事故以及死亡人数的变化大体也是如此，表明各级渔业主管机关的安全监管成效明显。

表 2-20 为我国各类渔业水上安全事故占比统计表。从中可知，2008—2020 年，我国水上安全生产事故所占的比例大体上呈增加趋势，并且在 2019 年，水上安全事故的比例达到了最大值（90. 9%）；2008 年的水上交通事故占比最大（36. 3%），2012 年的自然灾害事故占比最大（21. 9%）。

我国渔业水上安全事故分类占比　　表 2-20

年份	水上安全生产事故		水上交通事故		自然灾害事故	
	事故起数	所占比例（%）	事故起数	所占比例（%）	事故起数	所占比例（%）
2008	214	48.0	162	36.3	70	15.7
2009	327	65.0	118	23.5	58	11.5
2010	263	77.8	50	14.8	25	7.4
2011	254	78.2	31	9.5	40	12.3
2012	155	69.2	20	8.9	49	21.9
2013	241	69.4	68	18.9	41	11.7
2014	252	83.7	26	8.6	23	7.6
2015	208	79.1	28	10.6	27	10.3
2016	258	82.2	27	8.6	29	9.2
2017	170	85.0	6	3.0	24	12.0
2018	145	81.5	15	8.4	18	10.1
2019	150	90.9	9	5.5	6	3.6
2020	120	85.7	17	12.1	3	2.1

2）渔船船员死亡率分析

在分析我国渔船船员的死亡率时，按照国际上通用的统计指标——“10 万人死亡率”来分析。“10 万人死亡率”是指每年每 10 万人当中死亡（包括失踪）的人数。具体计算时，限于统计数据方面的缺陷，渔船船员的 10 万人死亡率按照如下比率计算：

$$10\text{万人死亡率}=\frac{\text{渔船船员事故死亡人数}}{\text{海洋渔业专业捕捞人员}}$$

经过计算，2008—2020 年，我国渔船船员的总体事故致死率及各类事故的死亡率如表 2-21 所示。

我国渔船船员死亡率统计情况（2008—2020 年）［单位：人/（10 万人·年）］　表 2-21

年份	事故分类			
	总体事故	生产事故	交通事故	自然灾害事故
2008	37.2	10.2	14.2	12.8
2009	48.8	28.6	11.4	8.9
2010	39.1	29.9	5.1	4.1
2011	41.1	13.8	13.5	13.9
2012	33.4	13.4	8.2	11.9
2013	45.1	22.3	8.3	14.5

续上表

年份	事故分类			
	总体事故	生产事故	交通事故	自然灾害事故
2014	24.6	16.8	5.3	2.5
2015	29.7	15.0	9.2	5.6
2016	34.8	20.1	7.0	7.8
2017	19.4	14.1	0.7	4.5
2018	22.6	10.8	5.6	6.5
2019	18.5	12.8	3.7	2.0
2020	16.2	11.7	4.4	0.3

由表2-21可知，2008—2020年船员安全事故死亡率呈总体下降趋势，年均死亡率为31.6人/10万人。其中，2020年死亡率达到最低值（16.2），2009年达到最高值（48.8）。

（1）水上生产事故导致的渔船船员死亡率。

2008—2016年呈总体上升趋势，2017—2020年呈总体下降趋势，年均死亡率为18.9人/10万人；2010年的船员死亡率达到最高值（29.9），2008年为最低值（10.2）。

（2）水上交通事故导致的渔船船员死亡率。

水上交通事故所致的渔船船员死亡率呈总体下降趋势，年均死亡率为7.4人/10万人；其中，2017年的渔船船员交通事故死亡率达到最低值（0.7），2008年达到最高值（14.2）。

（3）水上自然灾害事故导致的渔船船员死亡率。

水上自然灾害事故导致的渔船船员死亡率也呈总体下降趋势，年均死亡率为7.3人/10万人，其中2020年死亡率达到最低值（0.3），2013年达到最高值（14.5）。

2008—2020年，我国水上安全生产事故、水上交通事故和自然灾害事故的致死率变化情况如图2-39所示。

3）渔船事故率分析

针对渔船的事故率分析，引用国际上通用的统计指标——“千船事故率”来分析。所谓渔船的“千船事故率”，是指每年每1000艘渔船当中发生事故的渔船数量。在统计分析各年度的渔船事故率时，渔船数量采用了各年底国内沿海捕捞机动渔船拥有量，即：

$$\text{千船事故率}=\frac{\text{发生事故的渔船数量}}{\text{国内沿海捕捞机动渔船拥有量}}$$

经过统计，得到2008—2020年间我国渔船水上安全事故的事故率，见表2-22，图2-40为我国渔船各类水上安全事故的事故率分布。

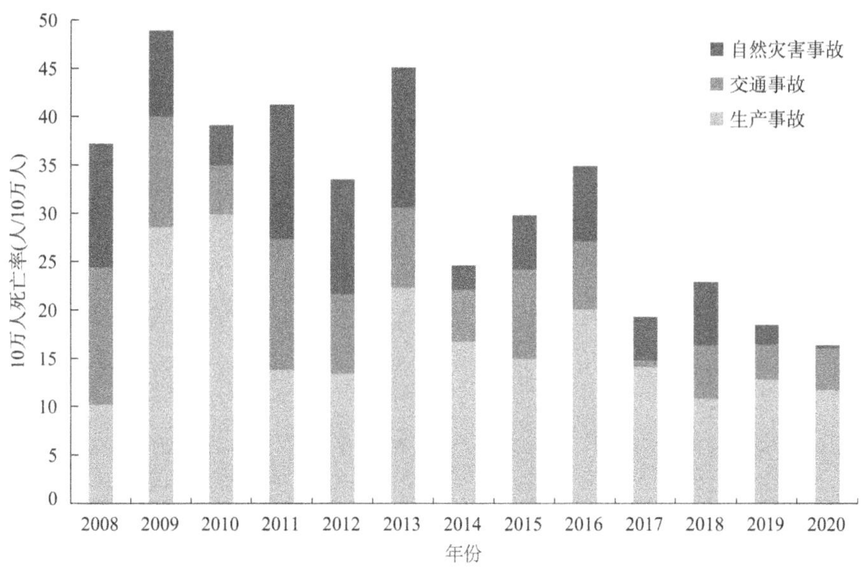

图 2-39 我国渔船船员各类水上安全事故致死率变化情况（2008—2020 年）

我国渔船水上安全事故的事故率统计（2008—2020 年）（单位：起） 表 2-22

年份	事故分类			
	水上安全事故	水上安全生产事故	水上交通事故	自然灾害事故
2008	2. 247	1. 078	0. 816	0. 353
2009	2. 447	1. 591	0. 574	0. 282
2010	1. 665	1. 296	0. 246	0. 123
2011	1. 624	1. 269	0. 155	0. 200
2012	1. 164	0. 805	0. 104	0. 255
2013	1. 798	1. 248	0. 339	0. 211
2014	1. 589	1. 330	0. 137	0. 121
2015	1. 424	1. 126	0. 152	0. 146
2016	1. 773	1. 457	0. 152	0. 164
2017	1. 221	1. 037	0. 037	0. 146
2018	1. 160	0. 945	0. 098	0. 117
2019	1. 144	1. 04	0. 064	0. 042
2020	1. 044	0. 895	0. 127	0. 022

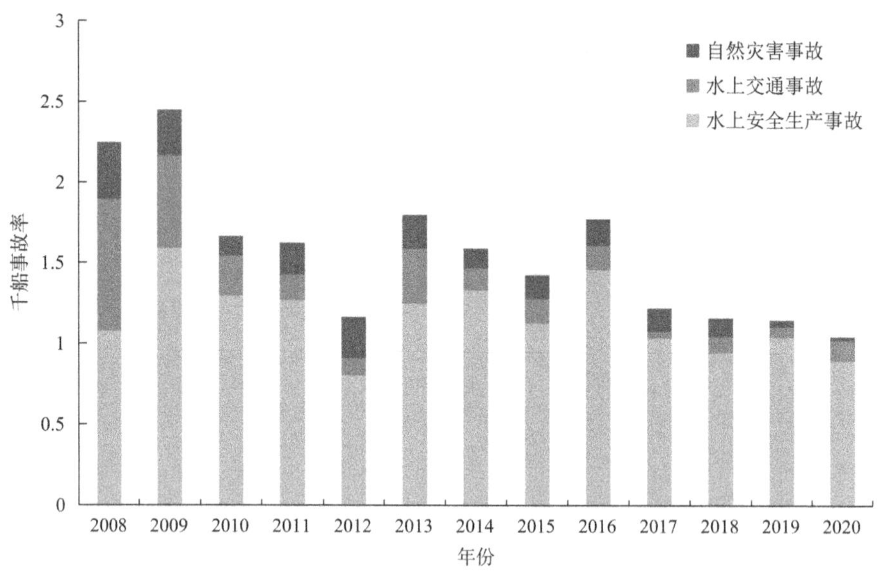

图 2-40　我国渔船各类水上安全事故的事故率变化情况

由图 2-40 可知：

（1）2008—2020 年间，我国渔船水上安全事故的千船事故率变化大致呈减小趋势，年均千船事故率为 1.562 起，近 10 年的年均渔船事故率为 1.394 起。

（2）2008 年的水上交通事故和自然灾害事故的事故率达到了最大值，分别为 0.816 起和 0.353 起。

（3）在 2009 年，我国渔船水上安全事故和水上安全生产事故的千船事故率均达到了最大值，且当年水上安全生产事故的千船事故率也为近 10 年来的最高值（1.591 起），这与我国海洋捕捞渔船普遍吨位小、旧船多及抗风能力差有直接的关系[14]。事实上，据统计，2009 年各类海上极端天气事件频发，共造成直接经济损失 152 亿元。其中，汛期的台风暴雨灾害造成死亡、失踪 29 人。

（4）2020 年，水上安全事故的千船事故率达到了最低值（1.044 起），其中自然灾害导致的千船事故率也达到近 13 年来的最低值，为 0.022 起。我国渔业安全状况明显好于以往各年度。

4）渔业安全事故等级分析

根据我国《渔业船舶水上安全事故报告和调查处理规定》中的相关要求，我国渔业船舶水上安全事故按照死亡人数、直接经济损失共分为四个等级[12]：

（1）一般事故。

造成 3 人以下死亡、失踪，或 10 人以下重伤（包括急性工业中毒，下同），或 1000 万元以下直接经济损失的事故。

（2）较大事故。

造成3人以上10人以下死亡、失踪，或10人以上50人以下重伤，或1000万元以上5000万元以下直接经济损失的事故。

（3）重大事故。

造成10人以上30人以下死亡、失踪，或50人以上100人以下重伤，或5000万元以上1亿元以下直接经济损失的事故。

（4）特别重大事故。

造成30人以上死亡、失踪，或100人以上重伤，或1亿元以上直接经济损失的事故。

鉴于《中国渔业年鉴》中没有关于渔业安全事故直接经济损失的统计数据，在此，仅根据不同死亡人数的渔业安全事故进行统计分析。在公开发布有关统计数据中，关于渔船安全事故等级的数据从2011年才开始体现，2011—2020年我国渔业安全事故的等级情况如表2-23所示。图2-41和2-42分别为我国各等级渔业安全事故起数和造成的死亡人数。

我国渔业安全事故等级分析（2011—2020年） 表2-23

年份	项目	一般事故	较大事故	重大事故	特别重大事故
2011	事故起数	285	36	4	0
	死亡人数	142	219	63	0
2012	事故起数	295	27.5	1	0
	死亡人数	175	167	10	0
2013	事故起数	307	39	3	1
	死亡人数	208	190	31	62
2014	事故起数	277	23	1	0
	死亡人数	139	109	13	0
2015	事故起数	232	27	4	0
	死亡人数	129	124	52	0
2016	事故起数	285	25	4	0
	死亡人数	162	130	57	0
2017	事故起数	188	11	1	0
	死亡人数	122	57	13	0
2018	事故起数	159	17	2	0
	死亡人数	111	58	21	0
2019	事故起数	149	16	0	0
	死亡人数	85	85	0	0

续上表

年份	项目	一般事故	较大事故	重大事故	特别重大事故
2020	事故起数	127	12	1	0
	死亡人数	64	60	21	0

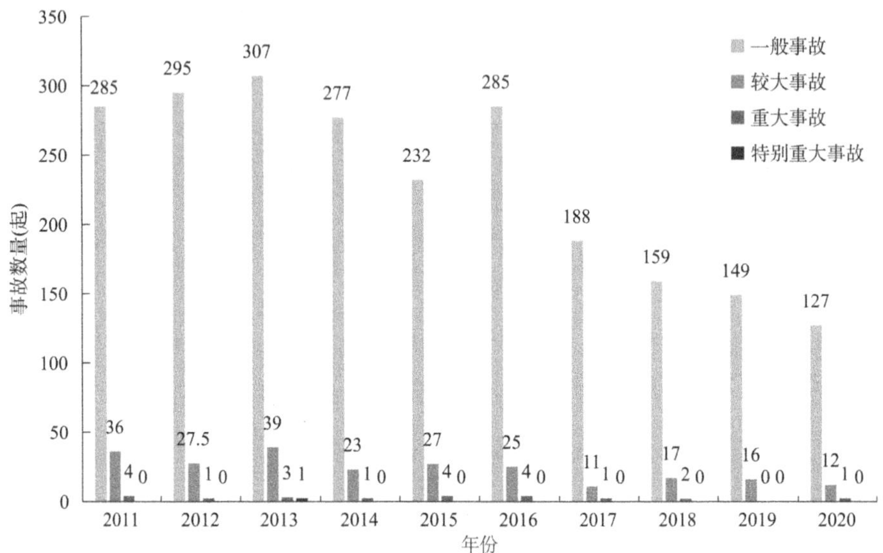

图 2-41　我国各等级渔业安全事故起数（2011—2020 年）

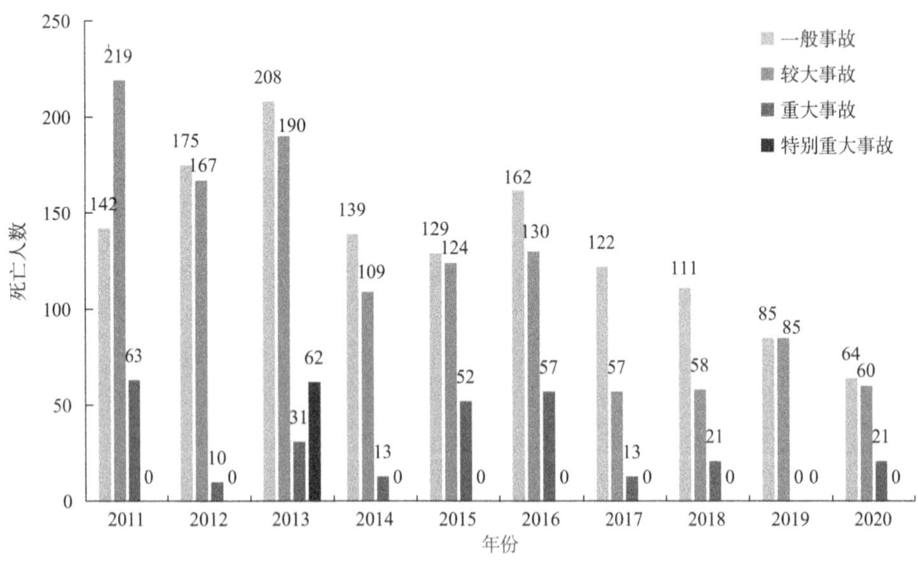

图 2-42　我国各等级渔业安全事故造成的死亡人数（2011—2020 年）

从中可以知道：

（1）一般事故：2011—2020 年的 10 年当中，一般事故的平均值为 230 起，2013—

2020 年呈逐年递减趋势，2020 年事故最少，仅发生 64 起一般事故。

（2）较大事故：2014—2020 年较大事故起数基本保持稳定。虽然，渔船较大事故的起数占一般事故的比例 1/10 不到，但是在死亡人数方面则与一般事故基本持平。因此，较大事故依然是水上安全事故防控的关键。

5）各等级渔业安全事故的占比分析

2011—2020 年，一般事故和重大事故占比总体上趋势较稳定，10 年间事故占比无较大浮动。其中较大事故和特别重大事故总体上呈下降趋势，10 年间较大事故死亡率变化趋势平缓。如表 2-24、图 2-43 和图 2-44 所示。

各等级事故占比情况（2011—2020 年） 表 2-24

年份	项目	一般事故	较大事故	重大事故	特别重大事故
2011	事故占比（%）	87.69	11.08	1.23	0
	死亡占比（%）	33.49	51.65	14.86	0
2012	事故占比（%）	91.19	8.5	0.31	0
	死亡占比（%）	49.72	47.44	2.84	0
2013	事故占比（%）	87.77	11.14	0.86	0.29
	死亡占比（%）	42.36	38.70	6.31	12.63
2014	事故占比（%）	92.03	7.64	0.33	0
	死亡占比（%）	53.26	41.76	4.98	0
2015	事故占比（%）	88.89	10.27	1.52	0
	死亡占比（%）	42.30	40.66	17.05	0
2016	事故占比（%）	90.76	7.96	1.27	0
	死亡占比（%）	46.41	37.25	16.33	0
2017	事故占比（%）	94.00	5.50	0.50	0
	死亡占比（%）	63.54	29.69	6.77	0
2018	事故占比（%）	88.76	9.55	1.12	0
	死亡占比（%）	51.15	26.73	9.68	0
2019	事故占比（%）	90.30	9.70	0	0
	死亡占比（%）	50.00	50.00	0	0
2020	事故占比（%）	90.71	8.57	0.71	0
	死亡占比（%）	44.14	41.38	14.48	0

6）渔船碰撞事故分析

据中国渔业互保协会统计[10]，碰撞事故是造成渔船部分损失的主要事故，且半数以上的渔船事故是碰撞事故。因此，应着重分析我国渔业船舶碰撞事故，梳理总结碰撞事故的规律及内在致因。

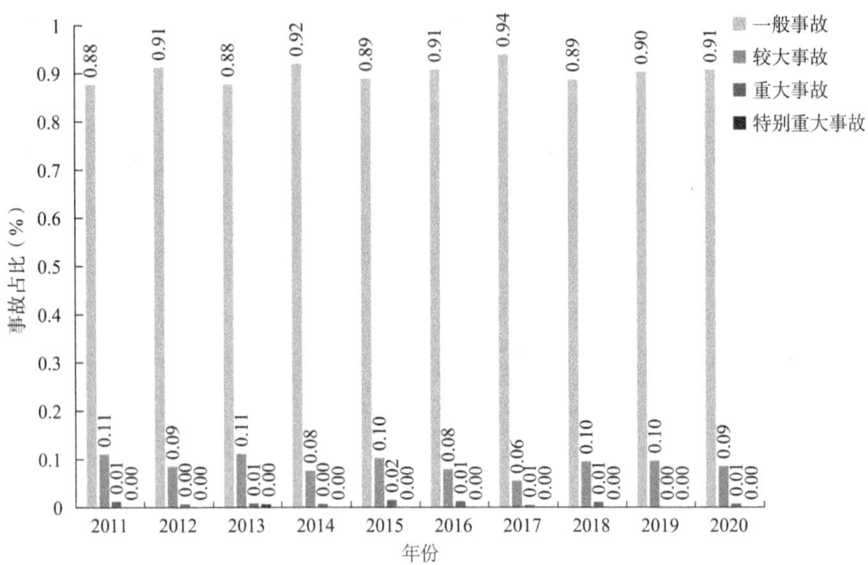

图 2-43　各等级的安全事故占比

注：为不同等级事故占总体事故的占比

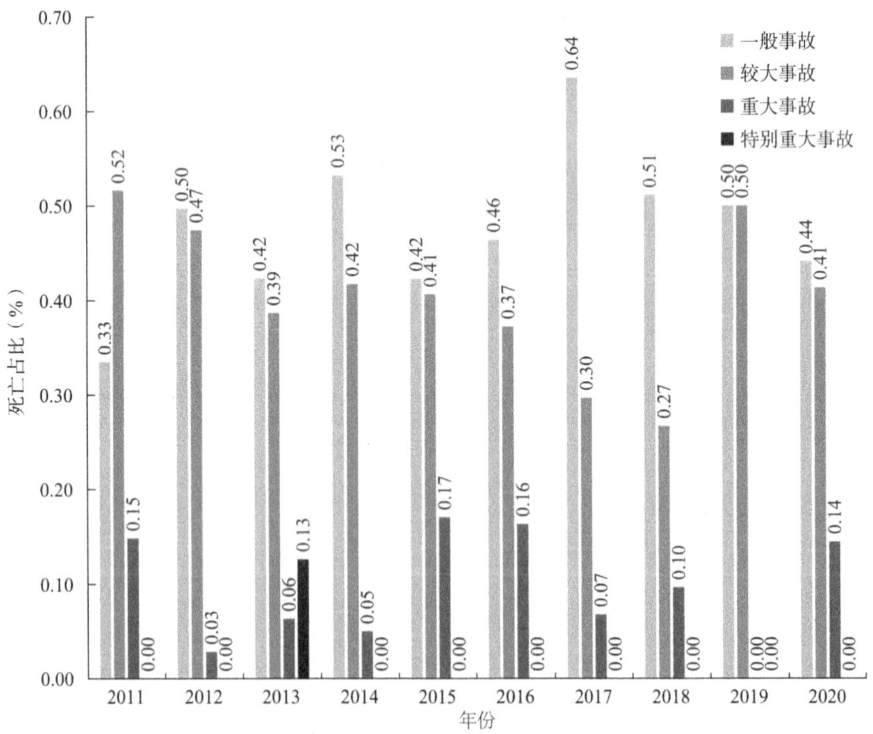

图 2-44　各等级事故死亡人数占比

在2012年以及之前的相关统计当中，我国渔业主管机关对于碰撞事故的分类统计不够明确。从2013年开始，将碰撞事故的统计分为渔船间的碰撞事故和商渔船间的碰撞事故两类。随着我国渔业水上安全事故统计分类的变化，从2014年开始，又将渔业水上安全事故分为了水上安全生产事故、水上交通事故和自然灾害事故三类。其中渔船间的碰撞事故，归入水上安全生产事故，而商渔船间的碰撞事故则归入到了水上交通事故。2017年开始，不再细分商渔船间的碰撞事故，非渔业船舶与渔业船舶发生的碰撞事故，与非渔业船舶航行产生的浪涌致使渔业船舶损坏、沉没及人员伤亡的事故，一并作为水上交通事故统计。考虑到后者发生的事故很少，将水上交通事故全部视为非渔业船舶与渔业船舶发生碰撞造成的事故。

（1）我国渔船碰撞事故基本情况。

2011—2020年，我国总共发生渔船碰撞事故298.5起，造成625人死亡（表2-25）。从中可以看出，2013年渔船碰撞事故达到了68起，为10年间事故的最高值。2017年渔船碰撞事故导致14人死亡，是10年间渔船碰撞事故致死人数的最低值。图2-45、图2-46为我国渔船事故起数及死亡人数分布柱状图。

渔船碰撞事故统计情况 表2-25

年份	事故起数	死亡人数
2011	31	139
2012	19.5	86
2013	68	90
2014	45	60
2015	35	44
2016	27	70
2017	21	14
2018	26	52
2019	26	35
2020	40	35

注：2017—2020年数据包括水上交通事故中商渔船碰撞事故。

有关资料显示，碰撞事故是发生频率最高的渔船事故，严重威胁渔民的生命财产安全。渔船船员安全意识薄弱，对《国际海上避碰规则》不够熟悉、瞭望疏忽等是造成渔船碰撞事故的主观原因[10]。

由于《中国渔业年鉴》中2013年以前的数据不充分；2013—2016年统计渔船间和商渔船之间的碰撞；在2016年开始将渔船碰撞事故划入水上安全生产事故和水上交通事故，

所以从2013—2016年开始分析渔业船舶之间的碰撞事故，从2016—2020年分析渔船水上生产安全事故和水上交通事故。

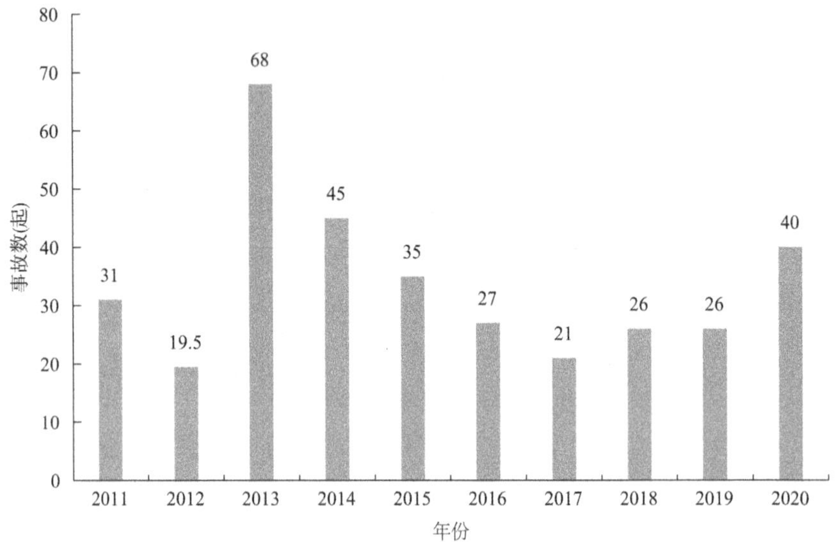

图2-45　我国渔船碰撞事故趋势（2011—2020年）

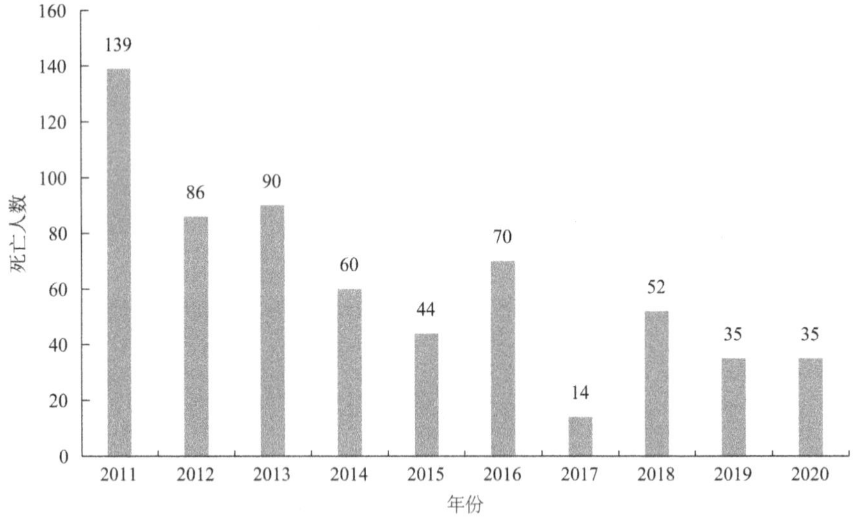

图2-46　我国渔船碰撞事故致死人数（2011—2020年）

（2）渔船间碰撞事故。

2013—2015年间，针对渔船之间的碰撞事故进行了细化，经统计，这期间共发生渔船间碰撞事故50起，造成35人死亡。渔船间的碰撞事故数量总体呈逐年稳定下降趋势，所占渔业船舶水上安全事故的比例也在逐年减小（表2-26）。渔船间碰撞事故导致的死亡人数及其所占渔业水上安全事故死亡人数的比例统计情况如表2-27所示。

渔船间碰撞事故及占比（2013—2015 年） 表 2-26

年份	渔船间碰撞事故（起）	占水上安全事故的比例（%）
2013	24	6.9
2014	19	6.3
2015	7	2.7

渔船间碰撞事故致死人数及占比 表 2-27

年份	死亡人数	占死亡人数的比例（%）
2013	15	3
2014	4	1.5
2015	16	5.2

根据表 2-27 可以看出，2015 年发生的渔船间碰撞事故，造成的死亡人数达到了最大值（16 人），占水上安全事故死亡人数的比例也达到了三年间的最大值 5.2%。

（3）商渔船碰撞事故。

在 2014—2020 年间，总共发生商渔船碰撞事故 128 起，造成 341 人死亡。2015 年商渔船碰撞事故达到了 28 起，造成的死亡人数达到了 94 人，商渔船碰撞事故起数和造成的死亡人数均为历年来的最高值（表 2-28 和表 2-29）。

商渔船间碰撞事故（2014—2020 年） 表 2-28

年份	碰撞事故（起）	占水上安全事故的比例（%）
2014	26	8.6
2015	28	10.6
2016	27	6.9
2017	6	3.00
2018	15	8.43
2019	9	5.45
2020	17	12.14
合计	128	8.20

商渔船碰撞事故致死人数（2014—2020 年） 表 2-29

年份	造成死亡人数	占死亡人数的比例（%）
2014	56	21.5
2015	94	30.8
2016	70	20.0

续上表

年份	造成死亡人数	占死亡人数的比例（%）
2017	7	3.65
2018	51	23.50
2019	34	20.00
2020	29	26.90
合计	341	20.81

关于商船和渔船间的碰撞事故，2014—2016 年，主管部门又具体分了三种情况进行统计，即被外轮碰撞、被国内商船碰撞和被不明船舶碰撞（表 2-30）。

商渔船碰撞事故情况（2014—2016 年） 表 2-30

年份	商渔船碰撞		被外轮碰撞		国内商船碰撞		不明船碰撞	
	事故总数	死亡人数	事故起数	死亡人数	事故起数	死亡人数	事故起数	死亡人数
2014	26	56	10	37	13	18	3	1
2015	28	94	6	16	10	21	12	57
2016	27	70	8	32	5	8	14	30

从中可以看出，在 2014—2016 年间：

①我国渔船被外轮碰撞的事故和造成的死亡人数在 2014 年达到了最大值，分别为 10 起和 37 人，而在 2015 年达到了最低值，分别为 6 起和 16 人。

②与国内商船的碰撞事故在 3 年间呈逐年下降趋势，即在 2014 年与国内商船碰撞的事故起数为三年间最大值（13 起）。然而，与国内商船碰撞造成的死亡人数，则在 2015 年达到了最大值（21 人）；在 2016 年与国内商船碰撞的事故起数和造成的死亡人数均达到了最低值（5 起事故和死亡 8 人）。

③与不明船舶碰撞的事故则呈上升趋势。2014 年的事故起数和造成的死亡人数均为最低值（3 起和 1 人）。在 2015 年，虽然事故起数比 2016 年少 2 起，但是事故造成的死亡人数却是三年中的最大值（57 人）。2016 年，与不明船舶碰撞的事故数达到了 3 年间的最大值 14 起。

根据近年来的数据可以得知，虽然商渔船碰撞事故数量占比不多，但是所占水上安全事故死亡人数的比例则高出很多。可见，商渔船碰撞事故的致死率要明显高于渔船间的碰撞事故。与商船相比，渔船在船体结构和吨位等方面存在巨大的差异，商渔船碰撞事故往往会给渔船造成很大程度的破坏，甚至是“灭顶之灾”。

我国的渔船大部分是木质结构，且吨位小，相对大型商船其回旋性能比较好。所以，与商船和渔船之间的碰撞事故相比，渔船和渔船之间的碰撞死亡率比较小，全损率也较小，而且，相对而言，碰撞发生后的沉船事故和人员溺水事故也较少发生。

沿海渔船的活动具有一定的聚集性和季节性。我国黄海、渤海、东海和南海及北部湾一带近岸水域渔船多，春汛和冬汛时鱼汛期渔船较多，休渔期渔船少，通过渔船活动的季节性和活动区域的聚集性，可以采取有关措施减少商渔船碰撞事故[15]。

7）渔业船舶风灾事故分析

据中国渔业互保协会统计[10]，风灾是造成渔船全部损失的主要事故。风损指准许航行作业区为沿海航区（Ⅲ类）、近海航区（Ⅱ类）以及远海航区（Ⅰ类）的渔业船舶分别遭遇八级、十级和十二级以下风力造成损坏、沉没或人员伤亡、失踪[12]。由于风灾与风损事故具有一定的共性，故将渔船生产安全事故中的风损事故、死亡人数与自然灾害事故中的大风、台风的导致事故和死亡人数进行了汇总整理，统称为渔船风灾事故，得到了渔船风灾事故与死亡人数统计情况（2007—2020 年），如表 2-31 和图 2-47 所示。

渔船风灾事故与死亡人数统计情况（2007—2020 年）　　表 2-31

年份	风灾事故（起）	死亡人数
2007	120	102
2008	70	137
2009	58	95
2010	25	44
2011	27	77
2012	25	133
2013	21	31
2014	37	40
2015	24	37
2016	22	63
2017	26	45
2018	18	59
2019	8	18
2020	9	37

结果表明：

（1）2007—2020 年间，我国渔船发生的风灾事故数量总体上呈下降趋势。从 2010 年开始，基本上保持在一个低水平的状态，且在 2017 年之后的 4 年，呈持续下降的态势。

（2）2012 年，在风灾事故数量较低的情况下却有较大的人员死亡。根据当年的事故报告得知，2012 年各类自然灾害频发重发，尤以台风灾害为重，呈现出“连续性”“集中性”和“不规律性”等新特点，甚至同时出现双台风、三台风现象和风、暴、潮“三碰头”等重大险情，由此造成2012年虽然风灾事故数量稳定，但死亡人数极大的后果，给渔业生产造成重大损失，对渔民安全造成重大威胁。

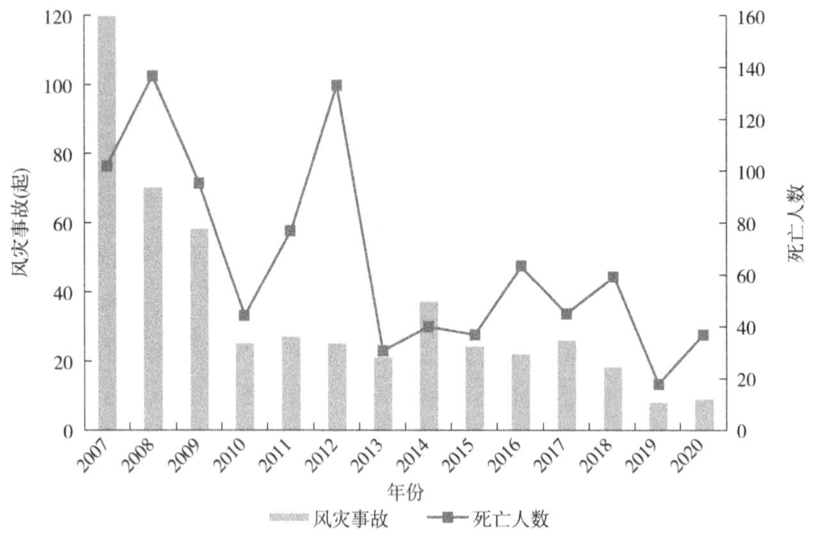

图2-47　风灾事故及死亡人数统计图（2007—2020年）

（3）2019年风灾事故起数和造成的死亡人数均达到了近10年的最低点，8起风灾事故，死亡18人。2020年风灾事故数和死亡人数出现了反弹。

由于渔船载重量小、吃水线低，渔船材质构造简陋，或者渔具装载不合理等原因，每遇到大风，相对于大吨位的商船，渔船抗风性能差，导致渔船在遭遇风灾时受到的损失及后果严重性要远大于其他船舶。例如，2016年4月10日下午，“琼洋浦22060”号渔船在龙门角附近一带海域作业时突然被暴风袭击沉没，船上4名人员全部落水，1人获救，1人遇难，2人失踪。

通过比较全面系统的分析，我国渔业水上安全事故起数与死亡人数均呈减少趋势，近10年的年均渔船事故率为1.394艘/1000艘，年均船员死亡率为28.5人/100000人，而同期英国年均渔船事故率为31.7艘/1000艘，商业捕鱼船年均船员死亡率为50.0人/100000人。虽然我国的统计数据低于英国等发达国家，但我们应清楚地认识到，我国渔业安全的实际状况应当比官方统计和公布的情况还要严峻。

海上捕捞生产是各行各业中最具危险性的职业，从业人员伤亡率也是各种职业中最高的。因为渔业生产经常在恶劣的环境中进行，船员要暴露在风浪、渔具和设备中，甚至渔获物都会影响到船员的安全；即使不在工作，船员仍然要遭受船舶的运动风险，可能会有碰撞、沉没、失火、触礁和搁浅等危险。渔船的尺度、工作条件和设备情况，渔船作业方式、作业海区及作业环境，渔船船长及船员的素质等均会影响渔业船舶的安全。

参考文献

[1] United States Coast Guard, Office of Investigations and Analysis. Analysis of fishing vessel casualties, A review of lost fishing vessels and crew fatalities, 1992-2007 [EB/OL]. (2014-12-19) [2023-03-08]. https://www.ntsb.gov/news/events/.

[2] The National Institute of Occupational Safety and Health. Commercial fishing safety [EB/OL]. (2023-01-26) [2023-04-22]. https://www.cdc.gov/niosh/topics/fishing/default.html.

[3] Marine Management Organization. UK sea fisheries statistics 2021 [EB/OL]. [2023-02-03] https://www.gov.uk/government/statistics/uk-sea-fisheries-annual-statistics-report-2021.

[4] Health and Safety Executive. Health and safety at work, Summary statistics for Great Britain 2022 [EB/OL]. [2023-04-03]. https://www.hse.gov.uk/statistics/causdis/index.htm.

[5] Health and Safety Executive. Agriculture, forestry and fishing statistics in Great Britain, 2022 [EB/OL]. [2023-05-08] https://www.hse.gov.uk/statistics/industry/agriculture.pdf.

[6] 海上保安厅（日本）. 令和 3 年海難の現況と対策. [EB/OL]. [2023-02-03] https://www.kaiho.mlit.go.jp/doc/hakkou/toukei/toukei.html.

[7] Transportation Safety Board of Canada. Marine transportation occurrences in 2020 [EB/OL]. [2023-04-22]. https://www.bst-tsb.gc.ca/eng/stats/marine/2020/ssem-ssmo-2020.html.

[8] KATE B. Health and safety in the Australian fishing industry [M]. Rural Industries Research and Development Corporation, 2011.

[9] Committee on Fisheries. Safety at sea and decent work in fisheries and aquaculture: executive summary [EB/OL]. [2023-04-26]. https://www.fao.org/3/nd596en/nd596en.pdf.

[10] 中国渔业互保协会. 中国渔业船舶安全分析报告（1994—2015）[M]. 北京：中国农业出版社，2018.

[11] 黄应邦，吴洽儿. 渔业安全生产管理 [M]. 北京：中国农业出版社，2020.

[12] 中华人民共和国农业部. 渔业船舶水上安全事故报告和调查处理规定 [EB/OL]. (2012-12-25) [2023-04-26]. https://www.gov.cn/gongbao/content/2013/content_2361574.htm.

[13] 农业农村部渔业渔政管理局，全国水产技术推广总站，中国水产学会．中国渔业年鉴（2008-2021）[M]．北京：中国农业出版社，2021.

[14] 任玉清，姚杰，许志远，等．中国钢质海洋渔船安全状况评价研究 [J]．渔业现代化，2012，39（06）：56-61.

[15] 李先强．基于中国沿海商渔船碰撞事故的商船安全航行对策分析 [J]．世界海运，2018，41（07）：22-28.

第3章

渔船安全综合评估基本理论与方法

3.1 安全与渔船安全

3.1.1 安全

（1）安全、危险和事故。

“无危为安，无损为全”，谓之安全（Safety）。在《韦氏大词典》中，安全定义为：“没有伤害、损伤或危险，不再受危害或损害的威胁，或没有危害、伤害或损失的危险。”安全是人类生存和发展的最基本、最普遍的需求。通常认为[1]，安全是指各种事物对人不产生危害、不导致危险、不造成损失、不发生事故、运行正常和进展顺利的一种状态，亦即没有危险，平平安安。

就安全的真实意义而言，安全应定义为：“安全就是消除来自物质的危险和精神上存在的恐慌状态”[2]。在生产过程中的安全，具体来讲应当具备以下的状态和条件：

①不存在危险和潜在危险的状态和条件；

②没有由于发生危险而使人受到伤亡，物体受到损伤或破坏，或者说没有可能会使人受到伤亡，物体受到损伤或破坏的心理状态。

从以上定义容易知道，安全的对立面是危险和潜在危险，同时，它还是一种心理状态，一种感觉。人们从事的某项活动或某一客观事物是否安全，是人们对这一事物的主观评价，当人们均衡利害关系，认为该事物的危险程度可以接受时，则这种事物的状态是安全的，否则就是危险的。

危险是安全的对立面，它是人们所不愿意见到的可以造成人身伤害、环境破坏和财产损失的威胁[3]。人们在现实生活中遇到的万事万物都普遍存在着危险因素，不存在危险因素的事物几乎是没有的。就连人走路都存在着摔跤的危险因素。只不过危险因素有大有小、有重有轻而已。有的危险因素导致事故的可能性很小，有的则很大；有的引发事故后果非常严重，有的则可以忽略。因此，我们从事任何活动或操作任何系统，都有不同程度的危险。

人们常把危险程度分为高、中、低三个档次。发生事故可能性大且后果严重的为高危险程度；一般情况为中等危险程度；发生事故可能性小且事故后果不严重者为低危险程度。当客观事物处于高危险程度时，人们是不能接受的，是危险的；处于中等危险程度和低危险程度时，人们往往是可以接受的，则这种状态是安全的。中等以上的危险程度称危险范围，中等及以下危险程度为安全范围。

事故是指造成人员伤亡、伤害、职业病、财产损失或其他损失的意外事件[4]。事件的发生可能造成事故，也可能并未造成任何损失。对于没有造成职业病、死亡、伤害、财产损失或其他损失的事件可称之为“未遂事件”或“未遂过失”。因此，事件包括事故事件，也包括未遂事件。事故是由危险因素导致的，危险因素导致的人员死亡、伤害、职业危害及各种财产损失都属于事故。

（2）风险和风险度。

人们为了衡量客观事物危险程度的高低，引入了风险（Risk）的概念。所谓风险，是指在一定的时间内，由于系统行为的不确定性（主要指发生了意料之外的事故）给人类带来危害的可能性[5]，是危险、危害事故发生的可能性与危险、危害事故严重程度的综合度量。风险大则表示危险程度高，风险小则表示危险程度低。

风险的度量以风险度（亦称风险率）表示。风险度就是单位时间内系统可能承受的损失。就安全而言，损失包括财产损失、人员伤亡损失、工作损失或环境损失等。

风险度 R 是以系统存在的危险因素为基础，测算系统可能发生事故的概率 P 及一旦发生事故可能造成的损失 S，从而得到

$$R = P \times S \tag{3-1}$$

由于事故发生的概率值 P 很难得到，常用频率代替概率，这时，式（3-1）可表示为：

$$风险度 = \frac{事故次数}{单位时间} \times \frac{事故损失}{事故次数} = \frac{事故损失}{单位时间}$$

风险度 R 越大，说明该系统（客观事物）的风险越大，亦即危险程度越高。

3.1.2 渔船安全

渔船在海上航行或者从事生产作业时，往往会面临很多危险，或者说，比较容易发生各类安全事故。大量的研究表明，影响渔船航行及作业安全的因素会涉及渔船及其装备的技术状况、人员的素质和行为、作业环境的状况以及安全管理方面的状况等四个方面。为此，渔船安全（Safety of Fishing Vessel）就是渔船在航行及作业过程中，保障渔船（包括装备）、人员、环境和渔获物的安全，各种要素处于一种协调平衡的状态，不存在不可接受危险的危害和隐患。其实质是防止事故，消除导致死亡、伤害及各种人员与财产损失、环境损害发生的条件。渔船安全应当是渔业安全最重要的内容，是渔业高质量发展的前提和保证。

3.2 系统与渔船安全系统

3.2.1 系统

“系统（System）”的概念，来源于人类社会的实践经验，并在长期的社会实践中不断发展并逐渐形成。对于系统的概念有多种理解，但其基本含义大致相同，即系统是由相互作用和相互依赖的若干组成部分结合成的具有特定功能的有机整体[5]。实际上，任何一个团体、工厂或企业都是一个系统，一般都包含有管理机构、运行体系等等；继续往下分，就又会出现一个系统，通常称其为子系统。

一般来说，系统应该具有如下六个属性[5]：

（1）整体性。

系统是由两个或两个以上相互区别的要素（元件或子系统）组成的整体。构成系统的各要素虽然具有不同的性能，但它们通过综合、统一（而不是简单拼凑）形成的整体就具备了新的特定功能，就是说，系统作为一个整体才能发挥其应有的功能。所以，系统的观点是一种整体的观点，是一种综合的思想方法。

（2）相关性。

构成系统的各要素之间、要素与子系统之间、系统与环境之间都存在着相互联系、相互依赖、相互作用的特殊关系，通过这些关系，使系统有机地联系在一起，发挥其特定功能。即系统的各元素不仅都为完成某种特定任务而起作用，而且任意一个元素的变化也都必然会影响其任务的完成。系统的构成要素中，部分要素彼此关联，部分要素相互排斥，部分要素也可能互不相干。

（3）目的性。

任何系统都是为完成某种任务或实现某种目的而发挥其特定功能的。要达到系统的既定目的，就必须赋予系统规定的功能，这就需要在系统的规划、设计、试验、制造和使用等阶段，对系统采取最优规划、最优设计、最优控制及最优管理等优化措施。

（4）阶层性。

系统阶层性主要表现在系统空间结构的层次性和系统发展的时间顺序性。系统可以分成若干子系统和更小的子系统，而该系统同时也是其从属系统的子系统。这种系统的分割形式表现为系统空间结构的层次性。另外，系统的生命过程也是有序的，它总会经历孕育、诞生、发展、成熟、衰老和消亡的过程，该过程表现为系统发展的阶层性。

（5）环境适应性。

系统是由许多特定部分组成的有机集合体，该集合体以外的部分就是系统的环境。任何一个系统都处于一定的物质环境之中，系统要实现预定的目标或功能，必须能够适应外部环境的变化。而且在研究和使用系统时，必须重视环境对系统的作用。

（6）动态性。

世界上没有一成不变的系统。系统不仅作为状态而存在，而且具有时间性。整个人类社会和自然环境的运行中，系统的各个要素、子系统，都是随着时间的改变而不断改变的。

3.2.2 渔船安全系统

根据安全科学理论，渔船安全系统应当是一个由船员、渔船（包括渔具和渔获物）、渔场、航道及港口和渔业公司（或合作社）等四个方面的要素所组成的复杂的大系统，可以表示为一个由人、船、环境以及管理四要素构成的四面体结构，如图 3-1 所示。因而，研究渔船安全，必须科学运用安全工程、卫生工程技术、安全管理和人机工程等理论与方法，识别、预测、消除或控制渔船安全系统中存在的不安全因素和可能发生事故的各种现象，从而使系统在一定的损失、效率等因素的约束下把所发生事故的可能性减少到最低限度，即达到该条件下的最佳安全状态。

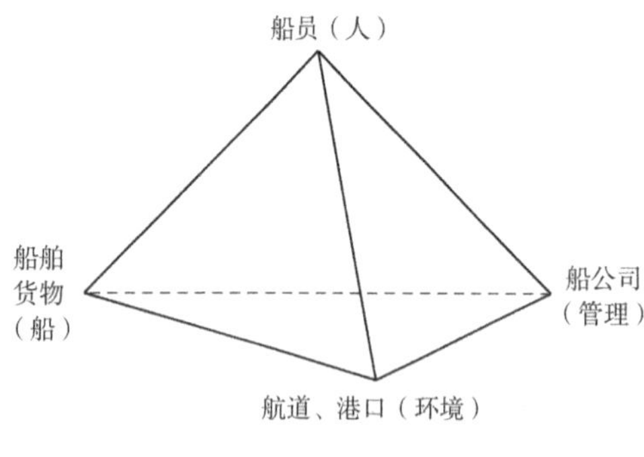

图 3-1　渔船安全系统

3.3 渔船安全系统的构成要素

3.3.1 人的要素

目前，渔业在我国还属于一种生存型产业。渔业生产力水平较低，捕鱼仍是渔民谋生的主要手段。我国渔民受教育的机会少、条件差，因而文化素质相对较低，安全意识、风险防范意识比较薄弱。渔民参加安全生产技能培训的积极性和参与度不高，职业安全技术培训和安全知识教育的普及较差，渔船职务船员严重缺乏，普通船员持证率低的现象没有得到根本性改善。近些年来，随着渔业经济体制改革的不断深入，渔区生产经营方式发生了重大变化。

一是聘用内地非专业渔民，他们经过短期培训或者未经培训即出海作业，由于缺乏必要的技术，安全意识淡薄，一旦出现问题，其应急、自救能力差，容易发生重大人员伤亡事件。而且此类人员录用不需经过当地劳动部门审批或备案，流动性较大，管理难度较大。

二是由于沿海渔业资源不断衰退及作业成本的增加，渔民不惜增加出海作业频率，延长出海作业时间，“抢风头、赶风尾”，大大增加了事故发生的可能性。

三是近海资源日益衰退，不少渔民超越渔船适航航区，前往离港更远的渔场渔区生产作业，这导致渔船避风、回港的时间延长。或者为了提高捕捞产量，渔民在商船航道中进行生产作业，或是随意更改作业类型，在甲板上随意堆放网具及渔获物，这些都是渔船灾害频发的重要因素。

3.3.2 船舶要素

据统计[6]，我国拥有各类渔船 50 余万艘，是名副其实的世界渔船第一大国，在国际上具有举足轻重的地位。但距渔船强国尚有差距，从总体来看，我国渔船具有“小型渔船比重大、木质渔船数量多和渔船老龄化严重”等特点。我国拥有 20.98 万艘海洋机动渔船，其中 12m 及以下的小型渔船占到了 68.72%，而 24m 及以上的渔船仅占 16.75%。由于大部分渔船尺度小、续航力小、抗风浪能力弱，难以赴远海进行生产作业。目前，木质海洋渔船依然占据渔船的绝对多数。随着船龄的增长，因老化、蚀耗等因素的影响，船体结构强度变差，设备技术性能降低，会导致渔船故障、出险率逐渐增大，从而频频引发渔业安全生产事故。尤其是木质渔船，其技术及装备严重落后，燃油消耗增加，维护费用加大，安全问题格外突出，严重制约了我国海洋渔业的持续健康发展。

3.3.3 环境要素

渔业海上生产常与风浪为伍，与潮涌相伴，受天气、海况等自然条件的影响很大。大量的渔船碰撞、搁浅和触礁事故都是发生在大雾、雨雪等能见度不良的天气情况下。大风大浪的恶劣海况更是极易造成船沉人亡的恶性事故。我国每年平均要遭受 10 多次台风袭击，每次台风均会在渔区造成很大的人员伤亡和财产损失，对沿海渔业经济的冲击很大。

初步估计，每年因台风、洪涝、干旱和病害等原因给渔业造成的直接经济损失近300亿元。例如，根据浙江省渔业互保协会统计，2013年10月的台风“菲特”，给我国闽、浙沿海地区的渔业生产造成了重大损失，仅浙江省宁波市一地的直接经济损失就高达8.94亿元，总的直接经济损失保守估计约40亿元。

同时，渔港及安全设施存在的问题也严重影响着渔船安全。

一是渔港“三权”不明，建管脱节。渔港所有权、使用权（经营权）和管理权不明确，只建不管、只用不养的矛盾尤为突出。渔港“三权”问题的复杂性，给渔港的建设、维修、改造、监督和管理造成了不少困难。

二是渔港及其安全设施建设投入严重不足。虽然近些年来国家对这项工作非常重视，每年都划拨一定资金建设一级渔港和维护渔用航标，但补助资金十分有限，资金缺口仍然巨大。就渔业航标的建设情况来看，由于我国大多数渔业航标建造年代久远，受风浪侵蚀严重，建设和维护资金来源没有保障。经费短缺导致保养乏力，渔业航标现状堪忧。

三是渔港环境较差，功能逐步弱化。渔港普遍设备简陋、功能低下和面貌陈旧，港池淤积，航道阻塞，码头设施残缺，港池面积变小甚至荒废，防风抗浪能力下降，渔船航行、停泊安全缺乏有力保障，不能适应新时代渔业高质量发展的要求。

3.3.4 管理要素

“海上事故的80%是人为因素造成”，这是国际海事界公认的统计分析结论[7]。人为因素责任主要在于渔业公司（船东）的陆上管理和船上管理（主要是船长的管理）。此外，渔业主管机关的安全监督管理也有一定的监管、督促作用。

根据我国《安全生产法》规定，船东是渔业安全生产的第一责任人。船东和船长在一定范围内，宏观控制人、机、环境三大要素。船员如何选择、培训和调配，渔船如何使用、维护和修理，航行什么航线，去哪个渔场，对于恶劣环境是鼓励规避还是冒险等决定，都取决于船东和船长。

船东应有规范的管理规章制度，使各项事务构成“布置—指导—执行—反馈—监控—改进”的闭环。经典的管理理论注重于组织管理，内容包括决策、计划、组织和控制。行为科学的管理理论则侧重于根据人的需要层次，设置和实施激励机制。目前，劳动合同制的实施使船员逐步独立面向市场，船东聘用境外船员的数量也在逐步增加，这也为我国渔船船东的经营管理带来了新的挑战。

传统的海上安全管理一直倾向于从船员角度追究渔船安全事故的原因和责任，即使船舶和机械破旧不堪、航行环境险恶，渔民也常被责备没有根据情况采取相应的措施。这种管理方式的后果是，渔民对事故防不胜防，事故依然发生。惨痛的教训终于使人们懂得：

事故发生在船上，根本原因却在船东。当前，重视船东和船长的安全管理已成为国际海事安全领域遏制海上事故的重要途径。

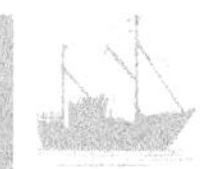

3.4 渔船安全评估

3.4.1 安全评估

安全评估（Safety Assessment），国外也称危险性评估或风险评估（Risk Assessment），是以实现工程安全、系统安全为目的，运用安全系统工程理论与方法，对工程、系统中存在的固有的或潜在的危险因素进行定性和定量分析，得出发生危险的可能性及其后果严重程度的综合评估和预测，并根据可能导致的事故风险的大小，提出相应的安全对策措施，从而为工程、系统制定防范措施和管理决策提供科学依据。

上述安全评价的定义中，包含有三层意思：

第一，对系统存在的危险性首先通过定性或定量方法进行分析，这是安全评估的基础，这里面包括有安全测定、安全检查和安全分析；

第二，将测定和分析的结果与评估标准进行比较，得出系统发生危险的可能性及其程度的评估；

第三，提出改进措施，以寻求最低的事故率、最少的损失和最佳的安全投资效益，达到安全评价的最终目的。

为此，安全评估要达到的目的应当包括以下六个方面[8]：

（1）从计划、设计、建设、生产等全过程中考虑安全技术和管理问题，辨识生产过程中的所有危险、有害因素；

（2）对危险、有害因素导致事故发生的原因进行分析，找出控制事故的最优方案；

（3）分析、计算研究对象存在的危险性、导致事故后果的严重程度和概率大小，评估其安全性；

（4）明确系统的危险所在，制定控制和消除危险、有害因素的技术措施和管理手段，降低事故发生的概率；

（5）促进实现安全管理系统化，形成教育训练、日常检查、操作维修、应急处置等完整的安全管理体系；

（6）为实现安全技术、安全管理的标准化和科学化创造条件。

3.4.2 渔船安全评估

1）渔船安全评估的概念

如前所述，渔船安全系统是由渔业公司（船东）、渔船、船员、港口、航道和渔场等要素构成的，各要素间相互作用、相互依赖，共同影响渔船安全，当某一要素失去控制时就有可能造成渔船安全事故。

所谓渔船安全评估，就是以实现由“人-船-环境-管理”构成的系统安全为目的，利用安全系统工程的原理和方法，对渔船所处的危险状态进行定量和定性的分析，查找、分析和预测渔船安全系统中存在的危险、有害因素及可能导致的危险、危害后果及严重程度，并根据其可能造成事故的风险大小，提出合理可行的安全对策措施，指导危险源监控和事故预防，保证渔船安全系统的正常运行，尽可能达到最低事故率、最少损失和最优（或最满意）的安全投资效益。

在渔船安全评估工作中，应以渔船为载体，通过对公司（船东）管理、渔船技术状况、船员素质、渔船历史安全状况（发生事故情况、安全检查缺陷情况）等进行定量、定性评估（以定量评估为主），分析渔船安全系统存在的危险源及其分布部位、数目，预测事故的概率和事故的严重程度，提出应采取的安全对策措施，决策者可以根据评估结果选择最优控制方案和管理决策。

渔船安全评估根据研究的对象不同，可以分为宏观安全评估和微观安全评估。

（1）宏观渔船安全评估。

宏观渔船安全评估主要是研究较大范围的问题，是指利用一系列指标对一个国家、一个地区或一个企业的渔船安全水平进行评估。通过宏观评估可以反映一个国家、一个地区或一个企业的总体安全水平，使国家、地区或企业把握自己的安全水平，并通过与不同国家、地区或企业的比较，找出存在的差异，为国家或地区制定宏观战略提供科学依据，提高国家、地区或企业的安全水平。

（2）微观渔船安全评估。

所谓微观渔船安全评估，是指利用一系列指标对一艘具体船舶的安全水平进行评估。通过微观安全评估，船长或船东可以把握自己渔船的安全水平，找出存在的安全问题，从而提出解决安全问题的方法，提高渔船安全水平。

2）渔船安全评估的内容

渔船安全评估的内容可以用图 3-2 来表示[5]。从图中可以看出，渔船安全评估包括危险性确认和危险性评价两部分。对于危险性的辨识，应全面、透彻地找出渔船安全系统中所存在的危险源，为了评估比较方便，要尽量给出定量的概念。同时，要对危险进行反复校核，确定是否有新的危险以及在系统运行过程中危险性会有什么变化。为了衡量危险性，需要一个标准，这就是大家所公认的安全指标。把反复校验过的危险性定量结果和安全指标（评估标准）进行比较，界限值以内即认为是安全的，界限值以外必须采取措施，然后根据反馈信息进行再评估。

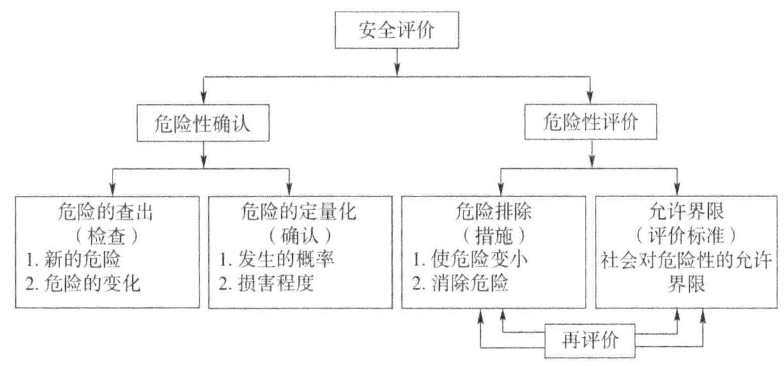

图 3-2 渔船安全评估的基本内容

3）渔船安全评估的常用方法

目前，开展渔船安全评估的方法有很多种，每种评估方法都有较强的针对性。安全评估方法的分类也很多，常用的有按评价结果的量化程度分类，按收集数据、信息来源及其推理过程分类，等等。

（1）按评价结果的量化程度分类。

①定性安全评价方法。

所谓定性安全评估方法，主要借助于经验和直观判断能力对构成渔船安全系统的设备、设施、作业程序、环境、人员和管理等方面的状况进行定性的分析，安全评估的结果是一些定性的指标，如是否达到了某项安全指标、事故类别和导致事故发生的因素等。属于定性安全评价方法的有安全检查表法（Safety Checklist）、故障类型和影响分析（Failure Model and Effects Analysis，简称 FMEA）等。

②定量安全评估方法。

定量安全评估方法，则是运用基于大量的实验结果和广泛的事故统计分析获得的指标或规律（数学模型），对渔船安全系统的设备、设施、环境、人员和管理等方面的状况进行定量的计算，评估的结果是一些定量的指标，如事故发生的概率、事故的伤害（或破坏）范围、定量的危险性、事故致因因素的事故关联度或重要度等。常用的渔船安全定量安全评估方法有事件树分析法（Event Tree Analysis，简称 ETA）、事故树分析法（Fault Tree Analysis，简称 FTA）等。

（2）按照收集数据、信息来源及其推理方法分类[9]。

①专家评分法。

以安全评估专家（或安全专家）为索取数据、信息的对象，运用专家的丰富知识和积累的经验，考虑评估对象及客观条件，采用直观或推断方法对渔船安全系统进行综合分析研究，可以用定性或半定量的直观信息来判断渔船安全系统的安全程度。

②参照类别法。

利用系统安全评估成功（有效）的经验或安全情况类似（相似）的评估方法，通过分析、对比和分类，可以判定有大量的评估项目及其数据是可参照、可类比和可移用的。在评价中利用某些可信、有效的数据和方法，为安全评价服务。

③模糊定量分析。

利用模糊数学（隶属函数）的理论，以精确性对模糊性的一种逼近[10]。应用模糊聚类和相似优先比、模糊综合评判、模糊语言和模糊控制、模式识别的模糊技术、模糊决策等方法，对系统安全、危害程度进行定量分析，特别是借助于计算机技术对系统、行业以及企业的安全状态进行定量评价。

④灰色安全评估法。

灰色系统理论认为大量已知信息（白色系统）、不少未知信息和非确知信息（黑色系统）混合组成灰色的系统[11]。在安全管理中，通常都在信息不很清楚的情况下开展工作，安全评价与决策也都是在信息部分已知、部分未知的情况下作出的，可以把系统安全（或系统事故）看为灰色系统，利用建模和关联分析，使灰色系统“白化”，进行评价、预测和决策。

3.5 评估指标选取原则

渔船安全涉及因素众多，评估指标的选取应该通过多个维度，根据研究对象的特点，选取科学且合理的指标，建立的评估指标体系应全面地反映影响渔船安全状况的因素。为了使评估工作更加科学化、规范化，评估结果更加符合我国渔船安全现状，选取评估指标时一般应遵循以下原则：

（1）系统性与代表性原则。

某个因素通常只能描述渔船安全状况的某一种特性，而不能从全局出发。为此，在选取评估指标时，应当兼顾并梳理多种要素、各环节的特征与作用，关联横向与纵向指标，充分展示评估对象的综合特性，以便对渔船安全状况作出较为系统性的体现。而代表性原则是依据系统性原则，对系统性因素进行补充概述，描述系统性原则所选安全因素中，最需要注意的敏感性指标，以做到系统性与代表性原则相结合。

（2）独立性原则。

设计建立的评估指标体系中，部分指标之间往往会具有一定的相关性。因此需要采用科学的方法处理指标体系中彼此相关程度较大的因素，保证每一指标在体系中只出现一次，避免重复。

（3）可操作性原则。

针对渔船安全状况，必须要选择数据易得、概念明确的指标来建立体系，以确保选用的评估指标可进行实际操作。此外，指标的选取也不宜太过复杂烦琐，避免建立指标体系时造成麻烦。对于部分要求精准但收集较难的数据，在必要情况下，可替换为近似值，以确保准确性。

（4）科学性原则。

在进行渔船安全评估指标选取时，首先需要根据合理的理论体系，来建立一个科学的评估指标体系，既能保证选取的各个指标较为全面地反映整个体系中所有的特性，明确指标含义，清晰描述渔船安全状况体系中各大子系统以及各级安全指标之间的关系，又能够筛除冗余指标，减小指标偏差，以免影响最终建立的指标体系。

（5）定量和定性指标相结合原则。

在风险识别研究中，通常采用定量分析来识别对象的危险性。定量分析是指分析研究对象中各组成成分的数量关系，或对多个成分的部分性质、特征等进行数量上的对比分析，量化描述研究结果。

定性分析指的是采用逻辑分析、判断推理等思辨方式，侧重于某一事物的属性研究分析。但定性分析常常会受到个人主观因素的影响，而造成分析结果的偏差。因此，应在定性分析的基础上辅以定量分析，在分析系统指标的同时，兼顾部分无法直接量化分析以至于定性指标缺失的问题，确保所得结论更为科学、准确与合理。

3.6 评估指标的权重确定——层次分析法

通常，在评估指标体系中，各指标与渔船安全的关联程度是不同的，或者说对所研究的渔船安全问题的影响程度（或重要程度）是不同的。因此，在研究渔船安全问题时，要全面考虑问题的影响因素，但又不能将这些因素一视同仁地等权重考虑，必须从中区别出各因素对渔船安全问题的影响程度。为有效地解决指标权重的分配问题，通常可以采取的方法有集值统计迭代法、层次分析法（The Analytic Hierarchy Process，简称 AHP）和专家调查（Delphi）法等。本节只介绍层次分析法。

层次分析法，是美国运筹学家、匹兹堡大学萨迪（Saaty A L）教授于 20 世纪 70 年代提出的一种定性与定量分析相结合的多目标决策分析方法[12-13]。此方法能把复杂系统的决策思维层次化，把决策过程中的定性和定量的因素有机地结合，通过判断矩阵的建立、排序和一致性检验得到具有说服力的计算结果，可避免由于人的主观性导致权重预测与实际问题相矛盾的现象发生，克服决策者的个人偏好，提高决策的有效性。

3.6.1 AHP 模型的基本思想及结构

AHP 是对一些较为复杂、较为模糊的问题做出决策的简易方法，它特别适用于那些难以完全定量分析的问题。应用层次分析法解决问题的思想是：首先，根据问题的性质和要达到的目标，将问题分解为不同的组成因素，按照因素之间的相互影响和隶属关系，将其分层聚类组合，形成一个递阶的、有序的层次结构模型；然后，对模型中每一层次因素的相对重要性依据人们对客观现实的判断给予定量表示，再利用数学方法确定每一层次全部因素相对重要性次序的权值；最后，通过综合计算各层次因素相对重要性的权值，得到最低层（方案层）相对于最高层（目标层）的相对重要性次序的组合权值，以此作为评价和选择方案的依据。

AHP 结构模型如图 3-3 所示，在这个模型下，复杂问题被分解为若干元素。这些元素又按其属性及关系形成多个层次。上一层次的元素作为准则对下一层次有关元素起支配作用。

这些层次可以分为三类：

（1）最高层：此层次中只有一个元素，一般表示分析问题的预定目标或理想结果，因此也称为目标层。

（2）中间层：此层次中包含了为实现目标所涉及的中间环节，它可以由若干个层次组成，包括所需考虑的准则、子准则等，因此也称为准则层。

（3）最底层：这一层次包括了为实现目标可供选择的各种措施、决策方案等，因此也称为措施层或方案层。

递阶层次结构中的层次数与问题的复杂程度及需要分析的详尽程度有关，一般层次数是不受限制的。每一层次中各元素所支配的元素一般不要超过 9 个。这是因为支配的元素过多会给两两比较判断带来困难。

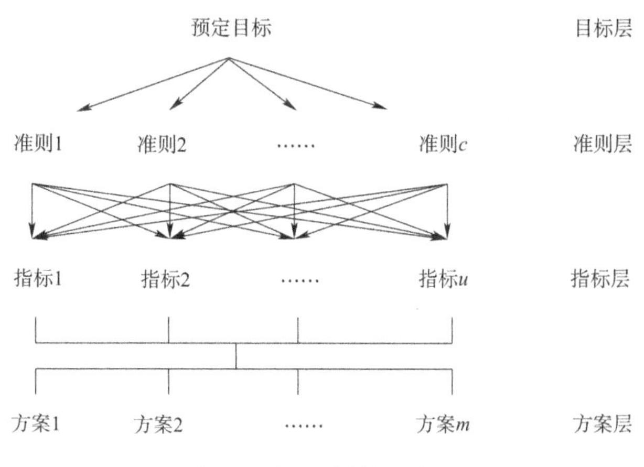

图 3-3 递阶层次结构示意图

3.6.2 构造判断矩阵

判断矩阵是 AHP 的基本信息，也是进行各要素优先级权重计算的重要依据。建立判断矩阵是以上一层的要素为判断准则，对下一层的要素进行两两比较，确定判断矩阵的元素值（或相对于其上层要素的相对重要程度）。假定上一层次的因素 C_k 对下一层次中 A_1，A_2，…，A_n 有支配关系，通过两两比较，填写表 3-1，得到判断矩阵 A。

两两比较表 表 3-1

C_k	A_1	A_2	…	A_j	…	A_n
A_1	a_{11}	a_{12}	…	a_{1j}	…	a_{1n}
A_2	a_{21}	a_{22}	…	a_{2j}	…	a_{2j}
⋮	⋮	⋮		⋮		⋮
A_i	a_{i1}	a_{i2}	…	a_{ij}	…	a_{in}
⋮	⋮	⋮		⋮		⋮
A_n	a_{n1}	a_{n2}	…	a_{nj}	…	a_{nn}

$$A=\begin{bmatrix} a_{11} & a_{12} & \cdots & a_{1n} \\ a_{21} & a_{22} & \cdots & a_{2n} \\ \vdots & \vdots & & \vdots \\ a_{n1} & a_{n2} & \cdots & a_{nn} \end{bmatrix}$$

矩阵 A 中的元素确定分为两种情况：

（1）如果 u_1，u_2，…，u_m 对 c_i 的重要性可定量（如长度、重量、体积），其值可直接按数量确定；

（2）如果问题复杂，u_1，u_2，…，u_m 对 c_i 的重要性无法直接定量，即是一些定性的，用两两比较法确定权重。其方法是判断对于准则 c_i，指标 u_i 和 u_j 哪一个重要。传统的方法按1～9比例标度对重要性赋值，1～9标度的含义见表3-2。

判断矩阵的标度及其意义 表3-2

标度	含义
1	表示两个因素相比，具有同样的重要性
3	表示两个因素相比，一个因素比另一个因素稍微重要
5	表示两个因素相比，一个因素比另一个因素明显重要
7	表示两个因素相比，一个因素比另一个因素强烈重要
9	表示两个因素相比，一个因素比另一个因素极端重要
2，4，6，8	上述两相邻判断的中值
倒数	因素 i 与 j 比较得判断 a_{ij}，则因素 i 与 j 比较得判断 a_{ji}，有 $a_{ji}=1/a_{ij}$

3.6.3 单一准则下元素相对权重的计算

（1）要进行权重计算，首先要得到每一层次的相对重要性的九标度判断矩阵。对于每一准则 C_k 下的判断矩阵 A_i，有如下性质：

$$a_{ij}>0,\ a_{ij}=\frac{1}{a_{ji}},\ a_{ii}=1 \quad i=1,2,\cdots,n \tag{3-2}$$

由此计算各指标的排序权重，并计算它的最大特征根 $\lambda_{\max}$，$AW=\lambda_{\max}\cdot W$，进行一致性检验。

最大特征根 $\lambda_{\max}$ 及其对应的特征向量 W 通常用“方根”法和“和”法两种计算方法进行计算，其中“和”法如下：

A 是 n 个元素 u_1，u_2，…，u_n 对于准则 C 的判断矩阵，求出它们对于准则 C 的相对权重 w_1，w_2，…，w_n。对于一个一致的判断矩阵，它的每一列归一化后就是相应的权重向量。当 A 不一致时，每一列归一化后近似于权重向量，和法就是采用这 n 个列向量的算术平均作为权重向量。因此有：

$$w_i=\frac{1}{n}\sum_{j=1}^{n}\frac{a_{ij}}{\sum_{k=1}^{n}a_{kj}} \quad i=1,2,\cdots,n \tag{3-3}$$

其计算步骤如下：

第一步：A 的元素按列归一化；

第二步：将归一化后的各列相加；

第三步：将相加后的向量除以 n 即得权重向量。

计算判断矩阵的最大特征根 λ_{max}

$$\lambda_{max}=\sum_{i=1}^{n}\frac{(AW)_i}{nw_i} \tag{3-4}$$

（2）判断矩阵的一致性检验。

由于客观事物的复杂性和人们认识的多样性及可能产生的片面性，要求每一个判断都有完全一致性是不可能的，因素多规模大的问题更是如此。因此，为了保证应用层次分析得到的结论基本合理，需要对判断矩阵进行一致性检验。其度量指标按下式计算：

$$\mathrm{CI}=\frac{\lambda_{max}-n}{n-1} \tag{3-5}$$

当 A 为完全一致性矩阵时，$\lambda_{max}=n$，其余特征根为零，而当 A 为满意一致性矩阵时，λ_{max}稍大于 n，其余特征根接近零，此时基于层次分析法得出的结论才是基本合理的。一般认为 $\mathrm{CI}<0.10$ 时，即为可行。

在进行层次总排序时，还要计算一致性比例 CR（Consistency Ratio）：

$$\mathrm{CR}=\mathrm{CI}/\mathrm{RI} \tag{3-6}$$

当 $\mathrm{CR}\leqslant 0.10$ 时，A 的一致性是可以接受的。其中，RI 是平均随机一致性指标（RI 值见表 3-3）。

随机一致性指标 RI 表 表 3-3

n	1	2	3	4	5	6	7	8	9	10	11	12
RI	0	0	0.52	0.89	1.12	1.26	1.36	1.41	1.46	1.49	1.52	1.54

为尽可能地消除人为因素的影响，反映现实的情况，通过专家调查法，向 n 位专家发放调查问卷，并分别对他们给出的判断矩阵进行分析，得出各个专家给出的权重向量 W_k，各个指标的权重 w_i取各个专家给出的权重向量中对应指标的权重 W_k（i）的算术平均值：

$$w_i=\frac{1}{n}\sum_{k=1}^{n}W_k(i) \tag{3-7}$$

由式（3-7）求得的权重向量 W 依然满足归一化的条件。

3.6.4 层次总排序及一致性检验

上面我们得到的是一组元素对其上一层中某元素的权重向量，最终要得到各元素，特别是最底层中各方案对于目标的排序权重，从而进行方案排序与选择。

总排序权重要自上而下地将单准则下的权重进行合成。

设上一层次（c 层）包含 c_1，…，c_n 共 n 个因素，它们的层次总排序权重分别为

w_{c1}，…，w_{cn}。又设其后的下一层次（u 层）包含 m 个因素 u_1，…，u_m，它们关于 c_j 的层次单排序权重分别为 w_{1j}，…，w_{mj}（当 u_i 与 c_j 无关联时，$b_{ij}=0$）。现求 u 层中各因素关于总目标的权重，即求 u 层各因素的层次总排序权重 w_1，…，w_n，计算按表 3-4 所示方式进行，即：

$$w_i = \sum_{j=1}^{n}\sum_{i=1}^{m} w_{ij}c_{ji} \tag{3-8}$$

总排序权重计算方法　　表 3-4

u 层	c 层				总排序权重
	c_1	c_2	…	c_n	
—	w_{c1}	w_{c2}	…	w_{cn}	—
u_1	w_{11}	w_{12}	…	w_{1n}	$\sum_{j=1}^{n} w_{1j}w_{c1}$
u_2	w_{21}	w_{22}	…	w_{2n}	$\sum_{j=1}^{n} w_{2j}w_{c2}$
…	…	…	…	…	…
u_m	w_{m1}	w_{m2}	…	w_{mn}	$\sum_{j=1}^{n} w_{mj}w_{cm}$

对层次总排序也需作一致性检验，检验方法同层次总排序一样，由高层到低层逐层进行。这是因为虽然各层次均已经过层次单排序的一致性检验，各成对比较判断矩阵都已具有较为满意的一致性。但当综合考察时，各层次的非一致性仍有可能积累起来，最终引起分析结果较严重的非一致性。

在单排序中经一致性检验，求得 u 层中与 c_j 相关的因素的成对比较判断矩阵单排序一致性指标为 CI（j），（$j=1$，…，m），相应的平均随机一致性指标为 RI（j），则 B 层总排序随机一致性比例为

$$\mathrm{CR} = \sum_{j=1}^{n}\mathrm{CI}(j)a_j \Big/ \sum_{j=1}^{n}\mathrm{RI}(j)\,a_j \tag{3-9}$$

当 CR≤0. 10 时，认为层次总排序结果具有较满意的一致性，并接受该分析结果。

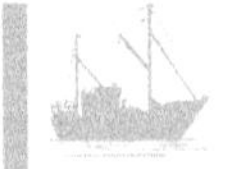

3.7　渔船安全评估的常用方法

3.7.1　模糊综合评判法

模糊集（Fuzzy Sets）理论[10,14]是由美国加州大学伯克利分校的自动控制专家查德

（Zadeh L A）教授于1965年最先提出的。用模糊集合来描述模糊事物的概念，很快为科技工作者所接受。经过短短四十多年的时间，模糊理论已经取得了举世瞩目的进展，其应用遍及工程技术、生态环境以及社会经济等领域的许多方面[15-20]。

模糊综合评判模型的基本原理如下：

设有需要进行评估的对象组成的集合 $X=\{X_1, X_2, \cdots, X_m\}$，可以是某地区的不同年度（或某年度的几个不同地区）。$U=\{U_1, U_2, \cdots, U_n\}$ 为 n 种因素（评价指标）所构成的集合（即因素集或评价指标集）。一般地，各因素对评价对象的影响是不一致的。因而，各因素的权重分配为

$$A=(a_1, a_2, \cdots, a_n) \tag{3-10}$$

其中，a_i表示第 i 个因素的权重，是该因素关于评价对象重要程度的度量，它的直观含义是指，评价因素与评价对象具有关系的强度，或评价因素解释评价对象的能力，或评价因素对评价对象的贡献[12]。一般要求评价因素的权重具有可加性，即满足 $\sum a_i=1$。

在评估渔船安全状况时，若从第 i 个因素 U_i着眼第 j 个年度 X_j安全实况的单因素评价值为

$$r_{ij}=u_R(U_i, X_j)=u_{ij} \tag{3-11}$$

则单因素评价（决策）矩阵为

$$R=\begin{bmatrix} r_{11} & r_{12} & \cdots & r_{1m} \\ r_{21} & r_{22} & \cdots & r_{2m} \\ \vdots & \vdots & & \vdots \\ r_{n1} & r_{n2} & \cdots & r_{nm} \end{bmatrix}=(r_{ij})_{n\times m} \tag{3-12}$$

其中 $r_{ij}\geqslant 0$。

因此，得到模糊综合评价模型

$$B=A\circ R=(b_1, b_2, \cdots, b_m) \tag{3-13}$$

式中：$\circ$——合成算子。

在评价渔业安全状况时，应对所有评价指标依权重的大小均衡兼顾，体现整体特性。所以，选择的模糊合成算子$\circ$为加权平均型 $M(\bullet, \oplus)$，即

$$b_j=\sum_{i=1}^{n} a_i\cdot r_{ij},\ j=1, 2, \cdots, m \tag{3-14}$$

其中 $a\oplus b=\min(1, a+b)$；$\sum$ 表示对 n 个数在$\oplus$运算下求和。

根据 $B=(b_1, b_2, \cdots, b_m)$ 就可以对评价对象 $X_1, X_2, \cdots, X_m$进行综合评价、排序。

3.7.2 多级模糊综合评判模型

对于一个比较复杂的评估对象来说，其评估因素往往是多方面的，而且不同因素之间

往往还存在着不同的层次，此时，应用一级模糊评价模型就很难得出客观的评价结果。此时，就需要将评估因素集合按照某种属性分成几类，先对每一类进行综合评判，然后再对各类评判结果在各类之间进行更高层次的综合评判，即为多层次模糊评判，其基本原理如下：

（1）设评估对象为 X，将因素集（或评价指标集）$U=\{u_1,u_2,\cdots,u_n\}$ 按某些属性分成 s 个子集

$$U_i=\{u_{i1},u_{i2},\cdots,u_{in}\},\ i=1,2,\cdots,s \tag{3-15}$$

满足条件

$$\sum_{i=1}^{s} n_i=n,\ \bigcup_{i=1}^{s} U_i=U,\ U_i\cap U_j=\varnothing,\ i\neq j \tag{3-16}$$

（2）设 $V=\{v_1,v_2,\cdots,v_m\}$ 为评价集，U_i 中的各因素的权重分配为

$$A_i=(a_{i1},a_{i2},\cdots,a_{in}) \tag{3-17}$$

其中 $\sum_{t=1}^{n_i} a_t=1$。若设 R_i 为对 X 的单因素评价矩阵，则得出一级评判向量

$$B_i=A_i\circ R_i=(b_{i1},b_{i2},\cdots,b_{im}),\ i=1,2,\cdots,s \tag{3-18}$$

（3）将每个 U_i 视为一个因素，记作 $U^*=\{U_1,U_2,\cdots,U_s\}$，于是 U^* 又是个因素集。其单因素评价矩阵为

$$R=\begin{bmatrix}B_1\\B_2\\\vdots\\B_S\end{bmatrix}=\begin{bmatrix}b_{11}&b_{12}&\cdots&b_{1m}\\b_{21}&b_{22}&\cdots&b_{2m}\\\vdots&\vdots&&\vdots\\b_{s1}&b_{s2}&\cdots&b_{sm}\end{bmatrix} \tag{3-19}$$

每个 U_i 作为 U^* 的一部分，反映了 U^* 的某种属性，其权重分配为

$$A=(a_1,a_2,\cdots,a_s) \tag{3-20}$$

因此，得到二级评判向量

$$B=A\circ R=(b_1,b_2,\cdots,b_m) \tag{3-21}$$

图 3-4 给出了二级评判模型的直观解释[10]。依此类推，可有三级评判模型，四级评判模型，等等。

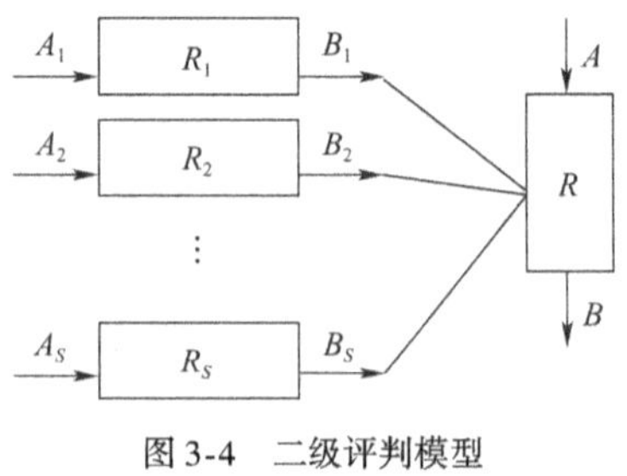

图 3-4　二级评判模型

3.7.3 集对分析评估方法

集对分析（SPA）是我国学者赵克勤先生经过 20 余年的潜心思考，于 1989 年创立的

一门新兴理论，是一种研究不确定性的数学方法，其主要数学工具是联系数[21-22]。三十多年来，集对分析已经在社会、经济、科技、工程等许多领域中得到了广泛的应用。

1）三元联系数

设问题 W 需要对由集合 A 和集合 B 组成的集对 $H=(A,B)$ 展开分析，两个集合共有 N 个特性，其中在 S 个特性上为两个集合所共有，在 P 个特性上两个集合相互对立，在其余的 $F=N-S-P$ 个特性上两个集合既不对立又不同一。则称值 S/N 为这两个集合在问题 W 下的同一性度量，简称为同一度，并简记为 a；F/N 为这两个集合在问题 W 下的差异性度量，简称差异度（不确定度），并简记为 b；P/N 为这两个集合在问题 W 下的对立性度量，简称为对立度，并简记为 c。

同一度、差异度和对立度从不同侧面刻画了两个集合的联系状况，则集对 $H=(A,B)$ 在问题背景 W 下的同异反联系数（简称联系数）为

$$\mu(W)=\frac{S}{N}+\frac{F}{N}i+\frac{P}{N}j=a+bi+cj \tag{3-22}$$

式中，i 为差异度系数，在 $[-1,1]$ 区间视不同情况取值（有时 i 仅起标记的作用）；j 为对立度系数，规定其恒取值 -1（有时 j 也仅起标记的作用）。根据定义，a，b，$c\in[0,1]$ 为实数，且满足归一化条件 $a+b+c=1$。

这种刻画事物确定与不确定的定量描述，是从事物的同（同一）、异（差异）、反（对立）三个方面反映不确定性，因此（3-22）式又称为三元联系数。

2）多元联系数

在系统综合评估中，对论域只作同、异、反划分，有时显得粗糙，即对论域的评价等级划分根据问题的需要应更为细致，可能划分为 4 个、5 个或者更多的等级，这时可以采用多元联系数，即在（3-22）式的基础上对 bi 项进行推广与扩展后形成的一种联系数。其一般形式是

$$\mu=a+b_1i_1+b_2i_2+\cdots+b_ni_n+cj \tag{3-23}$$

式中，a，b_1，$\cdots$，b_n，$c\in[0,1]$，且满足 $a+b_1+\cdots+b_n+c=1$。i_1，$\cdots$，i_n 为差异度系数，在 $[-1,1]$ 区间视不同情况取值（有时 i 仅起标记的作用）；j 为对立度系数，规定其恒取值 -1（有时 j 也仅起标记的作用）。一般地，当 $n=k$ 时，称为 $k+2$ 元联系数，当 $k\geqslant2$ 时的联系数称为多元联系数。在不具体说明时，i_1，$\cdots$，i_n，j 仅作为标记使用。

3）多元联系数集对分析评估模型

设多个评价对象 x_1，x_2，$\cdots$，x_Q 构成空间 $X=\{x_1,x_2,\cdots,x_Q\}$，表征评价对象属性的各指标构成指标集 $I=\{I_1,I_2,\cdots,I_m\}$，评价标准集为 $V=\{v_1,v_2,\cdots,v_n\}$，其中 v_1，v_2，$\cdots$，v_n 构成属性的一个有序分割类，且 $v_1<v_2<\cdots<v_n$。每个指标的评价标准已知，写成评价标准矩阵为

$$\begin{array}{c} \\ I_1 \\ \vdots \\ I_p \\ \vdots \\ I_m \end{array}\begin{array}{c} \begin{matrix} v_1 & v_2 & \cdots & v_n \end{matrix} \\ \begin{pmatrix} a_{11} & a_{12} & \cdots & a_{1n} \\ \vdots & \vdots & & \vdots \\ a_{p1} & a_{p2} & \cdots & a_{pn} \\ \vdots & \vdots & & \vdots \\ a_{m1} & a_{m2} & \cdots & a_{mn} \end{pmatrix} \end{array}$$

其中 $a_{p1} < a_{p2} < \cdots < a_{pn}$，或 $a_{p1} > a_{p2} > \cdots > a_{pn}$。

根据评估对象 x_q 的各指标的实测值 $x_q = (t_{q1}, t_{q2}, \cdots, t_{qm})$ 判断评价对象属于哪一个评估类，判断 x_q 的各指标 I_p 属于综合的哪一个评估类。

（1）各指标综合评价 n 元联系数的确定

定义评价指标对象 x_q 指标 I_p 的综合评价 n 元联系数为

$$\mu_p = r_{p1} + r_{p2}i_1 + \cdots + r_{p(n-1)}i_{n-2} + r_{pn}j \tag{3-24}$$

其中 $r_{pl} \in [0, 1]$（$1 \leqslant p \leqslant m$，$1 \leqslant l \leqslant n$），是评价指标 I_p 相对 V_l 等级的联系度分量。μ_p 根据下面办法来确定：

设指标 I_p 的测量值为 t_p，不妨设 $a_{p1} < a_{p2} < \cdots < a_{pn}$，则

①当 $t_p \leqslant a_{p1}$ 时，

$$\mu_p = 1 + 0i_1 + \cdots + 0i_{n-2} + 0j \tag{3-25}$$

②当 $a_{p1} \leqslant t_p \leqslant a_{p2}$ 时，

$$\mu_p = \frac{|t_p - a_{p2}|}{|a_{p1} - a_{p2}|} + \frac{|t_p - a_{p1}|}{|a_{p1} - a_{p2}|}i_1 + 0i_2 \cdots + 0i_{n-2} + 0j \tag{3-26}$$

③当 $a_{ps} \leqslant t_p \leqslant a_{p(s+1)}$（$s = 2, 3, \cdots, n-2$）时，

$$\mu_p = 0 + \cdots + \frac{|t_p - a_{p(s+1)}|}{|a_{ps} - a_{p(s+1)}|}i_{s-1} + \frac{|t_p - a_{ps}|}{|a_{ps} - a_{p(s+1)}|}i_s + \cdots + 0i_{n-2} + 0j \tag{3-27}$$

④当 $a_{p(n-1)} \leqslant t_p \leqslant a_{pn}$ 时，

$$\mu_p = 0 + \cdots + 0i_{n-3} + \frac{|t_p - a_{pn}|}{|a_{p(n-1)} - a_{pn}|}i_{n-2} + \frac{|t_p - a_{p(n-1)}|}{|a_{p(n-1)} - a_{pn}|}j \tag{3-28}$$

⑤当 $t_p \geqslant a_{pn}$ 时，

$$\mu_p = 0 + 0i_1 + \cdots + 0i_{n-2} + 1j \tag{3-29}$$

显然，r_{pl} 满足 $\sum_{l=1}^{n} r_{pl} = 1$。

（2）总指标的综合评估 n 元联系数的确定

根据式（3-24），类似地定义总指标的综合评估 n 元联系数为

$$\mu = r_1 + r_2 i_1 + \cdots + r_{(n-1)}i_{n-2} + r_n j \tag{3-30}$$

其中 $r_l=\sum_{p=1}^{m} w_p r_{pl}$，$(1 \leqslant p \leqslant m, 1 \leqslant l \leqslant n)$，$w_p$ 是评价指标 I_p 在指标体系中的权重，构成权重集 $W=[w_1, w_2, \cdots, w_m]$，并且 $\sum_{p=1}^{m} w_p=1$。根据联系数 μ 即可对评估对象进行综合评估。

参考文献

[1] 林柏泉. 安全学原理［M］. 北京：煤炭工业出版社，2002.

[2] 徐志胜，姜学鹏. 安全系统工程［M］. 3 版. 北京：机械工业出版社，2018.

[3] 方祥麟，姚杰，卓永强. 船舶交通及操纵安全系统评价模型与方法［M］. 大连：大连海事大学出版社，2003.

[4] 张圣坤，白勇，唐文勇. 船舶与海洋工程风险评估［M］. 北京：国防工业出版社，2003.

[5] 林柏泉，张景林. 安全系统工程［M］. 北京：中国劳动社会保障出版社，2007.

[6] 农业农村部渔业渔政管理局，全国水产技术推广总站，中国水产学会. 中国渔业统计年鉴（2022）［M］. 北京：中国农业出版社，2022.

[7] 严新平，金永兴. 水上交通安全导论［M］. 北京：人民交通出版社，2010.

[8] 国家安全生产监督管理局. 安全评价（修订版）［M］. 北京：煤炭工业出版社，2004.

[9] 沈斐敏. 安全系统工程理论与应用［M］. 北京：煤炭工业出版社，2001.

[10] 李洪兴，汪培庄. 模糊数学［M］. 北京：国防工业出版社. 1994.

[11] 刘思峰. 灰色系统理论及其应用［M］. 北京：科学出版社，2021.

[12] 王莲芬，许树柏. 层次分析法引论［M］. 北京：中国人民大学出版社，1992.

[13] 侯定丕，王战军. 非线性评估的理论探索与应用［M］. 合肥：中国科学技术大学出版社，2001.

[14] 査健禄. 模糊积分评价模型［J］. 大连水产学院学报，1995，10（1）：1-9.

[15] 朱玉柱，吴兆麟. 营运船舶船体安全的模糊评价方法［J］. 大连海事大学学报，1998，24（3）：10-14.

[16] 张春来，李光耀，吴兆麟. 船舶设备安全状态的量化评价［J］. 大连海事大学学报，1998，24（3）：6-9.

[17] 黄志，吴兆麟. 船舶条件优劣的模糊综合评价［J］. 大连海事大学学报，2001，27（1）：9-13.

[18] 董建华．船舶状态评估标准与计算机评估系统实现［D］．上海：上海海事大学，2004.

[19] 王新全．船舶设备安全评估标准与系统研制［D］．上海：上海海事大学，2005.

[20] 姚杰，任玉清．渔船航行安全评价方法的研究［J］．大连水产学院学报，2005，20(3)：244-248.

[21] 赵克勤，宣爱理．集对论——一种新的不确定性理论方法与应用［J］．系统工程，1996，14（1）：18-23.

[22] 赵克勤．集对分析及其初步应用［M］．杭州：浙江科学技术出版社，2000.

第 4 章

沿海渔船通航安全评估指标体系研究

4.1 引言

在2014—2019年这六年间，我国海陆港口的货物吞吐量上升趋势稳定。仅2019年一年，全国海陆港口的货物吞吐总量高达139.51亿t，与2018年相比，货物吞吐总量同比增长5.7%。其中，沿海港口的货物吞吐量高达91.88亿t，同比增长4.3%，占全国货物吞吐总量的65.86%，沿海港口的吞吐量维持稳定增长[1]。截止至2019年末，我国渔船总数为73.12万艘，总吨位共计1040.24万t。其中共有机动渔船46.83万艘，辅助类渔船1.68万艘[2]。随着海上贸易流通日益频繁，我国沿海的船舶数量与船舶吨位均在不断增加，越来越多的商船航行路线与渔船捕捞作业水域路线、渔船港口水域通航路线高度重叠，给沿海航线的渔船通航安全带来了较大的安全隐患，海上通航事故发生频率居高不下。中国渔业互保协会测算表明[3]，我国渔船出险概率高达18%。

智研咨询整理的交通运输部数据显示[4]，我国2016年全年共发生196起海上交通安全事故，死亡或失踪203人，沉船82艘；2017年共发生196起海上交通事故，致190人死亡或失踪，80艘船舶沉没；在2018年，我国发生了176起一般等级及以上的海上交通安全事故，事故中共有83艘船舶沉没，死亡或失踪人数累计237人。2019年发生137起海上交通事故，死亡或失踪155人，沉船46艘；2020年共发生138起海上交通事故，死亡或失踪196人，沉船76艘。这些碰撞事故在沿海船舶港口通航水域发生率较高，在商、渔船港口水域航道交错的特殊情况下，沿海渔船通航安全形势更不容乐观。我国自北向南共计有10个渔港群，但我国的渔港大多规模小，设施相对落后，渔船船型老旧繁杂、性能落后，即便拥有的渔船数量位居世界首位，但绝大多数均为中小型渔船，更偏向于在沿海渔船港口附近水域进行捕捞作业。因此，有必要通过实施多方面的管理措施，包括人-船-环境-岸基管控等诸多方面的因素，对沿海渔船港口通航建立一个全面的安全状况指标体系，以此评估沿海渔船港口通航的安全性，避免不必要的经济损失或人员伤亡，保障渔民的人身财产安全，提升沿海港口区域渔业经济。

关于港口水域通航安全体系的评估研究，已经有了实质性进展，但大多侧重于商船港口通航安全研究方面，对于沿海渔船通航安全方面的研究则很少关注，适用于渔船通航的安全状况体系研究更是少之又少。基于此种原因，作者综合考虑了沿海渔船港口通航风险因素，结合灰色关联度与信息熵理论优势，对沿海渔船港口通航安全状况进行定性与定量分析，将影响沿海渔船港口通航安全状况的诸多因素进行有效筛选，并对该体系与指标的一致性进行验证，以确保指标与体系的有效性和客观性。对于沿海渔船港口通航而言，该体系能较为全面地评估通航风险，为沿海渔船港口通航安全提供重要的防护依据。

4.2 渔船通航安全分析理论概述

4.2.1 灰色关联度分析法原理概述

灰色关联度分析（Grey Relation Analysis，简称 GRA），是一种综合了多个因素的统计分析方法，它是定量描述一个系统动态发展趋势和横向比较的方法。该方法能较好地解决随时间而发生变化的综合评价问题，其核心思想是按照确定的参考数据列和多个比较数据列的相关程度与一致性来判断其关联的紧密程度[5]。

而关联度则是指对于一个系统中的多个因素，随着时间变化或对象更迭而改变的因素与系统的关联性大小的度量。如果因素与系统的发展趋势具有一致性，则表明因素与系统有着较强的同步协调性，即系统与因素关联度较高。因此灰色关联度分析法能较好地呈现出因素与体系间发展的差异程度与一致性高低，进而衡量在整个系统的发展中，多个因素与体系间的关联程度。

系统关联度的计算过程如下：

假设初步所得沿海渔船港口通航安全指标有 m 个，每个指标分别收集 n 个样本信息，则有指标数据矩阵（X_0，X_1，…，X_n）如下：

$$(X_0,\ X_1,\cdots,\ X_n)=\begin{pmatrix} x_0\ (1) & x_1\ (1) & \cdots & x_n\ (1) \\ x_0\ (2) & x_1\ (2) & \cdots & x_n\ (2) \\ \vdots & \vdots & & \vdots \\ x_0\ (m) & x_1\ (m) & \cdots & x_n\ (m) \end{pmatrix} \tag{4-1}$$

为考察数据集的指标构成，应先确定参考数据序列，其次确定对系统行为造成影响的比较数列。参考序列记作：

$$X\ (1)=(X_0\ (1),\ X_1\ (1),\cdots,\ X_n\ (1)) \tag{4-2}$$

在采用系统关联度与信息熵对指标进行筛选前，需对沿海渔船港口水域通航安全状况指标体系中各个指标的原始数据的序列进行无量纲化。本章采用初值镜像化的无量纲处理方式，无量纲化处理方法与结果如下所示，初值镜像化：

$$X_i'(k)=\frac{X_i(k)}{X_i(1)} \tag{4-3}$$

对其采取初值镜像化的无量纲化处理方法，避免所选指标因原始数据的量纲与量级差异而产生误差。

无量纲化结果：

$$(X'_0, X'_1,\cdots, X'_n)=\begin{pmatrix} x'_0(1) & x'_1(1) & \cdots & x'_n(1) \\ x'_0(2) & x'_1(2) & \cdots & x'_n(2) \\ \vdots & \vdots & & \vdots \\ x'_0(m) & x'_1(m) & \cdots & x'_n(m) \end{pmatrix} \tag{4-4}$$

逐个计算每个被评价对象指标序列与参考序列对应元素的绝对差值即：

$$\Delta_i(k)=|x'_0(k)-x'_i(k)| \tag{4-5}$$

$$\Delta=\begin{pmatrix} \Delta_{01}(1) & \Delta_{02}(1) & \cdots & \Delta_{0m}(1) \\ \Delta_{01}(2) & \Delta_{02}(2) & \cdots & \Delta_{0m}(2) \\ \vdots & \vdots & & \vdots \\ \Delta_{01}(n) & \Delta_{02}(n) & \cdots & \Delta_{0m}(n) \end{pmatrix} \tag{4-6}$$

确定对应值的最大最小值：

$$m=\min_{s=1}^{n}\min_{t=1}^{m}|x_0(t)-x_s(t)| \tag{4-7}$$

$$M=\max_{s=1}^{n}\max_{t=1}^{m}|x_0(t)-x_s(t)| \tag{4-8}$$

式中，m 为两层式取绝对差值中最小值的计算，第一层为先分别由各比较数列 X_s 曲线上的每一个点与参考序列 X_0 曲线上的每一点之绝对值差值中取最小值，再由这些值中选取最小值，简记为 m。而 M 则为最大值。

$|x_0(t)-x_s(t)|$ 为各比较数列 X_s 曲线上的每一个点与参考序列 X_0 曲线上的每一个点之绝对差值，记为 $\Delta_{0i}(k)$。分别计算每个比较序列与参考序列对应元素的关联系数：

$$r(x'_0(k), x'_i(k))=\frac{m+\alpha\cdot M}{\Delta_{0i}(k)+\alpha\cdot M} \tag{4-9}$$

$$r=\begin{pmatrix} r_{01}(1) & r_{02}(1) & \cdots & r_{0m}(1) \\ r_{01}(2) & r_{02}(2) & \cdots & r_{0m}(2) \\ \vdots & \vdots & & \vdots \\ r_{01}(n) & r_{02}(n) & \cdots & r_{0m}(n) \end{pmatrix} \tag{4-10}$$

式中，α 为分辨系数，$0<\alpha<1$。一般取值为 0.5。

计算关联度，数值越大，则关联度越高。r 的值越接近 1，则相对应的系统相关性越好。

$$r(x_0, x_i) = \frac{1}{n}\sum_{k}^{n} r_{0i}(k) \tag{4-11}$$

4.2.2 信息熵理论（IE）概述

1）信息熵的相关理论

信息熵是一个颇为抽象的概念。人们经常描述一个事情所收集的信息很多或很少，却难以描述一个信息的具体量。这引发了无数的学者进行论证。

早在1864年，熵值一词便被德国物理学家Clausius首次引入热力学领域进行使用，而在统计热力学之中，熵被称为热熵，通常将它作为物理量，来表达分子运动时所呈现的混乱程度。在此之后，Boltzmann L更是对Clausius发表的熵相关理论进行了微观拓展，详细描述了熵的微观物理图像。

1948年，信息论之父Shannon C E在《通信的数学理论》（*A Mathematical Theory of Communication*）一文中，第一次采用数学的语言对概率与信息冗余度之间的关系进行了阐述，将熵的概念引入通信行业之中，借此叙述信源平均不确定性，系统地介绍了“信息熵”理论，较好地解决了信息量化度量的难题。文中指出，只要是信息，便会有冗余。信息中每个符号的出现概率均与信息的冗余程度与大小，即信息与符号的不确定性有较大关系。在热力学中，热熵是用来表示分子状态下，各物质的混乱程度。而Shannon C E借用热力学的信息熵一词，描述信息源的不确定度。在排除了信息的冗余后，将剩下的平均信息量称之为“信息熵”，并将计算信息熵的表达式用数学公式给出。熵理论发展至今，随之演变而出的熵值已经广泛使用于有关的管理科学、工程技术以及社会经济等学科与领域[6]。

信息熵是用来度量系统有效信息的离散程度，即为系统的无序程度。指标的熵值越大，离散程度越大，其信息效用值越大，则能够承载信息的能力越大，所包含的有效信息量越多，对综合评价的影响则越大。信息熵能有效地反映每个风险因素的有效信息量，有效消除人为因素的干扰，故可用信息熵来删除反映有效信息量较少的指标。在信息熵中，熵代表的是信源消息概率$P(i)$的对数函数$\ln P(i)$的统计平均值，它的数学表达式如下[7]：

$$H_i = -k\sum_{i=1}^{m} P_i \ln P_i \tag{4-12}$$

其中P_i为系统中样本i的数据占该指标全部样本数据的比重；k为常数；H_i则为该指标的熵值。

根据上述熵的定义以及函数表达式，对其可进一步分析出熵所具备的六大特性，如下所示：

（1）可加性：由于熵本身所具有的概率性的特征，使得熵同时也具备了可加性，即为各系统的熵之和等于体系的总熵。

（2）加法性：若已知两个互不关联的独立系统 A 与 B 的信息熵，分别为 $P(A)$ 与 $P(B)$，则这二者的联合系统 AB 的联合信息熵为 $P(AB)=P(A)+P(B)$。即为相互之间独立的系统信息联合熵等于各个系统熵值之和。

（3）强加性：若已知系统 A、B 两者统计相关，$P(A/B)$ 表示在知晓 B 系统的熵时，A 系统此时的熵，因此此时的综合系统 AB 的熵可以表示为：$P(AB)=P(B)+P(A/B)$，或 $P(AB)=P(A)+P(B/A)$。

（4）对称性：信源消息的概率 $P(x_i)$ 排列的顺序，与系统本身的熵无关。

（5）非负性：根据熵的表达式，我们不难看出系统的熵是非负数，同时信源消息的概率 $P(i)$ 满足 $0 \leqslant P(x_i) \leqslant 1$ 这一条件。

（6）极值性：当一个系统的概率为等概率，则此时系统的熵值最大，即 $P(i)=1/n$ $(i=1,2,3,\cdots,n)$ 从而得出：$E(P_1,P_2,\cdots,P_m) \leqslant E\left(\frac{1}{m},\frac{1}{m},\cdots,\frac{1}{m}\right)=\ln(m)$。由此公式可得，熵值与 m 的大小成正比。当整个系统只有一个状态时，$P=1$，根据熵值计算公式可知该状态下熵值为0，则表明该体系目前处于完全确定的状况之下，体系无风险。

熵值法偏向于在获取主观信息后，采取客观赋权的形式，因此会造成信息的缺失，这才有了熵的由来。而信息熵的度量代表了系统的无序程度。根据信息熵的定义，如若熵越小，表明系统的有序程度越高，则其所包含的有效信息量就越大。若指标熵值越大，则其离散程度越小，表明该指标对系统综合评价的影响（即权重）越大，代表指标的有序程度较低，所包含的有效信息较少，信息效用值较小，所选指标的人为因素干扰较多。因此熵的大小对指标在综合评估中能起到较好的效用[8]。

在进行沿海渔船港口通航安全状况评估的过程中，不管采取的是哪种评估方法，一旦确认了沿海渔船港口通航安全状况指标，则必须明确各指标的权重，根据权重来衡量指标之间的相对重要性。综合信息熵理论可知，人们决策的准确性与方向性，通常由人们所掌握信息的多寡与精确程度来决定。相比较层次分析法等多种方法而言，信息熵的熵权法依据评估指标体系中各个指标信息熵的大小，来判断该指标提供有效信息量的多少，进而赋权各个指标。熵权法赋权能够较为有效地降低主观因素影响，增强评估客观性，使得最终评估结果更贴合实际情况。熵权的原理就是定量处理不同对象，然后依据不同对象所含有效信息量来进行赋权。这是一种较为客观的赋权法。

2）信息熵值求熵权

（1）构建指标数据矩阵。

假设一个体系有 n 个评价分析指标，针对每个指标分选 p 个风险级别，将评估指标因素

中的各要素 C_i（$i=1, 2, \cdots, n$）作为单个要素评判，并设其对评估等级 M_j（$j=1, 2, \cdots, n$）的隶属程度为 s_{ij}，则最终 n 个分析指标所构建的评价矩阵 S 如下：

$$s=\begin{pmatrix} s_{11} & s_{12} & \cdots & s_{1p} \\ s_{21} & s_{22} & \cdots & s_{2p} \\ \vdots & \vdots & & \vdots \\ s_{n1} & s_{n2} & \cdots & s_{np} \end{pmatrix} \tag{4-13}$$

（2）当上述评价矩阵 S 之中的隶属度 s_{ij} 出现 0 值时，则需要对评价矩阵 S 做平移变化，同时还需要将其进行归一化处理后得到新的隶属度 s'_{ij}，$a \in (0, 1)$：

$$s'_{ij}=\frac{s_{ij}+a}{pa+1} \tag{4-14}$$

将（2）中的 s_{ij} 中由变换后的 s'_{ij} 进行替换计算，如果评价矩阵之中的隶属度不存在 0 值，则可以直接跳至（3）进行下一步计算。

（3）计算出各个要素 C_i 的熵值 E_i，计算公式为：

$$E_i=-k\sum_{i=1}^{n}s_{ij}\ln s_{ij} \tag{4-15}$$

式中：E_i 表示体系之中各指标熵值；k 为比例系数且 $k>0$，由信息熵的熵值性质可知，取 $k=\frac{1}{\ln p}$，则能使得 E_i 归一化，即 $0 \leqslant E_i \leqslant 1$。因此可得：

$$E_i=-\frac{1}{\ln p}\sum_{i=1}^{n}s_{ij}\ln s_{ij} \tag{4-16}$$

（4）各指标差异系数 L_i 的计算公式如下：

$$L_i=1-E_i \tag{4-17}$$

在体系中的所有指标之中，若其隶属度 s_{ij} 差异度越小，则 E_i 越大，L_i 越小，而 L_i 的大小则在一定程度上呈现出各指标对评估因素的重要性。

（5）各指标熵权计算公式如下[9]：

$$\omega_j=\frac{L_i}{n-\sum_{i=1}^{n}E_i} \tag{4-18}$$

在本章中，因将系统关联度与信息熵相结合，所以信息熵之中，所需要用到的建立评估矩阵、隶属度归一化处理与系统关联度之中的指标数据矩阵、初值镜像化的无量纲化处理方法相类似，两者方法与计算步骤有较多重合之处，因此可将二者结合使用。

4.2.3 指标合理性与一致性检验

为验证本章所构建指标体系的合理性，以确保二次筛选后的指标与系统整体具有较高的关联性，基于灰色关联度的相关理论，本章提出指标与系统整体关联性概念，对最终体系与最初体系系统整体关联性进行合理性验证。若整体关联系数越大，则表明该体系的研究对象包含的有效信息量越多，越能体现研究对象状态。

本章中，采用二次筛选后指标体系所含特征信息量占比 R_1 与最初指标体系所含特征信息量占比 R_0 之比值作为系统整体相关系数 $\alpha \in (0, 1)$，计算公式为：

$$\alpha = \frac{\sum_{j}^{m} R_1}{\sum_{i}^{n} R_0} \tag{4-19}$$

根据式（4-19）可得所建立的沿海渔船港口通航安全状况指标体系的指标与系统整体关联系数 α。本章鉴于社会学和统计学的理论与思想，对系统整体一致性反映研究对象特征信息的程度进行划分。一般情况下，若指标与系统整体关联系数 α 大于0.7，即认为所选因素具有构建的系统整体较多数的特征信息，且该值越趋近于1，具有研究对象的特征信息越多，指标体系的研究对象包含的有效信息量较多，能更为合理、更加精准地反映研究对象的安全状况；若系数低于0.7，则认为所建立的指标体系具有研究对象的特征信息不够，无法用该指标体系来全面且精确地反映研究对象的状态。

4.3 沿海渔船通航安全评估指标分析

4.3.1 沿海渔港水域的界定

沿海渔港水域是指提供给中、小型渔船航行、停泊、装卸渔获物等作业时所用水域，一般有广义与狭义之分。

狭义的渔港水域则以港口为分界线，可详细划分为港内水域与港外水域。

（1）港内水域界定。

港内水域是指港池内部的水面，主要由港内航道与锚地、码头前沿水域和船舶转向水域组成。渔船港口内水域的锚地主要为渔船停泊、避风、渔获物装卸等使用，而渔港码头的前沿水域则需要空置足够的水深与宽度，使得渔船可以安全且便捷地靠离。转向区则是位于渔港内部航道和码头之间，以便渔船在渔港内转向掉头。

（2）港外水域界定。

港外水域是指进出渔港的航道与港口外部锚地。我国绝大多数的渔港都有着纯天然的进出航道，每当航道水深不能满足通航需求时，便需要进行水域疏浚，航道修整。而港外航道则是指位于有防波堤防护的港口之外的航道。渔港的航道指的是靠近码头的主航道一侧，不仅航道的宽度适中，且渔港航道与渔港锚地留有一定距离。

广义的渔港港口水域则是指渔港口管辖范围内的水域。渔港水域是由地方主管部门划定的法定区域，它在保障渔船航行作业需要的同时，也保证了渔船港口的合理发展。本章内容侧重于广义的渔港水域。

4.3.2 评估指标的选取与等级划分

为构建科学且合理的沿海渔船港口通航安全性指标体系，应多层次、多方位地选取评价指标。受到渔船港口航道通航复杂环境和诸多不确定因素的影响，基于渔船安全系统工程理论，为尽可能达到科学客观的安全评估，需要对指标的系统性和代表性、独立性、可操作性、科学性以及定量和定性指标相结合等五大原则进行分析，进而选定沿海渔船港口通航安全评估指标。

根据我国沿海渔港水域通航实际情况，依据指标选取原则，对船员因素、渔船因素、环境因素以及岸基管控因素的各级指标按其影响特性分类选取，包含：装载与船龄、结构与性能、设备与保养、生理、心理、专业水平、水文条件、气象条件、干扰因素、停泊条件、港口航道条件、应急管理预案以及港口管理等，共分为 13 个子节点，以及渔获物装载合理性、渔船载重吨、船龄、渔船材质、浮力储备、主机功率、初稳性、旋回性、航向稳定性和制动性能等 49 个基层评价指标。

与商船相比，我国沿海渔船的特点是船龄较大、船型尺度小、结构多样、设备维护及保养差；船员专业素质有待提升；对恶劣环境的抵抗能力普遍较低；渔港规模较小，设施相对落后。而渔船事故主要分为：碰撞、风灾、触损、搁浅以及触礁等事故。根据中国渔业互保协会的相关研究可知，导致事故的原因包括：渔船材质、渔船船龄、渔船主机功率、机械故障、操纵不当、恶劣海况和能见度不良等。

商船港口通航安全指标的选取，通常是通过数据收集的方式，对相关领域多位专家进行问卷形式的信息收集，再采取后期反馈交流与指标修正，直至得出与实际结果高度一致的指标体系。因此，渔船港口通航安全指标的筛选，应当在商船与渔船共性的基础之上，针对渔船、船员、渔港的特点，进行汇总选取。

1）指标选取

在研究的初期阶段，对多个渔港进行了数据收集与分析，并针对沿海渔港的特性，初步汇总形成了沿海渔船港口通航安全状况体系。在体系初步建立后向多位商船船长、行业专家、学者请教，共发放76份调查问卷，收回61份，其中共53份有效。

在收回问卷调查后，经过3次专家意见汇总修改，反馈沟通后，整理归纳专家意见汇总见表4-1。

指标修改专家意见汇总表 表4-1

指标级别	需要修改指标	专家意见数	最终修改结果
D级	吨位	43	渔船载重吨
D级	通信设备完好率	44	安全设备状况
		36	机电设备状况
D级	船员处理问题经验	40	培训程度
D级	海上工作时间	38	专业技术水平
D级	雾	38	能见度
	雨		
	雷电		
D级	流速	45	潮流
	流向		
D级	干扰船数量	40	交通密度
	干扰船速度方向		
D级	增加	35	渔船材质
D级	增加	41	主机功率
D级	删除	37	港口导标完善率

原选取55个指标因素，经过3次专家意见汇总沟通后，选出沿海渔船港口通航安全状况需注意的指标共计49个。由表4-1可知，专家给出的意见多为针对D级指标的修改。作者咨询的专家，大多是掌握丰富航运领域知识的学者，还包括从事航运行业多年、有丰富实操经验的船长等。一方面，通过专家判断能够较为全面与深刻地把握整个体系的科学性，另一方面能够根据工作实际情况，结合理论知识[10-13]，给出专业意见，提高指标判断的合理性。

表4-1中修改的指标均为超过50%的专家认同后方才进行。此外，作者针对沿海渔船进行研究，且渔船材质与主机功率对于渔船的性能有着较大的影响。渔船材质与主机功率不仅仅关乎渔船的强度、速度，更是渔民安全的重要保障。因此增加了渔船材质、渔船主机功率指标与商船作区分。

对于部分描述不恰当的指标，在请教各位专家后，逐一进行了修改：

（1）“吨位”修改成“渔船载重吨”。吨位是衡量船舶大小的重要指标，一般情况下可以有净吨位（Net Tonnage，简称 NT）、总吨位（Gross Tonnage，简称 GT）和载重吨（Deadweight，简称 DWT）等几种不同的表述方法。在实践中，渔民经常用载重吨来表示渔船的大小。

（2）“船员处理问题经验”改成“培训程度”。船员处理问题的最直接经验来源有两种，一种是参加船舶安全基础与理论培训，加以长时间的实操锻炼，才能弥补海上风险应急能力的缺失，做到应对有道。而第二种则是长时间的海上作业所形成的安全避险意识，但这种方法安全性较低，因此还需要参加相应安全培训，以提高处理问题经验水平，提升应变能力。相比第二种渔民，参加过培训的渔民在遭遇风险后能清楚地知道如何自救，危险性更低，故改成培训程度。

（3）“海上工作时间”修改成“专业技术水平”。专业技术水平是指船员具有一定船舶安全基础与理论知识时，在长期实操后对于设备、驾驶、应急措施等有了较好的掌握能力，能及时修正船舶状态的专业技术能力。而海上工作时长只是在海上工作的时间，并没有对于船员的专业水平作要求，这对于渔民的安全并不能起到较大的安全警示作用，因此将海上工作时间修改成专业技术水平。

同时，还将多个重复指标进行统一：“雾、雨、雷电”修改成“能见度”，“流速”与“流向”改成“潮流”，“干扰船数量”与“干扰船速度方向”改成“交通密度”。

（4）“雾”“雨”“雷电”合并修改成“能见度”。能见度是指正常视力下，能够识别目标的最大距离，能见度的变化取决于大气透明度的好坏，因此可将雾、雨、雷电修改成能见度，以减少指标冗余。

（5）“流速与流向”改成“潮流”。潮流是指由潮汐所引起的水流流动的趋势与动向。因此可以将流速与流向两者相结合，以潮流进行代述。

（6）“干扰船数量”与“干扰船速度方向”合并后改成“交通密度”。海上交通密度是指某一时刻的单位面积水域中的船舶数量，它能表示在单位水域之中，同一时刻所有船只的多少，能较好地涵盖所有干扰船的数量与速度方向。

而删除的“港口导标完善率”，则是已有“港口航标完善率”，两者有着较高的相似性，因此进行了剔除处理。

2）评估指标等级划分

本章所建立的系统将采用 1 ~ 3 级的指标等级，基于沿海渔船港口相对较小、设施不完善的特点，对渔船港口通航安全状况指标进行分类，指标等级越大，其状态越差，如表 4-2 所示。1 表示指标安全或满意，2 表示选取指标处于基本安全至较为安全的状态，3 代表指标状况较差，处于危险的情况。

为充分考虑所选指标的完整性、代表性与系统性，不仅需要汇集较为全面的指标，而且需要对所选指标的标准进行明确的分级。在分级时，根据 49 个基层指标内涵特点采取量化分级，或对其进行确切描述后采取定性分级。收集我国沿海省份近10年所发生的渔船港口通航安全事故对渔船船员、港口管理人员等进行问卷调查，查阅中国渔业船舶安全分析报告，并采纳了有关专家所给出的参考意见，汇总出渔船港口通航安全状况指标的分级标准，这些指标基本能够涵盖渔船通航所需注意的安全因素，真实有效地评价渔船港口通航安全状况。

比例标度表　　表4-2

指标等级	指标内涵	指标等级	指标内涵
1	状况安全或满意	3	情况危险
2	较为安全		

4.3.3 评估指标分析

1）船舶因素

（1）装载与船龄。

①渔获物装载合理性。

我国沿海的渔船生产作业区域广阔，渔船流动性大，沿海港口水域作业与生产环境恶劣，风险较高。多数渔船船长认为距离渔港较近，因此心存侥幸，加之渔业生产者在主观上更希望提高经济收益，追求作业省时省力，而罔顾渔船本身渔获物装载能力。部分渔民更是直接将渔获物放置于甲板上，造成渔船超载严重，导致重心提高，渔船的初稳性高度降低，恢复力矩减少。一旦遇到紧急情况（如大风浪等），操舵转向时便很容易造成渔船倾覆。因此，需要对渔获物装载合理性进行综合考虑，将渔船渔获物根据装载布置合理性按专家意见分为三种情况，见表4-3。

渔获物装载合理性分级表　　表4-3

分级标准	装载合理性（%）	对应分级描述
1	[40，70)	常规装载量
2	[70，100)	满载
3	[0，40）∪［100，+∞]	装载过少或超载

②渔船载重吨。

渔船载重吨是指渔船可用于装载渔获物时的最大营运吨位。一般指渔船在结构吃水或满载吃水时，所装载的渔获物、生活物资、船员等吨位之和。空载排水量与载重吨之和即为满载排水量吨。我国沿海渔港虽多，但规模不大。大量的沿海渔船由于靠近渔港，因此大多渔船体形偏小，续航里程较小，其载重吨偏小。作者研究的沿海渔港包含中小型渔港，因此渔船载重吨的分布范围在 20～500t。根据专家的建议，分级见表 4-4。

渔船载重吨分级表 表 4-4

分级标准	渔船载重吨（t）	对应分级描述
1	[200，500]	可装载较多渔获物的中大型远洋渔船，安全系数高
2	[50，200)	常规中小型渔船载重吨
3	[20，50)	渔船较小，稳性较差，载重吨位小

③船龄。

船龄是影响渔船安全的重要因素之一。我国沿海渔船的特点是船龄较大，而且大多数老旧渔船船型尺度偏小、设备线路老化严重，存在较大的安全隐患，渔船结构与强度大幅度老化与降低，渔船设备技术老旧落后，故障逐年增多，需要对渔船的设备、线路、强度等分别进行检测与加强。在船龄达到 15 年以上后，渔船一般会处于耗损失效期。为避免老龄渔船结构失效，强度下降，难以抵抗风浪侵袭而发生的海上交通事故，我国加强了对老旧渔业船舶的管控。农业部对老旧渔船船龄进行分类管理，不同长度与材质的老旧渔船，若超过一定限制使用船龄，则不予签发渔船检验证书。根据《农业部关于加强老旧渔业船舶管理的通知》[14]，选择老旧渔船限制使用最低船龄作为危险标准上限，可得渔船的船龄分级标准（表 4-5）。

船龄分级表 表 4-5

分级标准	船龄（年）	对应分级描述
1	[0，5]	渔船船龄越小，所配设备与强度性能越好
2	(5，15)	老旧渔船一般船龄
3	[15，+∞)	木质 12m 以下的渔船，限制船龄在 18 年左右，出于安全考虑，放宽至 15 年船龄

（2）结构与性能。

①渔船材质。

在我国，渔船的主要材质包括：钢质、木质、玻璃钢以及其他材质。其中，木质渔船的结构与性能较差。由于木材具有较强的吸水性，木质渔船在长时间的航行后，木材吸水，会增加渔船自重，导致渔船稳性变差，且耐腐蚀性差，需要长期维护。而钢质渔船相较于木质渔船而言，不仅自身强度高，耐腐蚀性与抗风浪性能也强，航速快，续航与安全性均有所提升，其可使用年限也高于木质渔船。作者将渔船材质分为钢质、木质与其他材质，指标分级见表 4-6。

渔船材质分级表 表 4-6

分级标准	渔船材质	对应分级描述
1	钢质	钢质材料强度高，能够较长时间地保障渔民捕捞作业安全
2	其他材质	玻璃钢、钢丝网水泥等材质的渔船
3	木质	木质渔船相较于其他材质而言，各方面性能均较差

②浮力储备。

浮力储备指的是船舶在装载一定的载荷后，仍能维持一定漂浮能力的性能，通常是指船舶设计水线以上的船舶主体水密空间的体积所能提供的浮力。一般海上船舶的浮力储备约为20% ~50%。如果浮力储备过大，虽然船舶稳定性提升，但减小了船舶的装载量，降低经济效益。设置浮力储备的主要目的是预防渔船在海上航行时，可能发生的船舶重量增加情况，如雷雨大风天气的海浪侵袭进水，或突发触损事件，以致船舱破损等。船舶满载水线一般与上甲板保持有一定距离，以保障满载水线以下仍留有一定水密容积，在进水后可以提供浮力。渔船的浮力储备可采用满载排水量的百分比来表示。浮力储备分级见表 4-7。

浮力储备分级表 表 4-7

分级标准	浮力储备（%）	对应分级描述
1	[20，50)	浮力储备适中，船舶稳定性好
2	[10，20）∪［50，100]	浮力储备较小或较大，一定程度影响渔船航行安全
3	[0，10)	储备浮力过小，渔获物装载过多，影响渔船稳定性

③主机功率。

根据渔业捕捞许可管理[15]规定，渔船的主机功率若是大于 600 马力①，则判定为大型渔船；若是渔船的主机功率不满足 60 马力，且船长小于 12m，则为小型渔船；若是渔船主机功率在 60 马力到 600 马力之间，则为中型渔船。根据中国渔业互保协会统计数据可知，主机功率越大的渔船，其发生碰撞事故的概率越大；功率越小，发生风灾事故的可能性越大。主机功率分级见表 4-8。

主机功率分级表 表 4-8

分级标准	主机功率（kW）	对应分级描述
1	[147，441]	主机功率适中，既能应对风灾，也能避免碰撞
2	[44.1，147)	主机功率偏小，渔船遭遇风灾的可能性偏大
3	[0，44.1）∪（441，+∞）	功率过小，风灾危机越大；功率过大，越易碰撞

① 马力，功率单位，1 马力 =735.499W。

④初稳性。

当船舶在受到海上各种外力作用时，其浮态会发生变化，导致船舶失衡而倾斜。当外力消失后，船舶自行恢复到原平衡稳定位置的能力，称之为船舶稳性。而初稳性则指的是当船舶倾角小于10°~15°或船舶的上甲板边缘开始入水前的稳性。船舶在发生小横倾时，初稳性越大，其复原力矩越大。但初稳性越大，船舶摇摆周期越短，一旦遭遇风浪，船舶便会产生剧烈摇摆，因此船舶初稳性也要适中选取。一般而言，渔船的初稳性高度较小，保持在0.5~1.0m之间为佳[16]。初稳性高度分级如表4-9所示。

初稳性 GM 计算公式：

$$GM = \frac{GZ}{\sin\theta} \tag{4-20}$$

式中：GM——初稳性高度；

GZ——复原力臂；

θ——横倾角。

初稳性高度分级 表4-9

分级标准	初稳性高度（m）	对应分级描述
1	[0.8，1.0]	在合理范围内，初稳性高度越高，稳性越好
2	[0.5，0.8)	船舶初稳性高度适中，稳性较好，抗风浪能力较好
3	[0，0.5) ∪ (1，+∞)	初稳性高度过小或过大，所造成的风险均较大

⑤旋回性。

船舶的旋回性又被称为回转性，通常用来衡量船舶在水域通航时改变航向、做回转圆弧运动所经过最小水域的性能。一般采用相对旋回直径（定常旋回直径 D 与船舶长度 L 之比）来衡量船舶的旋回性。大多数船舶的相对旋回直径 D/L 在5~7之间，当船舶的相对旋回直径越小，则表示船舶的旋回性越好[17]。旋回性分级如表4-10所示。作者以沿海渔船为研究对象，多数船舶为小型渔船，旋回性大多较好。

旋回性分级 表4-10

分级标准	相对旋回直径	对应分级描述
1	[2，4)	沿海中小型渔船的理想状况
2	[4，6]	大多数沿海渔船现状
3	(6，8]	中大型渔船的回转性较差，相对旋回直径较大

⑥航向稳定性。

船舶的航向稳定性是指正在航行中的船舶，遭受到风浪与流等环境因素影响，船舶偏离原来航向，在干扰因素消失后，如若船舶能回到原先运动状态，则称之具有位置稳定性；若能回到原先的航向继续航行，则表明其具有方向稳定性；若能快速稳定偏离的航线而进行直线航行，则其具有直线稳定性。一般情况下，船舶的航向稳定性是指直线稳定性，通常采用航向稳定性指数 T 进行判断。航向稳定性指数 T 的分级见表4-11[18]。

航向稳定性指数分级 表4-11

分级标准	航向稳定性指数	对应分级描述
1	[0, 1.5]	T 值较小时，角速度 ω 较快趋向于0，船舶较快稳定于新航向上，航向稳定性好
2	(1.5, +∞)	T 值较大时，ω 较慢趋向于0，船舶较慢稳定于新航向上，航向稳定性差
3	(−∞, 0)	$T<0$，ω 不断增大，船舶不具备航向稳定性

⑦制动性能。

船舶的制动性能是指船舶在航行过程中，在采取减速或倒车操纵后，能够快速停船，达到相对静止的性能，一般采用相对停船冲程来表示。即船舶逐渐减速直至静止过程中所航行的距离，称为相对停船冲程。渔船排水量都较小、载重量也小，其冲程相对也较小。若船舶载重量不变或排水量相同，则船速越快，其冲程也将越大。一般渔船的相对停船冲程约为4~15倍船长，船舶从当前速度降低至任意速度所需要的相对冲程的计算公式如下。制动性能分级见表4-12。

$$L = 0.735\log\left(\frac{V_o}{V_t}\right)\frac{WV_o^2}{f_o} \tag{4-21}$$

式中：L——相对停船冲程；

V_o——船舶初速度；

V_t——船舶任意时刻速度；

W——船舶排水量；

f_o——初速度时船舶所受到的阻力大小。

制动性能分级表 表4-12

分级标准	相对停船冲程	对应分级描述
1	[4, 8]	渔船制动性能越好，其相对停船冲程越小
2	(8, 15)	排水量较小，载重量小，相对冲程较小
3	[15, +∞)	船速过快，冲程越大越危险

(3) 船舶及设备状况。

①船舶保养程度。

为了保证渔船安全航行，保障船员生命和财产安全，避免直接或间接经济损失，需要保持渔船长期处于良好的适航状态，提高渔船使用年限。因此，对渔船进行定期维护保养具有重要意义。渔船船东通常也会制定渔船季度与年度保养计划，对渔船进行日常的保养，以及上坞保养等[19]。船舶保养程度分级见表4-13。

船舶保养程度分级表　　表4-13

分级标准	年保养次数	对应分级描述
1	[4，+∞)	每个季度保养一次为最佳
2	[2，4)	考虑到渔船与渔民特性，保养次数一般为2～3次/年
3	[0，2)	年度保养次数过少，对渔船全生命周期安全性把控程度较差

②船舶维修程度。

为保证渔船具备良好的技术状态，需要定期对其进行维护与修理。部分老旧渔船为增加经济收益，大多船舶维修不到位，以致安全隐患大大增加。对于沿海渔船，尤其是老旧的沿海渔船，更需要增加维修频次和提高维修质量，降低可避免的潜在风险。一般来说，船舶的维修间隔在6～12月/次之间，即一年2次左右。对于老旧的沿海渔船而言，考虑到其设备相对落后等特性，每年需要维修3～5次[20]。船舶维修程度分级见表4-14。

船舶维修程度分级表　　表4-14

分级标准	年维修次数	对应分级描述
1	[0，3)	理想状态下，一年1～2次维修
2	[3，6)	鉴于渔船特性，渔船正常维修次数与其他船舶而相对较多
3	[6，+∞)	渔船因年久老旧，隐患较多，加之沿海通航风险大，以致维修次数变多

③安全设备状况。

安全设备状况是对船舶安全现状的最佳反映。渔船安全设备一般用于保护船舶航行、保障船员人身安全、预防船舶污染海洋环境。渔船的安全设备主要包括救生设备、消防设备、通信导航设备等。大多沿海渔船装备简陋，安全设备状况堪忧。而安全设备的故障与缺失，是导致渔船海上安全事故频发的重要原因之一[21]。对沿海渔船安全设备状况进行评价分级时，作者采用专家评分的方式。主要将安全设备状况划分为安全、需维修保养和不安全三个层次。

④机电设备状况。

机电设备作为渔船的重要设备，具有复杂性与多样性的特征，而这些特征在很大程度上影响渔船机电设备运行状况，直接关乎船舶通航安全。考虑到沿海渔船维护保养情况普遍较差，为此，渔船机电设备状况需要重点关注。该部分评级也采取专家打分制，对沿海渔船机电设备状况进行整体把控[22]。主要将机电设备状况划分为安全、需维修保养、不安全三个层次。

2）船员因素

（1）生理。

①身体健康状况。

很多渔船船员都有着烟酒嗜好，且由于长期的海上作业，上岸体检十分不便，对于发烧感冒、慢性疾病等症状的重视程度不够，容易导致小病久拖成疾。或是部分船员自身的身体素质偏弱，存在晕船现象。此外，在新冠疫情暴发之后，渔船船员们的疫苗接种情况与自身健康状况需要更加关注。考虑到该指标评级涉及身体状况，较难定量分析，故邀请专家进行打分，将渔船船员的身体状况划分为好、一般、差三个层次。

②身体疲劳程度。

受到鱼群游弋影响，渔船船员难以有固定作息时间。而渔船事故往往容易在船员长时间值守、捕捞作业后发生。渔船驾驶员精神高度集中，休息调整时间较短，以致身心疲乏，影响工作效率，处于作业水域或通航水域时疏于瞭望而致使事故发生[23]。该指标的评估与健康程度类似，主要将船员疲劳程度划分为好、一般、差三个层次。

（2）心理。

①心理状况。

渔船船员的心理状况主要包括负面情绪、心理素质、心理健康状况等。由于长时间待在海上，随着出海时间与年限的增长，船员的心理健康状况每况愈下。船员内心容易充斥各种心理幻想，或多或少有着一些心理疾病，这与船员的行为、情绪等紧密相关。作者将渔船船员的心理状况划分为好、一般、差三个层次。

②认知能力。

渔船船员的认知能力主要依据学历水平、培训程度、业务能力来进行综合考虑。目前我国渔船大多以“家庭船”为主，船员素质参差不齐，人员流动性大于海船船员，其安全生产技能往往未得到较为系统的培训[24]。渔船船员的认知能力也被划分为好、一般、差三个层次。

（3）专业水平。

①水域/海况熟悉情况。

沿海渔船一般都有固定的捕捞作业水域，且所工作水域作业时间也较长，渔船船员对航线上的碍航物、暗礁、水流情况等隐藏的安全风险较为熟悉。当然，即便是对海况比较熟悉，也不能掉以轻心，从而疏忽瞭望值守。作者以渔船在该水域航行、作业过的次数来衡量海况熟悉情况，见表4-15。

水域、海况熟悉情况分级　　表4-15

分级标准	水域工作次数	对应分级描述
1	[30，+∞)	完全掌握该水域的潜在风险。能较好地规避风险
2	[15，30)	水域通航较多次，能够清楚认识到危险区域，提前做出规避
3	[0，15)	在该水域工作过次数较少，对于水域属于初步了解，潜在风险未知

②培训程度。

因为沿海渔船大多数都属于“夫妻档”或“家庭档”经营模式，渔船船员本身学历与专业理论相对偏低，而只有较多的实操经验，但不足以弥补其缺乏海上风险的应对措施、紧急救援措施以及应变能力的短板。因此，对渔船船员进行专业培训有很大必要。作者将渔船船员的培训程度划分为好、一般、差三个层次。

③专业技术水平。

专业技术水平是指渔船船员在具备一定的船舶安全基础与专业理论时，经过长期的实操锻炼，对船舶各种航行仪器、设备、应急方案有着较好的掌握与运用的能力。专业技术能力越好，对航行中的船舶所处运动状态越能进行良好判断并及时修正，避免危机的发生。渔船船员的专业技术水平被划分为优秀、良好、差三个层次。

④船舶/设备熟悉程度。

渔船船员素质较低，对海上避碰知识接触不多，安全意识相对淡薄，对船舶与设备使用操作不熟练。调查显示[25]，发生商渔船碰撞事故的大多数原因，是由于渔船船员毫无航行经验，遇到危险时操作混乱。因此，有必要对渔船船员的船舶与设备熟悉程度被进行考核。沿海渔船船员的船舶、设备熟悉程度被划分为熟悉、良好、陌生三个层次。

⑤应急能力。

由于渔船船员的流动性大的特点，他们很少会参与各种海上技能技术培训，部分船长、驾驶员甚至缺乏适任证书，以致渔船船员整体素质持续下滑，有时即便看到危险，也无法进行合理有效的躲避，导致安全事故频发。我国每年在沿海水域作业的各类渔船船员总数约为13万人，其中外地船员共计8万余人，绝大多数外地船员仅为临时从事渔业作业的“业余船员”[26]。沿海渔船船员的应急能力被划分为优秀、良好、差三个层次。

⑥法律法规熟悉程度。

目前，国际上对于海上航行制定了相关的国际公约，我国也有《中华人民共和国渔港水域交通安全管理条例》等相关法规[27]，对养殖业与捕捞业做出了明文规定，也厘清了处罚与刑事责任的界限。有些渔船船员对此已经进行过深度学习并严于律己，但有些船员缺乏系统的学习，更缺乏理解与贯彻执行，以至于违背相关规定作业[28]，这就使得沿海渔船通航安全难以得到保障。沿海渔船船员的法律法规熟悉程度被划分为熟悉、良好、陌生三个层次。

3）环境因素

（1）水文条件。

船舶航行过程中，受到水流影响，船舶的操纵性能会受到限制。渔船在港口外水域通航时，仍会受到水流流速的影响。港口水域的水流一般情况下流速较慢，但沿海渔港水域有一定空间限制，即便水流流速较小，也会发生海上交通事故。

水流的流向对于船舶的操纵性与旋回性有很大的影响。当船舶处于顺流状态时，船舶航速为船速与水流速度之和，航速将增加，消耗减小，舵效最差；顶流时航速与水流流向相反，船舶航速将降低，能耗加大，舵效较好；而当水流流向与船舶呈一定夹角时，船舶则会出现横流状态，容易发生侧翻、倾覆现象。另外，虽然渔港内水流影响微弱，但船舶在进出渔港通航时仍需注意涨、退潮流的影响。一般来说，涨潮流对于港口水域通航存在着较大影响[29-30]。流向分级见表4-16。

流向分级表 表4-16

分级标准	水流与航向夹角（°）	对应分级描述
1	［150，180］	处于顶流状态，舵效较好
2	［0，30）	顺流而行，能耗较小，安全性高
3	［30，150）	水流流向与航向成横向夹角，船舶侧翻风险较大

（2）气象条件。

①能见度。

能见度指的是具有正常视力的人，在当时的航行气象条件下，所能看清目标轮廓的最大水平距离。而能见度不良则是指在航行过程中遇到雾、霾、暴风雨等天气原因所造成的可视距离受限的情况，最常见的影响因素就是大雾。在能见度不良时，渔船港口水域的通航，主要依据值班船员的视力来进行摸索，很容易发生安全事故。据不完全统计，在部分多雾水域的船舶碰撞事故发生概率超过50%。这是由于在多雾天气，雷达避碰不如视觉瞭望快且直观，且多数小型渔船很可能并未配备雷达等设备。有学者研究认为：当船舶能见度小于 4n mile，船舶事故发生率将较大提高；当能见度不足 1n mile 时，风险将大幅度提升，可将之视为危险能见距离，需要加强戒备，提高警惕[31]。能见度分级见表 4-17。

能见度分级表 表 4-17

分级标准	能见距离（n mile）	对应分级描述
1	[5，+∞)	能见度大于 5n mile，海面风险可提前躲避
2	[0.5，5)	能见距离相对较大，可较为清晰地看见远处航行障碍物
3	[0，0.5)	考虑到沿海渔船船速较快的体系，危险距离相对减小

②风力等级。

风是船舶在航行时最常见的气象因素，也是海上重要的自然环境因素之一。大风绝大多数时间会伴随大浪，两者相伴，影响船舶操纵性，从而给船舶航行带来困难，甚至会危害船舶本身安全。大风对船舶航行的影响，一般从风舷角，即风向与船舶航向（船首向）的夹角来分析。当风舷角小于 45°，通常认为船舶处于顶风逆行状态，风速越大，船速越小，且当风速达到某一上限时，船舶可能无法维持原航向，甚至出现操纵转向困难，无法正常航行的状态；若风舷角大于 135°，则称之为顺风加速状态；若风舷角呈 45°～135°，则称之为横风，此时危险性较大。港口水域内的风相对稳定，尤其是避风条件好的渔港，事故发生率相对较低。习惯上，我们经常将风力等级划分为 0～12 级。实际上，如若考虑到渔船出海遭遇台风的情况，风力将远超 12 级，故此处划定最大风力为 18 级[32]。风力影响的评估等级划分见表 4-18。

风力等级划分 表 4-18

分级标准	风力（等级）	对应分级描述
1	[0，3)	渔船略感颠簸，但危险不大
2	[3，6)	风力较大，有一定的危险性
3	[6，18]	极度危险，所有渔船进港避风

③波浪。

波浪包括风浪和涌浪。风浪指的是海水在风的作用下海面一直处于波动状态；涌浪则是指海面上的风力在减小后直至平息，或是风向改变后，海面所遗留的波动痕迹。通常将波向与船舶的交角称为波浪的遭遇角。在实际海况中，海上的波浪实际是毫无规则可言的，它们的组成成分包含了多种不同波高、波长、陡度的波。有义波高的定义是连续多次测量波高，并按大小依次排列，选取频率大于 1/3 处以上波高的平均值，又称为有效波高。波浪的等级划分见表4-19[33]。

有义波高分级表 表4-19

分级标准	有义波高（m）	对应分级描述
1	[0，1.0)	波浪的有义波高较小，船舶航行较为安全
2	[1.0，3)	部分渔船干舷较低，长时间的波浪拍打会导致船体结构受损
3	[3，14)	有义波高过大，风险越大，存在倾覆风险

（3）干扰因素。

①交通密度。

海上交通密度是指在某一时刻的单位面积水域内，所包含的船舶数量，又可称之为船舶密度，它能够反映某一水域中船舶在某一时刻的密集程度，见表4-20。交通密度包含静止抛锚与航行之中的船舶。海上交通密度的计算公式如下[34]：

$$\text{平均交通密度} = \frac{\text{某一时间内，某一水域范围内的船舶总数}}{\text{水域面积}}$$

交通密度分级表 表4-20

分级标准	平均交通密度	对应分级描述
1	[0，3)	当水域越小，通航船舶越少则越安全
2	[3，10)	相对较大的港口水域，可容纳的通航船只较多，需要多加注意保障安全
3	[10，+∞)	某一水域内的船舶数量越多，风险越大

②碍航物数。

碍航物是指在通航水域存在的一些沉船碎片、人为障碍物、暗礁等会对船舶正常航行造成阻碍的障碍物。碍航物的存在很容易造成船舶搁浅、碰撞等海上交通事故，影响船舶通航安全。作者综合考虑渔港通航水域可能存在的障碍物数量给渔船航行带来的安全隐患。碍航物数分级见表4-21。

碍航物数分级表 表4-21

分级标准	障碍物数	对应分级描述
1	[0，1)	港口水域附近不存在碍航物
2	[1，2)	只需注意漂流悬浮物，危险性较小
3	[2，+∞)	潜在碍航物较多，需要多加注意

③障碍物距离。

碍航物的距离主要是指碍航物到通航港口航道的距离，以及障碍物距离通航船舶的距离。考虑到沿海渔船操纵比较灵活的特性，若碍航物距船舶距离小于 300m，则需要时刻警惕，降低船速，保证船舶及时避让；若相距 500m 以上，及时做出避让动作即可。碍航物距离分级见表 4-22。

碍航物距离分级 表 4-22

分级标准	碍航物距离（m）	对应分级描述
1	[500，+∞)	在目视后及时做出避让动作
2	[300，500)	保持警惕，时刻关注
3	[0，300)	降低船速，及时避让

（4）停泊条件。

①泊位长度。

沿海渔港的泊位大多较小，这主要是由渔船长度来决定的。渔港的容纳能力取决于渔港的水域面积。我国沿海渔港基础设施虽然普遍较差，但基本能够满足渔船靠泊需求。当渔港内的泊位长度较大时，则表明渔港内渔船靠泊较少，潜在风险较少。由于不同渔港水域面积大小不同，停泊的渔船种类繁多，因此作者采用泊位长度来量化描述锚地容量。泊位长度划分见表 4-23。

泊位长度划分 表 4-23

分级标准	泊位长度（m）	对应分级描述
1	[30，+∞)	对于中小型渔船，距离十分宽松
2	[15，30]	港口内空间相较宽松，但仍需保证距离
3	[0，15)	港口内船只较多，距离紧凑，需加强注意

②锚地底质。

锚地底质指的是锚地的海底地质。一般而言，软硬适中的沙地地质与黏土地质的海底抓力为最佳，泥沙混合的底质较差，硬质的泥地底质次之，而石地底质则不易停泊抛锚。锚地区别于航道之处在于它需要根据海底地质，利用海面吃水部分让船舶停靠抛锚。这是船舶在海上风浪中能够固定船位，减少碰撞风险的方法之一。只有锚地的底质软硬适中，才能给船舶足够的锚力，停泊后不至于被风吹走。作者将软硬适中的锚地底质划分为情况最佳的选择，泥沙混合与硬质泥地相对较差，石底最差。

③锚地距航道距离。

锚地距离航道距离主要考虑船舶进出锚地的便捷性和锚地内靠泊渔船进出港对过往港

口通航船舶的干涉性。一般而言，锚地边缘距航道的安全距离取为设计船长的 3 倍及以上。但我国沿海渔船大多较小，因此以 60m 的大型捕捞渔船来考虑[35]。锚地距离分级见表 4-24。

锚地距离分级表 表 4-24

分级标准	锚地距航道距离（n mile）	对应分级描述
1	[1.5，+∞)	水域宽阔，航行视距较广
2	[1，1.5)	水域较宽阔，需要保持一定距离
3	[0，1)	水域较窄，需要注意过往船只

④锚地种类。

锚地种类布置的合理性与锚地船舶安全息息相关，也关系到渔港附近通航的各类船舶安全。锚地根据时限不同，可分为固定锚地、临时停泊区、应急锚地。作者主要根据沿海渔港锚地种类按时限区分是否齐全，将沿海渔港的锚地种类划分为锚地齐全、设有主要锚地、缺乏必要锚地三个方面。

（5）港口航道条件。

①港口航道长度。

港口的航道长度通常指的是从港口外部的锚地到码头外主航道的长度。在受到风、浪等气象条件的影响后，船舶航线会产生一定的偏移，且随着时间增长，偏移距离越大，由此引发的搁浅事故、偏离航道等风险也越高。经研究表明，航道长度越长，更容易导致船员疲劳驾驶而引发事故[36]。港口航道长度分级见表 4-25。

港口航道长度分级表 表 4-25

分级标准	港口航道长度（n mile）	对应分级描述
1	[0，0.5)	长度越短，危险性越小
2	[0.5，1)	长度适中，能看清航道来船
3	[1，+∞)	港口航道越长，发生事故的可能性越大

②航道宽度。

航道的最窄处宽度对船舶进出港口安全有着比较重要的影响，它能够限制船舶交汇次数，较小的航道宽度容易造成航道堵塞，船舶转向困难，引起船间效应，事故率也因此大大增加。研究显示，船舶宽度与船舶碰撞概率的对数几乎呈现线性关系[37]。航道宽度分级见表 4-26。

航道宽度分级表 表 4-26

分级标准	航道最窄处宽度（m）	对应分级描述
1	[30，+∞]	中小型渔船可较好地通航
2	[15，30)	长度适中，小型渔船可进行掉头
3	[0，15)	宽度越小，可能发生的船间效应概率越大

③港口水深富余度。

港口水深是指保障船舶能够安全进出渔港的水域深度，该深度为船舶在该港口通航必须通过的最浅水深。港口水深富余度，是指船舶出于安全航行的目的，应使得港口水深超过实际吃水而富余的安全水深深度，是用来评价航道水深条件的重要指标之一。船舶通过我国港口的富余水深范围在0.5~0.7m之间[38]。富余水深分级见表4-27。

富余水深分级表 表 4-27

分级标准	富余水深（m）	对应分级描述
1	[0.5，+∞)	富余水深较大，可完全容纳中型渔船通航
2	[0.2，0.5)	港口水深有较多富余，但仍需保持注意
3	[0，0.2)	深度较浅，载重越大，通航越需注意

④港口航行限制。

港口航行限制包括港口内部的通航环境、自然环境、交通状况三大部分，且港口航行限速区域与限制速度不明确。因此该部分需要进行综合考虑，将沿海渔港航行限制划分为合理、一般、不合理三个层次[39]。

⑤港口航道交汇点。

港口航道大多为复杂航道，船舶的通航情况将影响渔港的整体安全状况。在港口航道交汇处，一般具有交通流密度较大、航道偏长、限制航向等特征，容易造成航道拥挤、堵塞于交汇点处的情况，以致交通事故频发[40]。航道交汇点分级见表4-28。

航道交汇点分级表 表 4-28

分级标准	交叉点（个）	对应分级描述
1	[0，2)	单向单个交汇点，危险性较小
2	[2，4)	单向多交汇点，容易造成交通堵塞
3	[4，+∞)	交汇点过多，安全影响因素过多

⑥港口航道饱和度。

港口航道的饱和度是航道服务水平的重要表现指标之一。其主要原理是在保证沿海港口航道安全运作的前提下，航道实际通航船舶流量与航道船舶通航能力之比值[41]：

$$航道饱和度=\frac{船舶流量}{航道通航能力}$$

港口航道饱和度分级见表4-29。

航道饱和度分级 表4-29

分级标准	饱和度（%）	对应分级描述
1	[0，30)	港口航道的饱和度较低，危险系数小
2	[30，60)	港口航道较为拥挤，需要注意来往船舶
3	[60，100]	航道十分拥挤，危险系数大

⑦港口航道转向点。

船舶在航道出港时有多个可偏转方向，即渔船在出港后将有可能碰到多个转向点，同时来船交汇的风险将大幅度增加。一般而言，弯曲的航道风险远高于顺直航道。而船舶在弯曲段港口航道通航时，最为主要的安全影响因素为转向角大小。航道转向点分级见表4-30。

航道转向点分级表 表4-30

分级标准	转向点（个）	对应分级描述
1	[0，3)	转向点较少，危险系数较小
2	[3，6)	转向点偏多，需要加强警惕
3	[6，+∞)	转向点较多，危险过大，需要时刻注意

4）管理因素

（1）应急管理预案。

①应急锚地设置。

应急锚地的设置，主要针对船舶在码头的停泊过程中可能会发生的突发事件或其他情况，需要紧急撤离到安全水域进行避险。一旦渔港发生紧急情况需要快速撤离时，沿海渔港附近可以有一个合适的水域以供应急之需。合理的应急锚地设置可以在一定程度上提升港口与航道安全性[42]。应急锚地距离港口距离分级见表4-31。

应急锚地距离港口距离分级表 表4-31

分级标准	应急锚地距港口（n mile）	对应分级描述
1	[0，1)	应急锚地较近，能够快速反应，降低风险
2	[1，2)	应急锚地距港口有一定距离
3	[2，+∞)	应急锚地过远，遇到紧急情况无法快速撤离

②紧急撤离预案。

我国沿海渔港普遍缺乏必要的海上搜救力量，这对于渔港可能发生的交通事故很难起到救助作用。因此对中大型渔港需要建立专业的搜救队伍，并进行充分培训[43]。鉴于中小型渔港救助力量薄弱，甚至于没有，则需要设有紧急撤离预案，使得船舶在港口内外发生事故时，渔港内部能根据紧急撤离预案来救助事故船舶，尽量降低事故危险与损失。将紧急撤离预案的合理性根据专家评价依次分为合理、一般、不合理。

（2）港口管理。

①航标种类。

助航标志简称为航标，它是通过特定灯光、标志、荧光漂浮物等专门为船舶提供定位，以确保船舶航向正确、避免偏离航道的航行辅助设施。它的主要作用包括指示标定航道、辅助船舶定位、标注危险区域等。航标的种类繁多，根据不同的分类可设置不同作用的航标，如灯塔、灯船、立标等。根据专家意见，将渔港航标种类的多寡分为较多、一般、缺少必要航标三个层次。

②防污染管理。

船舶、港口、码头等从事船舶相关类的单位地点须配备防污染设备，否则将予以警告、罚款处分。船舶在靠港停泊或在港口抛锚作业时，可能会产生各种污染物污染港口环境，因此需要针对该情况做出预防与解决治理措施[44]。港口污染一般可分为噪声污染、水污染、大气污染。依据专家意见，可将港口防污染管理的完备性分为充分、一般、较差。

③航标布置合理性。

航标通常布置于靠近沿海港口处。航标的合理布置也能够对港口水域危险区域的情况进行较为明确的指引标注。根据实际情况，结合专家意见将航标合理布置性划分为合理、良好、较差三个层次。

④港口航标完善率。

港口航标配置不完备或损坏都将对船舶在港口通航带来较大的安全隐患，其风险难以量化衡量。航标的数量需要充足，且在转向点处需要有足够显著的转向标识。此外，还需要在航道的两侧设置标识航道位置的航标，以及标识出港口航道进出口位置和主航道位置。但考虑到沿海渔港的特殊性，港口航标的完善性可适当放宽要求。依据专家意见，可将港口航标的完善率划分为完善、一般、较差。

⑤船舶交通服务。

船舶交通服务（Vessel Traffic Service，简称 VTS），是一个由主管机关直接设置的，对船舶实施交通管制，并提供船舶航行相关的咨询服务的系统。旨在保证船舶航行安全，保护通航水域环境。有关学者研究表明，良好的 VTS 服务能够有效地降低水域的事故量，是衡量港口水域航行安全的重要标志之一。根据我国沿海渔港的特点，依据有关专家意见，选择 VTS 建设完善率来阐述该指标对沿海渔港通航安全状况的影响，并且将其分为完善、一般、较差三个层次。

4.4 沿海渔船通航安全评估指标体系的建立

渔船在海上发生的交通事故种类较多，主要包括碰撞、自沉、搁浅等多种事故，且以上三种事故频率最高，占海上总事故的88%，造成了较大的人员伤亡与经济损失。作者将重点研究我国沿海省份近 10 年的渔船港口水域通航安全事故，对沿海渔船港口通航水域进行大量的调查，采集各种指标数据，对其采取初值镜像化的无量纲化处理方法进行整理与计算，避免所选指标因原始数据的量纲与量级差异而产生误差。

4.4.1 指标体系的建立

在商船与渔船共同的基础之上，针对渔船、船员、渔港的特点，收集全国沿海渔港事故因素，整理专家组成员的反馈与修正信息，有选择性地对渔船港口通航安全因子进行汇总选取。从渔船的适航性、船员的适任性、沿海港口水域通航的危险性、渔港管理的完善性四个角度出发，对渔港通航安全中所有指标进行汇总，归纳见表 4-32。

渔船通航安全各级指标 表 4-32

<table>
<tr><td rowspan="12">大连湾渔港通航安全状况指标体系 A1</td><td rowspan="12">渔船因素 B1</td><td rowspan="3">装载与船龄 C1</td><td>渔获物装载合理性 D1</td></tr>
<tr><td>渔船载重吨 D2</td></tr>
<tr><td>船龄 D3</td></tr>
<tr><td rowspan="7">结构与性能 C2</td><td>渔船材质 D4</td></tr>
<tr><td>浮力储备 D5</td></tr>
<tr><td>主机功率 D6</td></tr>
<tr><td>初稳性 D7</td></tr>
<tr><td>旋回性 D8</td></tr>
<tr><td>航向稳定性 D9</td></tr>
<tr><td>制动性能 D10</td></tr>
<tr><td rowspan="2">船舶及设备状况 C3</td><td>船舶保养程度 D11</td></tr>
<tr><td>船舶维修程度 D12</td></tr>
</table>

续上表

<table>
<tr><td rowspan="37">大连湾渔港通航安全状况指标体系 A1</td><td rowspan="2">渔船因素 B1</td><td rowspan="2">船舶及设备状况 C3</td><td>安全设备状况 D13</td></tr>
<tr><td>机电设备状况 D14</td></tr>
<tr><td rowspan="10">船员因素 B2</td><td rowspan="2">生理 C4</td><td>身体健康状况 D15</td></tr>
<tr><td>身体疲劳程度 D16</td></tr>
<tr><td rowspan="2">心理 C5</td><td>心理状况 D17</td></tr>
<tr><td>认知能力 D18</td></tr>
<tr><td rowspan="6">专业水平 C6</td><td>水域/海况熟悉情况 D19</td></tr>
<tr><td>培训程度 D20</td></tr>
<tr><td>专业技术水平 D21</td></tr>
<tr><td>船舶/设备熟悉程度 D22</td></tr>
<tr><td>应急能力 D23</td></tr>
<tr><td>法律法规熟悉程度 D24</td></tr>
<tr><td rowspan="18">环境因素 B3</td><td>水文条件 C7</td><td>潮流 D25</td></tr>
<tr><td rowspan="3">气象条件 C8</td><td>能见度 D26</td></tr>
<tr><td>风力等级 D27</td></tr>
<tr><td>波浪 D28</td></tr>
<tr><td rowspan="3">干扰因素 C9</td><td>交通密度 D29</td></tr>
<tr><td>碍航物数 D30</td></tr>
<tr><td>障碍物距离 D31</td></tr>
<tr><td rowspan="4">停泊条件 C10</td><td>泊位长度 D32</td></tr>
<tr><td>锚地底质 D33</td></tr>
<tr><td>锚地距航道距离 D34</td></tr>
<tr><td>锚地种类 D35</td></tr>
<tr><td rowspan="7">港口航道条件 C11</td><td>港口航道长度 D36</td></tr>
<tr><td>航道宽度 D37</td></tr>
<tr><td>港口水深富余度 D38</td></tr>
<tr><td>港口航行限制 D39</td></tr>
<tr><td>港口航道交汇点 D40</td></tr>
<tr><td>港口航道饱和度 D41</td></tr>
<tr><td>港口航道转向点 D42</td></tr>
<tr><td rowspan="7">管理因素 B4</td><td rowspan="2">应急管理预案 C12</td><td>应急锚地设置 D43</td></tr>
<tr><td>紧急撤离预案 D44</td></tr>
<tr><td rowspan="5">港口管理 C13</td><td>航标种类 D45</td></tr>
<tr><td>防污染管理 D46</td></tr>
<tr><td>航标布置合理性 D47</td></tr>
<tr><td>港口航标完善率 D48</td></tr>
<tr><td>VTS 服务 D49</td></tr>
</table>

通过对我国沿海省份近年来发生的渔船港口通航安全事故进行收集，对渔船船员、港口管理人员、业内专家等进行问卷调查，查阅中国渔业船舶安全分析报告，请教并采纳了有关专家的沟通反馈意见，整理出了影响沿海渔船港口通航安全的主要危险因素，建立了较为完善的通航安全指标体系与指标量化分级标准，见表4-33。

各项指标分级说明 表4-33

指标标号	分级依据	分级标准		
		1	2	3
D1	装载合理性（%）	[40，70)	[70，100]	[0，40) ∪ [100，+∞]
D2	渔船载重吨（t）	[200，500]	[50，200)	[20，50)
D3	船龄（年）	[0，5]	(5，15)	[15，+∞)
D4	渔船材质	1	2	3
D5	浮力储备（%）	[20，50)	[10，20) ∪ [50，100]	[0，10)
D6	渔船主机功率（kW）	[147，441]	[44.1，147)	[0，44.1) ∪ (441，+∞)
D7	初稳性高度（m）	[0.8，1.0]	[0.5，0.8)	[0，0.5) ∪ (1，+∞)
D8	相对旋回直径	[2，4)	[4，6]	(6，8]
D9	航向稳定性指数	[0，1.5]	(1.5，+∞)	(−∞，0)
D10	相对停船冲程	[4，8]	(8，15)	[15，+∞)
D11	年保养次数	[4，+∞)	[2，4)	[0，2)
D12	年维修次数	[0，3)	[3，6)	[6，+∞)
D13	安全设备状况	[80，100]	[60，80)	[0，60)
D14	机电设备状况	[80，100]	[60，80)	[0，60)
D15	身体健康状况	[80，100]	[60，80)	[0，60)
D16	身体疲劳程度	[0，30)	[30，60)	[60，100]
D17	心理状况	[80，100]	[60，80)	[0，60)
D18	认知能力	[80，100]	[60，80)	[0，60)
D19	水域工作次数	[30，+∞)	[15，30)	[0，15)
D20	培训程度	[80，100]	[60，80)	[0，60)
D21	专业技术水平	[80，100]	[60，80)	[0，60)
D22	船舶/设备熟悉程度	[80，100]	[60，80)	[0，60)
D23	应急能力	[80，100]	[60，80)	[0，60)
D24	法律法规熟悉程度	[80，100]	[60，80)	[0，60)
D25	水流与航向夹角（°）	[150，180]	[0，30)	[30，150]
D26	能见距离（n mile）	[5，+∞)	[0.5，5)	[0，0.5)
D27	风力（等级）	[0，3)	[3，6)	[6，18)

续上表

指标标号	分级依据	分级标准		
		1	2	3
D28	有义波高（m）	[0，2.5)	[2.5，6)	[6，14)
D29	平均交通密度	[0，3)	[3，10)	[10，+∞)
D30	障碍物数（个）	[0，1)	[1，2)	[2，+∞)
D31	障碍物距船距离（m）	[500，+∞)	[300，500)	[0，300)
D32	泊位长度（m）	[30，+∞)	[15，30]	[0，15)
D33	锚地底质	[80，100]	[60，80)	[0，60)
D34	锚地距航道距离（n mile）	[1.5，+∞)	[1，1.5)	[0，1)
D35	锚地种类	[80，100]	[60，80)	[0，60)
D36	港口航道长度（n mile）	[1，+∞)	[0.5，1)	[0，0.5)
D37	航道最窄处宽度（m）	[30，+∞]	[15，30)	[0，15)
D38	富余水深（m）	[0.5，+∞)	[0.2，0.5)	[0，0.2)
D39	港口航行限制	[80，100]	[60，80)	[0，60)
D40	交叉点（个）	[0，2)	[2，4)	[4，+∞)
D41	港口航道饱和度	[0，30)	[30，60)	[60，100]
D42	转向点（个）	[0，3)	[3，6)	[6，+∞)
D43	应急锚地距港口（n mile）	[0，1)	[1，2)	[2，+∞)
D44	紧急撤离预案	[80，100]	[60，80)	[0，60)
D45	航标种类	[80，100]	[60，80)	[0，60)
D46	防污染管理	[80，100]	[60，80)	[0，60)
D47	航标布置合理性	[80，100]	[60，80)	[0，60)
D48	港口航标完善率	[80，100]	[60，80)	[0，60)
D49	VTS 服务	[80，100]	[60，80)	[0，60)

4.4.2 安全评估指标的筛选

作者采用灰色关联度将定性指标定量化处理，以信息熵来剔除有序度低的指标，做到最大程度地消除人为因素对指标选取的干扰，根据各个指标间发展趋势与系统整体的相关程度，对所选指标进行初次筛选；再采取信息熵法，对其进行二次筛选，能够有效地筛选出指标所含有效信息的多寡和信息效用的高低，保留包含有效信息量较大的指标；最后将灰色关联度与信息熵理论相结合，二次逐级对指标进行筛选，并建立沿海渔船港口通航安全状况指标体系图。

（1）系统关联度计算。

根据灰色关联度计算式（4-1）～式（4-11）对收集的数据进行分析处理，由于指标因素与数据较多，因此节选部分数据进行分析展示，建立的指标数据矩阵如下：

$$S=\begin{bmatrix}80 & 200 & 5 & 1.5 & 30 & 300 & 1.4 & 2 & 0.5 & 4\\ 46 & 378 & 7 & 1.6 & 49 & 547 & 1.5 & 2 & 0.6 & 8\\ 56 & 184 & 3 & 1.6 & 54 & 346 & 1.1 & 3 & 1.2 & 3\\ 62 & 254 & 5 & 1.8 & 35 & 249 & 1.4 & 4 & 0.8 & 5\\ 79 & 434 & 8 & 1.3 & 47 & 168 & 1.1 & 4 & 1.2 & 7\\ 67 & 227 & 6 & 1.2 & 54 & 232 & 1.1 & 3 & 0.9 & 4\end{bmatrix}$$

在对数据结构进行考察分析后，确定参考数据列如下：

$$S(1)=[80\quad 200\quad 5\quad 1.5\quad 30\quad 300\quad 1.4\quad 2\quad 0.5\quad 4]$$

由于原始数据的量纲与量级差异较大，因此对其采取初值镜像化的无量纲化处理方法，减小可能存在的误差。计算后无量纲化结果如下：

$$S'=\begin{bmatrix}1 & 1 & 1 & 1 & 1 & 1 & 1 & 1 & 1 & 1\\ 0.58 & 1.89 & 1.38 & 1.08 & 1.62 & 1.82 & 1.07 & 1.18 & 1.12 & 1.98\\ 0.70 & 0.92 & 0.64 & 1.06 & 1.81 & 1.16 & 0.79 & 1.56 & 2.34 & 0.84\\ 0.78 & 1.27 & 0.96 & 1.17 & 1.15 & 0.83 & 0.99 & 2.09 & 1.56 & 1.31\\ 0.99 & 2.17 & 1.68 & 0.85 & 1.55 & 0.56 & 0.75 & 2.14 & 2.48 & 1.63\\ 0.83 & 1.14 & 1.16 & 0.78 & 1.82 & 0.77 & 0.81 & 1.86 & 1.78 & 1.06\end{bmatrix}$$

逐个计算每个被评价对象指标序列与参考序列对应元素的绝对差值即 $\Delta_i(k)$

$$\boldsymbol{\Delta}=\begin{bmatrix}0 & 0 & 0 & 0 & 0 & 0 & 0 & 0 & 0 & 0\\ 0.42 & 0.89 & 0.38 & 0.08 & 0.62 & 0.82 & 0.07 & 0.18 & 0.12 & 0.98\\ 0.30 & 0.08 & 0.36 & 0.06 & 0.81 & 0.16 & 0.21 & 0.56 & 1.34 & 0.16\\ 0.22 & 0.27 & 0.04 & 0.17 & 0.15 & 0.17 & 0.01 & 1.09 & 0.56 & 0.31\\ 0.01 & 1.17 & 0.68 & 0.15 & 0.55 & 0.44 & 0.25 & 1.14 & 1.48 & 0.63\\ 0.17 & 0.14 & 0.16 & 0.22 & 0.82 & 0.23 & 0.19 & 0.86 & 0.78 & 0.06\end{bmatrix}$$

确定对应值的最大最小值：

$$m=0.01$$

$$M=1.48$$

α 取值 0.5，分别计算每个比较序列与参考序列对应元素的关联系数：

$$r=\begin{bmatrix}1&1&1&1&1&1&1&1&1&1\\0.95&0.90&0.96&0.99&0.93&0.91&0.99&0.98&0.98&0.89\\0.97&0.99&0.96&0.99&0.91&0.98&0.97&0.94&0.86&0.98\\0.97&0.97&0.99&0.98&0.98&0.98&0.99&0.88&0.94&0.96\\0.99&0.88&0.92&0.98&0.93&0.94&0.97&0.88&0.85&0.93\\0.98&0.98&0.98&0.97&0.91&0.97&0.98&0.91&0.91&0.99\end{bmatrix}$$

计算该体系的指标与系统关联度见表4-34。

指标与体系关联度 表4-34

指标	$R(x_i)$	指标	$R(x_i)$	指标	$R(x_i)$	指标	$R(x_i)$	指标	$R(x_i)$
D1	0.9715	D11	0.9699	D21	0.9238	D31	0.8388	D41	0.8824
D2	0.9508	D12	0.8970	D22	0.9197	D32	0.9250	D42	0.8320
D3	0.9130	D13	0.9076	D23	0.9264	D33	0.9605	D43	0.9575
D4	0.9872	D14	0.9092	D24	0.9158	D34	0.8635	D44	0.9105
D5	0.9497	D15	0.9148	D25	0.9839	D35	0.7287	D45	0.9090
D6	0.9604	D16	0.9194	D26	0.9062	D36	0.8671	D46	0.9089
D7	0.9882	D17	0.9282	D27	0.9159	D37	0.9662	D47	0.9473
D8	0.9294	D18	0.9157	D28	0.9426	D38	0.9225	D48	0.9446
D9	0.9079	D19	0.9665	D29	0.9622	D39	0.9055	D49	0.9485
D10	0.9292	D20	0.9229	D30	0.6706	D40	0.9111	—	—

系统关联度大于0.9，代表最终筛选的指标所包含的有效信息多，与系统关联度高，与其他所选二级指标重叠度不高，因此，将系统关联系数小于0.9的多余指标进行删除，包括D12、D30、D31、D34、D35、D36、D41以及D42共8项指标。经过初次筛选后，所得体系安全状况指标共计41个。

（2）信息熵与指标体系图。

基于信息熵理论所给出公式，采用初值镜像化的数据，对初次筛选后的指标进行二次计算，筛选出所含有效信息量较大的指标。经计算所得各指标熵值见表4-35。

各指标熵值 表4-35

指标	熵值（H_i）	指标	熵值（H_i）	指标	熵值（H_i）
D1	0.9244	D6	0.9092	D11	0.9261
D2	0.9251	D7	0.9323	D13	0.8636
D3	0.9152	D8	0.9231	D14	0.8664
D4	0.9313	D9	0.9102	D15	0.9076
D5	0.9252	D10	0.9208	D16	0.9076

续上表

指标	熵值（H_i）	指标	熵值（H_i）	指标	熵值（H_i）
D17	0.9096	D26	0.9231	D40	0.9159
D18	0.9083	D27	0.9204	D43	0.9240
D19	0.9161	D28	0.9227	D44	0.8793
D20	0.9007	D29	0.9042	D45	0.8763
D21	0.9092	D32	0.9173	D46	0.8834
D22	0.9018	D33	0.9278	D47	0.9259
D23	0.9015	D37	0.9258	D48	0.9205
D24	0.9070	D38	0.9213	D49	0.9225
D25	0.9293	D39	0.8605	—	—

信息熵的度量代表着系统的无序程度，若指标熵值小于0.9，则代表指标的有序程度较低，所包含的有效信息较少，信息效用值较小，所选指标的人为因素干扰较多，应将之标注并筛除，以增强体系的合理性，因此D13、D14、D39、D44、D45以及D46共6个指标被剔除。在对指标的数据进行二次筛选后，共计35个最具代表性的安全状况特征指标。最终剩余指标的熵权如表4-36所示。

各指标熵权 表4-36

指标	熵权（ω_j）	指标	熵权（ω_j）	指标	熵权（ω_j）
D1	0.0262	D16	0.0320	D28	0.0268
D2	0.0259	D17	0.0313	D29	0.0332
D3	0.0294	D18	0.0318	D32	0.0287
D4	0.0238	D19	0.0291	D33	0.0250
D5	0.0259	D20	0.0344	D37	0.0257
D6	0.0314	D21	0.0315	D38	0.0273
D7	0.0234	D22	0.0340	D40	0.0291
D8	0.0266	D23	0.0341	D43	0.0263
D9	0.0311	D24	0.0322	D47	0.0257
D10	0.0274	D25	0.0245	D48	0.0275
D11	0.0256	D26	0.0266	D49	0.0269
D15	0.0320	D27	0.0276	—	—

表4-37为各级指标的权重，由于熵权能够在客观上描述各个指标对于沿海渔船港口航行安全的重要程度，所以熵权较大的指标对体系的影响较大，能够着重强调出渔船港口通航时所需注意的安全状况。在本章中，B级指标的熵权依次为渔船因素（0.2967），船员因素（0.3224），环境因素（0.2745），管理因素（0.1064）。根据熵权的大小可知，船员与渔船因素对沿海渔船港口通航安全影响程度较大。

各指标熵权统计表 表 4-37

二级指标	熵权ω_j	三级指标	熵权ω_j	归一化权重
渔船因素 B1	0.2967	装载与船龄 C1	0.0815	0.2747
		结构与性能 C2	0.1896	0.6390
		船舶及设备状况 C3	0.0256	0.0863
船员因素 B2	0.3224	生理 C4	0.0640	0.1985
		心理 C5	0.0631	0.1957
		专业水平 C6	0.1953	0.6058
环境因素 B3	0.2745	水文条件 C7	0.0245	0.0893
		气象条件 C8	0.0810	0.2951
		干扰因素 C9	0.0332	0.1209
		停泊条件 C10	0.0537	0.1956
		港口航道条件 C11	0.0821	0.2991
管理因素 B4	0.1064	应急管理预案 C12	0.0263	0.2472
		港口管理 C13	0.0801	0.7528

最终建立的沿海渔船港口通航安全状况指标体系如图 4-1 所示。

图 4-1 沿海渔船通航安全评价指标体系

4.4.3 指标体系整体合理性关联度检验

根据式（4-19）计算可知，本章中的指标体系整体关联度为0.752。

指标与系统整体关联度α大于0.70，即所选因素与构建的系统整体相关度较大，指标体系的研究对象包含的有效信息量较多，能更为合理、更加精准地反映研究对象的安全状况，能够有效呈现出体系与指标之间的关联程度，动态地衡量一个体系的变化趋势。

4.5 指标体系研究分析

我国很多学者针对商船建立了港口水域通航安全评价指标体系，以便预测船舶通航时可能存在的诸多风险。选取我国著名学者大连海事大学刘正江教授指导的《基于模糊网络分析法的港口水域通航安全评价研究》和《基于模糊 AHP-DEMATEL 方法的港口水域通航安全评价研究》，大连海事大学付玉慧教授指导的《基于云理论的鲅鱼圈港水域通航安全评价研究》，以及大连交通大学董四辉教授指导的《港口水域通航安全分析及评价研究》四篇硕士学位论文，针对港口通航指标体系研究方法等内容，与作者所采用的研究方法与建立的体系进行定性的对比和分析。

4.5.1 研究方法对比分析

在研究港口水域通航时，一般采用层次分析法或其改进法（表4-38），指标在进行权重计算时，需要通过专家判断对指标进行两两比较打分，这将导致主观因素对所建立的体系造成极大影响，从而降低指标体系的客观性。该部分内容将针对研究方法进行对比研究分析。

研究方法对比分析表　　表4-38

文献名称	研究方法	计算步骤	方法优势
基于模糊 AHP-DEMATEL 方法的港口水域通航安全评价研究	AHP-DEMATEL 法	1. 建立指标体系 2. 采用 AHP 确定各个指标初始权重值 3. 采用 DEMATEL 优化 AHP 结果	AHP-DEMATEL 能综合两种方法优势，降低 AHP 法的偏差，提高权重赋值的客观性、科学性和准确性

续上表

文献名称	研究方法	计算步骤	方法优势
基于模糊网络分析法的港口水域通航安全评价研究	网络分析法（ANP）	1. 建立指标体系 2. 以三角模糊数整合专家意见 3. ANP法确定因素互相影响权重	采用网络结构模型，既考虑了因素之间的相互影响关系，也在一定程度上克服专家主观性
	三角模糊数	4. 数据处理因素相互影响后权重	
基于云理论的鲅鱼圈港水域通航安全评价研究	云理论	1. 以云理论建立安全评价体系 2. 依据专家排序确定指标权重 3. 采用Matlab计算指标数值与权重	将模糊性与随机性相结合，尽可能地减少人为干预，有效实现定性与定量转换
港口水域通航安全分析及评价研究	预先危险性分析	1. 实地调查分析大连湾海事资料，分析潜在危险因素	能够针对某个港口通航水域的情况进行分析，并给出危险程度排序。该方法能为专家提供较为有效的判断依据。并且AHP与PCA的综合权重能较好地减少专家意见主观性
	事故树分析	2. 采取事故时对危险因素结构重要度排序	
	层次分析法	3. 建立指标体系	
	主成分分析法	4. 采取AHP求指标权重，并对指标采用主成分分析法进行筛选，求得组合权重	
本章	灰色关联度	1. 建立指标体系	指标通过事故数据与港口收集数据进行分析，无专家判断矩阵，极大地减少了主观性对指标的影响 两次筛选能充分剔除包含有效信息少、关联度小的指标。且最终指标与体系有着较好的整体关联性
	信息熵	2. 对收集的指标数据进行关联度分析，剔除关联度小的指标	
	整体关联性	3. 计算筛选后指标熵值，剔除熵值较小指标，计算二次筛选后指标熵权 4. 检验体系与指标整体关联性	

由表可知，在建立船舶港口通航安全体系时，一般都会采用专家评判打分的方法来确认指标权重，而这种方法计算指标权重时会掺入较多主观因素，影响指标体系评价的

客观性。无论是采用不同的方法在 AHP 的基础之上进行组合权重，还是优化权重，都只能在一定程度上减小主观因素。而本章只使用专家评级，采用二次筛选法，在建立指标体系后，根据海上交通事故分析与沿海渔港数据记录分析，对指标进行二次筛选，保留最具代表性、包含有效信息量最多的指标。与以上四篇论文相比，作者建立的指标体系所考虑的因素更为完善，在相同的专家意见基础之上，极大减少了在计算过程中需要专家参与评判所带来的主观因素的影响，为沿海渔港通航指标的建立提供了较好的理论方法。

4.5.2 指标体系对比分析

在研究船舶港口通航安全时，一般选用“人-船-环境-管理”四大因素所组成的系统，再根据这四个因素选取其相关联的指标。《港口水域通航安全分析及评价研究》一文则是对港口水域主要事故——碰撞进行事故树分析得出的指标体系，该研究更多地针对碰撞事故选取了指标因素，不能全面代表港口通航安全状况，因此作者未对该文章的指标体系进行分析。本章与其他三篇文章均对四个因素进行整体分析（表 4-39），能对港口通航安全状况有较好的把握，全面识别通航风险。

指标因素对比分析表　　表 4-39

<table>
<tr><th>文献名称</th><th>二级指标</th><th>三级指标</th><th>指标选取方法</th></tr>
<tr><td rowspan="4">基于模糊 AHP-DEMATEL 方法的港口水域通航安全评价研究</td><td>人为因素</td><td rowspan="4"></td><td rowspan="4">1. 查阅国内外相关文献与专业书籍；
2. 咨询相关领域专家学者</td></tr>
<tr><td>船舶因素</td></tr>
<tr><td>环境因素</td></tr>
<tr><td>管理因素</td></tr>
<tr><td rowspan="5">基于模糊网络分析法的港口水域通航安全评价研究</td><td>人为因素</td><td rowspan="2"></td><td rowspan="5">1. 查阅文献；
2. 结合港口水域通航安全评估项目经验；
3. 咨询专家</td></tr>
<tr><td>船舶因素</td></tr>
<tr><td rowspan="2">环境因素</td><td>自然环境</td></tr>
<tr><td>交通环境</td></tr>
<tr><td>管理因素</td><td></td></tr>
<tr><td rowspan="5">基于云理论的鲅鱼圈港水域通航安全评价研究</td><td>人员因素</td><td>船员</td><td rowspan="5">1. 结合事故统计，分析港口总体情况；
2. 专家调查问卷</td></tr>
<tr><td rowspan="2">船舶因素</td><td>船舶数据</td></tr>
<tr><td>船舶性能</td></tr>
<tr><td rowspan="2">交通环境</td><td>交通条件</td></tr>
<tr><td>自然条件</td></tr>
</table>

续上表

文献名称	二级指标	三级指标	指标选取方法
本章	渔船因素	装载与船龄	1. 文献查阅； 2. 专家咨询、问卷调查； 3. 事故原因与港口数据分析
		结构与性能	
		船舶及设备状况	
	船员因素	生理	
		心理	
		专业水平	
	环境因素	水文条件	
		气象条件	
		干扰因素	
		停泊条件	
		港口航道条件	
	管理因素	应急管理预案	
		港口管理	

在指标的选取方面，所选文章有的采用了专家咨询法，并通过有关文献查阅后建立了指标体系；有的是根据事故数据建立的指标体系分析。而作者则将多种方法融合，在分析沿海港口渔船事故发生原因的基础之上，采用专家咨询、问卷调查与文献查阅的方式进行的体系搭建，这种方法能够较好地将主观与客观因素相结合，也能够更全面地分析港口水域通航所需要注意的安全指标。

作者将四大指标详细划分为 13 个三级指标，均为互相关联却又互相独立的风险因素子集，以便于更好地分析各个风险因素对指标体系的影响。而其他三篇文章，有直接分析二级指标的，也有将二级指标再次进行详细划分的，选取的指标虽具有一定的代表性，但仍存在一定的不全面性。如《基于云理论的鲅鱼圈港水域通航安全评价研究》一文中，虽然是根据营口港与鲅鱼圈港的事故情况进行的分析，但缺少了管理方面的因素限制；如《基于模糊 AHP-DEMATEL 方法的港口水域通航安全评价研究》一文中，船舶因素中并未考虑船舶吨位对船舶港口通航时可能造成的影响。他们将指标与子集混合研究，虽然能够有效甄别指标对于体系的影响，但却混淆了指标与子集的关系与重要度。而作者将子集与指标进行明确划分，子集之间互相对比，分析权重，在最终计算后能清晰地对比出指标的重要性，能够更有效地采取针对性措施进行风险防控，提高安全防患意识。

4.6 结论与展望

4.6.1 结论

作者结合商船与渔船港口水域通航的特性，收集了我国沿海省份近年来所发生的渔船港口通航安全事故资料，并且对业内专家、渔船船员等进行了问卷调查，建立了沿海渔港通航安全指标与分级标准，采用关联度与信息熵理论相结合的方法进行指标多次筛选，并建立通航安全指标体系，较为全面地提出了沿海渔港通航所需注意的风险因素，提高了指标选取与体系建立的客观性。通过研究得出如下结论：

（1）结合多种方法，快速、科学、合理地筛选指标。作者采用灰色关联度将定性指标定量化处理，以信息熵来剔除有序度低的指标，做到最大程度地消除人为因素对指标选取的干扰；两个理论相结合，建立沿海渔港通航安全状况指标体系，计算所得指标与系统的整体关联度大于0.7。结果表明：该方法在一定程度上减少专家主观评价对指标分析所产生的不确定性，能有效地筛选最具代表性的安全指标并构建指标体系，能够科学合理地反映沿海渔港通航时的安全状况与危险因素；该方法能快速、科学、合理地筛选指标，并有效提高建立体系的有效性。

（2）完善沿海渔港通航安全状况评价体系。根据沿海渔港安全通航指标选取四大原则，分别对渔船的适航性、船员的适任性、沿海港口水域通航的危险性、渔港管理的完善性进行分析。选取13个子项，35个基础指标，依据各类设计规范、专家意见、事故统计分析对不同级别指标进行分类，并依次进行分级，为准确评估渔港通航安全状况奠定了坚实的基础。有效避免了不同层级指标交叉评比所造成的权重混淆，在一定程度上提高了指标体系的客观性。

（3）明确了沿海渔港通航体系的重要安全指标。将作者建立的体系与其他相关研究进行了定性对比分析，作者建立的体系能有效提高指标体系建立的效率与合理性，能较为全面地反映在沿海渔港通航时需要注意的安全指标，以及影响通航安全的主要因素，为提高我国沿海渔港水域通航安全提供了理论依据，具有一定的参考价值。

4.6.2 展望

伴随着我国经济的发展、海上丝绸之路倡议的实施，我国沿海航运业发展加快，海上交通事故会日趋增多。为此，降低海上交通风险，保障渔民安全成为该领域研究学者们努力的方向。而解决该问题的根本在于，是否能够全面、精准地判断出风险所在。作者根据有关学者对于商渔船碰撞的研究，以沿海渔港通航为例，建立通航安全状况评价体系，给出沿海渔港通航安全注意点，但受限于多方面的原因，存在较多的局限与不足之处。

（1）作者注重的是安全状况体系的建立，因此在分析评价安全状况时，部分因素的定性与定量分析还需要采用更加科学客观的方法。

（2）部分指标依靠专家意见进行分级，不可避免地存在着一定的主观性，下一步需要增强指标与评价的客观性，以减少人为主观因素影响。

（3）研究侧重于沿海渔港通航安全状况指标的筛选与体系的建立，所选取的沿海渔港通航参数较少，且目前的研究更多偏向于大数据处理，采用软件分析模拟的形式，因此在接下来的研究中，则需要进一步收集实际数据，形成大数据，对大数据进行智能学习和实例验证，尽量剔除主观评价的离散性，以及使用科学适用的软件来检验并完善研究结果，使得评价更客观。

参考文献

[1] 前瞻经济学人. 2020 年中国港口行业市场发展现状分析　吞吐量稳步上升［R/OL］.（2020-06-05）［2021-10-01］. https：//baijiahao. baidu. com/s？id＝1668638991650271847&wfr＝spider&for＝pc.

[2] 农业农村部渔业渔政管理局，全国水产技术推广总站，中国水产学会. 2020 中国渔业统计年鉴［M］. 北京. 中国农业出版社，2020.

[3] 中国渔业互保协会. 中国渔业船舶安全分析报告（1994—2015）［M］. 北京：中国农业出版社，2018.

[4] 管小红. 2020 年中国水上交通事故发生数量、死亡失踪人数、沉船数量、搜救成功率及人为因素致因防控措施分析［R/OL］.（2021-08-25）［2021-10-01］. https：//www. chyxx. com/industry/202108/970583. html.

[5] 刘思峰. 灰色系统理论及其应用［M］. 9 版. 北京：科学出版社，2021.

[6] 叶斌. 基于改进熵值法的内河水运评价研究［D］. 成都：成都理工大学，2012.

[7] 王华丽. 基于熵聚类的 RBF 神经网络训练算法研究［D］. 重庆：重庆大学，2008.

[8] HOEK R I V. From reversed logistics to green supply chains [J]. Supply Chain Management, 1999, 4 (3): 129-135.

[9] 张威. 内河无人驾驶船舶安全状态评价研究 [D]. 武汉: 武汉理工大学, 2020.

[10] 中国海事服务中心. 船舶操纵与避碰 [M]. 北京: 人民交通出版社, 2012.

[11] 姚杰, 任玉清, 吴兆麟. 渔船安全技术状况综合评价体系的研究 [J]. 大连海洋大学学报, 2011, 26 (05).

[12] 任玉清, 姚杰, 许志远, 等. 中国钢质海洋渔船安全状况评价研究 [J]. 渔业现代化, 2012, 39 (06).

[13] 姚杰, 吴兆麟, 任玉清, 等. 基于云推理的渔船安全状况评价方法 [J]. 大连海事大学学报, 2014, 40 (03).

[14] 中华人民共和国农业部. 农业部关于加强老旧渔业船舶管理的通知 [EB/OL]. (2007-05-20) [2021-10-01]. http://www.moa.gov.cn/nybgb/2007/dwuq/201806/t20180613_6151892.htm.

[15] 中华人民共和国农业部. 渔业捕捞许可管理规定 [EB/OL] (2002-08-23) [2021-10-01]. http://www.zfs.moa.gov.cn/flfg/201006/t20100606_6315609.htm.

[16] 盛振邦, 刘应中. 船舶原理 [M]. 上海: 上海交通大学出版社, 2003.

[17] 龚雪根, 陆志材. 船舶操纵 [M]. 北京: 人民交通出版社, 2000.

[18] 姚杰, 任玉清, 李昕. 渔船操纵性指数 K、T 的统计分析 [J]. 中国航海, 2003, 000 (001): 29-31.

[19] 赵庆涛. 航海概论 [M]. 大连: 大连海事大学出版社, 2010.

[20] 叶明君, 陈荣国. 船舶维护与保养 [M]. 大连: 大连海事大学出版社, 2014.

[21] 黄志. 船舶设备安全状况的评价 [J]. 上海海运学院学报, 2000, 21 (1): 6.

[22] 李建峰, 袁磊, 贺磊. 船舶机电设备运行状态监测及故障诊断 [J]. 中国设备工程, 2017 (2): 2.

[23] 李伟弘. 海船船员疲劳度调查与分析 [J]. 航海技术, 2013 (4): 3.

[24] 于波, 叶德强. 浅谈小型渔船船员培训工作 [J]. 齐鲁渔业, 2017, 34 (9): 3.

[25] 陈孝武, 阮召彬. 浅谈商船与渔船碰撞事故的原因和对策 [J]. 中国水运, 2011, 11 (6): 16-17.

[26] 房超. 石岛以东及东南水域水上交通事故防范及监管对策研究 [D]. 哈尔滨: 哈尔滨工业大学, 2016.

[27] 中华人民共和国司法部. 中华人民共和国渔港水域交通安全管理条例 [EB/OL]. (2019-03-02) [2023-03-01]. http://www.gov.cn/zhengce/2020-12/25/content_5574043.htm.

[28] 陈立新．渔船安全综合评估模型研究［D］．大连：大连海洋大学，2019.
[29] 王海宝．基于云理论的秦皇岛港通航安全评价研究［D］．大连：大连海事大学，2016.
[30] 沈庆洲．内河交通安全风险研究［D］．大连：大连海事大学，2018.
[31] 高荣欣．基于贝叶斯网的港口船舶交通安全评价［D］．大连：大连海事大学，2010.
[32] 中国气象局．风力的等级划分［EB/OL］．（2018-07-06）［2021-10-01］．http：//www.cma.gov.cn/2011xzt/2018zt/20100728/2010072806/201807/t20180706_472642.html.
[33] 郝剑波．基于深度学习的近岸海浪等级分类研究［D］．上海：上海海洋大学，2018.
[34] 牛佳伟．基于交通时态观测的海区通航安全评价研究［D］．大连：大连海事大学，2017.
[35] 刘振东．基于系统工程理论的天津港通航安全综合评价［D］．武汉：武汉理工大学，2011.
[36] 陈溶．我国超大型原油码头通航安全评价的研究［D］．大连：大连海事大学，2012.
[37] 史大运．胶州湾适航资源分析及航道通航环境安全综合评价［D］．青岛：中国海洋大学，2010.
[38] 田佰军，薛满福．船舶结构与货运［M］．大连：大连海事大学出版社，2014.
[39] 李森．船舶港内航行限制航速研究［D］．大连：大连海事大学，2014.
[40] 陈振轩．多因素组合影响下单向多交汇点航道通过能力及通航效率研究［D］．大连：大连理工大学，2020.
[41] 杨小军．航道关键段动态通航饱和度模型及其应用［J］．上海海事大学学报，2012，33（1）：37-40.
[42] 张曾华．基于 AHP 的惠州港通航水域动态风险评估模型与实现［D］．大连：大连海事大学，2017.
[43] 赵磊．天津临港通航安全综合评价指标体系研究［D］．武汉：武汉理工大学，2010.
[44] 李盛霖．中华人民共和国船舶及其有关作业活动污染海洋环境防治管理规定［J］．中国海洋法学评论：中英文版，2010（2）：10.

第5章

基于集对分析的渔船安全综合评估模型

5.1 引言

海洋捕捞业作为高度风险的特殊职业，且大多数国家都把海洋捕捞业列为最危险的职业[1-5]，其安全问题得到了各国政府及国际组织越来越多的关注。渔船是捕捞生产不可或缺的生产工具，因而渔船安全也一直是一个常谈常新的话题。渔船安全系统是一个公认的复杂而不确定的大系统。目前，国内外学者解决渔船安全综合评估中的不确定性问题时，常用的方法有模糊综合评判法、灰色动态评价法、逻辑回归方法和系统安全分析方法等[6-9]。基于集对分析（Set Pair Analysis，简称 SPA）理论及其应用研究[10-15]，本章尝试运用该理论建立一种基于多元联系数的渔船安全综合评估模型，并从宏观上评价我国渔船的安全生产总体状况，为处理渔船安全综合评估中的不确定性提供一种崭新的思路。

5.2 基于多元联系数的渔船安全综合评估模型

5.2.1 渔船安全状况评估指标

渔船安全评估就是对渔船所处的危险状态进行定性和（或）定量的评估，分析渔船安全系统中存在的危险源及其分布部位、数目，预测事故的概率和事故的严重度，决策者可以根据评估结果选择最优控制方案和管理决策。作者试图从宏观上了解我国海洋捕捞业的安全状况，研究评估我国渔船安全状况，但是我国官方的渔船安全事故统计资料不够完善，而中国渔业互保协会（CFMI）（以下简称互保协会）则充分利用其得天独厚的优势，在渔船安全问题的统计分析以及渔船事故的定性、定量研究方面积累了比较详细的资料，因此作者选择互保协会所承保的渔船、渔民事故统计资料进行研究。

目前，国际上一直采用“事故次数”“事故死亡人数”“千船事故率”“沉船率”

等作为海上交通安全评价指标[16-19]。我国各级渔业安全主管部门及渔业公司在进行事故统计时使用事故起数、直接经济损失、死亡人数、受伤人数和船舶全损数等五项指标。然而，这五项指标不能全面地反映渔船生产作业的安全状况，还应考虑渔船总数、船员总数等因素，亦即应采用相对数字评价渔船安全状况。通过对有关的安全管理人员进行咨询，同时请教了多位业内专家，根据评估指标选取的全面性、独立性、代表性、可比性、可操作性等原则，在对互保协会承保渔船、渔民的安全状况进行综合评估时，应该考虑如下指标：

（1）渔船全损率：各年度全损渔船占全部承保渔船的比例。采用每1000艘渔船中渔船的全损数量表示，称为千船全损率。

（2）渔船部分损失率：各年度部分损失的渔船占全部承保渔船的比例。采用每1000艘渔船中部分损失的渔船数量表示，称为千船部分损失率，或千船部损率。

渔船全损率和部分损失率能直接表征承保渔船的安全和损失情况，但对于不同大小、不同损失的出险渔船等同处理，所以相对可比性稍差。

（3）渔民死亡率：各年度死亡（包括失踪）渔民的数量占所有承保渔民的比率。采用每1000名承保渔民中的死亡（包括失踪）的渔民数量表示，称为千人死亡率。

（4）渔民伤残率：各年度因伤致残的渔民数量占所有承保渔民的比例。采用每1000名承保渔民中因伤致残的渔民数量表示，称为千人伤残率。

（5）渔民受伤率：各年度身体受到伤害但并未致残或致死的渔民人数占所有承保渔民的比例。采用每1000名承保渔民中受伤的渔民数量表示，称为千人受伤率。

人员死亡往往会给遇难者家属带来无法弥补的损失，同时，也伴随着极大的经济赔偿损失，而伤残和受伤也会给渔民及其家属的身心带来极大的伤害。渔民死亡率、伤残率和受伤率可以较好地反映承保渔民的安全状况。而且，死亡率也是社会大众和渔业主管部门最为重视的一项事故指标。

除此以外，还应该考虑“直接经济损失与渔业总产值之比”或“赔付金额与保费收入之比”两个指标，这样可以更加全面地反映事故对海洋渔业以及渔业互保事业的影响。但是，鉴于目前公布的统计资料中不包括承保渔船的总产值，保费收入也因为涉及商业机密而不便公开，因此暂不考虑。

指标体系如图5-1所示。通过如上分析，各项指标的取值越小，渔业安全状况越好。

一般地，各个评估指标对渔船安全状况的影响程度不尽相同，因而需要确定各指标的权重。为解决指标权重分配问题，作者广泛咨询了业内专家，在此基础上运用层次分析方法[20]得到了30余份调查表，选取通过一致性检验的25份调查表，得到各指标对渔船安全状况的影响程度（权重）：

$$W = \{U_1, U_2, U_3, U_4, U_5\} = \{0.224, 0.122, 0.354, 0.176, 0.124\}。$$

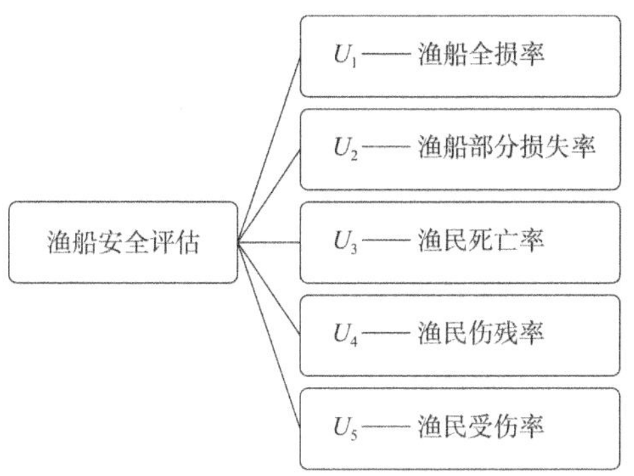

图 5-1 渔船安全评估指标体系

5.2.2 评估模型的建立

定义渔船安全评价标准集 V 为五个等级的集合，即

$$V=\{v_1,\ v_2,\ v_3,\ v_4,\ v_5\}=\{\text{Ⅰ},\ \text{Ⅱ},\ \text{Ⅲ},\ \text{Ⅳ},\ \text{Ⅴ}\}$$

式中，Ⅰ、Ⅱ、Ⅲ、Ⅳ和Ⅴ分别表示渔船生产状况安全、较安全、一般安全、较危险和危险五个等级。

在确定各个指标的评估标准时，根据对我国渔船安全事故统计数据的现状分析及发展趋势的预测，同时结合业内专家咨询的结果，得到了渔船安全状况各评估指标的分级标准（表 5-1）。

渔船安全评估标准 表 5-1

项目	Ⅰ	Ⅱ	Ⅲ	Ⅳ	Ⅴ
渔船全损率（艘/1000 艘）	4	6	8	10	12
渔船部分损失率（艘/1000 艘）	80	120	160	200	240
渔民死亡率（人/100000 人）	80	100	120	140	160
渔民伤残率（人/100000 人）	300	400	500	600	700
渔民受伤率（人/100000 人）	400	500	600	700	800

在确定评判对象的综合评估结果等级时，为利用系统各级别变量的全部信息、避免失真现象的出现，选择级别特征值来判断系统危险性状态，把各级别变量归属程度作为权重，其与对应的级别特征值乘积之总和作为系统最终的级别特征值[21]，即

$$\mu_{\text{sum}}=\sum_{h=1}^{5} h\cdot r_h \tag{5-1}$$

依据 μ_{sum} 即可对各评价对象进行综合评估（判断）。

5.3 评估模型的应用

为验证评估模型的科学性和可行性，本章选择互保协会1996—2015年承保渔船、渔民的事故统计资料为样本数据[22]，根据统计分析可以得到各年度渔船安全指标，见表5-2。

中国渔业互保协会承保渔船及渔民事故情况（1996—2015年）　　表5-2

年份	千船全损率	千船部分损失率	10万人死亡率	10万人伤残率	10万人受伤率
1996	5.6	107.1	200	555	775
1997	10.1	152.6	210	540	870
1998	6.9	116.4	140	300	454
1999	10.9	193.9	210	550	351
2000	12.4	219.3	230	670	821
2001	10.6	206.8	230	800	642
2002	15.1	239.5	230	630	795
2003	6.3	217.9	220	600	860
2004	6.1	224.1	230	590	1043
2005	5.5	208.5	170	430	719
2006	6.5	226.1	130	370	660
2007	5.1	150.4	100	420	657
2008	5.8	125.3	120	600	704
2009	4.1	116.0	120	550	745
2010	4.4	96.9	100	510	479
2011	3.2	93.5	90	450	491
2012	2.4	82.6	80	330	492
2013	3.2	92.3	90	310	472
2014	4.4	72.4	80	350	451
2015	2.5	82.0	80	360	538

根据式（3-23）~式（3-29）可以确定出1996年表征渔船安全状况的各指标综合评价五元联系数：

（1）千艘渔船全损率：

$$\mu_P = 0.2000 + 0.8000i_1 + 0.0000i_2 + 0.0000i_3 + 0.0000j$$

（2）千艘渔船部分损失率：

$$\mu_P = 0.3225 + 0.6775i_1 + 0.0000i_2 + 0.0000i_3 + 0.0000j$$

（3）10 万人死亡率：

$$\mu_P = 0.0000 + 0.0000i_1 + 0.0000i_2 + 0.0000i_3 + 1.0000j$$

（4）10 万人伤残率：

$$\mu_P = 0.0000 + 0.0000i_1 + 0.4500i_2 + 0.5500i_3 + 0.0000j$$

（5）10 万人受伤率：

$$\mu_P = 1.0000 + 0.0000i_1 + 0.0000i_2 + 0.0025i_3 + 0.0075j$$

根据式（3-30）确定 1996 年渔船安全状况总指标的综合评价五元联系数

$$\mu = 0.0841 + 0.2619i_1 + 0.0792i_2 + 0.1278i_3 + 0.4470j$$

同理，可根据上述计算方法得出 1997—2015 年渔船安全状况总指标的综合五元联系数，并根据式（5-1）确定级别特征值，依据该特征值对各年度渔船安全状况进行了排序，如表 5-3 和图 5-2 所示。

中国渔业互保协会承保渔船安全状况评估结果（1996—2015 年）　　表 5-3

年份	综合评价五元联系数	级别特征值 μ_{sum}	排序	专家判断
1996	$\mu = 0.0841 + 0.2619i_1 + 0.0792i_2 + 0.1278i_3 + 0.4470j$	3.59	9	Ⅳ级
1997	$\mu = 0.0000 + 0.0226i_1 + 0.2050i_2 + 0.2832i_3 + 0.4892j$	4.24	4	Ⅳ级
1998	$\mu = 0.2440 + 0.3012i_1 + 0.1008i_2 + 0.3540i_3 + 0.0000j$	2.56	13	Ⅲ级
1999	$\mu = 0.1240 + 0.0000i_1 + 0.1066i_2 + 0.3146i_3 + 0.4548j$	3.98	7	Ⅳ级
2000	$\mu = 0.0000 + 0.0000i_1 + 0.0000i_2 + 0.1159i_3 + 0.8841j$	4.88	1	Ⅴ级
2001	$\mu = 0.0000 + 0.0000i_1 + 0.0719i_2 + 0.3101i_3 + 0.6179j$	4.55	3	Ⅳ级
2002	$\mu = 0.0000 + 0.0000i_1 + 0.0000i_2 + 0.1309i_3 + 0.8691j$	4.87	2	Ⅴ级
2003	$\mu = 0.0000 + 0.1904i_1 + 0.0336i_2 + 0.2434i_3 + 0.5326j$	4.12	5	Ⅳ级
2004	$\mu = 0.0000 + 0.2128i_1 + 0.0288i_2 + 0.2069i_3 + 0.5515j$	4.10	6	Ⅳ级
2005	$\mu = 0.0560 + 0.2912i_1 + 0.0528i_2 + 0.1965i_3 + 0.4035j$	3.60	8	Ⅲ级
2006	$\mu = 0.0528 + 0.2912i_1 + 0.2826i_2 + 0.2938i_3 + 0.0796j$	3.06	10	Ⅲ级
2007	$\mu = 0.1008 + 0.6473i_1 + 0.1812i_2 + 0.0707i_3 + 0.0000j$	2.22	14	Ⅱ级
2008	$\mu = 0.0224 + 0.3074i_1 + 0.3702i_2 + 0.2950i_3 + 0.0050j$	2.95	11	Ⅲ级
2009	$\mu = 0.2250 + 0.1210i_1 + 0.4420i_2 + 0.1562i_3 + 0.0558j$	2.70	12	Ⅱ级
2010	$\mu = 0.2757 + 0.5483i_1 + 0.1584i_2 + 0.0176i_3 + 0.0000j$	1.92	15	Ⅱ级
2011	$\mu = 0.4930 + 0.4190i_1 + 0.0880i_2 + 0.0000i_3 + 0.0000j$	1.60	16	Ⅰ级

续上表

年份	综合评价五元联系数	级别特征值μ_{sum}	排序	专家判断
2012	$\mu=0.8252+0.1748i_1+0.0000i_2+0.0000i_3+0.0000j$	1.17	20	Ⅰ级
2013	$\mu=0.6786+0.3214i_1+0.0000i_2+0.0000i_3+0.0000j$	1.32	17	Ⅰ级
2014	$\mu=0.8040+0.1960i_1+0.0000i_2+0.0000i_3+0.0000j$	1.20	19	Ⅰ级
2015	$\mu=0.7643+0.1886i_1+0.0471i_2+0.0000i_3+0.0000j$	1.28	18	Ⅰ级

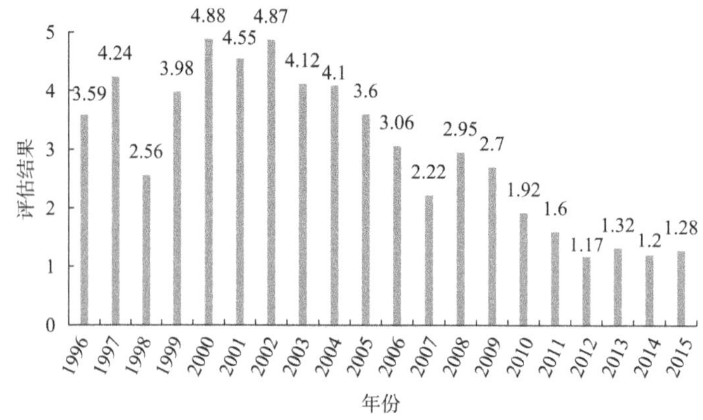

图5-2　中国渔业互保协会承保渔船安全状况评估结果（1996—2015年）

而且，为验证评估结果的客观性和有效性，作者邀请五位业内专家对于互保协会承保渔船的安全状况进行了主观评估，专家经过讨论分析后给出的评估结果见表5-3，但是专家组明确表示无法给出各年度的评估结果排序。通过比较分析容易知道，所建立的集对分析评估模型的评估结果与专家的主观判断基本一致，而且，可以非常容易地对各年度的评估结果进行排序，说明该模型是可行、有效的。而且，集对分析方法弥补了模糊集合论的缺陷，为渔船安全状况综合评估提供了一条新的途径。

5.4　结语

集对分析模型与模糊综合评判模型相比较，更加注意指标信息中的相互联系以及评估级别的同、异、反三个方面之间的定量描述，能够准确、可靠地刻画出不同评价级别的优劣程度，是解决渔船安全状况综合评估中不确定性问题的一种可行、有效的评估方法。而且，通过级别特征值来判断系统的危险性，客观、科学、可行，而且容易准确地对各评估对象的评判结果进行比较和排序，进一步扩大了集对分析的应用范围，丰富了系统危险性的评价方法。相信在不久的将来，集对分析理论将会有一个更为广阔的应用前景。

参考文献

[1] United States Coast Guard. Analysis of fishing vessel casualties：A review of lost fishing vessels and crew fatalities，1994- 2000 ［R］. Washington：U. S. Department of Transportation，2004.

[2] Transport Canada. Analysis of Canadian fishing vessel accidents 1990 to 2000 ［R］. MIL Project 2127/01. Transport Canada-Marine Safety，2002.

[3] Maritime Safety Authority. Fishing industry safety and health advisory group final report ［R］. New Zealand Ministry of Transport，2003.

[4] PETURSDOTTIR G，HANNIBALSSON O，TURNER J M. Safety at sea as an integral part of fisheries management ［R］. Rome：Food and Agriculture Organization of The United Nations，2001.

[5] International Labour Organization. Work in the fishing sector，Report Ⅳ（1）［R］. International Labour Conference. Geneva：International Labour Office，2007.

[6] 任玉清，姚杰．渔船作业安全综合评价方法的研究［J］．中国航海，2003（2）：46-47.

[7] 张娜．基于灰色理论的渔船水上交通事故定量预测方法研究［D］．大连：大连水产学院，2008.

[8] JIN D，KITE-POWELL H L，THUNBERG E，et al. A model of fishing vessel accident probability ［J］. Journal of Safety Research，33（2002）：497-510.

[9] 任玉清，姚杰，赵希波，等．基于FTA的渔船海损事故分析［J］．中国航海，2007（1）：68-71.

[10] 赵克勤．集对分析及其初步应用［J］．大自然探索，1994，13（1）：67-72.

[11] 赵克勤，宣爱理．集对论——一种新的不确定性理论方法与应用［J］．系统工程，1996，14（1）：18-23.

[12] 赵克勤．集对分析及其初步应用［M］．杭州：浙江科学技术出版社，2000.

[13] 金英伟，迟忠先，李艳红，等．基于联系数系统态势排序综合评判方法及应用［J］．大连理工大学学报，2002，42（6）：759-764.

[14] 彭刚，禹辉煌．城市环境质量综合评价的集对分析方法［J］．湖南理工学院学报（自然科学版），2008，21（1）：78-82.

[15] 王万军．多元联系数集对模型及其评价应用［J］．甘肃联合大学学报（自然科学

版），2007，21（4）：76-78.

[16] 吴兆麟，朱军．海上交通工程［M］．2 版．大连：大连海事大学出版社，2004.

[17] United States Coast Guard. Analysis of fishing vessel casualties：A review of lost fishing vessels and crew fatalities，1992-2007［EB/OL］．（2014-12-19）［2023-03-08］．https：//www. ntsb. gov/news/events/.

[18] BROOKS K. Health and safety in the Australian fishing industry［M］．Rural Industries Research and Development Corporation，2011.

[19] Marine Accident Investigation Branch. Analysis of UK fishing vessel safety，1992 to 2006［EB/OL］．（2010-12-19）［2023-03-08］．https：//www. maib. gov. uk.

[20] 王莲芬，许树柏．层次分析法引论［M］．北京：中国人民大学出版社，1992.

[21] 李德顺，许开立，叶海云．论基于多元联系数的集对分析评价模型［J］．中国安全生产科学技术，2009，5（4）：110-114.

[22] 中国渔业互保协会．中国渔业船舶安全分析报告（1994—2015）［M］．北京：中国农业出版社，2018.

第6章

渔船安全综合评估指数模型研究

6.1 引言

我国是世界上渔业产量最大的国家，同时也是渔船数量最多的国家[1]。据农业农村部渔业渔政管理局统计[2]，截至2021年底，我国拥有各类渔船52万艘，其中远洋渔船2559艘。海洋渔业是我国国民经济中的重要组成部分，同时，也是“树立大食物观，构建多元化食物供给体系”的重要保证手段。渔船作为渔业生产工具，在渔业生产和渔业经济发展中具有重要的战略地位和不可替代的作用。渔船的安全技术状况对渔业生产安全乃至渔区社会稳定、渔业资源可持续利用和海洋渔业环境保护都具有十分重要的影响。努力构建“平安渔业、和谐渔业”已是我国各级政府主管部门工作的重中之重[3]。

近年来，我国渔业管理信息化建设取得了长足的发展。2016年7月5日，农业部渔业船舶检验局召开“智慧船检”系统建设领导小组扩大会议，标志着“智慧船检”项目建设工作正式启动。作为渔船安全监管机构，农业部渔业船舶检验局期望融合现有的渔业大数据，实现各平台数据的实时共享，开创渔船检验信息化新局面。

然而，如何运用“智慧船检”系统的大数据资料，方便渔业安全主管机关实时、动态地掌握全国渔船安全动态状况，这是一项非常值得深入研究的课题，受农业部渔业船舶检验局委托，作者于2017—2018年参与了渔船安全综合评估指数模型研究。

6.2 渔船安全综合评估指数

“指数”是一种无量纲的相对比较指标，可以表示一个变量在时间或空间范围内变动程度的相对数，也可以是地区差异或计划完成情况的比数[4]。“指数”具有直观易懂、科学准确、内涵丰富等特点，能够比较直观地揭示和反映事物的本质和规律。通过对“指数”的分析，可以综合说明复杂的社会现象变动的一般趋势和规律，分析构成“指数”的各种因素的影响程度，则可以进而了解这种社会现象变动的具体原因。目前，将“指数分析法”应用于分析各种经济社会管理活动，已成为当今信息化时代的一个趋势。

“渔船安全综合评估指数”是应用量纲归一化理论，依据信息量理论和统计学的方法和原则，对渔船安全综合评估体系的创造性发展，简称“渔船安全指数”。在实际应用中根据分析目的的不同，渔船安全指数可以分为“单船安全指数”（微观指数）和“多船安全指数”（宏观指数）。

“单船安全指数”侧重于从技术的角度描述单艘渔船的安全技术水平。“多船安全指数”则应当能够反映全国、地区综合性或某一类船型的总体安全特征。一方面可通过单船安全指数的平均数来反映某一地区或某一类船型的总体安全技术状况；另一方面，也可以通过对某一地区或企业的海上事故统计指标进行加权，进而获得多船安全指数。

“渔船安全指数”能够综合评价国家或地区的渔船安全水平，这是对渔船安全生产进行科学管理的重要基础。同时，由于“渔船安全指数”是一个综合的无量纲指数，用这一理论可动态地反映渔船安全的持续改善水平，对不同地区进行综合的横向比较分析，也可以分析某一地区不同年度的纵向变化情况，还可以对不同船型进行纵向的对比研究，从而更有利于主管部门进行科学评估，便于管理部门制定相关决策或政策。

6.3 单船安全综合评估体系研究

所谓单船安全综合评估指标体系，是指由表征渔船及装备各方面特性及其相互联系的多个指标所构成的具有内在联系的有机整体，是进行渔船安全预测或评估研究的前提和基础。需要对渔船及其装备进行系统的分析，科学合理地选取评估指标，利用设定的评估指标体系来对渔船安全水平进行综合评估。

6.3.1 渔船安全综合评估指标体系

考虑到渔船安全的影响因素众多，因此渔船安全综合评估必然是一项复杂而多层次的系统工程。根据安全科学的基本原理，渔船安全综合评估指数可以从船舶、管理、人员和环境等四方面因素的综合状况来确定（图 6-1）。

中国渔业互保协会的统计分析结果表明[5]，渔船发生的事故种类大小排序是：碰撞、触损、触礁、风灾、搁浅、火灾及其他；同时认为碰撞是造成渔船发生部分损失的最主要原因，风灾是造成渔船发生全损事故的最主要原因。显然各种事故发生的主要因素除了“人”“环境”“管理”因素之外，直接原因均指向船舶设施的安全技术状态。

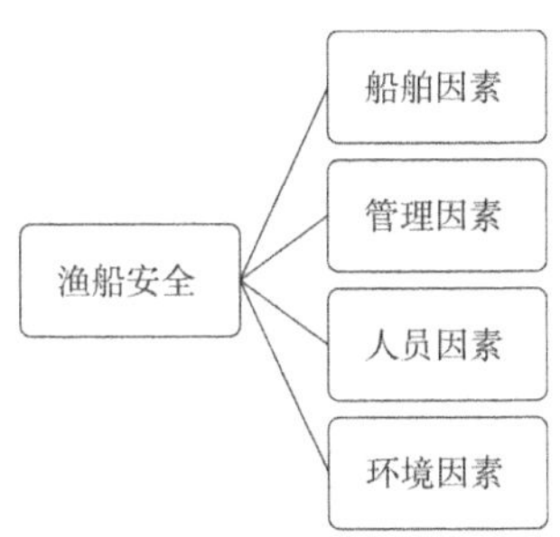

图 6-1 渔船安全综合评估指标体系

从渔船安全综合评估工作的科学性和可操作性考虑，根据渔船检验的核心任务——保证渔船“不翻、不断、不沉”的“三不”原则，从风险评估的角度出发，作者将船舶因素的指标体系从船舶稳性、船舶结构、船舶设备和船龄四个方面来构建（图 6-2）。渔船安全综合评估指标体系划分为三个层次：其中第一层次包括船舶稳性、船舶结构、船舶设备和船龄共 4 个一级指标；第二层次包括船舶稳性、船体强度、结构完整性、消防设备、救生设备、机电设备、航行及信号设备、无线电通信设备、甲板机械设备和船龄等 10 个二级指标。人员、环境和管理因素，则留待下一步进行研究。

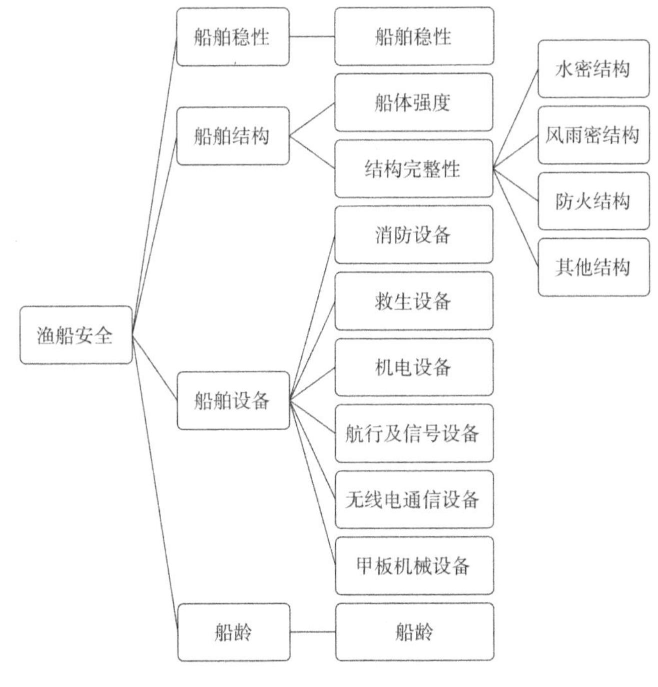

图 6-2 船舶因素评估指标体系

6.3.2 渔船安全综合评估指标分析

1）船舶稳性

稳性是渔船最重要的安全性能之一，是保证渔船“不翻”的核心要素，也是保证渔船航行、作业安全的核心指标。目前，我国在渔船设计、建造方面尚不够规范，再加上船员装载不当，很容易造成渔船稳性欠佳，从而导致翻船事故时有发生。大量的渔船事故数据表明，稳性不足是导致渔船安全事故的重要因素之一。由于渔船船舶尺度、吨位比较小，而作业海域经常远离陆地且具有风大浪高的特点，稳性的优劣直接关系到渔船的航行和生产安全。稳性指标（GM 值）过小或过大都会对船舶安全产生不利影响，因此在生产实践中，要求渔船务必具有适度的稳性。

2）船舶结构

船舶结构是表征渔船安全状态中的一个重要因素，同时也是保证渔船“不断”“不沉”的重要指标。基于可比性、代表性和可操作性，拟从船体强度和结构完整性两个方面来评估渔船的结构安全特性。

（1）船体强度。

船体强度是表征船舶安全状态中的一个重要参数，尤其是船体纵向强度，是保证船舶“不断”的最重要指标。尽管在渔船事故统计中，极少有由于强度不足而导致船体断裂的现象。但是，一旦与商船发生碰撞，渔船船体折断的现象时有发生。因而船体强度也是评估渔船安全的重要指标之一。腐蚀在老旧渔船所发生的灾难性事故中扮演着一个非常重要的角色。船体持续不断地与海水、有害物质或气体接触，导致船体结构腐蚀速度加快，使船体结构中各种构件的厚度减薄甚至蚀穿、强度降低，最终可能导致船体断裂、船壳板破损进水或船舶沉没事故。

（2）结构完整性。

船舶结构完整性是保证渔船具备良好性能、保障渔船航行和作业安全的根本保证。因此，相关国际公约以及我国有关的渔业船舶检验技术法规中对渔船的结构完整性提出了一系列的要求，归纳起来可以分为水密、风雨密结构等密性结构要求，防火结构以及核定干舷、保证储备浮力等的其他结构要求。因此，本节拟将渔船的结构完整性从水密结构、风雨密结构、防火结构和其他结构 4 个方面开展评估。

3）船舶设备

在分析渔船事故时，发现由于渔船设备技术状态缺陷或隐患造成的恶性事故，譬如舵设备、推进设备、供电系统、重要的导航定位设备等影响渔船适航性的设备损坏或故障，常常是引发海损事故的主要原因。据中国渔业互保协会统计[5]，机械设备故障造成了

11.45%的碰撞事故和20.79%的触损事故。另据研究[6]，在1997—2007年期间，英国由于机器故障引发的事故有2470起，占事故总数的绝对多数（62.8%）。此外，人员落水和网机事故是海洋捕鱼业中导致船员死亡和伤残的最主要原因。其中，捕鱼机械设备的安全隐患和安全保护设备的缺失是事故的重要原因，据估计造成了约50%的海上人身致命伤害事故。

由此可见，控制船舶设备的隐患、缺陷可以有效减少事故的发生。渔船通常由以下主要系统构成：船体系统、操纵系统、导航系统（罗经、雷达、GPS、探鱼仪等）、通信系统、动力系统、货物运输系统、安全应急系统、捕捞作业系统、制冷系统和防污染系统等。依据渔业行政主管机关及渔业互保协会有关渔船事故统计分析的结果，本节着重考虑与渔船生产安全状况密切的相关设备，从消防设备、救生设备、机电设备、航行及信号设备、无线电通信设备和甲板机械设备来评估渔船设备的安全状况。

4）船龄

船龄对渔船安全有着显著的影响。因为随着船龄的增长，船体结构通常会由于受到蚀耗、疲劳、老化等影响而强度降低；同时，船舶设备的技术状况也会逐渐恶化，导致出现故障增加、发生海损事故的概率明显增大的后果，尤其是船龄15年以上的渔船，因为生产强度大、维修保养不力，一般都进入了耗损、失效期，船舶故障都会逐年增多。为此，农业部针对老旧渔船还通过了特别的强化管理措施[7]。诚然，个别船东由于平时注重船舶的维护维修，所以尽管船龄较高，但是渔船依然保持了较好的技术状态，但这毕竟属于个案，就总体情况而言，船龄越大，灭失率越高是不容回避的事实。根据CFMI的统计[5]，1994—2015年协会承保的渔船发生全损和部分损失事故的占比如图6-3和表6-1所示。随着船龄的增大，渔船全损事故的占比呈明显增大的趋势。目前中国船级社（CCS）为适应国际海事界对老旧船舶管理日趋严格的形势，在进行船舶初次检验和加强安全评估时就非常重视船龄。因此，在对渔船安全进行综合评估时，应把渔船的船龄因素作为一项重要指标考虑进去。

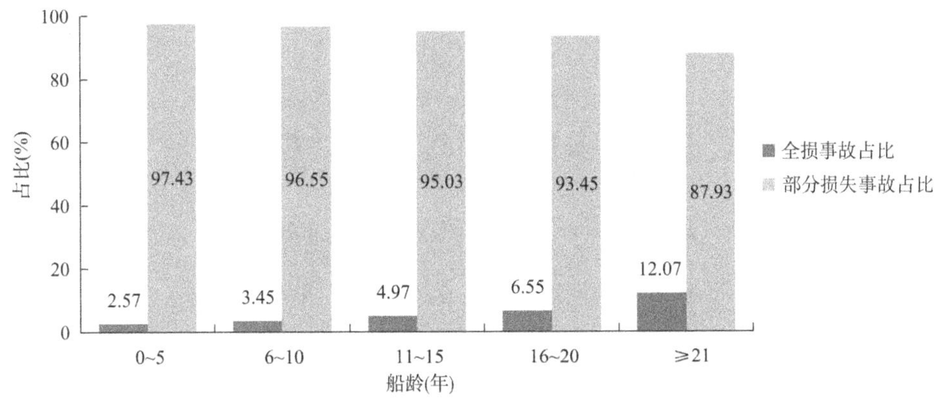

图6-3 CFMI承保渔船事故损失按照船龄分布（1994—2015年）

CFMI 承保渔船事故损失按照船龄分布 表 6-1

船龄（年）	0~5	6~10	11~15	16~20	≥21
全损事故占比（%）	2.57	3.45	4.97	6.55	12.07
部分损失事故占比（%）	97.43	96.55	95.03	93.45	87.93

6.4 多船安全综合评估体系研究

多船安全综合评估属于宏观安全评估问题，其实质上是从宏观上了解我国渔船总体安全状况，研究评估我国渔船安全总体水平。因此，多船安全指数应当既能够体现渔船安全技术状况的总体特征，又能够体现某一地区或某一类型渔船安全技术状况。为此，多船安全综合评估指数计算可以采用两种方案：

方案一，计算某一地区、某一类型所有渔船的单船安全指数的算术平均值；

方案二，根据渔船海上安全事故损失的统计指标来构建多船安全综合评估模型。

6.4.1 基于算术平均的多船安全综合评估

“单船安全指数”能够衡量单艘渔船的安全技术水平。如果要知道某一地区或某一类型、船舶尺度相近的所有渔船的安全技术状况，求解这类渔船的单船安全指数的算术平均值，是一个比较简便和直观的计算方法，可以从一定程度上描述这类渔船的总体安全技术水平。

6.4.2 基于事故损失的多船安全综合评估指标体系

目前，国际上一直采用事故次数、事故死亡人数、千船事故率、沉船率作为海上交通安全评价指标[8]。中国渔业互保协会采用渔船事故和渔民事故作为切入点，从宏观的角度对该协会承保的渔船事故和渔民事故进行了深入细致的研究，并且向社会公开发布了研究报告。研究报告中把渔船事故类型分为全损和部分损失两类，渔民事故则重点分析了死亡和伤残事故。

借鉴中国渔业互保协会的研究思路，在咨询渔船安全管理人员以及业内专家的基础上，从船舶事故和船员事故两个方面来构建某远洋渔业公司（或某省市，下同）远洋渔船总体安全评估体系。其中船舶事故下设全损率和部分损失率两个二级指标，船员事故下设死亡率和伤残率两个二级指标（图6-4）。

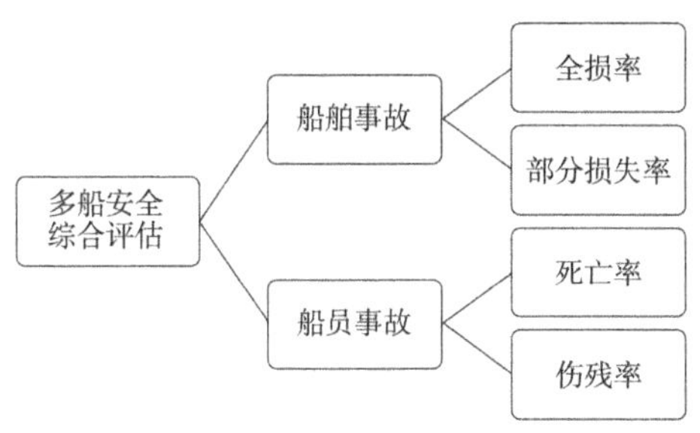

图6-4 多船安全综合评估指标体系

1）船舶事故

（1）全损与全损率。

全损是全部损失的简称，意思是指渔船遭受意外事故后其毁损程度几乎接近整体价值，或者已经没有修复、施救价值。通常全损又分为实际全损（Actual Total Loss）和推定全损（Constructive Total Loss）两类。

全损率系指某远洋渔业公司某年度全损的渔船占全部远洋渔船的比率。采用每1000艘远洋渔船中发生全损的船舶数量来表示，亦即千船全损率。

（2）部分损失与部分损失率。

部分损失，是指渔船遭受自然灾害、意外事故或特殊情况后尚未完全失去其原有使用价值的状态。在海上保险中，按照引起损失的原因，部分损失包括单独海损损失、共同海损损失（费用和牺牲）、特别费用（包括施救费用）和救助费用等[9]。

部分损失率系指某远洋渔业公司某年度发生部分损失的渔船占全部远洋渔船的比率。采用每1000艘远洋渔船中发生部分损失的船舶数量来表示，亦即千船部分损失率。

据中国渔业互保协会统计[5]，导致渔船发生全损事故的主要原因是风灾事故，占45.59%；其次是自沉事故，占15.79%；再次为碰撞事故，占9.55%；火灾、触礁、搁浅、触损等其他事故占29.07%。发生部分损失的渔船事故中，碰撞事故最多，占54.81%；其次为风灾事故，占12.71%，再次为触损事故，占10.04%。可见，碰撞事故是造成渔船发生部分损失的最主要原因。

渔船一旦发生全损或部分损失事故时一定会给船东、企业带来巨大（或较大）的人员伤亡和财产损失。因此，全损率和部分损失率两个指标可以较好地表征渔船的安全和损失情况，也可以从侧面反映渔船因意外事故、自然灾害事故导致的损失情况。

2）船员事故

（1）死亡率。

死亡率系指某远洋渔业公司某年度死亡（包括失踪）的船员占公司所有船员数量的比率。采用每10万名船员中的死亡（包括失踪）的船员数量来表示，称为十万人死亡率。

（2）伤残率。

伤残率系指某远洋渔业公司某年度因伤致残的船员数量占该公司所有船员的比率。采用每10万名船员中因伤致残的船员数量来表示，称为十万人伤残率。

中国渔业互保协会统计分析结果显示[5]，人员落水是导致渔民死亡的最主要原因，占全部死亡渔民的33.76%。在渔民伤残事故中，物体打击事故是造成渔民伤残最多的原因，占23.20%；其次，摔倒事故造成渔民伤残的，占18.36%。

6.5 单船安全综合评估指数模型研究

6.5.1 渔船安全模糊综合评判方法

通常情况下，评估对象属于多种属性表征的事物，或者说评估对象具有多因素影响的总体特性。综合评判就是综合考虑这些属性或因素给出一个全面、合理的总体评判。20世纪80年代初，汪培庄教授首次提出了模糊综合评判模型[10]，该模型因具有简单实用的特点，从而迅速被应用到国民经济以及工农业生产的各个领域，并且取得了骄人的成果[11-13]。作者运用该模型在渔船安全评估领域已经做过比较多的研究和探索[14-18]，将运用模糊综合评判方法构建单船安全综合评估指数模型。

6.5.2 安全检查表方法

安全检查表法是安全系统工程方法中的一种定性分析与评价方法。安全检查表能够起到辨识渔船安全隐患、强化安全检查的作用，可以避免检查条目的遗漏和疏忽，同时还提供了改善渔船安全状况的依据[19]。渔船安全综合评估所需观测要素的信息采集使用安全检查表方法。

6.5.3 渔船安全评估标准

1）评估标准的制定依据

为实施渔船安全综合评估，需要确立各指标的评价标准。在制定评价标准时，主要考虑以下几个依据：

（1）渔船安全事故统计分析资料。

对渔船安全事故的分析与调查，是选择渔船安全评估指标、制定评估标准的一个重要依据。基于针对渔业行政主管部门发布的渔船安全事故资料以及渔业互保协会对承保渔船的出险信息数据的分析研究，即通过统计大量的渔船事故案例，了解事故的发生与船舶自身因素的关系，如船舶类型与事故的关系、船舶尺度与事故的关系、船龄与事故的关系、船舶设备状态与事故的关系等，分析渔船自身因素对各类海上事故的影响规律，查找导致渔船事故的主要风险隐患。

（2）我国营运渔船技术现状。

我国渔船数量多、种类杂，安全状况和技术水平参差不齐，导致建立渔船安全综合评估体系时遇到一定的困难，难以制定出一个统一的标准来对渔船所属设备、船体结构等做出评估。因此，渔船状况评估标准的制定要从营运渔船的实际状况出发，确保渔船安全评价标准符合我国国情。

（3）我国渔业船舶检验技术法规要求。

由于渔业的高风险特性，我国渔业船舶检验机构出台了保证渔船航行和作业安全的一系列技术法规，如《渔业船舶法定检验规则（船长大于或等于12m国内海洋渔业船舶2017）》《渔业船舶法定检验规则（远洋渔船2015）》《海洋渔业船舶法定检验规程(2003)》《钢质海洋渔船建造规范（2015）》等。这些技术文件、法规是评判渔船适航性的重要依据，可以作为制定渔船安全评估标准的重要依据。

（4）船舶检验及管理人员多年来的经验。

科学的评估标准都必须以实践为依据。因此，在制定渔船安全评估标准时遵循的原则就是"来源实践，高于实践，指导实践"。资深的船舶检验人员、管理人员都具备丰富的实船检验与操作经验，以保证渔船的安全营运。渔船安全评估标准的制定必须在总结资深验船师、管理专家的经验基础上取众家之长，经过分析、综合、优化，确保建立的评估标准必须符合我国渔船安全技术实际，更加合理、更加科学。

2）渔船安全综合评估标准

以渔船稳性指标评估为例，主要考虑与渔船稳性关系密切的评估要素。根据《渔业船舶法定检验规则（远洋渔船2015）》和《渔业船舶法定检验规则（国内海洋渔业船舶

2017)》第六篇“船舶稳性”中的有关规定，渔船的稳性应当包括完整稳性和破损稳性，其中破损稳性适用于船长 80m 及以上的渔船。为此，结合《海洋渔业船舶法定检验规程(2003)》第五篇第四章“船舶稳性检查”中的具体细节要求，渔船稳性的考核要点应当包括[20-21]：

(1) 渔船完整稳性指标是否满足规则要求，即初重稳距（GM）满足要求，稳性衡准数 K 不小于 1。

在各种装载工况下经自由液面修正后的 GM 值，对单甲板渔业船舶应不小于 0.35m，对具有完整上层建筑的双甲板船或船长 $L \geqslant 70$m 的渔业船舶应不小于 0.15m，桁拖网、罩网船应不小于 0.42m，笼捕船应不小于 0.4m。

(2) 渔船的稳性标准是否较低。

一般情况下，《渔业船舶法定检验规则》对渔船安全指标的要求只属于最低标准。因此，考虑到稳性指标在渔船安全生产中的重要性，同时考虑到在一定范围内渔船初重稳距(GM 值）越大越安全，课题组经过大量的统计分析，认为 GM 值不高于规则要求值的 120%，则属于稳性标准较低。

(3) 对于无稳性资料渔船，判断其是否属于当地传统船型，与当地尺度相近、布置相近的同型渔船稳性指标进行对比分析。

(4) 甲板以上是否擅自增加建筑、设备，若擅自增加，且未经稳性计算，将严重影响船舶稳性；渔船原有的固定压载是否擅自卸除、减少或移动。

(5) 破损稳性是否符合规则要求。

对于船长 80m 及以上的渔船，需要按照《渔业船舶法定检验规则（远洋渔船 2015)》第六篇第三章的要求核算其破损稳性，确保渔船的破损稳性合格。

(6) 甲板上排水舷口的有效面积是否满足规则要求，是否存在排水舷口被全部遮挡或被部分遮挡的问题。

渔船稳性指标的观测要素信息采集如表 6-2 所示。

渔船稳性相关数据采集表 表 6-2

序号	项目	检查结果
1	完整稳性指标满足规则要求	□是 □否
2	稳性指标满足规则要求，但稳性指标较低	□是 □否
3	无稳性资料但属于当地传统船型，能够找到当地尺度相近、布置相近的同型渔船稳性指标予以借鉴	□是 □否
4	没有稳性资料且无其他船舶的稳性资料可以借鉴	□是 □否
5	甲板以上擅自增加建筑、设备，未经稳性计算，严重影响船舶稳性	□是 □否

续上表

序号	项目	检查结果
6	擅自卸除固定压载	□是　□否
7	减少或移动固定压载	□是　□否
8	破损稳性符合规则要求（$L \geqslant 80$m）	□是　□否 □不适用
9	排水舷口有效面积满足规则要求	□是　□否
10	排水舷口被全部遮挡	□是　□否
11	排水舷口被部分遮挡	□是　□否

作者将渔船稳性指标满分设置为100分，根据对渔船安全影响程度的大小，在广泛调研与分析的基础上，将稳性指标设置为63分，排水舷口状况指标设置为37分，依据安全检查过程中发现的不同问题采用扣分法进行评分。渔船稳性的详细评估标准见表6-3。

渔船稳性评估标准 表6-3

序号	项目	分值	评分标准
1	完整稳性指标满足规则要求；破损稳性符合规则要求（$L \geqslant 80$m）	63	1. 完整稳性指标不满足规则要求者，船舶安全指数为0分； 2. 完整稳性指标满足规则要求，但标准偏低，扣20分； 3. 对于没有稳性资料，如果属于当地传统船型，可以借鉴其他船舶稳性资料者，扣20分，否则扣除63分； 4. 甲板以上擅自增加建筑、设施，未经稳性计算，对船舶稳性影响较大，扣除63分； 5. 擅自卸除固定压载，扣除63分； 6. 减少或移动固定压载，扣除40分； 7. 破损稳性不符合规则要求，扣30分
2	排水舷口状况良好	37	排水舷口被全部遮挡，扣除37分； 排水舷口有效面积不满足要求或被部分遮挡，扣除20分

此外，船体强度、结构完整性、消防设备、救生设备、机电设备、航行及信号设备、无线电通信设备和甲板机械设备等指标的评估要素选择涵盖了《渔业船舶法定检验规则（国内海洋渔业船舶2017）》《渔业船舶法定检验规则（远洋渔船2015）》和《海洋渔业船舶法定检验规程（2003）》中的主要规定，具体内容详见《渔船安全综合评估指数模型》，在此不再赘述。

6.6 多船安全综合评估指数模型

6.6.1 数据拟合原理

常用的样本数据拟合方法有多种，作者在此运用最小二乘法多项式拟合方法对样本数据进行拟合。对于给定的数据点（x_i，y_i），$1 \leqslant i \leqslant N$，可用下面的 n 阶多项式进行拟合，即

$$f(x) = a_0 + a_1 x + a_2 x^2 + \cdots = \sum_{k=0}^{n} a_k x^k \tag{6-1}$$

为了使拟合出的近似曲线能尽量反映所给数据的变化趋势，要求在所有数据点上的残差 $|\delta_i| = |f(x_i) - y_i|$ 都较小。为达到上述目标，可以令上述偏差的平方和最小，即

$$\sum_{i=1}^{N} (\delta_i)^2 = \sum_{i=1}^{N} [f(x_i) - y_i]^2 = \min \tag{6-2}$$

这种方法称为最小二乘原则，利用这一原则确定拟合多项式 $f(x)$ 的方法即为最小二乘法多项式拟合。

6.6.2 基于事故损失的多船安全综合评估指数模型

定义多船安全状况评估标准集 V 为五个等级的集合，即

$$V = \{ \text{Ⅰ}, \text{Ⅱ}, \text{Ⅲ}, \text{Ⅳ}, \text{Ⅴ} \} \tag{6-3}$$

其中，Ⅰ、Ⅱ、Ⅲ、Ⅳ和Ⅴ分别表示渔船安全状况“好”“较好”“一般”“较差”和“差”五个等级。同时定义多船安全状况各等级对应的安全指数分值分别为：

好——[100，90]；较好——（90，80]；一般——（80，70]；较差——（70，60]；差——（60，0]。

在确定各个指标的评价标准时，作者重点研究了中国渔业互保协会多年来针对出险渔船和出险渔民的事故统计数据，得到了1996—2015年中国渔业互保协会承保渔船、渔民事故情况（图6-5～图6-8）。

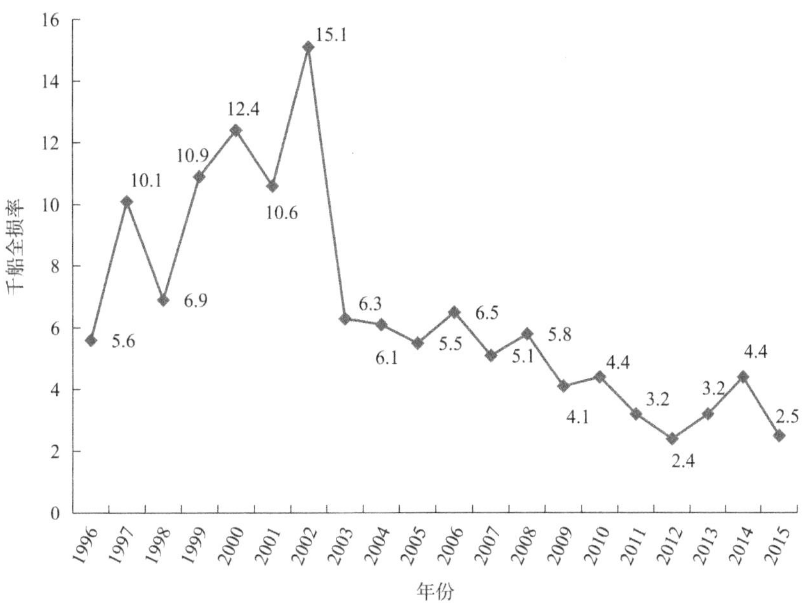

图 6-5 渔船全损率变化情况（1996—2015 年）

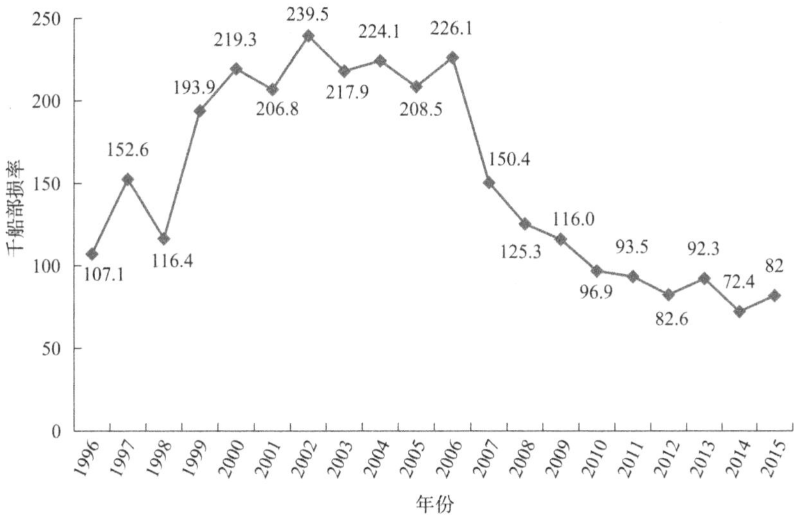

图 6-6 渔船部分损失率变化情况（1996—2015 年）

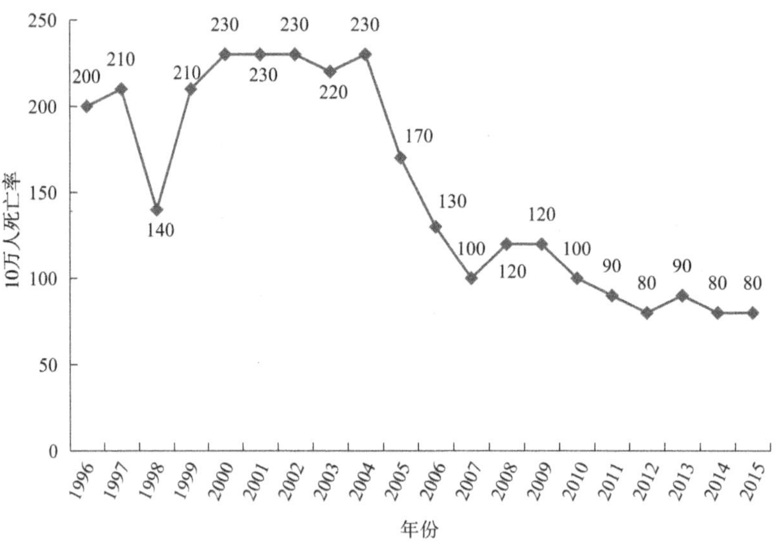

图6-7　渔民死亡率变化情况（1996—2015年）

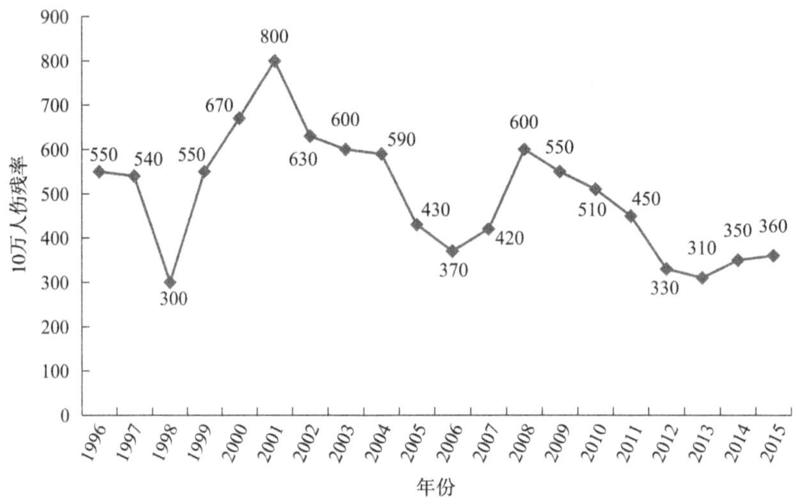

图6-8　渔民伤残率变化情况（1996—2015年）

将多船安全状况的各评价指标划分为三个等级，并且根据中国渔业互保协会承保渔船及渔民的事故数据，结合我国渔船安全事故统计数据，基于对我国渔船安全现状及未来发展趋势的预测，同时在咨询业内资深专家的基础上，得到了多船安全状况各评价指标的分级标准（表6-4）和多船安全状况综合评估结果各等级的对应分值（表6-5）。

多船安全状况各评价指标的分级标准　　表6-4

评价指标	渔船安全状况等级		
	一般	较严重	严重
全损率（艘/1000艘）	5	10	15
部分损失率（艘/1000艘）	100	150	200

续上表

评价指标	渔船安全状况等级		
	一般	较严重	严重
船员死亡率（人/100000人）	100	170	220
船员伤残率（人/100000人）	400	600	800

多船安全状况综合评估各等级对应分值 表6-5

评价指标	渔船安全状况等级		
	一般	较严重	严重
等级对应分值	85	70	60

设多船安全综合评估指数为S，全损率分指数为S_1，部分损失率分指数为S_2，船员死亡率分指数为S_3，船员伤残率分指数为S_4，根据表6-4和表6-5中的数据，采用最小二乘法多项式拟合方法进行分指数函数拟合。根据表6-4和表6-5可知，各分指数离散样本数据分别为：

$$\begin{bmatrix} X_1 \\ X_2 \\ X_3 \\ X_4 \\ Y \end{bmatrix} = \begin{bmatrix} 0 & 5 & 10 & 15 \\ 0 & 100 & 150 & 200 \\ 0 & 100 & 170 & 220 \\ 0 & 400 & 600 & 800 \\ 100 & 85 & 70 & 60 \end{bmatrix} \tag{6-4}$$

根据上述样本数据，用2阶多项式进行分指数拟合，可获得各分指数函数如下：

$$\begin{cases} S_1 = 0.05x_1^2 - 3.45x_1 + 100 \\ S_2 = -0.0004x_2^2 - 0.13x_2 + 100 \\ S_3 = -0.0002x_3^2 - 0.13x_3 + 100 \\ S_4 = -0.00002x_4^2 - 0.03x_4 + 100 \end{cases} \tag{6-5}$$

式（6-5）中各分指数取值范围均为［0，100］，当分指数计算结果为负数时，则一律赋值为零。

各评估指标对多船安全状况的影响程度不尽相同，需要确定各指标的权重。为解决指标权重分配问题，作者在专家调查的基础上，运用层次分析法[22]得到各指标的权重为：

W = {全损率，部分损失率，死亡率，伤残率} = {0.188，0.045，0.522，0.245}

则可定义多船安全综合评估指数为：

$$S = \sum S_i W_i \tag{6-6}$$

根据多船安全综合评估指数S就可以描述某渔业公司（或某省/市）的渔船安全综合状况，而且有关主管机关可以根据该指数值进行横向（公司或省市之间）或纵向（各年度之间）比较，可以较为方便地判断渔业安全状况的变化趋势。

6.7 模型的应用

6.7.1 单船模型的应用

为确定各评估指标的权重，作者广泛咨询业内专家，共收到有效的专家调查表共计75份，主要来自船检系统的验船师、企业及设计单位的技术人员。最后，运用层次分析法得到了各评估指标的权重分配情况，如表6-6所示。

渔船安全综合评估权重分配表

表6-6

一级指标		二级指标		三级指标		四级指标	
名称	权重	名称	权重	名称	权重	名称	权重
船舶	0.132	船舶稳性	0.354				
		船舶结构	0.268	船舶强度	0.466		
				结构完整性	0.534	水密结构	0.275
						风雨密结构	0.275
						防火结构	0.250
						其他结构	0.200
		船舶设备	0.256	消防设备	0.177		
				救生设备	0.181		
				机电设备	0.166		
				航行及信号设备	0.165		
				无线电通信设备	0.165		
				甲板机械设备	0.146		
		船龄	0.122				
管理	0.434						
人员	0.124						
环境	0.310						

为了验证渔船安全综合评估指数模型（以下简称本模型）的科学合理性，作者分别前往辽宁和浙江两省进行了实地登船数据采集，通过填写实船数据采集表，共采集了7艘远

洋渔船的评估数据。以这 7 艘远洋渔船为评估样本，对指数模型进行实船验证。7 艘样本渔船的基本信息见表 6-7。

样本渔船基本信息　　表 6-7

船名	沪渔 XXX	洋和 X0 号	洋和 X1 号	普渔 XX37	普渔 XX08	宁泰 X6	宁泰 X2
所属地	上海	辽宁	辽宁	舟山	舟山	舟山	舟山
船长	44.03m	48m	48m	38.5m	38.5m	44.98m	63.60m
船龄	4 年	20 年	20 年	25 年	26 年	7 年	3 个月
作业区域	远洋	远洋	远洋	远洋	远洋	远洋	远洋
作业方式	捕捞	捕捞	捕捞	捕捞	捕捞	捕捞	捕捞

根据渔船安全综合评估指数模型，结合实船采集数据，通过计算得出 7 艘样本渔船的具体评分，评分结果如表 6-8 ~ 表 6-11 所示。

船舶稳性评估结果　　表 6-8

项目	沪渔 XXX	洋和 X0 号	洋和 X1 号	普渔 XX37	普渔 XX08	宁泰 X6	宁泰 X2	平均分
船舶稳性	95	78	78	65	65	62	95	77

船舶结构评估结果　　表 6-9

项目	沪渔 XXX	洋和 X0 号	洋和 X1 号	普渔 XX37	普渔 XX08	宁泰 X6	宁泰 X2	平均分
船舶强度	95	80	80	80	80	80	95	84
结构完整性	95	80	80	68	68	68	95	79
平均分	95	80	80	74	74	74	95	—

船舶设备评估结果　　表 6-10

项目	沪渔 XXX	洋和 X0 号	洋和 X1 号	普渔 XX37	普渔 XX08	宁泰 X6	宁泰 X2	平均分
消防设备	88	73	73	63	60	38	95	70
救生设备	88	73	73	75	68	68	95	77
机电设备	95	75	78	68	68	80	95	80
航行及信号设备	95	80	80	80	80	88	95	85

续上表

项目	沪渔 XXX	洋和 X0 号	洋和 X1 号	普渔 XX37	普渔 XX08	宁泰 X6	宁泰 X2	平均分
无线电通信设备	95	70	70	70	70	88	95	80
甲板机械设备	88	48	48	30	30	30	95	53
平均分	91	70	70	64	63	65	95	—

船龄评估结果 表 6-11

项目	沪渔 XXX	洋和 X0 号	洋和 X1 号	普渔 XX37	普渔 XX08	宁泰 X6	宁泰 X2	平均分
船龄	90	70	70	60	60	90	95	76

根据实船采集数据，运用构建的渔船安全综合评估指数模型，通过计算得到 7 艘样本渔船的综合评估结果，亦即渔船安全指数（图 6-9）。

由图可知，“宁泰 X2”号远洋渔船的安全指数最高，达到了 95.00，亦即安全状况最好。课题组成员在登船采集数据时，该船刚建造交工完毕不久，正在办理有关远洋渔业捕捞手续。其次是“沪渔 XXX”号，安全指数为 94.03；“洋河 X1”号和“洋河 X0”号远洋渔船安全状况相当；最差的是“普渔 XX08”号（船龄 26 年）和“普渔 XX37”号（船龄 25 年），安全指数分别只有 65.68 和 66.03。该评估结果与业内资深高级验船师们的主观判断结果及排序一致，而且该模型可以应用于渔船安全评估实践。

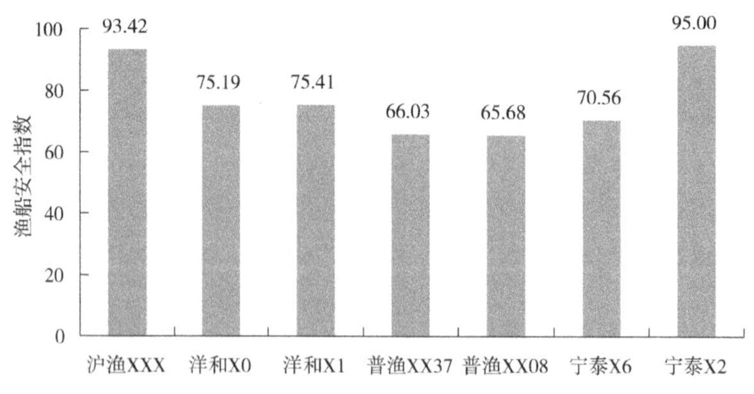

图 6-9 样本渔船综合评估结果

远洋渔船在我国海洋渔船当中属于船舶装备及技术状况比较好的，但是由于多方面的原因，实际上相当一部分远洋渔船依然存在诸多的安全隐患。作者调研的这 7 艘远洋渔船当中，存在的问题就非常之大。比如，“普渔 XX08”“普渔 XX37”及“宁泰 X6”号远洋渔船主要存在的安全隐患有：

(1) 必要的船舶稳性资料没有随船携带，排水舷口被部分或全部遮挡；

(2) 船体维护保养差、腐蚀严重，门、窗不能保证风雨密，鱼舱舱口盖不能保证风雨密，机舱天窗不能符合风雨密要求；

(3) 灭火器数量不足、存放不当，燃油泵无遥控切断措施，氧气瓶和乙炔瓶存放不当，无应急消防泵，消防箱内的消防水带缺失，救生圈及其属具的配备、存放不符合要求，无遇险火焰信号，乱拉电线且电线老化严重，绞纲机、起网机无防护措施等。

机电设备存在的主要问题有：主要转动装置无防护，照明配备缺失，乱拉电线、电线老化严重，舱内通信装置失效。

6.7.2 多船安全综合评估指数模型的应用

(1) 基于算术平均的多船安全综合评估指数。

由于目前数据来源的局限性，作者以实地采集的 7 艘远洋渔船为基础，计算其算术平均数，以求从一定程度上体现基于算术平均的多船安全综合评估指数的有效性。表 6-12 为 7 艘远洋渔船的单船安全指数，通过对其求取算术平均值，可得这些远洋渔船的安全指数为 77.33。

基于算术平均的多船安全指数 表 6-12

船名	沪渔 XXX	洋和 X0 号	洋和 X1 号	普渔 XX37	普渔 XX08	宁泰 X6	宁泰 X2	平均数
单船指数	93.42	75.19	75.41	66.03	65.68	70.56	95.00	77.33

结果表明，作者调研采集的这 7 艘远洋渔船所代表的整体安全状况为“一般”，该结果与验船师的判断结果基本一致，证明了该方法的有效性。

(2) 基于事故损失的多船安全综合评估指数。

为验证建立的多船安全综合评估指数模型的科学性及合理性，作者对中国渔业互保协会 1996—2015 年承保渔船及渔民的安全状况进行了评估。

作者对于中国渔业互保协会 1996—2015 年承保渔船及渔民的事故数据进行了统计分析，分别获得了历年的全损率、部分损失率、死亡率和伤残率等数据，如表 6-13 所示。

CFMI 渔船安全数据（1996—2015 年） 表 6-13

年份	千船全损率	千船部分损失率	10 万人死亡率	10 万人伤残率
1996	5. 6	107. 1	200	555
1997	10. 1	152. 6	210	540
1998	6. 9	116. 4	140	300
1999	10. 9	193. 9	210	550
2000	12. 4	219. 3	230	670
2001	10. 6	206. 8	230	800
2002	15. 1	239. 5	230	630
2003	6. 3	217. 9	220	600
2004	6. 1	224. 1	230	590
2005	5. 5	208. 5	170	430
2006	6. 5	226. 1	130	370
2007	5. 1	150. 4	100	420
2008	5. 8	125. 3	120	600
2009	4. 1	116. 0	120	550
2010	4. 4	96. 9	100	510
2011	3. 2	93. 5	90	450
2012	2. 4	82. 6	80	330
2013	3. 2	92. 3	90	310
2014	4. 4	72. 4	80	350
2015	2. 5	82. 0	80	360

根据式（6-5）和式（6-6）计算，获得历年渔船安全综合评估分指数及总指数，如表 6-14 和图 6-10 所示。

CFMI 渔船安全综合评估指数 表 6-14

年份	S_1	S_2	S_3	S_4	总指数
1996	82. 25	81. 49	66. 00	77. 45	72. 56
1997	70. 26	70. 85	63. 88	77. 97	68. 85
1998	78. 58	79. 45	77. 88	89. 20	80. 86
1999	68. 34	59. 75	63. 88	77. 45	67. 86
2000	64. 91	52. 25	59. 52	70. 92	63. 00
2001	69. 05	56. 01	59. 52	63. 20	62. 05
2002	59. 31	45. 92	59. 52	73. 16	62. 21
2003	80. 25	52. 68	61. 72	74. 80	68. 00

续上表

年份	S_1	S_2	S_3	S_4	总指数
2004	80. 82	50. 78	59. 52	75. 34	67. 01
2005	82. 54	55. 51	72. 12	83. 40	76. 09
2006	79. 69	50. 16	79. 72	86. 16	79. 96
2007	83. 71	71. 40	85. 00	83. 87	83. 87
2008	81. 67	77. 43	81. 52	74. 80	79. 72
2009	86. 70	79. 54	81. 52	77. 45	81. 41
2010	85. 79	83. 65	85. 00	79. 50	83. 74
2011	89. 47	84. 35	86. 68	82. 45	86. 06
2012	92. 01	86. 53	88. 32	87. 92	88. 84
2013	89. 47	84. 59	86. 68	88. 78	87. 63
2014	85. 79	88. 49	88. 32	87. 75	87. 71
2015	91. 69	86. 65	88. 32	86. 61	88. 46

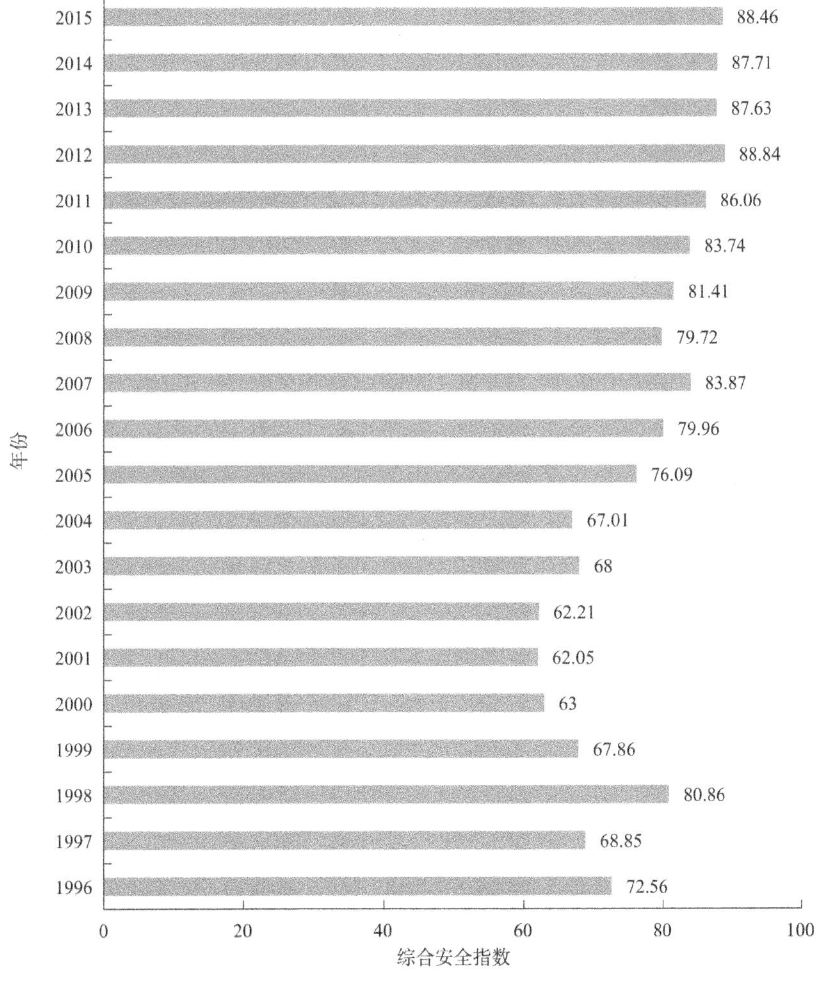

图 6-10 CFMI 承保渔船综合评估结果（1996—2015 年）

从表 6-14 和图 6-10 的计算结果可以看出，中国渔业互保协会承保渔船的总体安全状况，从 2001 年以来呈向好的趋势发展，与该协会有关领导及专家的总体判断比较一致。而且，作者所确定的渔船安全综合评估指数能够较好地量化该协会历年承保渔船的安全总体情况，从一定程度上证明了指数模型的有效性。

6.8 结论与展望

6.8.1 结论

为充分运用现有的渔业大数据，特别是船舶检验大数据资料，方便渔业行政主管部门实时、动态地掌握我国渔船安全动态状况，作者开展了渔船安全综合评估指数模型研究，得到的主要结论如下：

（1）根据安全科学理论，从船舶、管理、人员和环境等四个方面的要素，提出了渔船安全综合评估指数模型，并且根据实际需要，基于模糊综合评判方法和安全检查表构建了单船安全综合评估指数模型。

（2）从船舶事故和船员事故两个方面，构建了基于事故损失的多船安全综合评估指标体系。并且根据中国渔业互保协会承保渔船及渔民的事故数据，结合我国渔船安全事故统计数据，基于对我国渔船安全现状及未来发展趋势的预测，同时在咨询业内资深专家的基础上，运用多项式拟合方法，得到了多船安全综合评估指数模型。

（3）为验证模型的科学性和实用性，运用调研收集的 7 艘样本渔船数据，开展了综合评估，该评估结果与业内资深高级验船师们的主观判断结果及排序一致，而且该模型可以应用于渔船安全评估实践。同时，还针对中国渔业互保协会历年来承保渔船及渔民的事故数据，对互保协会承保渔船、渔民的安全状况进行了评估，结果与该协会有关领导及专家的总体判断比较一致。所构建的评估模型可以应用于我国渔船安全综合评估实践。

海洋捕捞业是世界公认的最具风险性的行业之一，然而关于渔船安全研究，目前在我国还没有形成热点，从事渔船风险评估的研究人员还比较少，希望有更多的科研机构和人员参与进来，一起为构造我国“平安渔业”“和谐渔业”献计献策。

6.8.2 展望

虽然在渔船安全评估的研究方面做了一些工作，但是作者清醒地意识到，当前的研究工作还存在诸多不足之处，下一步将继续深入开展相关研究工作：

（1）人员因素和管理因素是单船安全指数的研究重点。

渔船（单船）安全综合评估指数应当从船舶、管理、人员和环境等四方面综合研究，受当前研究条件以及我国目前渔船安全管理实际模式所限，作者仅仅针对船舶因素进行了研究。实际上，根据各方面的统计分析，人员因素、环境因素以及管理因素对于渔船安全状况都有非常重要的影响，人员因素和管理因素将是作者下一步研究的重点方向。

（2）多船安全综合评估指标还需要进一步丰富完善。

目前研究确定的多船安全综合评估指标主要是从宏观的角度构建的，侧重于远洋渔船的事故损失和船员的伤亡，还没有把微观的船舶状态考虑进来。毫无疑问，单艘渔船的技术状况对宏观的远洋渔业安全或多或少一定会有影响；另外，目前选择的全损率和部分损失率是从保险的角度出发的，没有从渔船事故的角度研究渔船安全状况，可能不利于在渔船事故预防和控制方面开展更加深入的研究。为此，下一步作者将继续针对多船安全综合评估指标体系进行深入研究。

第一，远洋渔船检验及安全检查过程中发现的重大缺陷率，以及单船安全指数较低的远洋渔船比例等指标，属于远洋渔船安全技术监督机构关注的重点要素，可以考虑纳入多船安全综合评估体系。

第二，深入调研沿海各省区市的渔船安全管理机构及渔业互保协会，运用各省区市的渔船安全事故数据，包括渔船船员死亡和伤残数据，深入研究渔船安全评估标准，构建更加客观、科学的渔船安全评估标准。

第三，统计研究表明[5]，导致渔船发生全损事故的主要原因是风灾事故，其次是碰撞事故；同时，碰撞事故又是造成渔船发生部分损失的最主要原因；人员落水是导致渔船船员死亡的最主要原因。所以，下一步将从事故的角度研究评价渔船安全状况，同时结合事故资料的统计分析，提出渔船事故的有效预防对策。

参考文献

[1] Food and Agriculture Organization of the United Nations. State of World Fisheries and Aquaculture 2022 [EB/OL]．(2007-05-20) [2021-10-01]．http：//www. fao. org/.

[2] 农业农村部渔业渔政管理局，全国水产技术推广总站，中国水产学会．中国渔业统计年鉴（2022）[M]．北京：中国农业出版社，2022.

[3] 中华人民共和国农业部．农业部关于印发《全国渔业发展第十三个五年规划》的通知[EB/OL]．（2016-12-31）[2023-03-01]．http：//www. moa. gov. cn/nybgb/2017/derq/201712/t20171227_ 6131208. htm.

[4] 中国社会科学院语言研究所词典编辑室．现代汉语词典[M]．6 版．北京：商务印书馆，2013.

[5] 中国渔业互保协会．中国渔业船舶安全分析报告（1994—2015）[M]．北京：中国农业出版社，2018.

[6] 任玉清，姚杰，耿希军，等．英国商业捕鱼业安全状况分析[J]．大连海事大学学报（社会科学版），2010，9（5）：32-35.

[7] 中华人民共和国农业部．农业部关于加强老旧渔业船舶管理的通知[EB/OL]．（2007-05-20）[2021-10-01]．http：//www. moa. gov. cn/nybgb/2007/dwuq/201806/t20180613_ 6151892. htm.

[8] 吴兆麟，朱军．海上交通工程[M]．2 版．大连：大连海事大学出版社，2004.

[9] 王海明．船舶保险[M]．北京：首都经济贸易大学出版社，2012.

[10] 李洪兴，汪培庄．模糊数学[M]．北京：国防工业出版社，1994.

[11] 朱玉柱，吴兆麟．营运船舶船体安全的模糊评价方法[J]．大连海事大学学报，1998，24（3）：10-14.

[12] 张春来，李光耀，吴兆麟．船舶设备安全状态的量化评价[J]．大连海事大学学报，1998，24（3）：6-9.

[13] 黄志，吴兆麟．船舶条件优劣的模糊综合评价[J]．大连海事大学学报，2001，27（1）：9-13.

[14] 任玉清，姚杰，许志远，等．中国钢质海洋渔船安全状况评价研究[J]．渔业现代化，2012，39（6）：56-61.

[15] 姚杰，任玉清，吴兆麟．渔船安全技术状况综合评价体系研究[J]．大连海洋大学学报，2011，26（5）：458-462.

[16] 任玉清，姚杰．渔船作业安全综合评价方法的研究[J]．中国航海，2003（2）：46-47.

[17] 姚杰，任玉清，吴兆麟．渔业安全综合评价模型研究[J]．中国航海，2010，33（4）：71-74.

[18] 姚杰，任玉清．渔船航行安全评价方法的研究[J]．大连水产学院学报，2005，20（3）：244-248.

[19] 任玉清，姚杰，张飞成，等．安全检查表法在渔船救生设备安全评价中的应用［J］．渔业现代化，2015，42（1）：72-75.

[20] 中华人民共和国渔业船舶检验局．渔业船舶法定检验规则（2000）［M］．北京：人民交通出版社，2000.

[21] 中华人民共和国渔业船舶检验局．海洋渔业船舶法定检验规程（2003）［M］．北京：人民交通出版社，2003.

[22] 王莲芬，许树柏．层次分析法引论［M］．北京：中国人民大学出版社，1992.

第7章

渔船舵机液压系统仿真模拟及故障诊断研究

7.1 引言

舵机是渔船控制航向的主要设备，其类别主要分为电动式和液压式，液压舵机以稳定性好、振动小、噪声低的优点逐步被大范围使用。渔船体积小，具有较强的快速性，为满足捕捞作业的需求，舵机液压系统需要进行频繁运作，同时由于渔船常年在海岸边作业，受不均衡水流冲击严重，其故障率也要比其他类型船舶高。例如，2011 年 1 月，山东东营渔船“鲁东渔 60XX”号在返航途中，由于舵机故障在东营港口 3km 处无法前行，7 名船员被困；2015 年 12 月，浙江舟山的“浙嵊渔 078XX”号渔船，在枸杞乡附近海域进行捕捞作业时，因舵机故障船舶失去控制，经 15h 救援最终脱离危险。舵机液压系统为非线性系统，它是由多个不同的液压元件耦合而成，故障点经常出现在液压系统内部，难以辨别具体的位置，且不同液压系统的故障可能会导致相同的舵机故障，如油液进气和油路内泄漏均会导致滞舵故障等，具有隐蔽性和相似性。传统的渔船舵机维修方法通常是以通过人力拆卸安装寻找故障为主，而不同元器件反复拆卸，不仅会给液压元件造成二次损伤，而且维修时间过长，程序繁杂，且效率低下。

通过分析我国渔船舵机设备安全的现状，对液压系统进行建模模拟，针对其易引发液压系统故障的部分，进行故障注入仿真，得到相应的故障仿真数据，同时利用智能故障诊断方法对液压系统不同故障类型进行诊断，实现精准快速的故障定位，在此基础之上提出相应的优化设计方案，对于提高渔船舵机设备的故障诊断效率、降低故障率，保障渔船航行及生产安全，尽早实现渔船辅机设备现代化、智能化具有重要意义。

现阶段国内外船舶舵机液压系统的建模仿真研究领域中，根据原理的不同大致可将其建模方法可以分为两大类：一类是基于信号流建模模式，另一类是基于功率流建模模式[1]。信号流建模主要是根据不同元件的特征信号进行联系，大多是用于线性系统的模拟仿真，而液压系统是一个非线性系统，传递时经常进行信号的双向传递，所以使用信号流进行液压系统仿真时会出现代数环的问题，且液压系统多输入多输出的模式建模比较复杂，会影响仿真结果的正确性，如 Matlab/Simulink 平台和 Lab-View 软件，是现在经常使用的一个比较经典的一个信号流建模仿真的工具；功率流建模主要是通过功率键进行不同图形模块之间的链接，来进行传递功率和能量的一种模式，它可以拥有多层输入和输出，更多体现了物质和能量的传递[2]。近几年来，AMEsim 仿真软件在工程液压系统仿真领域的应用逐渐增多，如压力阀的具体参数模拟、履带式强夯机提升机构液压系统模拟和液压加载系统故障的仿真研究等[3-8]，针对液压系统数据难以收集的现实情况，展现了一种更为便捷的分析仿真方式。除此之外，还有 MSC. Easy5 软件和 Automation Studio 软件可供选择使用。

液压系统结构比较复杂，发生故障时往往难以找到具体的故障点，具有较强的隐蔽性。同时，不同类型的故障往往表现出相似的特征，给诊断带来困难，通过人力拆卸安装寻找故障的方法繁杂耗时，效率低下。随着计算机技术的飞速发展，国内外学者为解决液压系统故障查找和诊断困难的现实问题，开展了大量的液压系统故障智能诊断方法研究。综合近些年国内外液压系统故障智能诊断领域的研究内容来看，研究方法大致可分为三类：基于专家经验的液压系统故障数据处理方法、基于 AMEsim 的液压系统故障仿真模拟提取数据方法、基于神经网络的液压系统故障智能诊断方法。

面对液压系统故障复杂性的问题，基于专家的经验方法得到了广泛的应用，此类方法在大量经验数据的基础上，能够对不同类型的故障数据进行归类处理，并运用综合分析类的方法来提取故障特征进行分类，如故障树、贝叶斯网络等[9-12]分析方法，但此种方法面对庞大的数据的时候，人为处理起来比较麻烦，且在计算的时候容易出现误差，流程不够智能化。随着 20 世纪计算机网络技术的发展，神经网络逐渐被引用到液压系统故障诊断的领域[13-18]，借助计算机技术，使用神经网络对液压系统进行故障诊断，能够弥补传统的专家系统进行故障诊断所存在的故障数据庞杂、分类不清晰的缺点，省去了大量的人力、物力，还提高了故障诊断的精确度。此种方法得到了国内外大量学者的关注，并且针对传统的神经网络进行故障诊断应用中所存在的问题，通过结合多种算法，如一维多通道的卷积神经网络[19]、灰色神经网络[20]、DE-BP 神经网络[21]、BP-AdaBoost 神经网络等优化过后的神经网络算法[22]，进一步降低了利用神经网络进行液压系统故障诊断的误差。然而，使用神经网络进行液压系统故障诊断的前提是需要拥有大量的故障样本数据作为支撑，由于液压系统自身的复杂性，故障样本数据提取出来比较困难，很难找到大量的故障样本数据来进行网络的训练。此时，使用仿真模型来进行故障模拟就显得尤为重要，在建立准确仿真模型的基础之上，对模型进行故障注入来模拟不同的故障类型，基于 AMEsim 的液压系统故障仿真模拟提取数据的方法[23-28]是大部分学者近几年常用的方法。该方法可以直接通过修改相关部件的参数进行调整，来获得想要的故障，从而得到大量的故障样本数据。

在船舶舵机液压系统建模仿真领域，可查阅的研究资料相对较多，从开始的数学函数式建模，到基于信号流仿真的模型搭建，再到现在大多数学者选择使用 AMEsim 进行船舶舵机液压系统的仿真模拟。但是在渔船领域，未见有关于舵机液压系统仿真的研究报道，这也从侧面反映了我国渔船及其装备的整体研究水平依然较为落后的问题。在液压系统故障诊断领域，可查阅的资料较多，随着计算机技术的发展，现在的研究多倾向于液压系统的故障智能诊断研究，神经网络作为一种新型的识别处理知识的技术或深度机器学习的方法，在液压系统故障诊断领域展现出了极强的应用潜力[29-33]。

7.2 渔船舵机液压系统原理介绍

7.2.1 渔船舵机液压系统工作原理

渔船舵机液压系统是一个集机械、流体、电气于一体的复杂耦合系统，其传动方式具有不确定性、非线性和时变性的特点[34]，运作方式比较复杂。根据我国海事局发布的《钢质国内海洋渔船建造规范（船长大于或等于 24m 但小于或等于 90m 2019）》规定，每艘渔船应备有两套操舵装置，一套为主操舵装置，另一套为辅助操舵装置。主、辅助操舵装置的结构及布置应保证切换迅速方便，且当其中之一损坏时，不致使另一装置失灵。渔船舵机液压系统根据其功能的不同大致可分为四个部分，分别为动力单元、保护单元、伺服控制单元和负载单元。如图 7-1 所示，动力单元主要包括电动机 1 和液压泵 2，其功能是给整个液压系统提供动力；保护单元是由溢流阀 3、防浪阀组 4、单向阀 8 和过滤器 7 组成，其功能是保持整个液压系统压力稳定，同时在负载受到冲击时，能最大程度保障液压元器件的使用寿命；伺服控制单元通过电信号作用于伺服换向阀 5 来控制舵移动；负载单元由液压缸 6 和舵柄 9 组成，通过液压缸的移动在舵柄上形成扭矩完成转向。

工作时，初始状态液压泵随电动机启动供油，伺服换向阀处于中间位置，整个液压系统旁通泄漏，油液直接经过滤器流回油箱，液压缸及转舵机构均无动作；伺服换向阀打到左位时，油液由液压泵经换向阀流入舵柄，左侧液压缸有杆腔、右侧液压缸无杆腔，活塞受压移动，左侧无杆腔、右侧有杆腔油液回流，经伺服换向阀流回油箱，舵柄完成一次左转舵动作；伺服换向阀打到右位时，油液由液压泵经换向阀流入舵柄，左侧液压缸无杆腔、右侧液压缸有杆腔，活塞受压移动，左侧有杆腔、右侧无杆腔油液回流，经伺服换向阀流回油箱，舵柄完成一次右转舵动作。

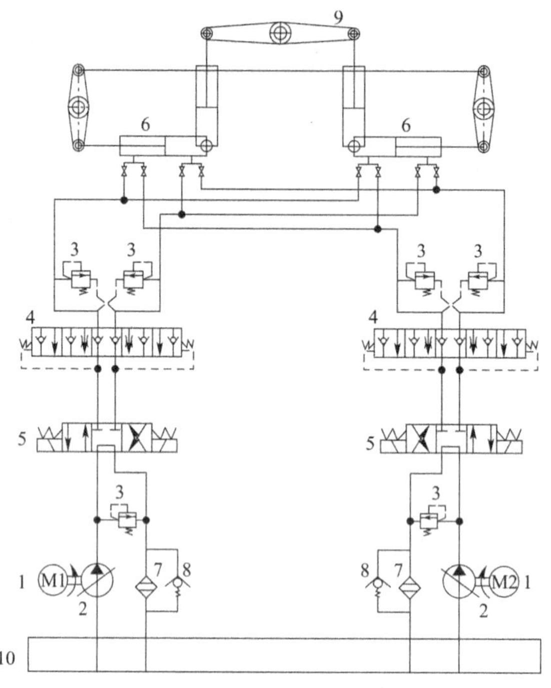

图 7-1 渔船舵机液压系统原理图

1-电动机；2-液压泵；3-溢流阀；4-防浪阀组；5-伺服换向阀；6-液压缸；7-过滤器；8-单向阀；9-舵柄；10-油箱

7.2.2 负载单元原理

1）舵叶的工作原理

船在水中航行时，舵叶在尾流处偏转角度即舵角为 0°，舵叶两侧的水流速度相同，故两侧舵面上所受的水压力相同，当舵角偏转角度发生变化时，两侧的水流速度不再相同，其绕过舵面的水流速度要大于另一侧的水流速度，故舵叶上迎水面的压力要比背水面要大，这个压力的合力称为舵压力 F_N，方向始终垂直于舵叶中线，其与舵中线的交点称为舵压力中心 O[35]。除此之外，舵叶在水中运行时，舵叶表面还会受到来自水流的摩擦力 F_f，方向与舵叶中线始终平行，F_N 与 F_f 的合力 F 称为舵叶的水动力。在水流方向上，舵叶的水动力又可以分解为沿水流方向的阻力 F_x 和垂直于水流方向的升力 F_y，所以水动力与各分力的关系满足

$$F = \sqrt{F_N^2 + F_f^2} = \sqrt{F_x^2 + F_y^2} \tag{7-1}$$

舵叶上所受的水动力为

$$F = \frac{1}{2}C\rho v^2 A \tag{7-2}$$

舵压力为

$$F_N = \frac{1}{2} C_N \rho v^2 A \tag{7-3}$$

水流摩擦力为

$$F_f = \frac{1}{2} C_f \rho v^2 A \tag{7-4}$$

阻力为

$$F_x = \frac{1}{2} C_x \rho v^2 A \tag{7-5}$$

升力为

$$F_y = \frac{1}{2} C_y \rho v^2 A \tag{7-6}$$

式中：C——水动力合力系数；

C_N——舵压力系数；

C_f——切向力系数；

C_x——阻力系数；

C_y——升力系数；

ρ——水的密度；

A——舵叶的单侧浸水面积；

v——水流速度。

各作用在舵叶上的水动力系数之间的关系为

$$\left.\begin{aligned} C &= \sqrt{C_N^2 + C_f^2} = \sqrt{C_x^2 + C_y^2} \\ C_x &= C_N \sin\alpha + C_f \cos\alpha \\ C_y &= C_N \cos\alpha - C_f \sin\alpha \\ C_N &= C_y \cos\alpha + C_x \sin\alpha \\ C_f &= C_x \cos\alpha - C_y \sin\alpha \end{aligned}\right\} \tag{7-7}$$

由于水流产生的摩擦力非常小，故 F 与 F_N 近似重合，当舵角为 α 时，舵叶在水流中转舵所受到的水动力矩 M_α 可以表示为

$$M_\alpha = F_N \left(x_p - a\right) \tag{7-8}$$

$$x_p = C_p b \tag{7-9}$$

式中：x_p——压力中心 O 点到舵前缘的距离；

a——舵柱中心到前缘的距离；

b——舵剖面的弦长；

C_p——压力中心系数。

舵机在转向的时候，所产生的扭矩被称为转舵力矩 M，转舵力矩除了包括水动力矩以外还包括舵柱转动时的摩擦力矩 M_f，故有

$$M = M_\alpha + M_f \tag{7-10}$$

2）渔船转舵机构特点

船舶舵机转舵机构类型一般分为十字头式、拨叉式、滚轮式、摆缸式、转叶式五种，我国渔船大部分采用摆缸式转舵机构，其机构类型如图 7-2 所示，摆缸式舵机的液压缸是一种双动式的活塞式摆动缸，它与支架使用铰链连接，活塞杆的伸缩可直接带动与其铰接的舵柄转动，为适应气缸的摇摆，管道与液压缸一般采用高压软管进行连接。

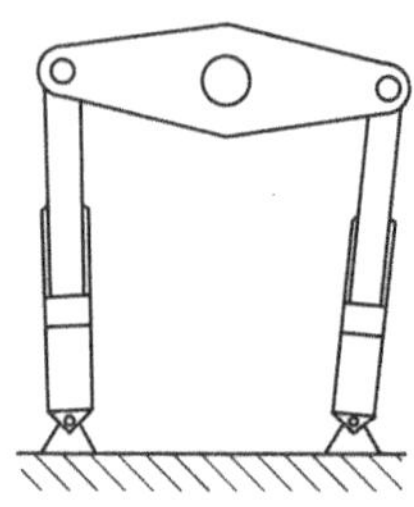

图 7-2　摆缸式转舵机构

摆缸式机构运转时，液压缸的摆角（液压缸中位线与竖直方向的夹角）也会随着舵角的变化而变化，在舵角为 0°时，摆角最大，在舵角最大时，摆角接近于 0°，摆缸机构的主要特点是：

（1）采用双动式液压缸，可以大大减少其外形尺寸和重量。

（2）结构简单、拆卸容易、油缸数量及配置灵活。

（3）双作用液压缸一起联动，对液压缸同心度要求较高，否则容易出现磨损，引起液压缸泄漏现象。同时，铰链接头磨损严重，还会发生碰撞。

（4）双侧缸同时工作时，由于左右油缸活塞的位移略有不同，会导致进出油量也会有差异，所以要给系统适时补油。

（5）由于其转矩性能比较差，所以通常只适用于低功率的舵机，适用于简单的往复摆动。

3）液压缸工作原理

渔船舵机液压系统所使用的液压缸大部分为活塞缸，而活塞缸又分为双杆活塞缸和单杆活塞缸，摆缸式转舵机构所使用的液压缸为单杆活塞缸，其液压缸两侧的有效工作面积不相等，所以其两个方向上输出的推力和速度也不相同[36]，无杆腔和有杆腔的推力 F_1、F_2 和速度 v_1、v_2 分别为

$$F_1 = (p_1A_1 - p_2A_2)\ \eta_m = \frac{\pi}{4}\left[(p_1 - p_2)\ D^2 + p_2d^2\right]\eta_m \tag{7-11}$$

$$F_2 = (p_1A_2 - p_2A_1)\eta_m = \frac{\pi}{4}[(p_1 - p_2)D^2 + p_1d^2]\eta_m \tag{7-12}$$

$$v_1 = \frac{q}{A_1}\eta_v = \frac{4q}{\pi D^2}\eta_v \tag{7-13}$$

$$v_2 = \frac{q}{A_2}\eta_v = \frac{4q}{\pi(D^2 - d^2)}\eta_v \tag{7-14}$$

其速度比为

$$\varphi = \frac{v_2}{v_1} = \frac{D^2}{D^2 - d^2} \tag{7-15}$$

式中：A_1——液压缸无杆腔的有效工作面积；

A_2——液压缸有杆腔的有效工作面积；

q——输入的流量；

η_m——缸的机械效率；

η_v——缸的容积效率；

D、d——活塞和活塞杆的直径；

p_1、p_2——液压缸进、出口的压力。

而当液压缸两侧接通油管时称为差动油缸，这时输出的推力和速度变为

$$F_3 = p_1(A_1 - A_2)\eta_m = p_1\frac{\pi}{4}d^2\eta_m \tag{7-16}$$

$$v = \frac{4q}{\pi d^2}\eta_v \tag{7-17}$$

7.2.3 动力单元原理

1）液压泵的基本参数

（1）压力。

泵的输出压力取决于负载，负载越大，其压力也增大，反之，压力减小。因此，在液压系统工作时，泵的压力会随着负荷的变化而改变。当负载不断增大时，泵的压力也会一直增加，从而导致液压系统元件和油管受到损坏。所以在液压系统中，需要采用安全阀来限制其最大的工作压力，从而避免液压泵出现超负荷工作的情况。

额定压力是指在保证泵的使用寿命和容积效率的前提下，持续正常运行时所能承受的工作压力。

最大压力是指在短时间内超过所容许的极限压力，它的数值是通过系统中的安全阀来确定的。

（2）流量。

流量是指泵在单位时间内输出的液体体积，流量有理论流量和实际流量之分。理论流量 q_t 的大小为

$$q_t = Vn \tag{7-18}$$

式中：V——泵的排量；

n——泵的转数。

泵的排量与液压泵的结构参数有关，其中排量不可变的称为定量泵，排量可变的称为变量泵，不同泵计算方法也不一样。

实际流量 q 是考虑到由于系统压力的作用，在泵工作时密封间隙间液体的泄漏量 q_1，此时

$$q = q_t - q_1 = q_t\eta_v = Vn\eta_v \tag{7-19}$$

式中：η_v——泵的容积效率。泵的实际流量随泵压力的变化而变化，压力越大，泄漏量就越大，而理论流量则不受压力的影响。

（3）扭矩与功率。

泵的输入扭矩 T_i

$$T_i = \frac{pq}{2\pi n\eta_m} = \frac{pV}{2\pi\eta_m} = 1.59pV\frac{1}{\eta_m}\times 10^{-4} \tag{7-20}$$

式中：p——泵的工作压力；

η_m——泵的机械效率。

泵的输入功率

$$P_i = \frac{pq}{61200\eta} \tag{7-21}$$

式中：η——泵的总效率。

泵的输出功率

$$P_o = \frac{pq}{61200} \tag{7-22}$$

2）柱塞泵工作原理

液压泵一般可分为齿轮泵、叶片泵、柱塞泵三种，齿轮泵体积小，结构简单，且自吸能力较强[37]，但是其泄漏量和流量波动较大且使用压力不高，一般在2.5MPa以下；叶片泵相对于齿轮泵来说，流量较为平稳，使用压力较高，但是其结构较为复杂，制作成本高，且对杂质较为敏感，叶片极易卡死；柱塞泵相对于齿轮泵和叶片泵来说，其压力更大，效率更高，适用于功率较大的机械装备，使用范围也比其他两种更广，除此之外，柱塞泵还有以下优点：

（1）压力高、流量大，最大压力可达60MPa。

（2）容积效率高，且可以通过添加滑靴提高使用寿命和低速性能。

（3）径向尺寸不大，转子转动惯量小，加速性能好，且容易实现变量。

柱塞泵有定量泵和变量泵两类，而变量泵又分为单向变量泵和双向变量泵两种，液压图形符号分别如图7-3和图7-4所示。柱塞泵工作时，在活塞随着转子转动时，斜板会前后伸缩，活塞后面的小油腔体积也随之增大或减小。活塞进入吸油区，后面的小油腔体积增大，吸油；活塞进入排油区，小油腔体积减小，向外排油。柱塞随转子转一圈，对应着吸油、排油各一次，其排量与流量分别为

$$D_p = z\Delta V = 2zR\frac{\pi}{4}d^2\tan\alpha \tag{7-23}$$

$$Q_p = D_p n \tag{7-24}$$

式中：z——柱塞数；

d——柱塞直径；

R——柱塞分布半径；

α——斜盘倾角；

n——液压泵的转速。

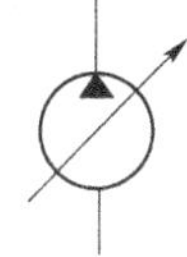

图7-3　单向变量泵图形符号

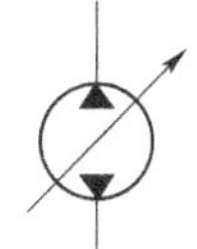

图7-4　双向变量泵图形符号

7.2.4 伺服控制单元原理

（1）电液伺服阀原理。

电液伺服阀是一种高性能的电液控制元件[38]。在电液伺服系统中，通过电液伺服阀将电、液力两个部分之间的联系信号进行变换和放大，从而实现对液压执行机构的控制。电液伺服阀作为液压系统进行伺服控制的核心元件，其工作性能和使用是否合理，将直接影响到整个系统控制的精确程度、响应速度和元器件的使用寿命。电液伺服阀具有高精度、高响应速度等优点，在液压系统中得到了广泛的应用。伺服阀电流 I 和系统偏差电压 E_e 的关系是由伺服放大器的设计决定的，在特定频率范围中，根据放大器类别的不同，可以将其近似为惯性环节、振荡环节、微分环节。在无预补偿的情况下，采用负压反馈放大器，可将伺服放大器与力矩马达线圈的转导函数近似为惯性环节，表示为

$$\frac{I}{E_e}=\frac{K_a}{\frac{S}{\omega_a}+1} \tag{7-25}$$

式中：K_α——放大器与线圈电路的增益；

ω_a——线圈的转折频率。

其转折频率的大小为

$$\omega_a=\frac{R}{L} \tag{7-26}$$

式中：R——力矩马达表现电阻；

L——力矩马达表现电感。

电液伺服系统的传递函数通常用振荡环节来近似

$$W_v(s)=\frac{Q}{I}=\frac{K_v}{\frac{s^2}{\omega_v^2}+\frac{2\zeta_v}{\omega_v}+1} \tag{7-27}$$

当液压系统的固有频率低于50Hz时，电液伺服阀的传递函数可以表示为

$$W_v(s)=\frac{K_v}{T_v s+1} \tag{7-28}$$

式中：K_v——电液伺服阀的流量增益；

ω_v——电液伺服阀的固有频率；

ζ_v——伺服阀的阻尼比；

T_v——伺服阀的时间常数。

当选用的伺服阀固有频率较高，而系统宽频较窄时，伺服阀也可以近似看成比例环节

$$W_v(s)=K_v \tag{7-29}$$

(2) 控制原理。

PID全称为Proportional Integral Derivative，它的算法的实现过程很简单，主要采用了基于反馈的方法对系统的误差进行检测，然后根据偏差信号的变化来实现对系统的控制[39-40]。控制器是由比例、积分、微分三部分组成的加和，是智能控制的基本单元，其控制原理如图7-5所示。

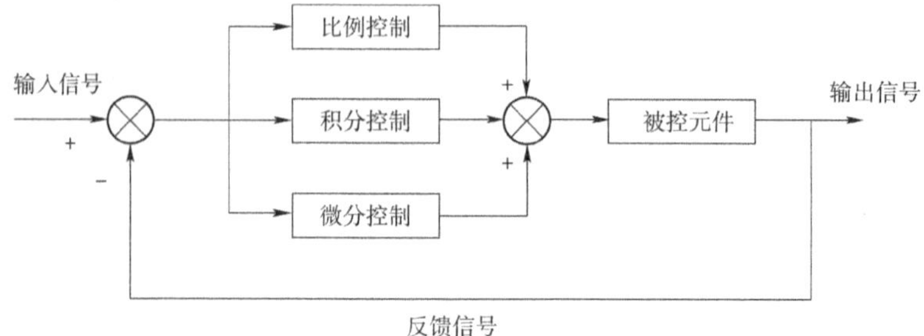

图7-5　PID控制原理图

其误差为

$$e(k)=y(k)-r(k) \tag{7-30}$$

式中：y——输出信号；

r——输入的目标信号；

k——总循环次数。

PID 系统线性和表示的控制率为

$$u=K_{p}e(k)+K_{i}\sum_{n=0}^{k}e(n)+K_{d}[e(k)-e(k-1)] \tag{7-31}$$

式中：e——角度信号误差；

K_p——比例常数；

K_i——积分常数；

K_d——微分常数。

将上式写成传递函数的形式为

$$G(s)=\frac{U(s)}{E(s)}=K_{p}\left[1+\frac{1}{T_{i}s}+T_{d}s\right] \tag{7-32}$$

式中：T_i——积分时间常数；

T_d——时间微分常数。

7.3 基于 AMEsim 的渔船舵机液压系统仿真

7.3.1 AMEsim 软件介绍

AMESim 是 LMS Imagine 公司推出的一款基于键合理论的系统建模、仿真和动力学分析软件，涵盖了液压、机械、热力学、气动、电、磁等多个科学领域[41]。它具有丰富的模型、友好的界面库和全面的分析工具等优点。与传统的键合图相比，AMESim 平台的优势在于能够更直观地呈现所研究系统的工作原理。与其他类似的机电一体化系统仿真软件相比，AMEsim 采用了更为简洁的组合界面设计方法，使建模难度大大降低。因此，AMESim 软件当下更普遍用于机电一体化和液压系统的动力学研究，如图 7-6 所示。

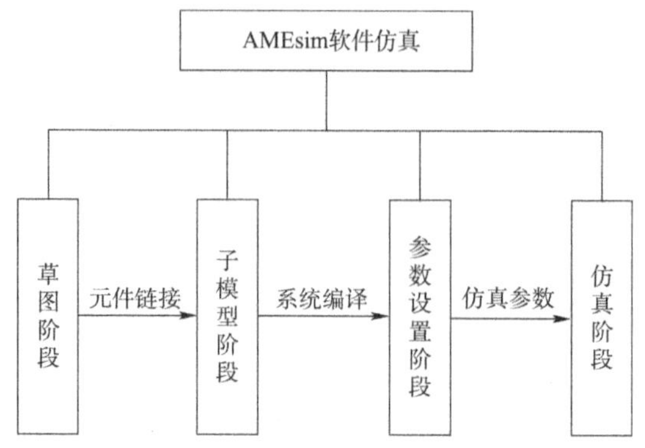

图 7-6　AMEsim 软件仿真流程图

使用 AMEsim 在进行建模仿真时，大致的流程可以分为四个阶段，即草图阶段、子模型阶段、参数设置阶段、仿真阶段[42]：

（1）草图阶段，该阶段主要是将 AMEsim 软件不同库中的仿真元件合理地连接在一起，得到自己想要的仿真模型，该阶段需要用户对自己想要的模型有一个简单的认识，并大致了解每个元件的接口所能连接的数据类型。在液压（Hydraulic）库中，元件模型大致和液压系统的原理图一样，故连接起来较为简单。

（2）子模型阶段，这一部分被看作是对草图阶段的进一步完善，每个元件都具有不同的类型，因此不同模型所代表的功能也有所不同，其中每一个元件都可以看成不同的线性、非线性或微分方程组，在实际应用中，有必要根据元件的物理特性来选择不同的子模型。在 AMEsim 库中，每个元件的子模型都有多个不同类型，仿真时一定要正确选定所需模型，才能进行下一步。

（3）参数设置阶段，此阶段可以说是 AMEsim 仿真中最重要的一个阶段，在赋予每个元件子模型进入此阶段前，系统会对用户连接的子模型进行编译，也就是对这个仿真模型的合理性进行检测，如果连接模型没有错误，编译才能通过。之后对每个元件赋予参数，这也相当于对方程组赋予系数，参数的设定是根据实际系统来的，参数设置得越精确，其仿真正确率就越高。

（4）仿真阶段，进入此阶段就要对系统运行仿真，这一部分是由 AMEsim 后台计算完成，用可以在这一过程观察仿真数据是否贴合实际情况，如不符合，可以直接在这一阶段下修改元件的参数，检查是否有误。得到的仿真结果一般是系统某个物理量的时域信号，可以直接通过拖动鼠标的方法观察一个或多个变量图像的变化。

AMEsim 软件将仿真过程流程化，后续用户可以根据需要来进行图像的处理。AMEsim 软件功能全面，不仅可以对液压系统进行静态仿真，也可以进行动态特性仿真，是近几年国内外液压系统仿真领域常用的软件。

7.3.2 AMEsim 液压系统位置随动控制原理简介

在使用伺服阀对液压缸进行位置控制时，需要采集系统输出的液压缸位移或舵叶转角信号，对信号进行差分处理，采用 PID 控制并将信号进行放大，反馈给伺服换向阀，伺服阀通过改变孔隙开口大小的方法来调节液压系统流量，进而对液压缸位置进行控制，如此便完成了一个闭环控制。由于渔船舵机转舵机构为双缸摆缸式机构，故在此可将非对称缸看作对称缸进行原理分析。

如图 7-7 所示，以伺服阀打到右位为例，分析基于阀控液压缸的位置控制原理。当液压系统开始供油，液压缸左缸进油，右缸出油，进油腔的流量为 Q_1，出油腔的流量为 Q_2，左缸压力为 p_1，右缸压力 p_2，供油压力 p_s 看作恒定不变，回油压力 p_0 为零。

由孔隙流量公式可知液压缸进油腔流量为

$$Q_1 = C_d \omega x_v \sqrt{\frac{2}{\rho}\ (p_s - p_1)} \tag{7-33}$$

液压缸出油腔的流量为

$$Q_2 = C_d \omega x_v \sqrt{\frac{2}{\rho} p_2} \tag{7-34}$$

式中：ω——窗口面积梯度；

x_v——阀芯的位移。

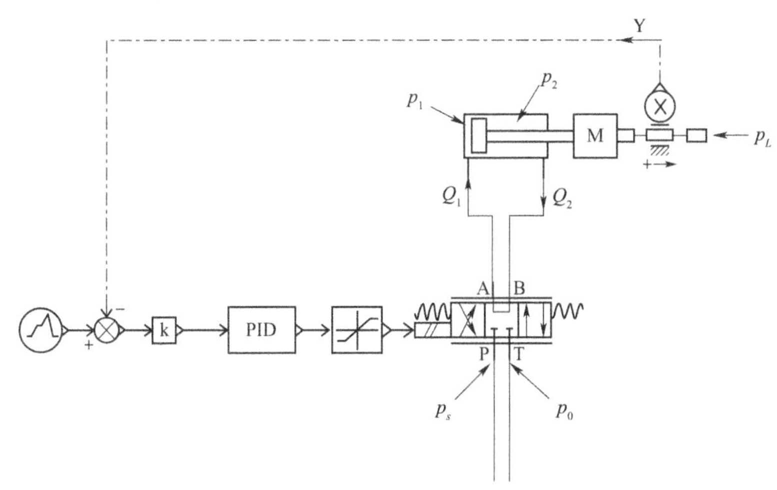

图 7-7 基于 PID 控制的阀控液压缸原理图

在不考虑流体的可压缩性时，液压缸流入的流量 Q_1 与流出流量 Q_2 相同且都等于负载流量 Q_L，而在 AMEsim 流体动态特性仿真时，是考虑流体的可压缩性的，故液压缸两腔室的流入流量与流出流量并不相同，此时，定义负载流量为液压缸流入与流出流量的平均值，即

$$Q_L = \frac{1}{2}(Q_1 + Q_2) \tag{7-35}$$

负载压降为

$$p_L = p_1 - p_2 \tag{7-36}$$

当液压缸为对称缸时，供油压力仍可表示为

$$p_s = p_1 + p_2 \tag{7-37}$$

将式（7-33）和式（7-34）分别进行泰勒展开，可得线性化表达式

$$Q_1 = K_q x_v - 2K_c p_1 \tag{7-38}$$

$$Q_2 = K_q x_v - 2K_c p_2 \tag{7-39}$$

将上式代入式（7-35）、式（7-36）式可得阀流量方程

$$Q_L = K_q x_v - K_c p_L \tag{7-40}$$

式中：K_q——流量增益；

K_c——流量-压力系数。

大小分别为

$$K_q = \frac{\partial Q_L}{\partial x_v} = C_d \omega \sqrt{\frac{p_s - p_L}{\rho}} \tag{7-41}$$

$$K_c = -\frac{\partial Q_L}{\partial p_L} = \frac{C_d \omega x_v}{2\sqrt{(p_s - p_L)\rho}} \tag{7-42}$$

考虑油液的可压缩性以及液压缸的泄漏时，液压缸的流量连续方程可表示为

$$Q_L = A\frac{\mathrm{d}y}{\mathrm{d}t} + C_{tc}p_L + \frac{V_t}{4\beta_e} \cdot \frac{\mathrm{d}p_L}{\mathrm{d}t} \tag{7-43}$$

式中：A——活塞面积；

C_{tc}——液压缸总泄漏系数；

V_t——液压缸总压缩容积；

β_e——液压体积弹性模量。

当液压缸外负载力为 F_L 时，液压缸和外负载力的平衡方程可表示为

$$F = Ap_L = m\frac{\mathrm{d}^2 y}{\mathrm{d}t^2} + B_c\frac{\mathrm{d}y}{\mathrm{d}t} + Ky + F_L \tag{7-44}$$

式中：F——液压缸驱动力；

F_L——外负载力；

B_c——活塞及负载的黏性阻尼系数；

K——负载弹簧刚度。

分别对式（7-40）、式（7-43）和式（7-44）进行拉普拉斯变换可得

$$Q_L = K_q x_v - K_c p_L \tag{7-45}$$

$$Q_L = AsY + \left(C_{tc} + \frac{V_t}{4\beta_e}\right)p_L \tag{7-46}$$

$$p_L = \frac{1}{A}\ (ms^2 + B_c s + K)\ Y + \frac{1}{A}F \tag{7-47}$$

对上式进行化简变换，可得液压缸活塞杆的输出位移 Y 的传递函数为

$$Y = \frac{\frac{K_q}{A^2}\ (ms^2 + B_c s + K)}{\frac{V_t m}{4\beta_e A^2}s^3 + \left(\frac{mK_{ce}}{A^2} + \frac{B_c V_t}{4\beta_e A^2}\right)s^2 + \left(\frac{KV_t}{4\beta_e A^2} + \frac{B_c K_{ce}}{A^2} + 1\right)s + \frac{KK_{ce}}{A^2}} \tag{7-48}$$

式中：K_{ce}——总的流量压力系数，$K_{ce} = K_c + K_{tc}$。

将输出的位移信号与目标信号做差处理，处理后的信号经 PID 控制器调节，将调节后的信号传递给伺服阀，其计算方式见式（7-27），如此便完成了基于阀控液压缸的信号闭环传递。

7.3.3 基于 AMEsim 模型搭建及参数设定

基于渔船舵机液压系统原理图，在分析各部分液压元件工作原理、伺服控制单元原理及渔船舵机舵叶水动力负载的基础之上，使用 AMEsim 软件对渔船舵机液压系统进行模型的搭建并进行基本参数设置，由于渔船两套液压系统工作原理相同，故以其中一套为例进行模型搭建，其正常工况下渔船舵机液压系统仿真模型如图 7-8 所示。

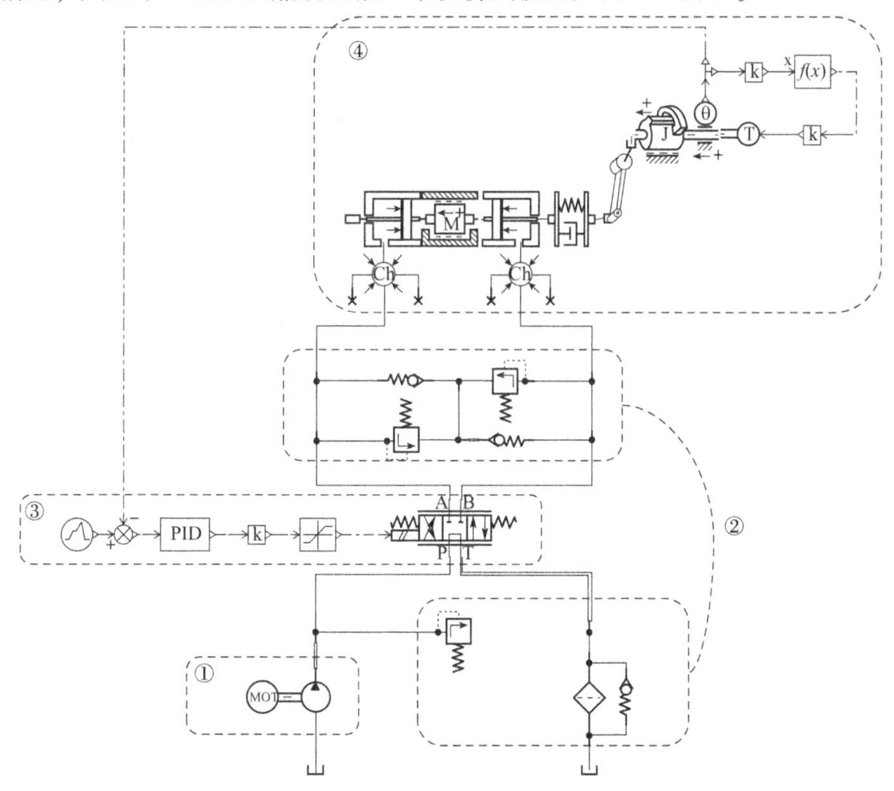

图 7-8　基于 AMEsim 的渔船舵机液压系统仿真模型

在图 7-8 中，①部分和②部分分别为仿真系统的动力单元和保护单元，此部分主要由 AMEsim 软件中机械库的电动机和液压库的液压泵及各类压力阀组搭建而成，在此 AMEsim 仿真模型中，液压泵的排量取决于电动机的转速，因此可根据所需排量，直接设定电动机的转速。保护机构的防浪阀组起到过载保护作用，舵机在水中时，偶尔会受到不均衡水流的冲击，给液压系统带来压力瞬变，防浪阀组会很大程度上减缓压力冲击，同时可以防止跑舵现象的产生。在此实际渔船舵机液压系统中，要求液压泵的最大工作压力为 315bar①，但由于 PU001 仿真元件没有此参数设定选项，故使用溢流阀来限定最高工作压力。其主要参数设置如表 7-1 所示。

动力单元及保护单元参数设置 表 7-1

部件名称	仿真元件	参数名称	数值
电动机	PM000	转速（r/min）	1450
液压泵	PU001	排量（cc②/r）	18
溢流阀	RV010	调节压力（bar）	315

图 7-8 中③部分为基于 PID 控制原理的伺服阀控制单元，此部分主要过程是将采集的舵角信号进行比例、积分、微分调节，把信号传递给伺服阀，然后由伺服阀对流量进行控制，具体原理见 7.3.2 节。其中，伺服阀主要参数设定及经数次实验给定 PID 比例、积分、微分常数参数设定如表 7-2 所示。

伺服控制单元参数设置 表 7-2

部件名称	仿真元件	参数名称	数值
伺服阀	HSV34-03	额定电流（mA）	40
		固有频率（Hz）	80
		阻尼比	0.8
PID 控制器	PID001	比例常数	100
		积分常数	0.01
		微分常数	5

图 7-8 中④部分为仿真系统的负载单元，负载机构的液压缸模型采用 HCD 库的原件复合组成，转舵机构通过机械库机械元件搭建成，通过信号库函数来模拟舵叶在 10kn 航速转向时所受的水动力负载。根据乔塞乐（Joessel）公式和式（7-3）、式（7-8）可知，不平衡舵转舵扭矩随角度的变化关系为

① bar，压强（压力）单位，$1bar = 10^5 Pa = 1dN/mm^2$。

② cc，体积单位，$1cc = 1cm^3$。

$$M_\alpha = 9.8Av^2bk\sin\alpha \tag{7-49}$$

式中：M_α——舵扭矩；

A——舵叶浸水的单侧面积；

b——舵叶宽度；

v——水流速度；

k——乔塞乐公式修正系数。

在仿真模型中模拟水动力负载扭矩时，使用“33tanα”代替式（7-49）中的“$k\sin\alpha$”来达到简便运算的目的[43-44]。其余各部分主要参数设置如表7-3所示。

负载单元参数设置 表7-3

部件名称	仿真元件	参数名称	数值
液压缸	BAP12、MECMAS21	质量（kg）	50
		活塞直径（mm）	125
		杆直径（mm）	80
		死区容积（cm^3）	70
转舵柄	ARM01A	臂长度（mm）	300

7.3.4 仿真分析

根据《钢质国内海洋渔船建造规范（船长大于或等于24m但小于或等于90m 2019）》对渔船舵机转舵的基本性能要求：主操舵装置应具有足够的强度，并能在渔船处于满载吃水并以最大航速时进行操纵，使舵自任一舷的35°转至另一舷的35°；并且自任何一舷的35°转至另一舷的30°的时间应不超过28s。因此，给仿真模型输入一个舵角阶跃信号，此信号在1～15s内，目标舵角为35°；16～40s内，目标舵角为－35°；41～60s内，目标舵角为0°，以此来检验仿真模型搭建是否合理，能否满足实际工况。

对该模型进行动态仿真，仿真时长设为60s，取样频率为100Hz，具体仿真过程参数设置见表7-4。在时域状态下，渔船舵机液压系统仿真模型得到的舵角输出信号与给定舵角信号跟踪状态及液压缸压力、流量、加速度变化状态分别如图7-9～图7-12所示。由图可知，在1～15s时，给予渔船舵机液压系统仿真模型右舷35°操舵信号，舵叶开始向目标角度开始转动，在接近35°时，受PID控制器作用，舵角增速放缓，整体过程趋于平稳；第15s时，舵角目标信号瞬变为－35°，此时舵角开始回转转向左舷35°，在大约第39s时，到达左满舵，第40s时开始回正，可轻易看出，渔船舵机液压系统舵角由右满舵到左满舵，所用时间共计约为24s，符合《钢制国内海洋渔船建造规范（船长大于或等于24m但小于或等于90m 2019）》对渔船舵机转舵的基本性能要求。舵叶在右位置上时，液压缸右腔压力始终大于左腔，在左位置时，左腔压力始终大于右腔。液压缸单程运动，在转向右舷35°时，压力是突然增大之后再缓慢增加，压力之所以在后面的运动过程中缓慢增加而不是直线增大，是由于负载单元成功模拟了不平衡舵的转舵状态，随着舵角的增大，不平衡舵的水动力矩逐渐增加，因此所需的压力也逐渐变大。由液压缸流量变化图可以看出，在大约11～14s之间，由于伺服控制系统PID控制器的作用，液压缸两腔流量缓慢逼近0L/min，其跟踪效果较好，有效地减缓了流量冲击，并增加了控制精度。除了刚启动或舵叶变向时流量突变比较明显外，其余状态流量比较稳定，液压缸活塞杆启动时初始位置的加速度波动比较大，这是由于在渔船舵机液压系统刚启动时系统中无压力油液，当后续液压系统中充满油液时再进行转向，明显可以看出其加速度波动变小，整体过程趋于平稳。

仿真过程参数设置 表7-4

仿真时长（s）	时间间隔（s）	仿真类型	积分器类型	仿真模式
60	0.01	单次运行	标准	动态

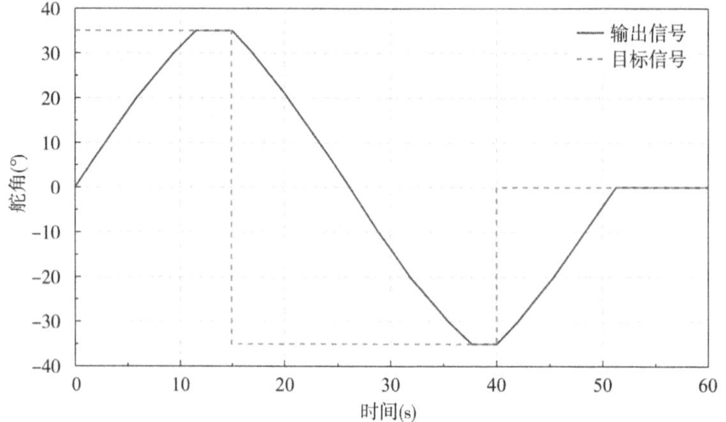

图7-9 仿真模型舵角给定信号与输出信号跟踪曲线

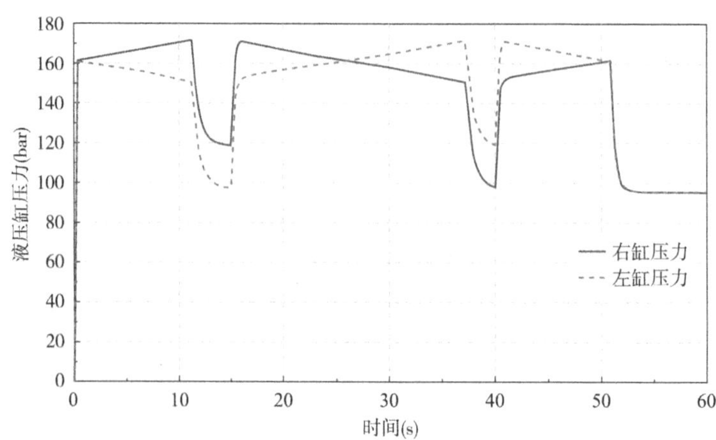

图7-10 仿真模型液压缸左、右腔压力变化曲线

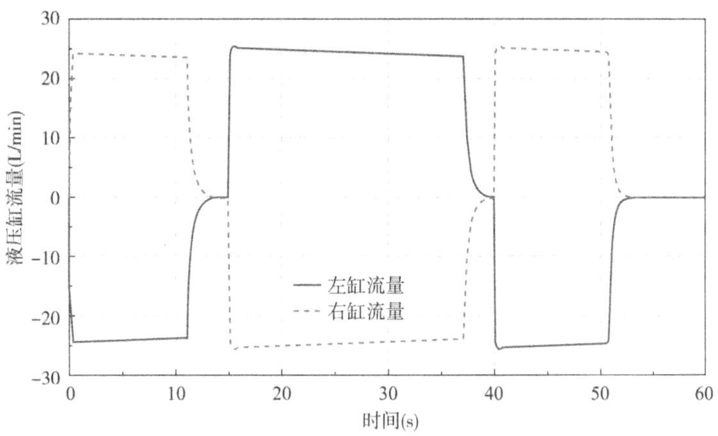

图 7-11 仿真模型液压缸左、右腔流量变化曲线

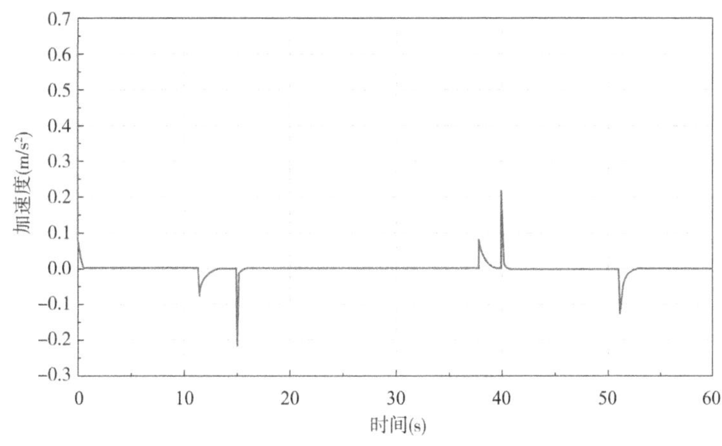

图 7-12 仿真模型液压缸活塞杆加速度变化曲线

7.4 基于 AMEsim 的渔船舵机液压系统故障模拟

7.4.1 渔船舵机故障分析及故障模型搭建

(1) 舵机故障分析。

渔船体积小、快速性高，在近海岸线附近作业时，舵机需频繁地换向来保证捕捞作业

的效率。因此，高频率的换向冲击也极易引发舵机的故障。常见的渔船舵机故障总体上包括舵失灵、滞舵、冲舵、跑舵、舵速过慢和舵机有异常噪声及振动六大类，其中每一类对应着一种或多种液压系统的故障。其主要舵机故障类型及对应常见的液压系统故障原因见表 7-5。

常见舵机故障对应的液压系统故障原因　　表 7-5

舵机故障类型	液压系统故障原因
舵失灵	①控制系统失灵；②液压泵卡死；③主油路完全堵死；④旁通阀开启压力过低；⑤换向阀卡死
滞舵（转舵动作有延迟）	①油液混入空气；②电磁换向阀部分孔隙堵塞；③伺服控制系统响应滞后；④液压缸、油路泄漏
冲舵（超过限定舵角）	①控制系统故障；②伺服换向阀卡死；③换向阀阀芯堵死；④液压缸泄漏；⑤油液混入空气
跑舵（稳舵时偏离指定舵角）	①控制系统接触不良；②液压缸或主油路泄漏；③压力阀开启压力过低
舵速过慢	①液压泵排量较小；②液压缸泄漏；③油液混入空气；④伺服控制系统响应滞后；⑤油路堵塞；⑥油箱油位过低
舵机有异常噪声及振动	①油液混入空气；②管道堵塞；③元件固定不牢；④转舵机构磨损；⑤液压泵内部损坏；⑥换向阀位置不当

由表 7-5 可知，不同类型舵机故障在液压系统中表现出来的故障形式存在很多的相似性，故障交叉度高，互相之间的联系复杂，仅通过分辨舵叶的转动状态，难以准确地找准液压系统的具体故障点，同时，一种类型的舵机故障还有可能存在多个故障点，更大程度上增加了诊断的难度。基于以上分析，以找出舵机液压系统中常见的液压缸内泄漏、液压缸外泄漏、油液进气、管道堵塞、溢流阀失效五类常见故障作为典型，使用渔船舵机液压系统仿真模型进行故障注入，然后进行仿真模拟分析，观察在五种常见的不同液压系统故障模式下的运行特点。

（2）故障模型搭建。

渔船舵机液压系统的故障模型是在渔船舵机液压系统仿真模型的基础上搭建完成的，其中，在 AMEsim 软件的库中根据需求多添加了部分子模型，用来模拟不同的故障，添加的仿真子模型分别有 BAF02、BHORF0、HYDORF0 三个元件，具体构造分别如图 7-13 ~ 图 7-15 所示。

BAF02 元件连接在液压缸上，主要通过接口 1 和 2 连接液压缸的左、右两个腔室，液压油从高压力容腔通过环隙流向压力较低的容腔，来实现两个腔室流量信号的传递，活塞质量块具有传递压力和位移的功能，3 和 4 接口用于传递压力和位移信号。BHORF0 是一个节流孔，它有两个接口，输入和输出的参数是流量和压力。该模型有两种参数设置方式，一种是设定流速及对应的压力损失，另一种是设定孔径及最大流量，接在液压缸外部，可通过改变阻尼孔直径来控制通过流量的多少。HYDORF0 元件便是液压系统中的节流阀元件，把此模型接入渔船舵机液压系统仿真模型的主油回路中，通过改变其孔口直径，可控制主油路流量的大小。将三种元件添加到渔船舵机液压系统仿真模型中，得到的渔船舵机液压系统故障仿真模型如图 7-16 所示。

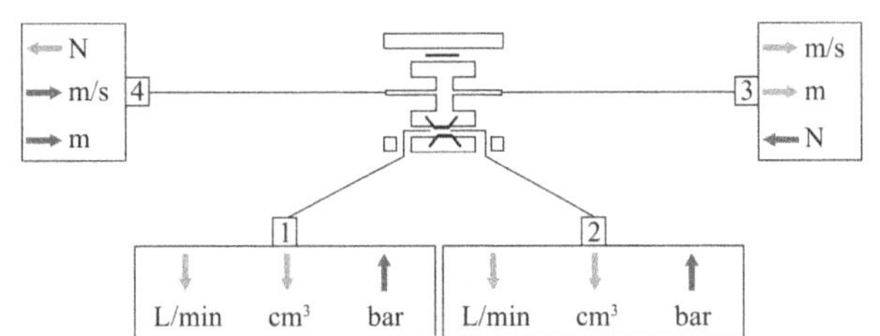

图 7-13　AMEsim 仿真软件 BAF02 元件

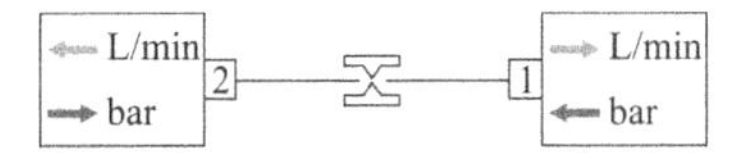

图 7-14　AMEsim 仿真软件 BHORF0 元件

图 7-15　AMEsim 仿真软件 HYDORF0 元件

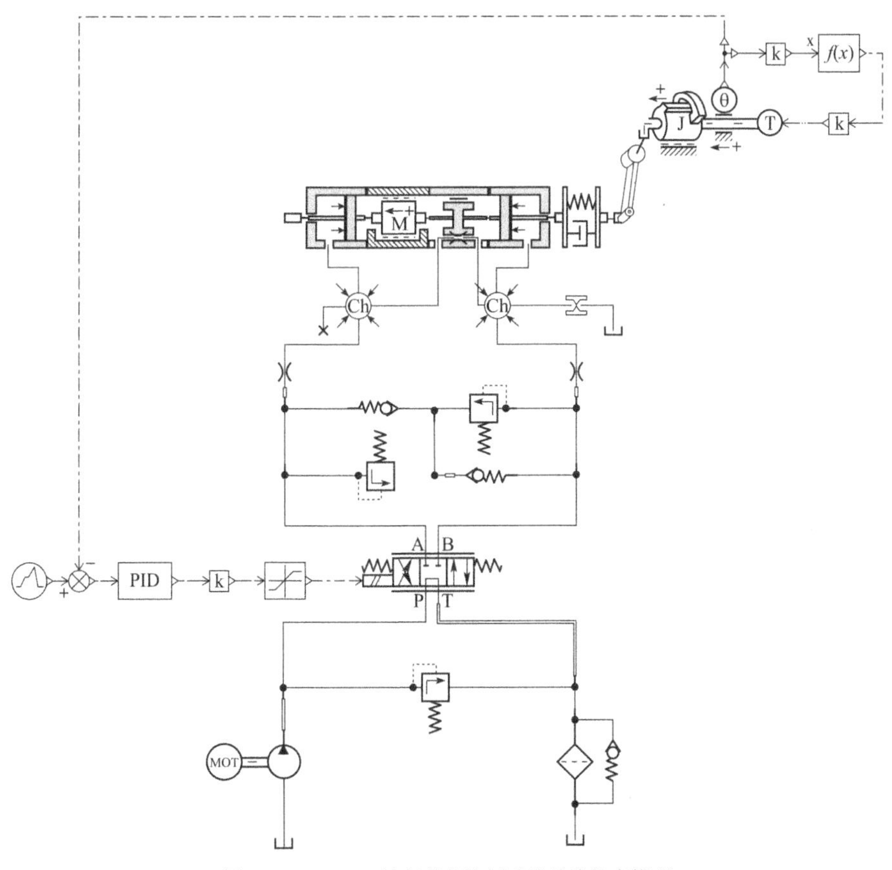

图 7-16　AMEsim 渔船舵机液压系统故障仿真模型

由于条件限制，未能取得该船每类真实故障状态下液压系统元件对应的故障数据，故在此根据经验分析及相关文献来给定元件故障数值，以供参考研究。将五类故障分别进行故障注入，为提高仿真效率，仅讨论在 1 ~ 15s 内舵角以右舷的 35°为目标角度时仿真模型各关键参数的变化，具体故障仿真过程参数的设置如表 7-6 所示。

故障仿真过程参数设置 表 7-6

仿真时长（s）	时间间隔（s）	仿真类型	积分器类型	仿真模式
15	0.01	批处理	标准	动态

7.4.2 故障注入及仿真分析

（1）液压缸内泄漏故障。

液压缸内泄漏是液压系统常见的故障类型，在液压缸中，活塞与内缸壁之间如果所选择的密封部件与材料不合理，密封安装部位的结构和尺寸不合理，密封损坏或脱落，活塞与活塞杆之间的密封环损坏或脱落，液压油工作温度过高或压力油液污染有杂质等，都会导致液压缸内泄漏[45]。液压缸的内泄漏类型主要是环隙泄漏，其流量计算可参照环隙流量公式来计算，当考虑环隙偏心距时

$$Q = \frac{\pi D C_r^3 \Delta p}{2\mu L}\left[1 + \frac{3}{2}\left(\frac{e}{C_r}\right)^2\right] \tag{7-50}$$

式中：C_r——环隙间距，$C_r = D - r$；

Δp——缝隙压差；

r——缝隙的内圆半径；

e——偏心距。

在 AMEsim 中，用 BAF02 元件来模拟液压缸内泄漏故障，其通过改变其元件的环形间隙的间距 C_r 的大小，来模拟液压缸内泄漏的严重程度，故障模拟使用 AMEsim 软件的批处理功能对环形间隙间距大小进行设置，其具体参数如表 7-7 所示。

液压缸内泄漏故障参数设置 表 7-7

模型	参数设置	正常值	故障值	单位
BAF02	环形间隙间距	0.01	0.2；0.225；0.3	mm

对渔船舵机液压系统液压缸内泄漏故障进行仿真模拟，在前 15s 内环形隙间距分别为 0.01mm、0.2mm、0.225mm 和 0.3mm 时，舵角变化曲线、液压缸压力变化曲线、液压缸流量变化曲线及活塞杆加速度变化曲线变化分别如图 7-17 ~ 图 7-20 所示，由图可知，在液压缸内泄漏故障发生时，随着环形间隙间距的变大，舵机到达满舵的时间、液压缸右缸

压降时间、流量减少时间及活塞杆加速度突变时间均会出现一定程度的延迟现象。除此之外，随着环形间隙间距的变大，在刚启动0.5s之后缸内流量逐渐减小，活塞杆的运动速度逐渐变慢，舵叶在后半程转舵的速度也随之变慢，因此，随着液压缸内泄漏程度的加剧，会使渔船的快速性能变差。

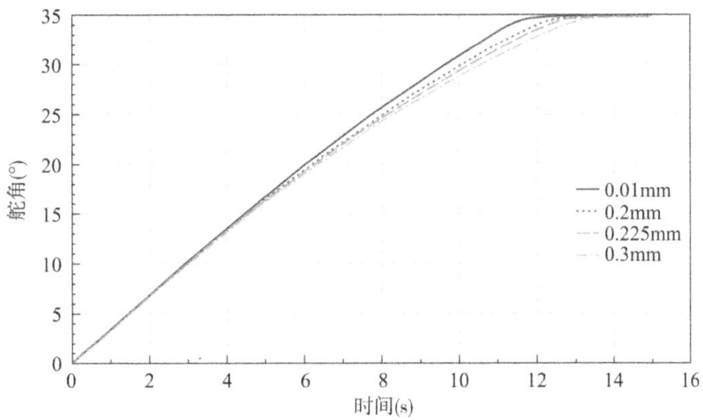

图7-17　液压缸内泄漏故障舵角变化曲线

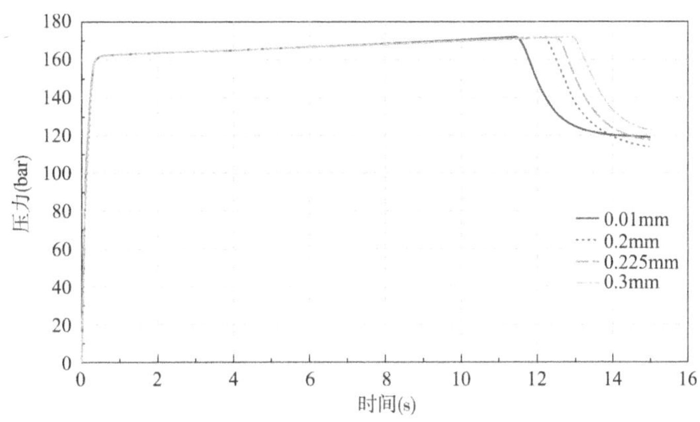

图7-18　液压缸内泄漏故障右腔压力变化曲线

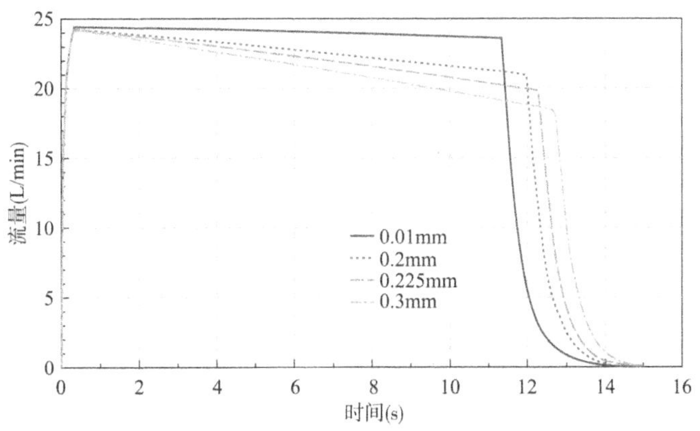

图7-19　液压缸内泄漏故障右腔流量变化曲线

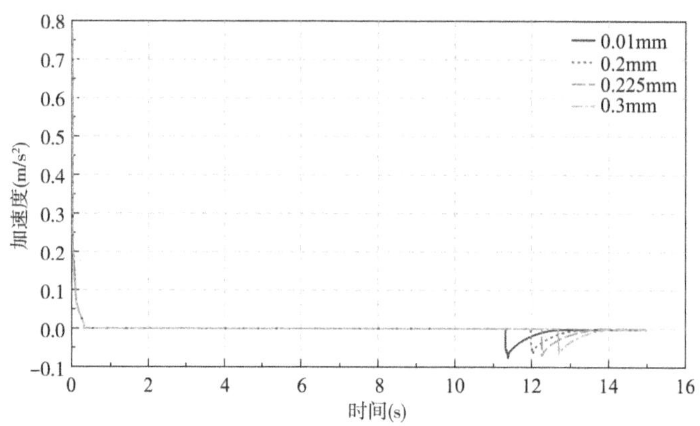

图7-20　液压缸内泄漏故障活塞杆加速度变化曲线

（2）液压缸外泄漏故障。

液压缸外泄漏一般是指液压油由液压缸内部泄漏到外部环境中，外泄漏可以通过油缸表面渗出的油液发现具体的泄漏部位，相对于内泄漏比较容易发现。造成外泄漏的原因有多种，如液压缸孔口位置密封不严、活塞与缸筒之间的密封环脱落或损坏、右缸与油管之间损坏等，均会导致不同程度的液压缸油液外泄漏。液压缸外泄漏时，一般我们可以用孔口流量公式来表示泄漏流量的大小，随着间隙或开口面积的增大，泄漏量也逐渐增大。

在 AMEsim 中，通过 BHORF0 阻尼孔元件来模拟液压缸外泄漏故障，对此子模型进行参数设置，孔口的截面类型（Section Type）选择圆形（Circular），此时，孔口流量公式可改写为

$$Q = \frac{C_q \pi d^2}{4}\sqrt{\frac{2\,|\Delta p\,|}{\rho}} \tag{7-51}$$

式中：d——孔口直径，通过改变孔口直径来控制外泄漏时流量的大小，进而模拟液压缸外泄漏的严重程度，具体参数设置如表 7-8 所示。

液压缸外泄漏故障参数设置　　表 7-8

模型	参数设置	正常值	故障值	单位
BHORF0	阻尼孔直径	0	0.8；0.9；1	mm

对渔船舵机液压系统液压缸外泄漏故障进行仿真模拟，在前 15s 内阻尼孔直径分别为 0mm、0.8mm、0.9mm 和 1mm 时，舵角变化曲线、液压缸压力变化曲线、液压缸流量变化曲线及活塞杆加速度变化曲线分别如图 7-21 ~ 图 7-24 所示。由图可知，在液压缸发生外泄漏故障时，随着外泄漏程度的加剧，舵机到达满舵的时间、液压缸右缸压降时间、流量减少的时间及活塞杆满舵时加速度的突变时间同内泄漏故障一样均会出现延迟现象，但

延迟的时间会比内泄漏故障的时间多一些。除此之外，液压缸在运动时，随着孔口直径的逐渐变大，缸内的流量和压力均越来越小，即随着外泄漏程度的加重，流量和压力逐渐低于正常值，不仅活塞杆移动速度会变慢，舵叶的稳性也会降低。

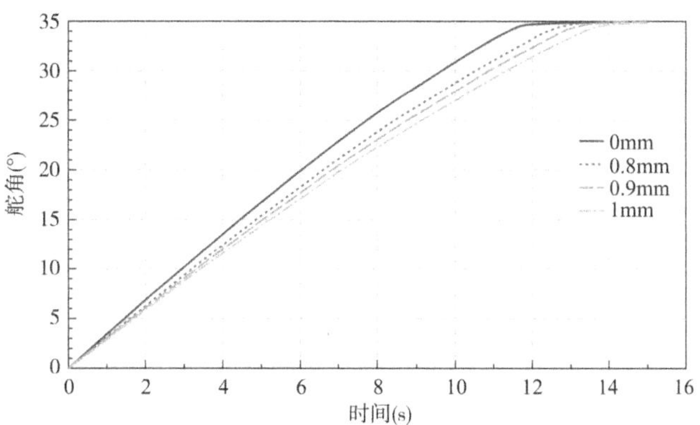

图7-21 液压缸外泄漏故障舵角变化曲线

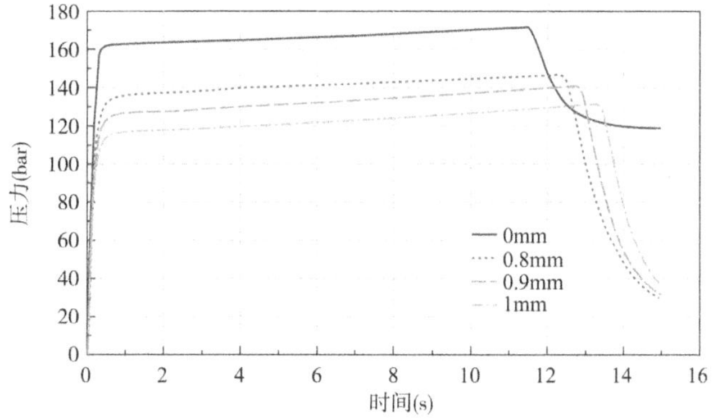

图7-22 液压缸外泄漏故障右腔压力变化曲线

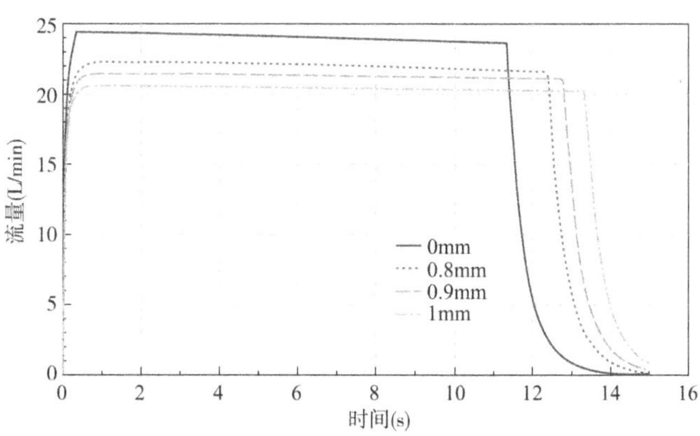

图7-23 液压缸外泄漏故障右腔流量变化曲线

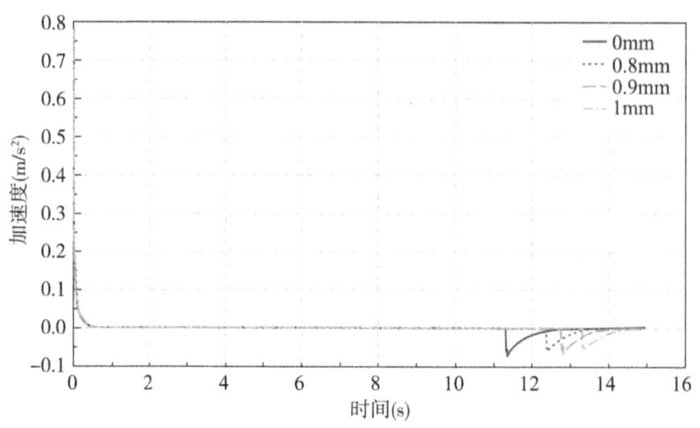

图 7-24　液压缸外泄漏故障活塞杆加速度变化曲线

（3）油液进气故障。

油液进气也是液压系统故障中最常见的一种，由于液压系统密封不严、管道与元件接口处松动或油管腐蚀磨损，外界的空气混入油液中。在空气进入油液时，液压油中会出现气泡，易产生气蚀、气穴等现象[46]，增加油液的可压缩性，通常情况下，用弹性模型来表示油液的可压缩性，弹性模量越小，液压刚度越小，油液的可压缩性越大。

在 AMEsim 软件中，通过改变 FP04 子模型中油液“elementary”的弹性模量来模拟液压系统的油液进气故障，具体参数设置如表 7-9 所示。

油液进气故障参数设置　　表 7-9

模型	参数设置	正常值	故障值	单位
FP04	弹性模量	17000	2000；3000；4000	bar

对渔船舵机液压系统油液进气故障进行仿真模拟，在前 15s 内液压油弹性模量分别为 17000bar、2000bar、3000bar 和 4000bar 时，舵角变化曲线、液压缸压力变化曲线、液压缸流量变化曲线及活塞杆加速度变化曲线分别如图 7-25 ~ 图 7-28 所示。由图可知，在液压系统发生油液进气故障时，随着油液弹性模量的降低即进气量的增加，舵机到达满舵的时间、液压缸右缸压降时间、流量减少的时间及活塞杆满舵时加速度的突变时间也会出现延迟现象。除此之外，液压系统运动时，随着弹性模量的变小，液压系统刚启动时，液压缸的流量和压力冲击变化，这是由于液体的可压缩性变强导致的，但是与此同时活塞杆的加速度的冲击波动也会越来越大，振动更加明显。在实际渔船舵机液压系统液压油选择时，液压油弹性模量不宜过大，否则会使油液系统冲击更为严重，同时这也可防止油液进气，避免系统有振动和噪声的情况产生。

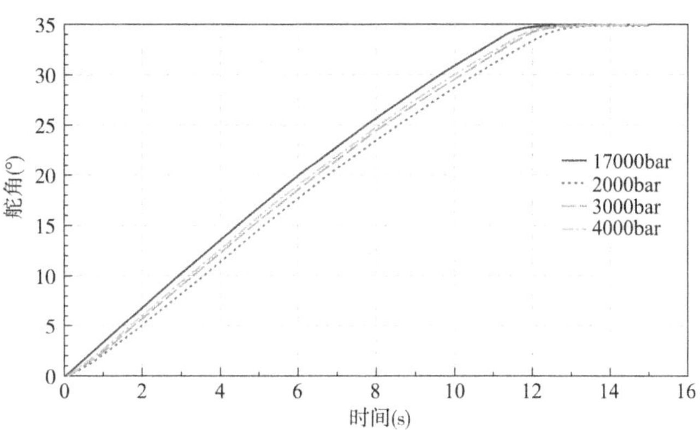

图 7-25 油液进气故障舵角变化曲线

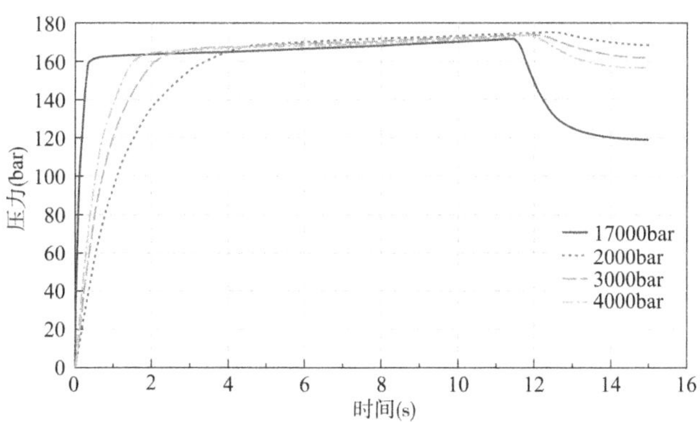

图 7-26 油液进气故障液压缸右腔压力变化曲线

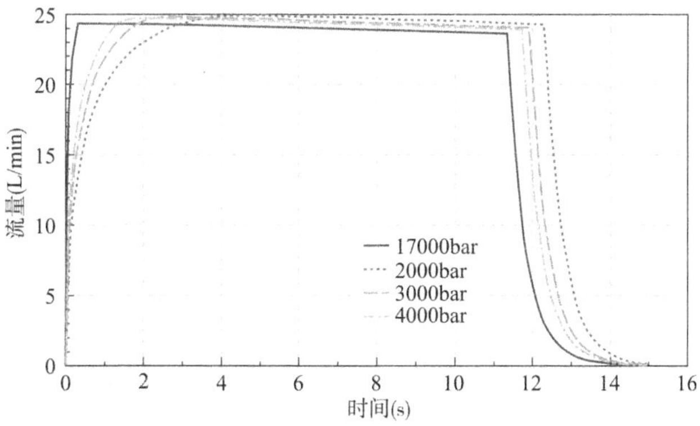

图 7-27 油液进气故障液压缸右腔流量变化曲线

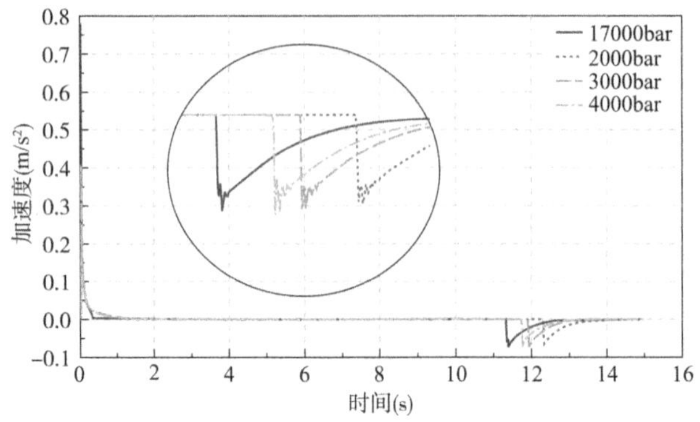

图 7-28 油液进气故障活塞杆加速度变化曲线

（4）管道堵塞故障。

管道堵塞故障也是在渔船舵机液压系统故障中比较常见的一种，渔船作业环境脏乱，会不可避免在加油时落入少许杂质，杂质一旦进入液压油中，会给液压系统带来比较严重的影响，例如噪声、振动、系统工作压力不足等。管道堵塞时，其流量大小仍然可以用孔口流量公式来表示。

在 AMEsim 中，选择给系统加入 HYDORF0 元件来模拟液压系统管道堵塞故障，孔口的截面类型（Section Type）选择圆形（Circular），通过改变节流阀口直径来控制堵塞程度，具体参数设置如表 7-10 所示。

管道堵塞故障参数设置 表 7-10

模型	参数设置	正常值	故障值	单位
HYDORF0	节流阀口直径	5	2.3；2.4；2.5	mm

对渔船舵机液压系统液压管道堵塞故障进行仿真模拟，在前 15s 内节流阀口直径分别为 5mm、2.3mm、2.4mm 和 2.5mm 时，舵角变化曲线、液压缸压力变化曲线、液压缸流量变化曲线及活塞杆加速度变化曲线分别如图 7-29 ~ 图 7-32 所示。由图可知，主管道发生管道堵塞故障时，随着堵塞程度的加剧，舵机到达满舵的时间、液压缸右缸压降时间、流量减少的时间及活塞杆满舵时加速度的突变时间均会出现延迟现象。除此之外，液压缸在运动时，随着孔口直径的逐渐变小，即随着外堵塞程度的加重，缸内的流量和压力均越来越小，活塞杆移动速度也会变慢，舵叶的稳性降低。同时在故障工况下，活塞到达指定位置时，液压缸中会出现压力冲击现象。

（5）溢流阀失效故障。

溢流阀失效即液压系统主油路旁通阀弹簧失效，发生此类故障时，液压系统不能保压或压力过低，致使舵机不能正常转动。溢流阀一般使用弹簧和阀芯来控制开口，油液作用到阀芯表面时，阀芯受压移动，开口打开使流量通过；当油液压力小于预定值时，开口闭合，无流量通过。在工作时，弹簧多次运作，时常会使弹簧刚度减小，同时还会由于阀芯磨损导致阀芯卡死，这些原因均会导致溢流阀失效。

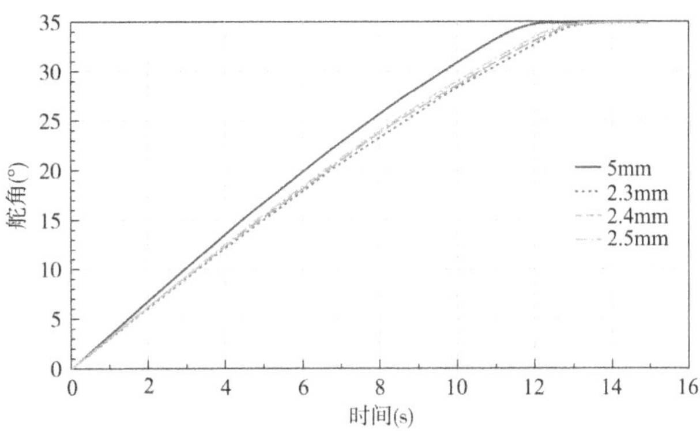

图 7-29 管道堵塞故障舵角变化曲线

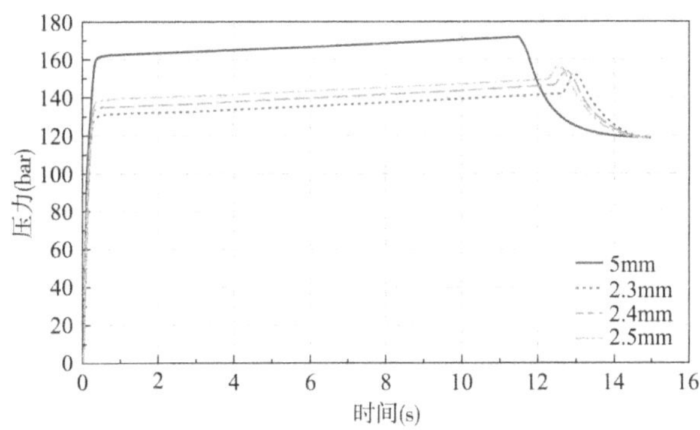

图 7-30 管道堵塞故障液压缸右腔压力变化曲线

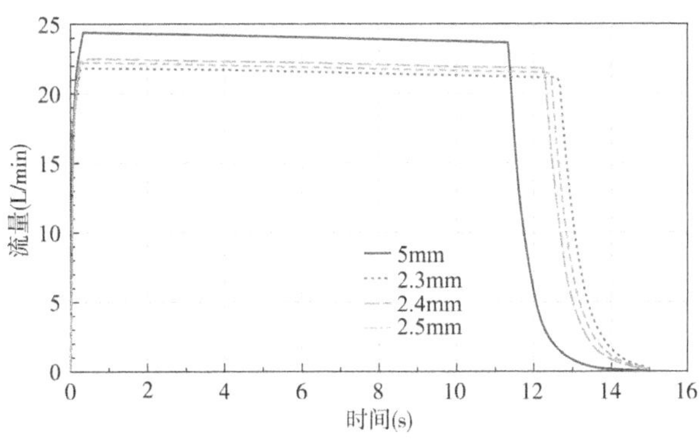

图 7-31 管道堵塞故障液压缸右腔流量变化曲线

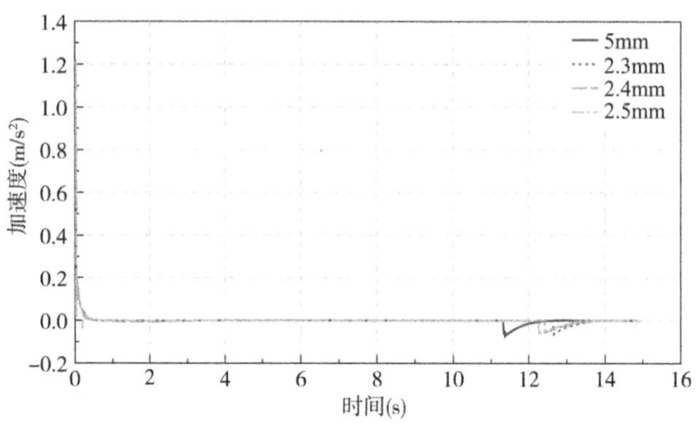

图 7-32　管道堵塞故障活塞杆加速度变化曲线

在 AMEsim 中，使用改变溢流阀（RV010）开启压力的方法来模型溢流阀失效故障，具体参数设置如表 7-11 所示。

溢流阀失效故障参数设置　　表 7-11

模型	参数设置	正常值	故障值	单位
RV010	溢流阀开启压力	315	80；90；100	bar

对渔船舵机液压系统液溢流阀失效故障进行仿真模拟，在前 15s 内溢流阀开启压力分别为 315bar、80bar、90bar 和 100bar 时，舵角变化曲线、液压缸压力变化曲线、液压缸流量变化曲线及活塞杆加速度变化曲线分别如图 7-33 ~ 图 7-36 所示。由图可知，在旁通溢流阀开启压力过低时，舵角 15s 内达不到指定舵角，且随着溢流阀开启压力的降低，运动时液压缸的流量越来越小，转舵速度也逐渐降低，整个系统蓄压不足，达不到规定的转舵压力要求。

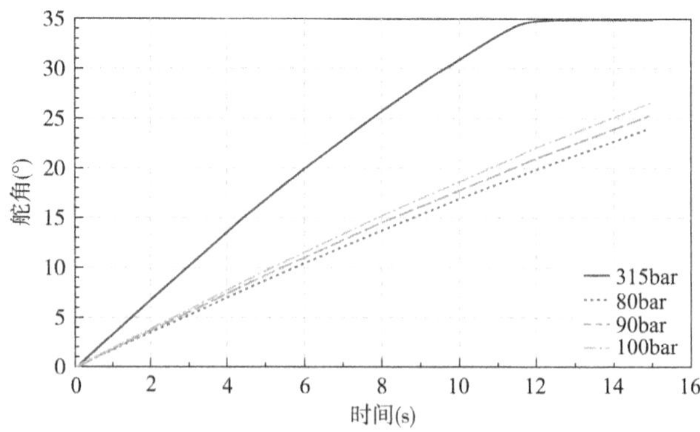

图 7-33　溢流阀失效故障舵角变化曲线

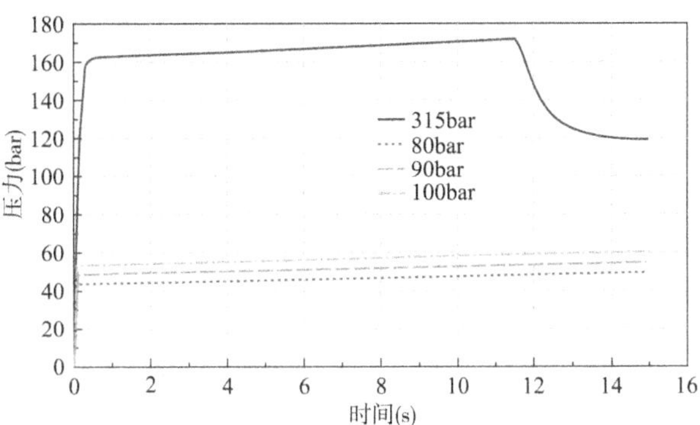

图 7-34 溢流阀失效故障液压缸右腔压力变化曲线

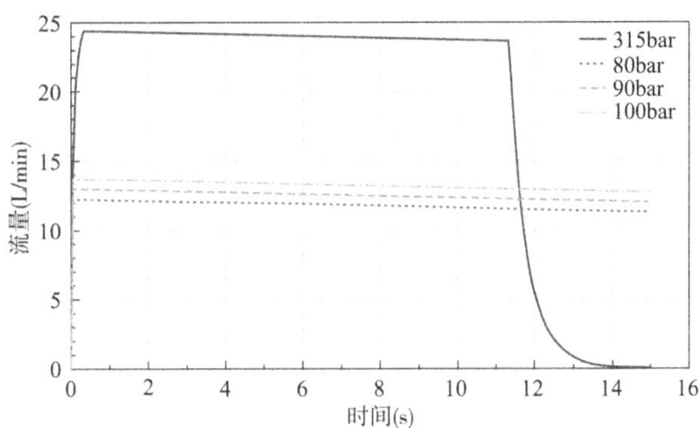

图 7-35 溢流阀失效故障液压缸右腔流量变化曲线

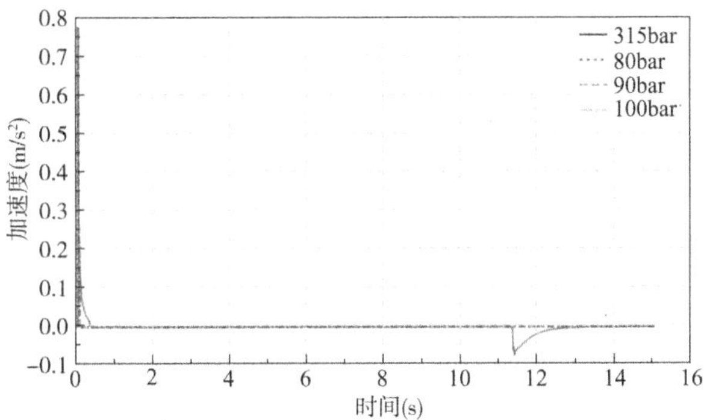

图 7-36 溢流阀失效故障活塞杆加速度变化曲线

7.5 基于 BP 神经网络的渔船舵机液压系统故障诊断

7.5.1 BP 神经网络概述

（1）BP 神经网络原理。

BP（Back-propagation）神经网络是一种把目标输出与实际输出之差不断反向循环传递，通过调整权重和偏置阈值来训练出满足应用条件的网络结构算法。其网络拓扑结构如图 7-37 所示。

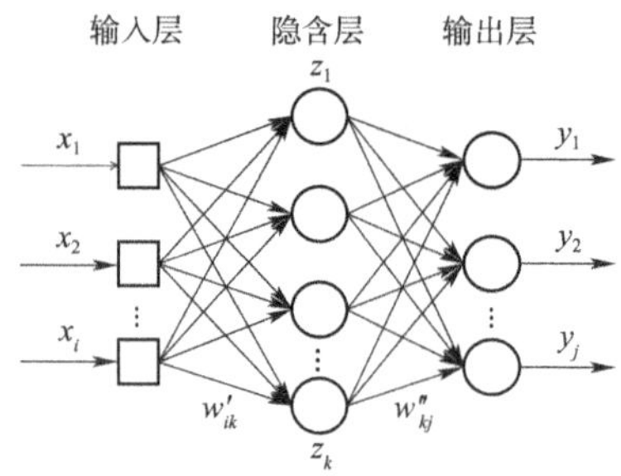

图 7-37　神经网络拓扑结构图

图 7-37 中输入层 X 有 i 个节点，隐含层 Z 有 k 个节点，输出层 Y 有 j 个节点，输入层和隐含层之间权值为 w'_{ik}，偏置阈值为 θ'_k；隐含层与输出层之间权值为 w''_{kj}，偏置阈值为 θ''_j，为激活函数 $f(x)$。所以由输入层各节点的值到隐含层各节点的值计算公式为

$$z_k = f^1\left(\sum_{i=1}^{i} x_i w'_{ik} + \theta'_k\right) \tag{7-52}$$

同理，从隐含层到输出层各节点的实际输出计算公式为

$$y_j = f^2\left(\sum_{k=1}^{k} z_k w''_{kj} + \theta''_j\right) \tag{7-53}$$

当 BP 神经网络的实际输出与期望输出不符时，其训练精度通过其均方误差（MSE）来衡量，即

$$\mathrm{MSE} = \frac{1}{2N}\sum_{l=1}^{N}\sum_{j=1}^{j}(t_j^l - y_j^l) \tag{7-54}$$

式中：t_j^l——第 l 个样本在输出层的第 j 个节点时的期望输出；

y_j^l——第 l 个样本在输出层的第 j 个节点时的实际输出；

N——训练样本的数目。

在进行信号正向传播得到误差之后，要对误差进行反向传播，以此来不断修正各层之间的权值和阈值，反向传播过程为输出层到隐含层再到输入层，由输出层到隐含层权重更新公式为

$$\Delta w''_{kj} = -\eta \frac{\partial E}{\partial w''_{kj}} = -\eta \frac{\partial E}{\partial y_j} \frac{\partial y_j}{\partial w''_{kj}} \tag{7-55}$$

由隐含层到输入层权重更新公式为

$$\Delta w'_{ik} = -\eta \frac{\partial E}{\partial w'_{ik}} = -\eta \frac{\partial E}{\partial y_j} \frac{\partial y_j}{\partial z_k} \frac{\partial z_k}{\partial w'_{ik}} \tag{7-56}$$

式中：η——学习率。同理，可得阈值更新 $\Delta\theta'_k$、$\Delta\theta''_j$。

（2）BP 神经网络在故障诊断领域的应用。

使用 BP 神经网络进行故障诊断时，具体应用示意图如图 7-38 所示。

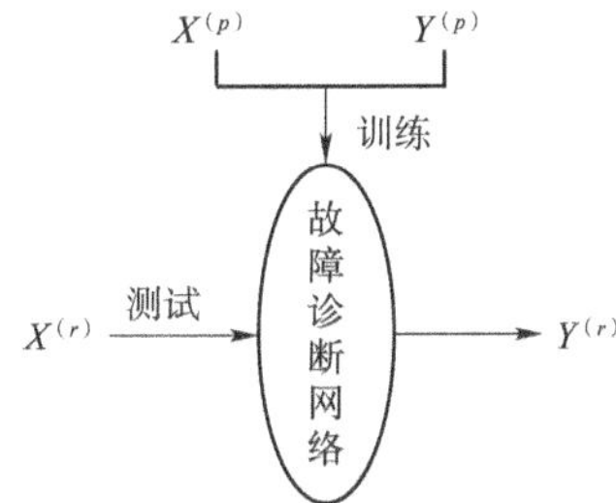

图 7-38　BP 神经网络故障诊断应用示意图

对 BP 神经网络输入两种具有对应关系的两组样本为

$$X^{(p)} \to Y^{(p)} \quad (p=1,\ 2,\ 3,\cdots,\ m) \tag{7-57}$$

式中：$X^{(p)}$——输入的故障特征数据；

$Y^{(p)}$——输出的解决方法。

其输入样本越多，准确率就越高，当有另一故障输入时，则有

$$X = X^{(r)} + V \tag{7-58}$$

式中：$X^{(r)}$——某故障样本；

V——偏差项。

之后，得到输出为

$$Y = Y^{(r)} \tag{7-59}$$

经过不断调整权重，当输入一个新型故障时，训练好的网络总可以找到一个解决策略。

7.5.2 仿真模型数据采集

从渔船舵机液压系统仿真模型中，采集液压泵出口压力 X_1、伺服阀 T 口流量 X_2、伺服阀 B 口流量 X_3、液压缸输入流量 X_4、液压缸左腔压力 X_5、液压缸右腔压力 X_6、活塞杆位移 X_7、活塞杆加速度 X_8 总共 8 个检测点的特征信号作为神经网络的输入。以一种正常工况和五种故障工况（液压缸内泄漏、液压缸外泄漏、油液进气、管道堵塞、溢流阀失效）作为神经网络的输出，输出用故障向量（$Y_1Y_2Y_3$）来表示，分别为（0 0 0）、（0 0 1）、（0 1 0）、（0 1 1）、（1 0 0）、（1 0 1），对应关系如表 7-12 所示。

神经网络输入变量 表 7-12

编号	变量类型	符号	单位
X_1	液压泵出口压力	p	bar
X_2	伺服阀 T 口流量	q_T	L/min
X_3	伺服阀 B 口流量	q_B	L/min
X_4	液压缸输入流量	q	L/min
X_5	液压缸左腔压力	p_1	bar
X_6	液压缸右腔压力	p_2	bar
X_7	活塞杆位移	x	m
X_8	活塞杆加速度	a	m/s^2

其中，正常工况采集 15s 内的数据 50 组，五类故障工况每一类包含三种不同故障度，每一种故障度采集数据 30 组，得到故障样本数据 450 组，共计 500 组样本数据。神经网络输入层为 8 个节点，输出层为 3 个节点，从数次实验测试隐含层节点数中取 11 个为最优。从 500 组样本数据中抽取正常工况 5 组，每类故障工况 9 组，共 50 组样本数据作为测试使用，剩余 450 组数据样本使用 Matlab 进行神经网络训练，设置最大迭代次数为 10000，目标训练误差为 10^{-3}，训练误差和迭代次数之间的关系如图 7-39 所示。

由图 7-39 曲线可知，当神经网络迭代次数为 1515 次时，训练收敛误差即可达到 10^{-3}，网络模型训练停止。

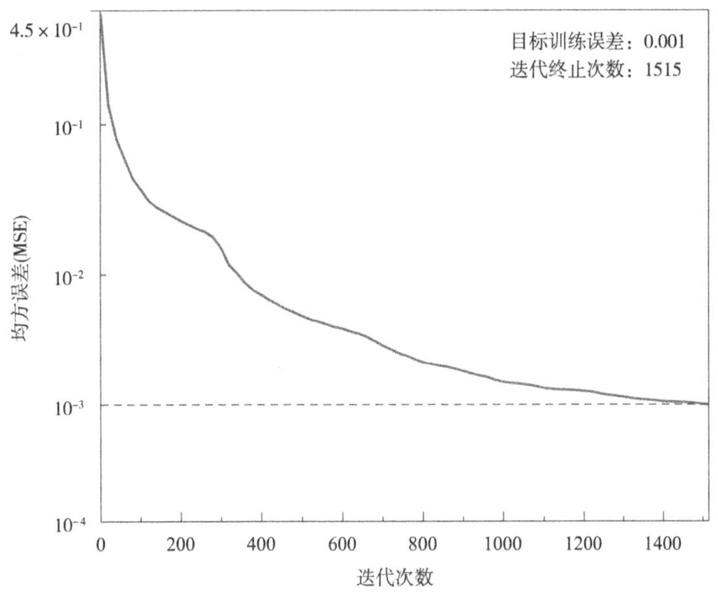

图 7-39 BP 神经网络训练误差收敛曲线

7.5.3 诊断测试

取 50 组正常工况数据和五组不同种类的故障数据样本，对训练好的网络模型进行故障诊断测试，其中，各故障工况样本序号与故障向量（Y_1 Y_2 Y_3）对应关系如表 7-13 所示。

神经网络测试样本期望诊断结果 表 7-13

样本数组	目标输出向量			故障模式
	Y_1	Y_2	Y_3	
1 ~ 5	0	0	0	正常
6 ~ 14	0	0	1	液压缸内泄漏
15 ~ 23	0	1	0	液压缸外泄漏
24 ~ 32	0	1	1	油液进气
33 ~ 41	1	0	0	管道堵塞
42 ~ 50	1	0	1	溢流阀失效

使用 BP 神经网络对测试数据进行故障预测、诊断，其实际输出向量和目标向量之间对应的偏差关系如图 7-40 ~ 图 7-42 所示，其中图 7-40、图 7-41、图 7-42 分别表示 50 组预测数据样本之间，故障向量元素 Y_1、Y_2、Y_3实际输出值与期望输出值之间的拟合关系，

具体对应数据见表 7-14。

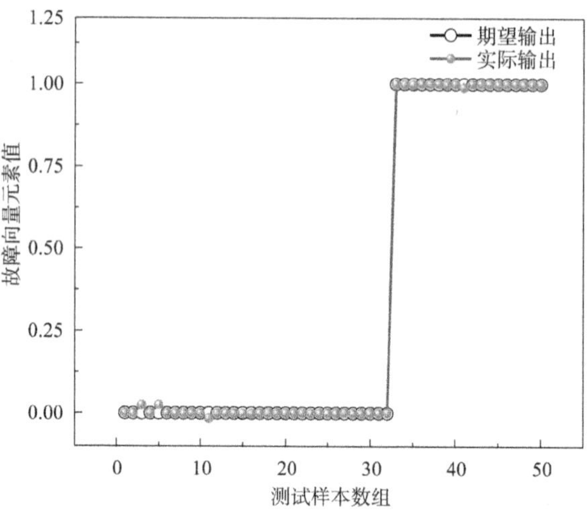

图 7-40　Y_1 期望与实际输出关系

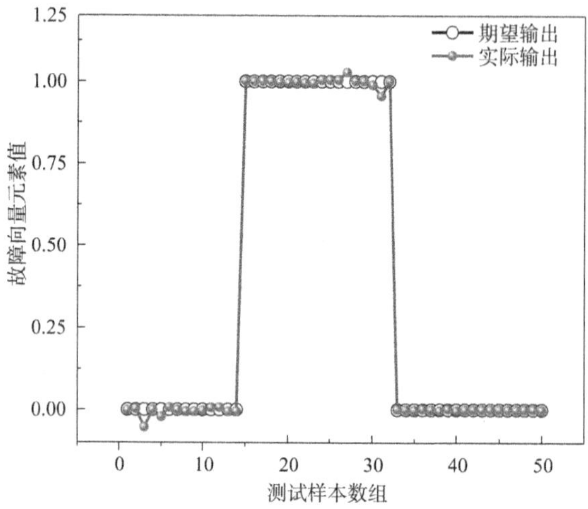

图 7-41　Y_2 期望与实际输出关系

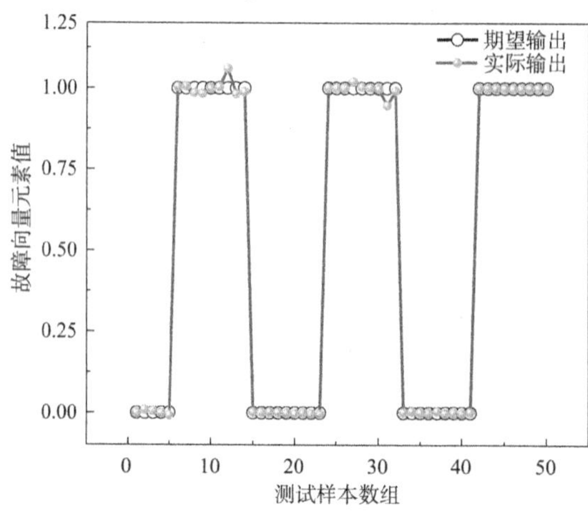

图 7-42　Y_3 期望与实际输出关系

BP神经网络故障诊断目标输出值与实际输出值数据表 表7-14

目标输出值			实际输出值		
Y_1	Y_2	Y_3	Y_1	Y_2	Y_3
0	0	0	0.0000	0.0022	0.0006
0	0	0	0.0000	0.0024	0.0089
0	0	0	0.0243	0.0527	0.0053
0	0	0	0.0000	0.0003	0.0015
0	0	0	0.0254	0.0215	0.0081
0	0	1	0.0005	0.0069	1.0042
0	0	1	0.0006	0.0012	1.0063
0	0	1	0.0005	0.0054	0.9855
0	0	1	0.0004	0.0057	0.9835
0	0	1	0.0006	0.0031	0.9994
0	0	1	0.0160	0.0056	1.0043
0	0	1	0.0006	0.0071	1.0605
0	0	1	0.0000	0.0058	0.9824
0	0	1	0.0006	0.0050	0.9886
0	1	0	0.0022	1.0016	0.0021
0	1	0	0.0016	1.0004	0.0009
0	1	0	0.0008	1.0010	0.0015
0	1	0	0.0001	1.0006	0.0011
0	1	0	0.0001	0.9986	0.0016
0	1	0	0.0001	0.9967	0.0028
0	1	0	0.0001	0.9991	0.0004
0	1	0	0.0001	0.9964	0.0031
0	1	0	0.0001	0.9951	0.0044
0	1	1	0.0003	1.0047	1.0009
0	1	1	0.0003	1.0047	1.0008
0	1	1	0.0003	1.0049	1.0005
0	1	1	0.0006	1.0289	1.0200
0	1	1	0.0003	1.0017	1.0047
0	1	1	0.0003	1.0013	1.0021
0	1	1	0.0003	0.9901	0.9976
0	1	1	0.0002	0.9555	0.9472

续上表

目标输出值			实际输出值		
0	1	1	0.0007	1.0011	0.9920
1	0	0	0.9999	0.0019	0.0023
1	0	0	0.9988	0.0004	0.0043
1	0	0	0.9984	0.0015	0.0004
1	0	0	1.0012	0.0021	0.0008
1	0	0	1.0012	0.0003	0.0046
1	0	0	1.0011	0.0034	0.0027
1	0	0	0.9993	0.0023	0.0004
1	0	0	1.0000	0.0027	0.0024
1	0	0	0.9898	0.0009	0.0020
1	0	1	1.0002	0.0001	1.0003
1	0	1	1.0003	0.0000	1.0003
1	0	1	1.0004	1.0001	1.0004
1	0	1	0.9995	0.0001	1.0003
1	0	1	0.9997	0.0002	1.0002
1	0	1	0.9995	0.0008	1.0002
1	0	1	0.9988	0.0004	1.0002
1	0	1	0.9995	0.0006	1.0003
1	0	1	0.9990	0.0009	1.0000

注：实际输出值保留小数点后四位。

由图可知，在50组样本数据诊断的150个故障元素结果中，仅有Y_2元素的第3组和Y_3元素的第12、31组3个样本点的预测误差率在5%以上，最大误差率为6.05%；有11个故障元素样本点的误差率在1%～5%之间，其余绝大部分故障元素样本点的预测结果误差率均在0.1%左右。运用训练好的BP神经网络模型进行故障预测，除个别点期望输出与实际输出具有较小偏差外，其余各诊断点具有较高的拟合度，均能正确识别出不同类别的故障类型。其中，诊断误差稍大的故障样本经检验，大部分是由于随机选择故障样本时，抽取到了渔船舵机液压系统刚启动时的数据导致的。液压系统刚启动时，不同类别故障特征数据之间存在相似性，故导致诊断误差增大。因此，实际应用中进行渔船舵机液压系统故障诊断时，为提高故障诊断的准确度，应尽量避免采集舵机刚启动时模型中的特征数据。

7.6 结论与展望

7.6.1 结论

在渔船全面整改的大环境下，渔船机械设备的更新换代迫在眉睫。本章以某渔船为例，将液压系统分为四个单元对渔船舵机的各部分原理进行了介绍，使用 AMEsim 软件对舵机液压系统进行了模拟仿真并对常见的故障进行了故障模拟。最后，针对液压系统故障隐蔽性的特点，提出了使用 BP 神经网络的方法进行智能故障诊断，找出故障类型。完成的工作和得出的主要结论如下：

（1）结合渔船独有的特点，以某渔船舵机液压系统为例，使用 AMEsim 软件对渔船舵机液压系统进行了模拟仿真，使用注入函数的方法，在仿真模型负载单元中结合乔塞乐公式，成功模拟了不平衡舵的舵叶转动时所受的水动力矩随角度的变化状态；基于 PID 的位置随动控制原理，在伺服控制单元中使用伺服阀对舵叶角度进行了位置控制，使液压系统更具智能化，控制精度更高；基于此得到更贴合实际工况的仿真模型，并成功模拟了舵叶给定阶跃目标信号分别在 1 ~ 15s 内时 35°、16 ~ 40s 内时 −35°和 41 ~ 60s 时 0°的整个液压系统运行的状态，初步验证了渔船舵机液压系统仿真模型的设计构想。

（2）通过使用修改 AMEsim 关键元件参数的方法，在前 15s 内以目标舵角 35°，分别对渔船舵机液压系统液压缸内泄漏、液压缸外泄漏、油液进气、管道堵塞、溢流阀失效 5 类常见故障共计 15 种故障都进行了故障模拟仿真。研究表明，不同故障的液压缸压力、流量、活塞加速度等特征参数的变化给渔船舵机液压系统故障诊断提供了指导，除溢流阀失效故障的满舵时间与其他四类故障的满舵时间具有较为明显差别外，其余故障类型的满舵时间区分度不明显，如单从舵角变化情况去观测，难以确定具体的故障类型，给人工故障诊断带来困难。

（3）使用 BP 神经网络对渔船舵机液压系统进行了故障诊断，提取了正常工况和 5 类故障工况的共 500 份样本数据进行 BP 神经网络的训练和测试，使用 450 份数据进行网络训练，其最大迭代次数为 1515 次时将网络误差训练至 0.001，使用训练好的网络对 50 份数据进行诊断测试。结果表明：在预测所得到的 150 个故障元素中，误差率大于 5% 的样本点仅有 3 个，最大误差为率 6.05%，绝大多数诊断点误差率在 0.1% 左右，具有较高的诊断精度和系统检测效率，为渔船舵机液压系统故障难以诊断的问题提供了新的解决思路。同时，在进行故障诊断采集数据时，为提高准确率，应尽量避免在舵机刚启动时进行数据采集，以提高诊断的准确率。

7.6.2 展望

本章使用 AMEsim 软件对渔船舵机液压系统进行了仿真模拟，提出了使用 BP 神经网络对渔船舵机液压系统进行故障智能诊断的方法，针对渔船较落后的机械设备的现状有一定的指导意义，但由于作者能力有限且调研不够充分，现对后续任务进行一些总结和展望，以方便进行下一步的研究：

（1）在进行模型搭建时，模型的负载单元中舵叶水动力矩的模拟可考虑使用 Matlab/Simulink 与 AMEsim 进行联合仿真，这样能弥补 AMEsim 中函数模型构建复杂的缺点，使仿真模型更加精确，同时随着渔船舵机的更新换代，平衡舵已经开始大范围普及，下一步的研究可针对平衡舵再做进一步的探讨。

（2）对模型进行仿真时，液压系统油液温度会对液压系统的运行产生比较大的影响，而本章是在恒温条件下进行的研究。因此，后续将考虑使用 AMEsim 热液压库（Thermal Hydraulic）在考虑温度变化状态下进行仿真模拟，结果会更贴合实际。

（3）在液压系统故障模拟部分，本章只探讨了常见的五种故障工况，在未来工作中可对其他常见的液压系统故障进行模拟探究。

（4）使用 BP 神经网络进行故障诊断，输入的特征变量个数可进一步提高。输入的特征变量越多，神经网络对不同故障的区分就会越明显，诊断的准确率也就越高。与此同时，针对 BP 神经网络运算迭代次数较高的问题，可考虑对网络初始权值、阈值进行优化，以提高故障诊断的效率。

参考文献

[1] 王晋川. 翻车机液压系统故障仿真及实验研究［D］. 秦皇岛：燕山大学，2016.

[2] 汪宇亮. 基于 AMESim 的工程机械液压系统故障仿真研究［D］. 武汉：武汉理工大学，2012.

[3] 程萍，惠相君. 基于 AMESim 的顺序阀特性分析与故障仿真［J］. 机械，2015，42（09）：10-13 +57.

[4] 陶柳，徐化文，王俊英. 基于 AMESim 的新型缓冲稳压型减压阀仿真研究［J］. 机床与液压，2020，48（11）：168-171.

[5] 魏慧宾．基于 AMESim 的液压履带式强夯机提升机构液压系统仿真与研究［D］．西安：长安大学，2013.

[6] 李巍．基于 AMESim 的飞机液压系统仿真技术的应用研究［J］．内燃机与配件，2022（03）：233-235.

[7] 郭浩，刘刚，李文娟．基于 AMESim 的水下节能液压系统仿真分析［J］．液压与气动，2021，45（03）：114-119.

[8] 邹波，王世红．基于 AMESim 的液压缸冲击试验台液压系统仿真分析［J］．机床与液压，2019，47（14）：123-126.

[9] MARTINS M R，SILVA D，MARUYAMA F M，et al. The Bayesian networks applied to a steering gear system fault diagnostics［C］//International Conference on Offshore Mechanics and Arctic Engineering，2010，49101：639-645.

[10] KE H，ZHOU Q C. Study on the on-line measurement system of key components for shield machine［C］// 2011 Asia-Pacific Power and Energy Engineering Conference. IEEE，2011：1-4.

[11] CHEN H X，CHUA P S K，LIM G H. Adaptive wavelet transform for vibration signal modelling and application in fault diagnosis of water hydraulic motor［J］. Mechanical Systems and Signal Processing，2006，20（8）：2022-2045.

[12] HUANG K，WU S，LI F，et al. Fault diagnosis of hydraulic systems based on deep learning model with multirate data samples［J］. IEEE Transactions on neural networks and learning systems，2021，33（11）：6789-6801.

[13] EL-BETAR A，ABDELHAMED M M，EL-ASSAL A，et al. Fault diagnosis of a hydraulic power system using an artificial neural network［J］. Engineering Sciences，2006，17（1）.

[14] ZHANG Y，XIA J，LI L. Fault diagnosis of hydraulic system based on improved BP neural network technology［C］//Proceedings of 2013 2nd International Conference on Measurement，Information and Control. IEEE，2013，1：137-140.

[15] 陈敏捷，羊荣金．液压支架液压系统故障仿真与诊断技术研究［J］．液压与气动，2021（01）：128-132.

[16] 刘小平，鄂东辰，高强，等．基于 BP 神经网络的翻车机液压系统故障诊断［J］．液压与气动，2016（08）：68-73.

[17] 朱诗顺，欧阳熙，朱道伟，等．基于 BP 神经网络的汽车液压助力转向系统故障诊断仿真［J］．军事交通学院学报，2014，16（08）：43-47.

[18] 舒作武，赵慧，钱新博．基于液压系统仿真数据的贝叶斯网络结构优化［J］．机床

与液压，2019，47（22）：178-180.

[19] SHEN K，ZHAO D. Fault diagnosis for aircraft hydraulic systems via one-dimensional multichannel convolution neural network［C］//Actuators. MDPI，2022，11（7）：182.

[20] 李妍．基于灰色神经网络的液压泵故障诊断研究［D］．秦皇岛：燕山大学，2011.

[21] 郝用兴，刘玉洋，马子领，等．基于 DE-BP 神经网络的盾构推进液压系统故障诊断［J］．中国科技论文，2018，13（10）：1142-1147.

[22] 邱寒雨，张春峰，徐兵，等．基于优化 BP 神经网络的快速起竖装置液压驱动系统故障诊断［J］．液压与气动，2021，45（03）：1-6.

[23] HU L M，RU Y，JIANG Q，et al. The fault analysis and simulation of vehicle hydraulic shift system based on AMESim［J］Applied Mechanics and Materials，2014，552：161-165.

[24] CHEN P，LI X，TANG Z. Simulation analysis of steering gear hydraulic system fault mechanism based on AMESim［C］//2019 5th International Conference on Transportation Information and Safety（ICTIS）. IEEE，2019：1496-1499.

[25] KIVANC O C，OZTURK S B，TUNCAY R N，et al. Electro-hydraulic power steering system modelling for parameter fault detection based on model reference adaptive frame［C］//IECON 2016-42nd Annual Conference of the IEEE Industrial Electronics Society. IEEE，2016：1808-1814.

[26] ZHANG R，CONG H，LIU Y，et al. Testability analysis on a hydraulic system in a certain equipment based on simulation model［C］//Young Scientists Forum 2017. SPIE，2018，10710：453-458.

[27] 贺湘宇．挖掘机液压系统故障诊断方法研究［D］．长沙：中南大学，2008.

[28] 米双山，付久长，韩翠娥．AMESim 在液压系统故障仿真中的应用［J］．机床与液压，2013，41（11）：183-186.

[29] 湛从昌，陈新元．液压可靠性最优化与智能故障诊断［M］．北京：冶金工业出版社，2015.

[30] 卢华强，傅戈雁，徐桃，等．模糊神经网络在多冲液压系统故障诊断中的应用［J］．苏州大学学报（工科版），2011，31（01）：17-20.

[31] 徐岩，秦波．LM-BP 神经网络的叉车液压系统故障诊断技术研究［J］．内蒙古科技与经济，2016（22）：90-91+93.

[32] 高霞．基于改进 SOM 神经网络的农机液压系统故障诊断方法［J］．中国农机化学报，2019，40（03）：128-132.

[33] 莫明慧，黄玉森．基于 ACA-BP 神经网络的挖掘机液压系统故障诊断研究［J］．工

程建设与设计，2020（13）：137-140.
[34] 刘沁．船舶舵机液压系统的智能故障诊断方法研究［D］．北京：北京交通大学，2021.
[35] 费千．船舶辅机［M］．3版．大连海事大学出版社，2008.
[36] 刘卫萍．高速开关阀先导控制的电液位置系统研究［D］．长沙：湖南师范大学，2008.
[37] 周忠凯．液力变矩器内孔装配尺寸测量装置的研究［D］．杭州：中国计量学院，2014.
[38] 梁利华．液压传动与电液伺服系统［M］．哈尔滨：哈尔滨工程大学出版社，2005.
[39] 赵成．某型舵机负载模拟系统设计及仿真研究［D］．武汉：华中科技大学，2012.
[40] 张磊．基于PID参数优化控制的伞钻液压系统仿真分析［J］．机电工程，2020，37（12）：1530-1534.
[41] 何德雨，胡茑庆，胡雷，等．基于虚拟样机的故障安全分析演示平台设计［J］．系统工程与电子技术，2017，39（03）：681-686.
[42] 梁全，谢基晨，聂利卫．液压系统Amesim计算机仿真进阶教程［M］．北京：机械工业出版社，2016.
[43] 刘永生，姚叔惠．“舵的水动力矩”模拟装置的设计与应用［J］．大连海运学院学报，1994（03）：49-52.
[44] 黄超群，赵玉刚，魏栋，等．船舶舵机负载模拟系统位置与力跟踪控制特性研究［J］．液压与气动，2019（04）：74-78.
[45] 罗江红．液压系统中的泄漏故障及其防治［J］．科技信息，2010，000（006）：192-192.
[46] 谢武斌，罗来兴．基于灰色度分析的船舶液压系统故障诊断研究［J］．舰船科学技术，2017，39（12）：162-164.

第8章

大型远洋渔船火灾及船员逃生仿真研究

8.1 引言

海洋捕捞业是世界公认的高风险行业。渔船扬帆远航，驶向辽阔大海的同时，船舶各类事故隐患和安全风险还没有完全消除，安全基础还不牢固，而且极端天气多发，致人伤亡、财产损失的船舶事故仍时有发生，防范船舶安全事故的工作任重道远。渔船在海上生产作业会遭遇或发生碰撞事故、搁浅事故、触礁事故、火灾及爆炸事故、风灾事故等诸多安全事故[1]。这些事故中，火灾事故的损失往往是巨大的，轻者造成货物损失或者人员受伤，重者造成人员的伤亡及船舶的沉没。以我国某渔业大省为例[2]，在2015—2020年的6年间，共发生渔船重大事故180起，碰撞事故占比最大为28.8%，火灾事故排在第二位。然而，从案均赔款来看，火灾事故造成的案均赔款最多，如表8-1所示。可见，渔船火灾是海上事故中危害最大、后果最为严重的事故之一。

某省渔船事故类型统计表　　表8-1

序号	事故类型	案件数（起）	占比（%）	赔款（万元）	案均赔款（万元）
1	碰撞	52	28.8	10208.8	196.32
2	火灾	34	18.9	7973.3	234.51
3	倾覆	25	13.9	3209.9	128.4
4	触损	27	15	3565.1	132.04
5	机损	9	5	679.5	75.5
6	风灾	5	2.8	834.1	166.82
7	其他	28	15.6	3802	135.79
8	总计	180	100	30272.7	168.18

渔船特殊的作业环境使其发生火灾时不能得到及时有效的救援，火势的发展往往造成船毁人亡的惨剧，近年来典型的渔船火灾事故案例如表8-2所示，部分渔船火灾现场如图8-1所示。

近年来国内外典型的远洋渔船火灾事故　　表 8-2

时间	渔船火灾事件描述
2014 年 2 月 7 日	“浙岭渔 90058”号渔船航行至日本鹿儿岛海域附近时，由于主机油管发生爆炸引起火灾，事故造成 2 名船员受伤，6 名船员死亡
2015 年 3 月 10 日	“浙普渔 68622 号”渔船在东海渔场附近进舱发生火灾，船体被烧红，事故造成 5 名船员死亡
2019 年 9 月 26 日	俄罗斯籍拖网渔船“海湾骑手”号在挪威码头附近发生火灾，火灾造成渔船倾覆后沉没
2019 年 9 月 22 日	“鲁寿渔 65168”号渔船航行至威海附近海域时机舱突发火灾，事故造成 2 名船员重伤，6 名船员失踪
2021 年 1 月 25 日	“珠桂 6496”号渔船在广东汕尾海域发生火灾，事故造成 8 名船员失踪
2021 年 9 月 3 日	印尼籍渔船在塔尼姆群岛海域发生火灾，随后沉没，事故造成 2 人死亡，25 人失踪
2022 年 7 月 7 日	停靠在济州市的韩国籍渔船起火，随后引燃两侧的 49t 渔船和运载 20t 燃油的渔船，事故造成 2 名船员失踪，3 名船员受伤

a) 韩国籍“103文成”号渔船发生火灾

b) 南通“源友516”号渔船起火

图 8-1　远洋渔船火灾现场

为推动远洋渔业高质量发展，加快远洋渔业转型升级，2022 年初，农业农村部发布了《关于促进“十四五”远洋渔业高质发展的意见》，其主要目标为提升我国远洋渔船的智能化、机械化、信息化水平，降低安全事故的数量。近年来，由于国家政策的支持和科学技术的不断优化，我国自主设计建造了 77m 秋刀鱼兼鱿鱼钓船、大型金枪鱼围网船、双甲板拖网渔船、南极磷虾捕捞加工船等高附加值的现代远洋渔船。然而，由于远洋渔船的特殊性，其内部设备多、舱室多、燃油多和线路多等都会引起严重的火灾事故。因此，如何有效地防范远洋渔船火灾并对船员进行有效的疏散，是远洋渔船安全管理的一个重要问题。

船舶火灾事故的发生常常会造成重大的财产损失，甚至船毁人亡。为了更加准确、客观地分析火灾规律，常用理论分析、火灾实验及计算机数值模拟等方式开展研究，学者取得了很多优秀的科研成果。

船舶火灾研究方面，国外主要以数值模拟为主，先后出现了经验模型、区域模型和场模型。研究人员主要通过火灾实验及理论分析研究火灾行为，通过火灾发展过程的观察和测量，归纳出描述火灾行为的经验公式，即为经验模型。如 Allison D M、Su S、Li J、He Q、Soner O、Spyrou K[3-8]等通过实验和理论分析的方法对船舶火灾进行了评估。经验模型的优点是计算简单、使用方便。遗憾的是当需要解决某些具体工程问题时，因火灾的影响因素复杂，有关理论便失去了成立的条件。另外，火灾试验过程具有危险性，容易使船舶或试验人员处于危险中。同时，试验研究需要重复性的工作且费用昂贵。区域模型是火灾数值模拟研究的重要手段，1993 美国标准技术研究院发布了 CFAST 区域模型软件。接下来的几年美国华盛顿特区海军研究实验室通过使用 CFAST 区域模拟程序进行了一系列的船舶火灾模拟[9-12]。然而，CFAST 的应用范围有限，无法准确计算火场温度、火灾产物在建筑空间的具体分布情况。以场模型为理论基础编制的 CFD 软件的出现是火灾模拟技术走向成熟的标志。如 Su S[13]等利用火灾动力学模拟工具（FDS）对多层结构机舱内的火灾发展过程进行了预测。FDS 具有模拟功能丰富、后处理功能强大和学习门槛低等优点。该软件在船舶领域的应用在一定程度上节约了防火设计成本，缩短了设计周期。

国内船舶火灾研究主要包括事故评估和预防两个方面。在火灾评估方面，大多采用以事件树（ETA）、故障树（FTA）为代表的逻辑分析方法。如杨文博等[14]对船舶火灾进行研究时，考虑了多方面的因素收集了大量的数据。然而引起船舶火灾的各因素的关系很难用简单的“与”“或”等逻辑关系准确地描述。在火灾防控方面，以图像处理技术为代表，将计算机与监控设备结合起来实现对船舶火灾的预警，如方万水、李先锋、谢锦涛等[15-17]采集了火场中清晰的图像，信息全面，可以实现对船舶早期火灾的预警。

在船舶人员逃生研究方面，国外对船舶疏散的研究主要集中在实船疏散试验、模拟船舶疏散试验和船舶疏散仿真软件的开发应用三个方面。实船疏散试验可以为船舶疏散仿真模型的建立提供可靠性验证。如 Yoshida K、Gwynne S[18-19]分别开展数百人的小型客轮疏散试验，收集疏散人员的行走速度、疏散时间等数据，从而验证各自建立的客船人员疏散模型。实船疏散试验可能会给试验人员和船舶带来危险，因此利用模拟船舶环境的装置来进行疏散试验的重要性不言而喻。如 KRISO、TNO、ETH、BMT、Monash University 等[20-24]组织都进行了相关的试验。然而，该方法具有一定局限性，存在装置制作困难、试验误差大等问题。疏散仿真平台的开发应用，能够为船舶的高级疏散分析提供软件支持，在符合规范和标准两点的前提下快速得到疏散结果。如 Meyer-König T 等[25]开发的疏散软件功能强大，能够适用于多种场景下的船舶疏散模拟。

我国对船舶疏散的研究，则主要集中在疏散仿真和疏散优化两个方面。船舶疏散仿真利用计算机技术对船舶疏散过程进行模拟和验证，能够节省试验成本并保障试验人员的生命安全。如刘众擎、杜世欣等[26-27]采用 Pathfinder 建立了船员疏散的几何模型，通过设置人员类型、移动速度等参数对船上人员的疏散进行仿真。人员疏散仿真软件在船舶领域的使用对船舶疏散性能评估、制定紧急情况下的撤离方案，以及安全疏散培训有着重要意义，并能在一定程度上在船舶设计初期给予一些指导意见。如曹时、徐澄等[28-29]建立的元胞自动机模型，对船舶人员疏散路径和船舶空间布局都实现了一定的优化。然而，在确定人员运动规则时，元胞自动机模型通常忽略了其紧急情况下疏散时特有的相互影响行为特点，只是单一计算各个孤立人员的行为规则，忽略了疏散行为中表现出的跟随行为和从众心理。

关于船舶火灾场景下逃生的研究，国内外学者已经有了一些重要的成果，但大多数侧重于客船及商船火灾的研究，在渔船火灾方面的研究是较少的。渔船与客船相比空间更为狭小，面临突发事件时更容易造成人员拥堵，甚至发生踩踏事件。在这种背景下，作者以 77m 秋刀鱼兼鱿鱼钓船为研究对象，将火灾场景与逃生场景结合到一起，运用专业的仿真软件对船舶火灾进行定量分析，使得人们对远洋渔船火灾的认识更加客观、合理、可靠，研究成果可为远洋渔船的防火设计提供参考。

8.2 基于 PyroSim 的远洋渔船火灾仿真研究

在船舶发生的各类事故中，火灾所造成的损失往往最大，后果也最为严重。为了还原真实的火灾场景，作者采用 PyroSim 搭建了远洋渔船的火灾模型，对远洋渔船火灾的蔓延过程进行仿真。通过比较能见度、CO 浓度及环境温度等三个危险因素确定可用安全逃生时间（ASET），该值的确立是判断船员能否安全逃生的重要依据。

8.2.1 PyroSim 软件介绍

PyroSim 是美国国家标准与技术研究院（National Institute of Standards and Technology，简称 NIST）在原火灾动态模拟器（Fire Dynamic Simulation，简称 FDS）基础上推出的一款专用于火灾模拟的软件[30]。

PyroSim 软件增加了 3D 图像预处理的能力，而且还可以调用 FDS/Smokeview，进而对计算结果进行后处理。在 PyroSim 可视化的界面中，用户在任何时候都可以看到模型，摒弃了以往 FDS 单调、烦琐的命令行编程操作，它更加简洁和高效，用户更容易上手。该软件是以计算流体力学（CFD）为基础，通过建立火灾模型，可以对烟气的蔓延、温度的变化、有毒物质的浓度等进行精确的预报。该软件覆盖范围广泛，在船舶消防培训、船舶的防火设计、船舶火灾自动报警器的研发及科学研究等领域都有应用。

8.2.2 远洋渔船舱室布置

作者以某钢质 77m 秋刀鱼兼鱿鱼钓船为研究对象，其作业范围包括太平洋渔场和大西洋渔场，在作业过程中可以捕获新鲜鱼类并将其迅速地冷藏。该船具有一船两用的能力，每年的 6 月至 12 月捕捞秋刀鱼，12 月到次年 6 月捕获鱿鱼，解决了秋刀鱼洄游期间渔船不能使用的缺点。目前，因装备先进、自动化水平高，多项关键技术已达世界先进水平，该船型在市场上获得了巨大的成功，建造数量逐年增多，使其成为具有代表性的远洋捕捞船型渔船。该船是采用混合骨架式的大型远洋渔船，具体参数如表 8-3 所示，总长 77m，型宽 11.6m，型深 7.3m，船员数量达 58 人。真实的远洋渔船内部结构比较复杂，有很多可燃性材料，要完全模拟其火灾过程中的所有特点，无论从时间、计算能力还是技术层面，目前都还难以实现，本文根据 PyroSim 程序长方体建模的特征，将船舶内部结构简化为多个长方体组成的模型。

远洋渔船基本参数 表 8-3

参数	数值	参数	数值
总长（m）	77.8	净吨位 NT	476
型宽（m）	11.6	设计吃水（m）	4.3
型深（m）	7.3	续航力（n mile）	12000
总吨位 GT	1587	船员人数（人）	58

驾驶甲板设有驾驶室、船长室、海图室，如图 8-2 所示。其中船长室的面积为 11.5m²，舱室净高为 1.95m。

主甲板舱室主要由船员舱室、就餐区及储物间组成，如图 8-3 所示。大多数船员舱室为 6 人间，船员人均面积为 1.5m²，舱室净高为 1.9m，该部分船员较为密集。就餐区由厨房、餐厅、厨房储藏间组成。储物间由鱿鱼钓工作间、网具间、电气设备间、储藏间等组成。储藏间前方设有通往机舱的斜梯。

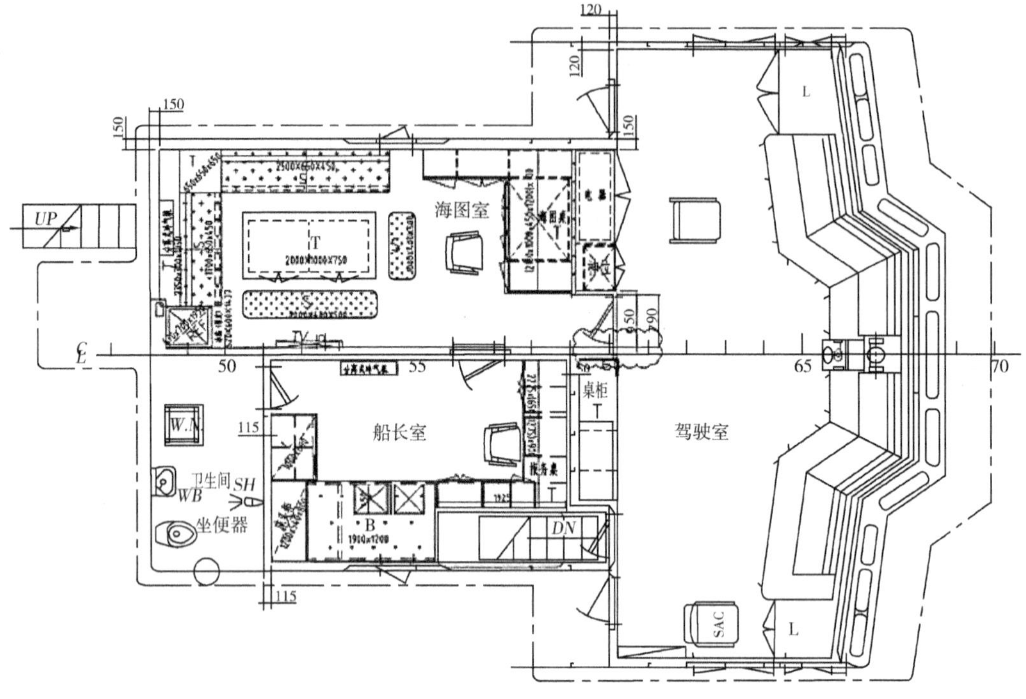

图 8-2　驾驶室平面

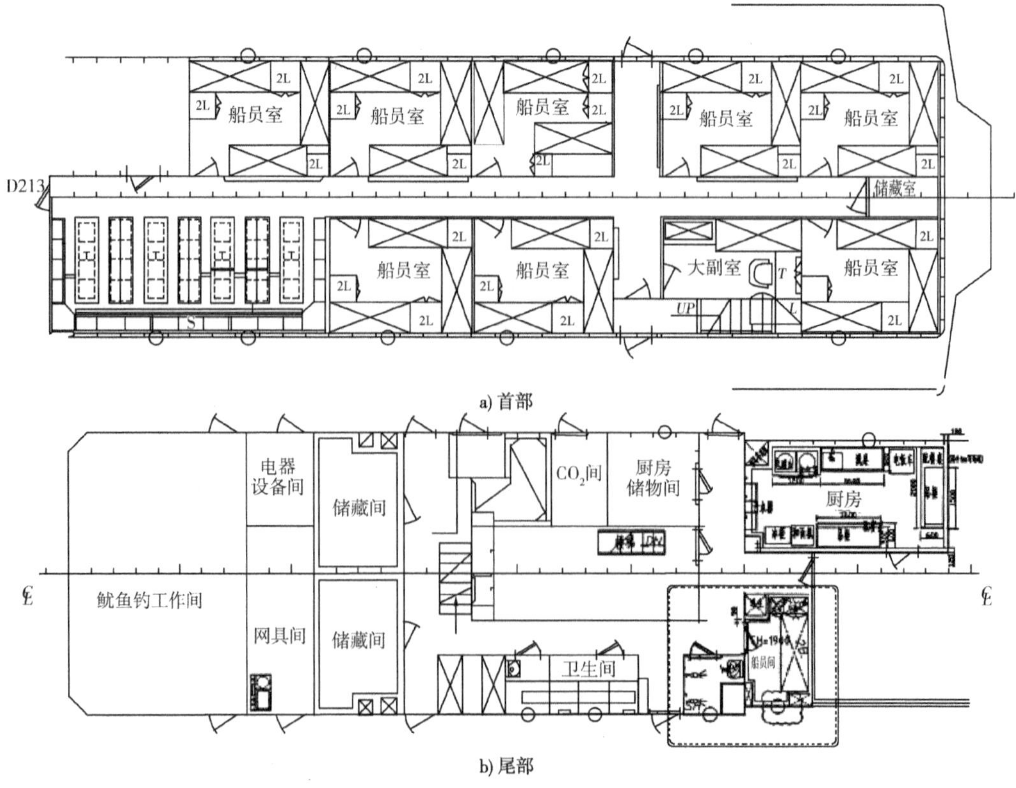

图 8-3　主甲板平面

二甲板舱室主要由集控室、端子间、船员舱室、储物间及舵机舱组成，如图 8-4 所示。其中船员人均面积为 1.5m^2，舱室净高为 2.1m，集控室前方设有通向机舱大底的斜梯。

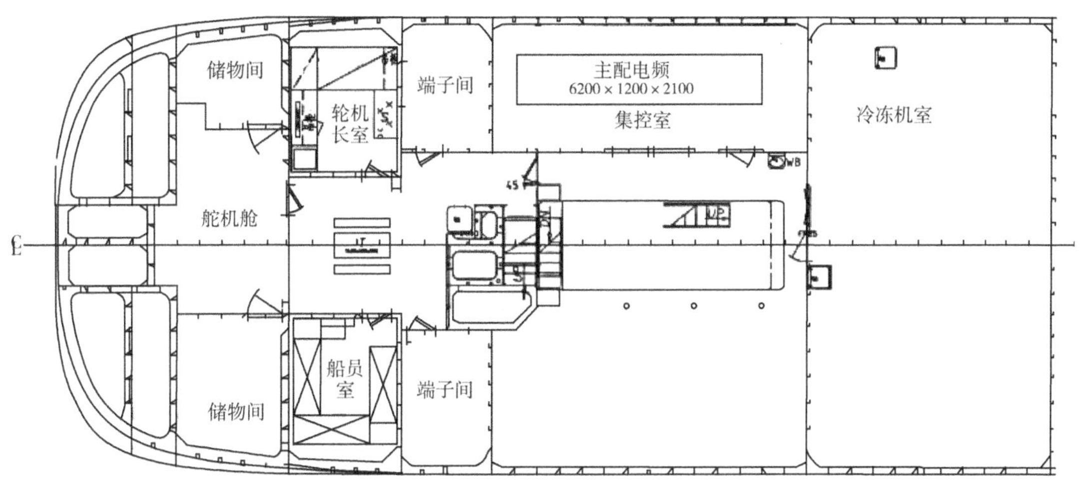

图 8-4 二甲板平面

8.2.3 设置火灾场景及相关参数

1）船舶火灾类别

按照欧洲的火灾等级划分，国际海事组织将船舶的火灾划分为甲、乙、丙、丁四类[31]。

(1) 甲类火灾。

一般的固体可燃物燃烧造成的火灾被称为甲类火灾。在船上会引发甲类火灾的主要有橡胶、塑料、纺织品、木制品等。

(2) 乙类火灾。

通常情况下易燃液体引发的火灾称为乙类火灾。船舶上引发乙类火灾的物质主要有石油、油漆、酒精等。

(3) 丙类火灾。

可燃性气体燃烧引发的火灾称为丙类火灾。例如液化石油气，天然气等可燃气体所引起的火灾，其中液化石油天然气运输船容易引发该类型火灾。

(4) 丁类火灾。

船舶上的可燃性金属物质引发的火灾称为丁类火灾。例如：钠、钾等活泼金属与水发反应造成的火灾。

据中国渔业互保协会统计，机舱失火、电气设备（包括线路）起火和生活用火是渔船发生火灾的最常见的因素。为了还原真实的火灾场景，分别对三种火灾情况进行模拟。

2）设置热释放速率

热释放速率（Heat Release Rate，简称 HRR）[32]指可燃物在单位时间内产生的热能，是火灾模拟的基本参数，通常表示起火点功率的大小，单位用 kW 或者 MW 表示。

（1）火灾场景一。

机舱是远洋渔船的动力核心，其内部主要由柴油机和管路组成，假设柴油机附近管泄漏形成油池，发动机在正常工作时会产生热量，从而导致发动机周围的温度升高，当燃油达到燃点时被点燃。假设初始环境温度为20℃，火源位置设在舱底平面的左舷20#肋位处，柴油油池大小为2.4m×2.4m×0.12m，柴油的基本参数如表8-4所示。

柴油基本参数 表8-4

参数	数值	参数	数值
燃烧热（MJ/kg）	42.6	燃点（℃）	220
密度（kg/m^3）	940	对流传热系数	0.6
渐进燃烧速率 [$g/(m^2 \cdot s)$]	35	辐射传热系数	0.3
有效吸收系数（L/m）	1.7	化学燃烧效率	0.9

液体燃烧的热释放速率计算公式为[33]：

$$Q = m''\Delta H_c x_{\text{chem}} \pi \frac{D^2}{4}$$

$$m'' = m''_\infty (1 - e^{-k'D}) \tag{8-1}$$

式中：Q——火源的热释放速率，kW；

m''——渐进燃烧速率，$g/(m^2 \cdot s)$；

m''_∞——油池的渐进燃烧速率；

ΔH_c——燃烧热，MJ/kg；

x_{chem}——化学燃烧效率；

D——油池直径，m；

k^{-1}——有效吸收系数，L/m。

通过以上研究分析，将尺寸为2.4m×2.4m×0.12m的立方体油池代入公式（8-1）中计算该火灾场景下的热释放速率为10MW。

（2）火灾场景二。

集控室内部设有控制台、配电板等，是船舶的控制中心，其内部布置大量的线路。假设集控室内线路短路致使铜线温度升高引燃绝缘层发生火灾。通常情况下绝缘层是由聚氯乙烯制成的，所以该场景下的可燃物为聚氯乙烯，表8-5为集控室火灾场景下总的热释放速率的统计[34]。

集控室火灾场景下总的热释放速率 表8-5

可燃物	单位面积最大热释放速率（kW/m²）	燃烧面积（m²）	总的热释放速率（kW）
控制台	430	1	430
配电板	430	2	860
—	可燃物总的热释放速率	—	1290

固体燃烧的燃烧不同于液体，其热释放速率公式为[34]：

$$Q = \sum_{n=1}^{n} q_n A_n \tag{8-2}$$

式中：Q——热释放速率，kW；

q_n——单位面积热释放率，kW/m²；

A_n——燃烧面积，m²。

（3）火灾场景三。

假设船员室的床铺起火，室内的可燃物为木材、聚酯纤维等。船员室可容纳6人，室内床铺、衣柜各3套。当火场温度大于200℃时，除起火位置外的其他可燃物将被点燃，表8-6为船员室火灾场景下总的热释放速率的统计[34]。

船员室火灾场景下总的热释放速率 表8-6

可燃物	单位面积最大热释放速率（kW/m²）	燃烧面积（m²）	总的热释放速率（kW）
衣柜	200	1.2	240
床铺	200	3.9	780
—	燃物总的热释放速率	—	1020

3）设置切片和监测点

图8-5所示远洋渔船在主甲板两边布置了A、B、C三个安全出口。为研究船舶发生火灾后烟气蔓延、环境温度变化及一氧化碳等有毒气体的生成情况，在出口附近距离主甲板1.8m处布置了A、B、C三组监测点，每组监测点可以实时获得火灾发生过程中的环境温度、能见度和一氧化碳浓度的数据。另外，在船舶的纵剖面上布置了三组切片，用于观测船舱内部环境温度、能见度和一氧化碳随火灾发展的蔓延分布情况。

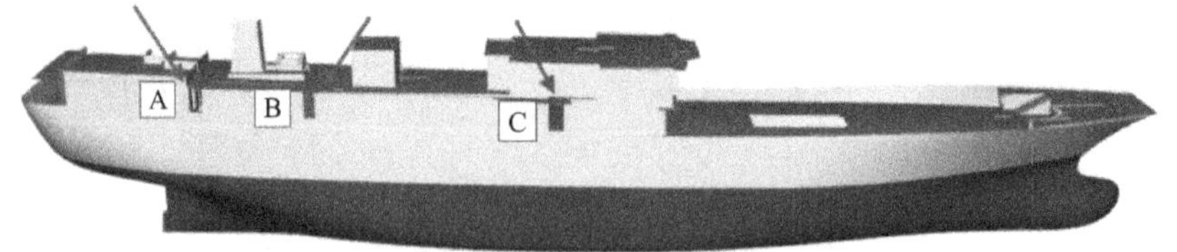

图 8-5　某 77m 秋刀鱼兼鱿鱼钓船几何模型

8.2.4 火灾安全判定标准

在研究船舶火灾场景下船员的安全性问题时，需要分析火灾产物对人员身体的影响，由此判断火灾发生到何时会超过人体所能承受的极限，这段时间称为危险临界时间，它是判断人员能否安全逃生的重要依据。在研究逃生问题时，将危险因素达到临界时间的最小值称为可用逃生时间（Available Safe Escape Time，简称 ASET）。换言之，从火灾开始的时刻至火灾的各项危险因素危及人身安全的时刻称为可用逃生时间。船舶火灾的危险因素包括：能见度、CO 气体浓度及环境温度，下面将分析这三个因素对船员生命健康的影响。

（1）能见度。

烟气是火灾发生时物质燃烧产生的悬浮颗粒，它是由炭黑粒子、燃烧过程中的灰及燃烧分解的产物组成的[35]。这些物质会降低光的通透性，烟气浓度较高会使能见度降低，逃生时确定逃生途径和做决定所需要的时间都将延长，表 8-7 中给出了适用于小空间和大空间人员可以忍受的临界值。

能见度安全范围　　表 8-7

位置	能见度临界值（m）	位置	能见度临界值（m）
小空间	5	大空间	10

（2）环境温度。

大量热能的产生是火灾发生时最明显的特征，一部分热能随着烟气蔓延扩大了火势。当环境温度达到 45℃的时候，身体就会出现痛苦的感觉，而在 60℃以上的时候，身体的组织就会受到损伤，甚至会导致死亡，人体所能够承受的环境温度范围如表 8-8 所示[36]。

环境温度安全范围　　表 8-8

温度（℃）	忍受时间（min）	温度（℃）	忍受时间（min）
<60	>30	140	5
100	12	180	1

（3）一氧化碳浓度。

美国消防协会（National Fire Protection Association，简称 NFPA）研究发现，由于吸入有毒气体而死亡的人数占火灾死亡人数的大多数，这些人中一半以上是远离火源而死亡，可见火灾中产生的有毒气体在建筑内的蔓延扩大了事故的范围。通常情况下，火灾中生成的有毒气体包括一氧化碳、二氧化硫、氯化氢等。研究表明，在燃烧过程中，一氧化碳是最危险的，同时也是造成人类死亡的首要因素[37]，其影响如表 8-9 所示。

CO 浓度安全范围 表 8-9

CO 浓度（ppm）①	吸入时间及症状	CO 浓度（ppm）①	吸入时间及症状
50	成年人所允许的最大含量	800	45min 内头疼、恶心，2~3h 内死亡
200	2~3h 后，伴有头疼、头晕、恶心	1600	20min 内头疼、恶心，1h 内死亡
400	2h 内前额痛，3h 后将有生命危险		

一般通过火灾产物是否到达人员的头部来判定火灾是否会对人体构成危险。假定船员身高平均值为 1.8m，所以将监测装置设在距离甲板面 1.8m 高度的位置。上文中给出一氧化碳浓度、温度、能见度等各项指标的安全范围，并以此为依据，给出如表 8-10 所示的船员安全逃生判定标准。

船员安全逃生判定标准 表 8-10

安全疏散指标	临界值	安全疏散指标	临界值
能见度	≥5m	环境温度	≤60℃
CO 浓度	≤400ppm		

8.2.5 远洋渔船火灾数值模拟分析

1）机舱火灾

（1）能见度变化情况。

图 8-6 是机舱火灾场景下烟气蔓延的情况，着火点位于机舱底部 20#肋位处。由于机舱二平台处留有一机舱口，空气沿着机舱底部与机舱二平台垂直方向流通，形成烟囱效应。火灾发生后 50s 时，烟气自机舱底部蔓延至机舱二平台。$T=80$s 时，整个机舱烟气浓度明显增加，由于烟气的扩散作用，集控室、端子间、舵机间、船员室等舱室内部也充满了烟气。$T=150$s 时，由于烟气的不断积累，通过楼梯继续向上蔓延至主甲板，并从主甲

① ppm，百万分比浓度，1ppm=1μL/L。

板 A 处的出口向外界溢出。在 $T=600s$ 时，烟气已经穿过就餐区域，向船员舱室位置蔓延。由于出口 A、B、C 释放大量的烟气，使得烟气的压力作用降低，至 $T=1000s$ 时船员舱室仅聚集了少量的烟气。综上所述，机舱发生火灾后，烟气会沿着通道迅速蔓延并充满各个舱室，遮挡了船员的视线，使其难以辨别逃生方向，给船员的逃生造成了极大的困难，这种情况是相当危险的。

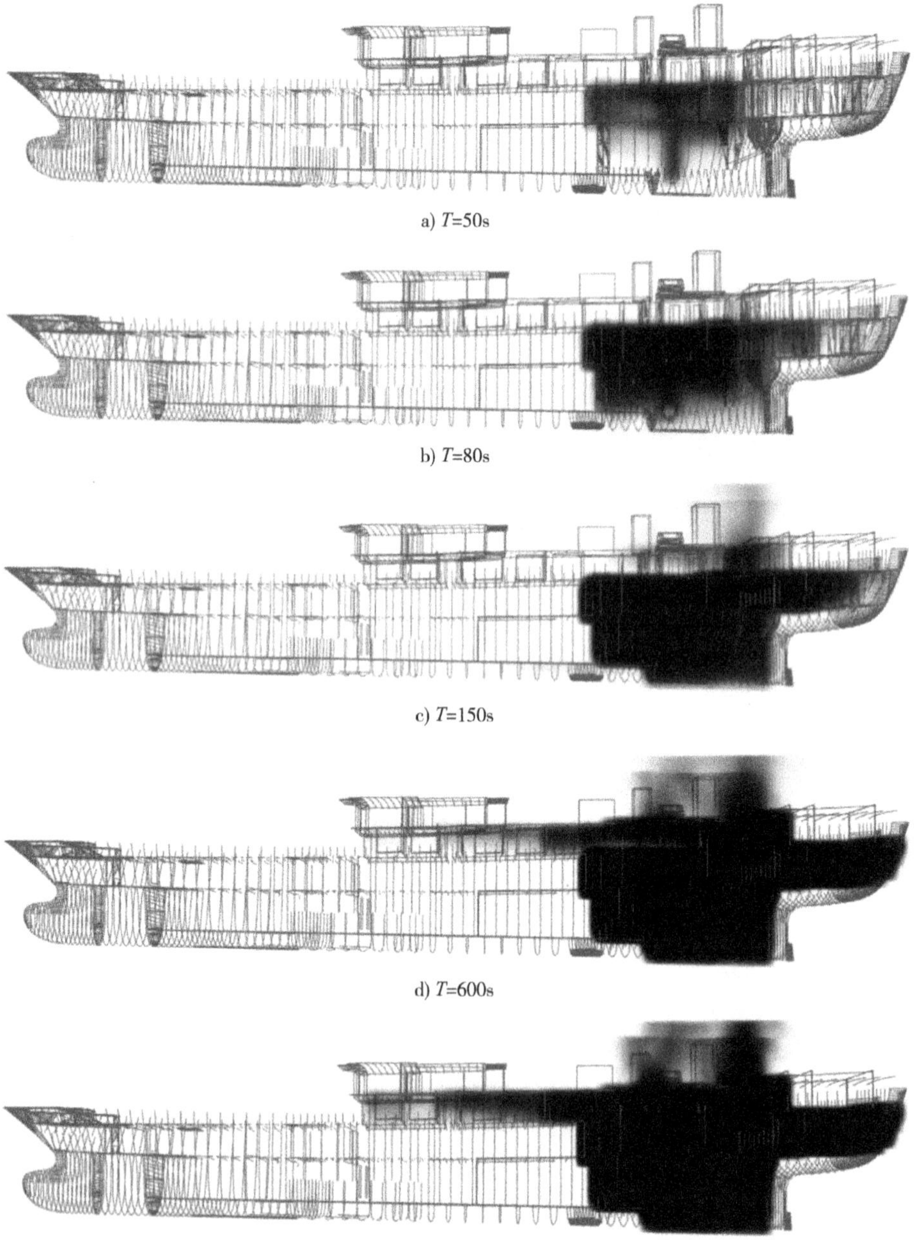

a) T=50s

b) T=80s

c) T=150s

d) T=600s

e) T=1000s

图 8-6 机舱火灾场景下烟气蔓延情况

图 8-7 是机舱火灾场景下各监测点处能见度的变化曲线，距离火源较近的监测点 A、B 能见度下降最为迅速，特别是监测点 A，火灾发生 85s 后能见度开始下降，$T = 154s$ 时能见度下降到 5m，当 $T = 264s$ 时能见度下降到 2m，严重地威胁到了船员疏散。监测点 C 距离火源较远，火灾发生 760s 后烟气浓度开始下降，在仿真时间内未达到威胁人员安全的范围，船员可以正常疏散。

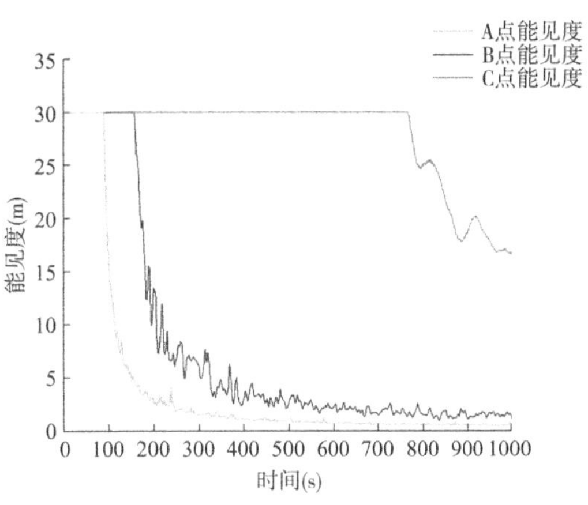

图 8-7 机舱火灾场景下各监测点处能见度变化曲线

（2）一氧化碳分布情况。

图 8-8 是机舱火灾场景下一氧化碳随时间变化的分布云图，通过对机舱火灾的仿真得出，火灾发生后 100s 时，一氧化碳从机舱底部蔓延至机舱二平台并扩散到机舱的各个区域，由于火灾刚刚发生，机舱内部一氧化碳浓度为 75ppm 左右。随着火灾的不断发展，$T = 600s$ 时，机舱内部的一氧化碳浓度有所上升，机舱内大部分区域一氧化碳浓度为 175ppm 左右，部分区域浓度达 200ppm，由于其不断积累，此时一氧化碳由楼梯口蔓延至主甲板以上的走廊内。$T = 1000s$ 时，整个机舱已经布满一氧化碳，主甲板的气体集中在尾部走廊处，此时各区域的一氧化碳浓度已达最大值 225ppm，未超过临界值 400ppm。但在该浓度下仍会给船员造成恶心、头晕、头痛等影响，随着火灾的持续发展，一氧化碳的浓度依然会增加，威胁着船员的生命安全。

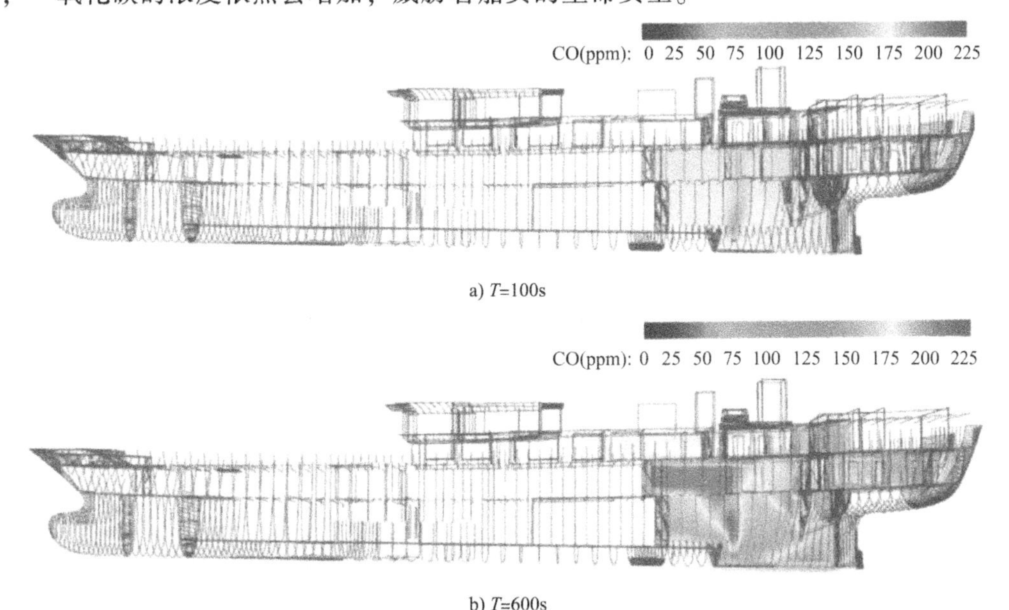

a) T=100s

b) T=600s

图 8-8

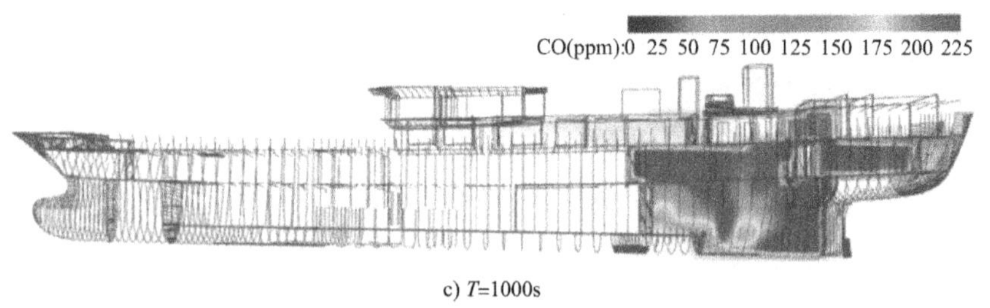

c) T=1000s

图 8-8 机舱火灾场景下一氧化碳随时间变化分布云图

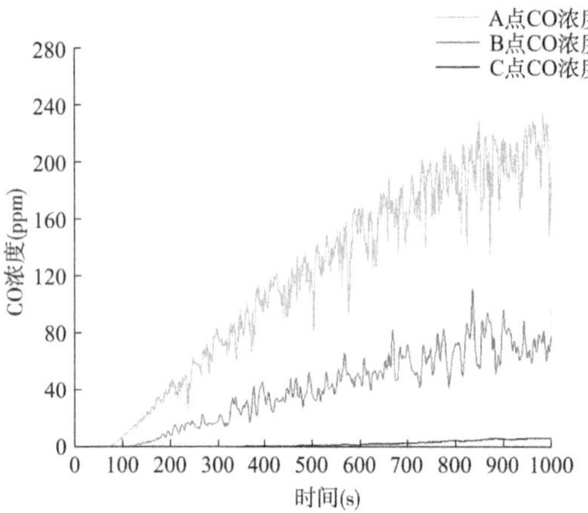

图 8-9 机舱火灾场景各监测点处一氧化碳浓度曲线

如图 8-9 所示，火灾发生后监测点 A、B、C 处开始出现一氧化碳的时间依次为 78s、110s、473s。随着火灾的发展，各处一氧化碳浓度均呈现上升趋势，在仿真过程中一氧化碳浓度均在临界值 400ppm 以下。然而，随着火灾的发展，在 $T = 1000$s 后的某一时刻各监测点的一氧化碳浓度将超过临界值，对船员生命安全的威胁依然存在。

（3）环境温度变化情况。

图 8-10 是机舱火灾场景环境温度变化云图，火灾发生后 100s 时，火源附近的环境温度迅速升高。在 $T = 600$s 时，由于火源的热辐射作用，扩大了机舱内部环境温度升高的范围。在 $T = 1000$s 时，机舱内温度均高于临界温度 60℃，部分环境温度达 170℃左右，总体来说，除机舱环境温度有所增加外其余舱室温度基本在安全范围以内。然而，机舱内部有大量的可燃物，如燃油、机械设备、电气设备等，很容易引起二次火灾，严重威胁整船的安全。

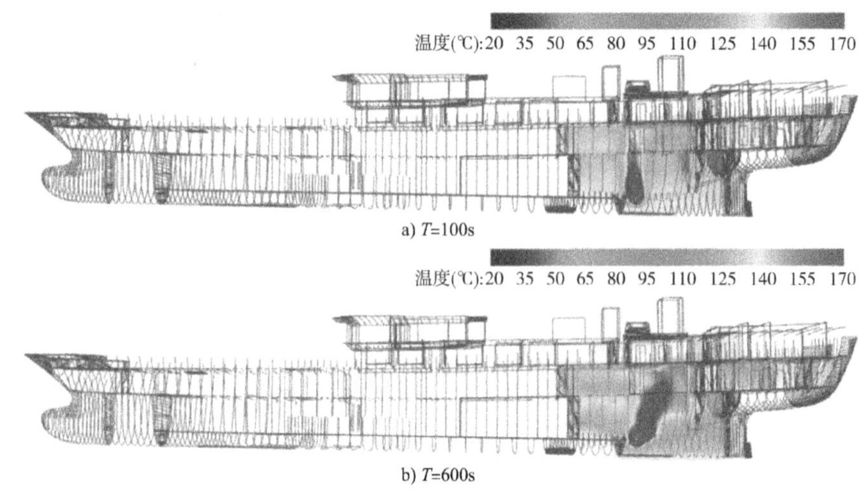

a) T=100s

b) T=600s

图 8-10

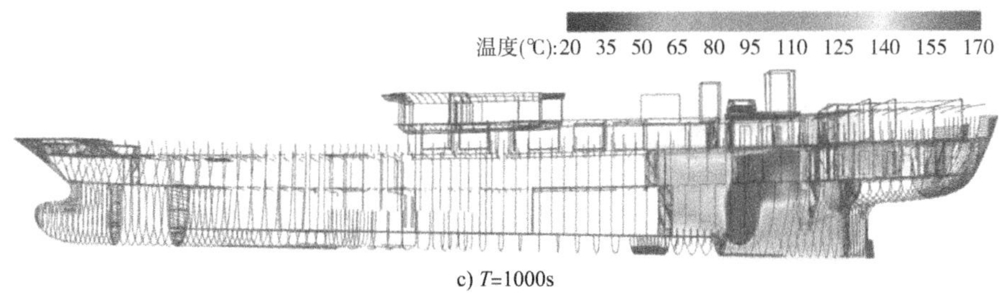

c) T=1000s

图 8-10 机舱火灾场景环境温度变化云图

如图 8-11 所示，距离火源较近的监测点 A 在机舱发生火灾后 80s 环境温度开始上升，至 228s 时环境温度达到了临界值 60℃，在后续的火灾发展过程中环境温度基本维持在此临界值上下波动。由于监测点 B、C 远离火源，其环境温度在火灾发展的过程中一直处于安全范围以内。特别是监测点 C，在仿真过程中，机舱火灾产生的热量没有对其造成影响。

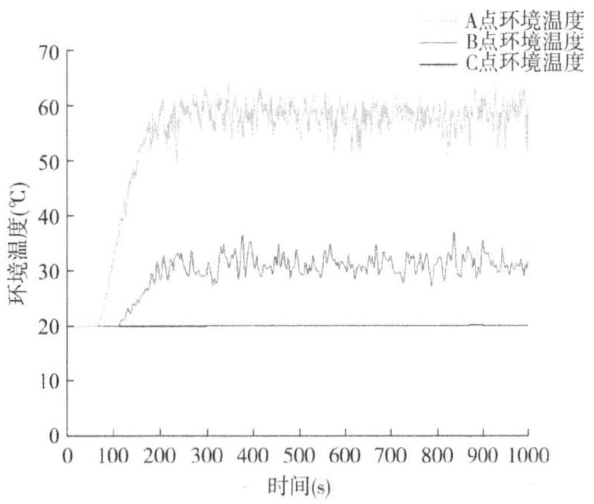

图 8-11 机舱火灾场景各监测点处环境温度变化曲线

（4）仿真结果汇总分析。

在远洋渔船机舱的火灾模拟中，取各监测点所得数据最小值为可用逃生时间，具体数值如表 8-11 所示。在主甲板以上 A、B、C 三个出口处，A 距离火源最近，对比能见度、环境温度、一氧化碳浓度三组数据，得到该船机舱火灾场景下船员的可用逃生时间为 154s。

机舱火灾场景下监测点处的各项指标危险临界时间 表 8-11

监测点	能见度（s）	环境温度（℃）	CO 浓度（ppm）
A	154	228	>1000
B	322	>1000	>1000
C	>1000	>1000	>1000

2）集控室火灾

（1）能见度变化情况。

图 8-12 是集控室火灾场景下烟气蔓延情况，当火灾发生后 80s 时，集控室内已经充满烟气，随着火势的发展，一部分烟气已经通过集控室舱门扩散至机舱二平台。T = 200s 时，从集控室内产生的烟气已经蔓延至端子间、船员舱室及舵机间，此时机舱二平台已经充满烟气。T = 300s 时，由于烟气的不断积累，机舱二平台的烟气沿着楼梯蔓延至主甲板。此时，部分烟气从出口 A、B 处溢出，储藏室前端走廊及厨房储物间附件充满烟气。T =

1000s 时，烟气沿着主甲板走廊蔓延至餐厅及船员舱室，主甲板后方的船员舱室烟气浓度较高，前端舱室烟气浓度较低。综上所述，集控室发生火灾后，烟气向周围扩散，并沿着楼梯口蔓延至主甲板船员舱室，由于烟气不断增加，机舱二平台的烟气具有沉降的趋势，未来整个机舱都会充满浓烟。

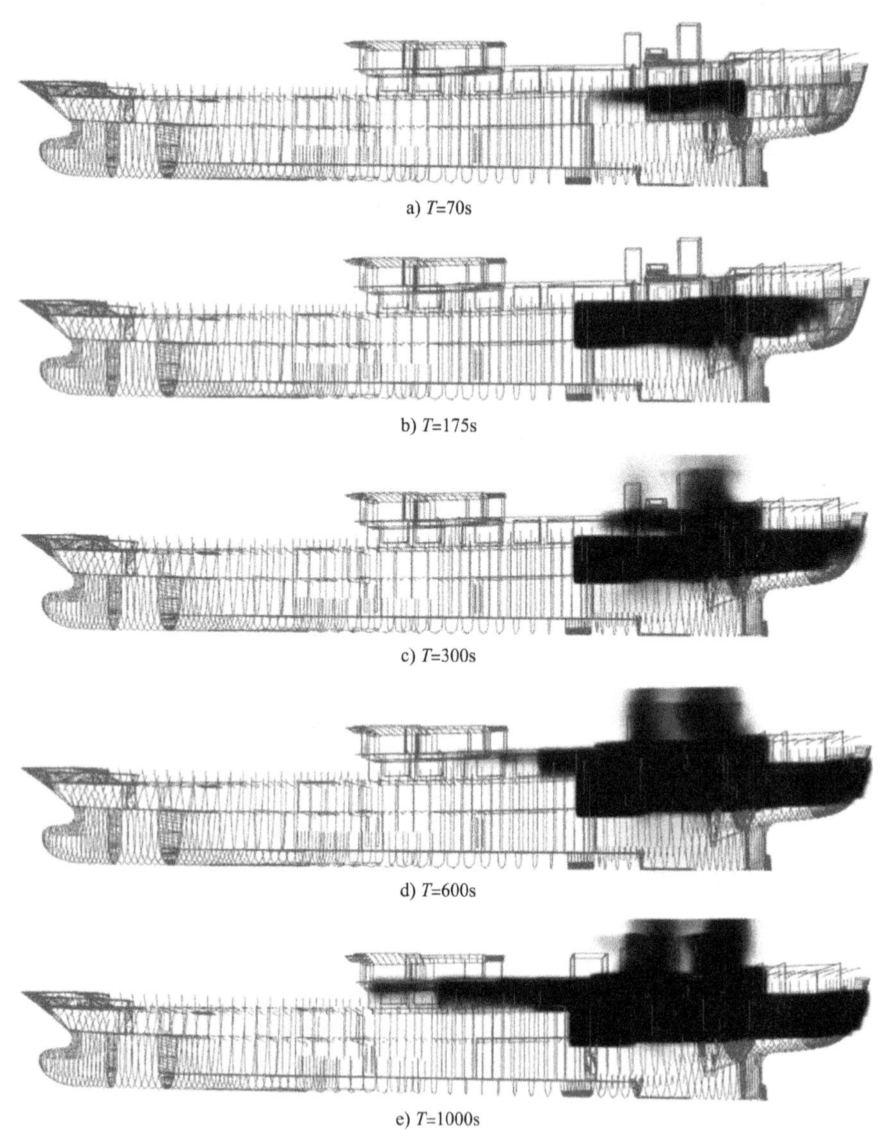

a) T=70s

b) T=175s

c) T=300s

d) T=600s

e) T=1000s

图 8-12 集控室火灾场景下烟气蔓延情况

从图 8-13 集控室火灾场景下能见度变化曲线可以看出，监测点 A 处的能见度在火灾发生后 200s 时开始急速下降，当 T = 235s 时能见度已下降到 5m。随着烟气的持续蔓延，当 T = 1000s 时能见度已下降到 0m，船员的视野一片漆黑。监测点 B 处的能见度在 T = 320s 时开始下降，在 370s 至 390s 这段时间内，由于逃生口释放了部分烟气，使得烟气其浓度有所下降，导致能见度短时间升高。然而，由于烟气的持续累积致使能见度在390s以后保持总的下降趋势不变，在 $T=600s$ 时能见度下降到0.5m。监测点C距离火源最远，且由于出口A、B的泄放作用使得其能见度在30m保持不变。综上所述，在模拟集控室发生火灾的1000s过程中，监测点A、B处的能见度均下降到了前文所规定的最小值5m以下，在这种情况下船员不能辨别逃生的路径和方向，对于船员来说是极其危险的。

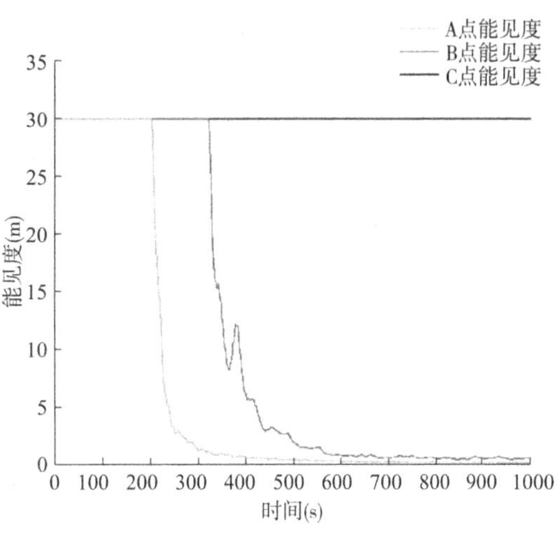

图8-13 集控室火灾场景下各监测能见度变化曲线

（2）一氧化碳分布情况。

集控室发生火灾后一氧化碳浓度分布如图8-14所示，$T=300s$ 时机舱二平台上方集控室周围的一氧化碳浓度由于可燃物的不充分燃烧增加到350ppm左右，舵机间内一氧化碳浓度也升高到210ppm左右。当 $T=600s$ 时，集控室周围的一氧化碳浓度已上升到700ppm，舵机间的气体浓度增加到500ppm，随着一氧化碳的持续扩散，已有部分气体沿着楼梯蔓延至主甲板走廊内，其浓度达350ppm。$T=1000s$ 时，由于一氧化碳的不断积累，整个机舱二平台有毒气体浓度达到700ppm，楼梯口中的气体浓度也进一步提高至600ppm，由于主甲板区域设有安全出口，一定数量的一氧化碳得到了释放，其余部分沿着走廊进一步向船员舱室蔓延。综上所述，集控室发生火灾后，一氧化碳浓度持续增加并超过临界值400ppm，严重危及船员的生命安全并对船员的安全逃生造成影响。

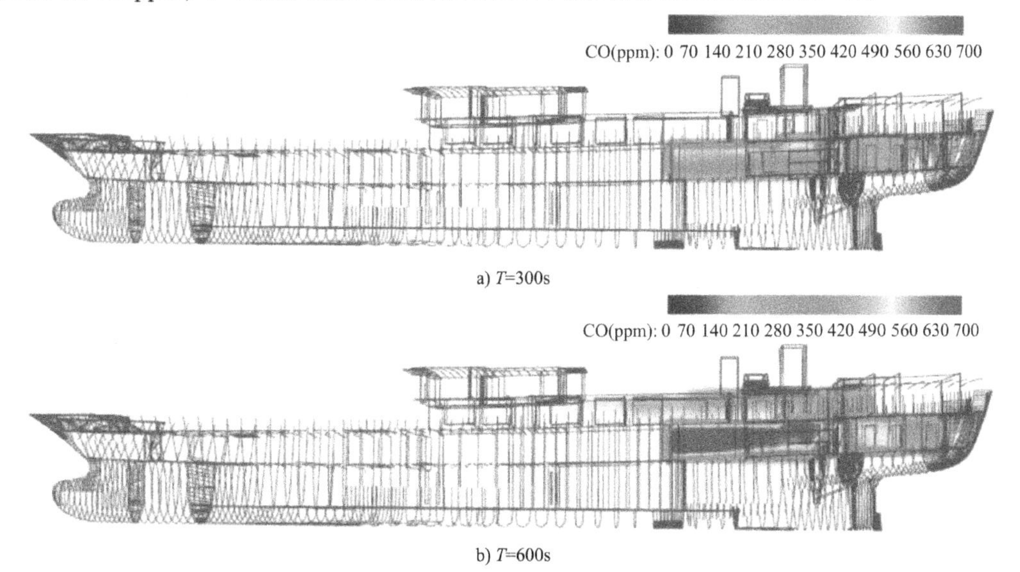

a) T=300s

b) T=600s

图 8-14

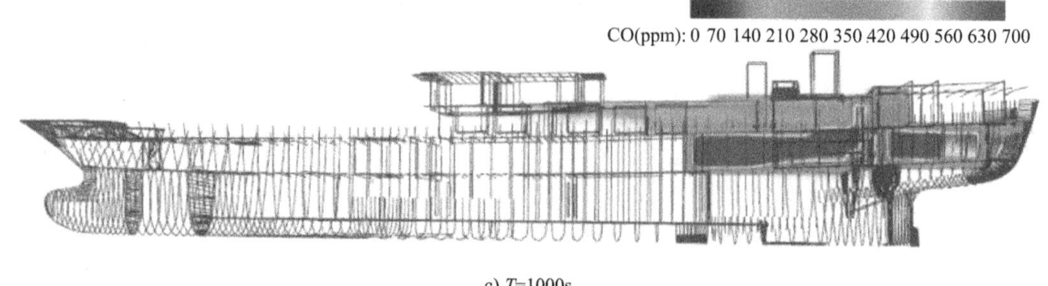

c) T=1000s

图 8-14　集控室火灾场景 CO 随时间变化分布云图

从图 8-15 一氧化碳变化曲线可以看出，在模拟集控室发生火灾的 1000s 中，监测点 A 在火灾发生后的 200s 时一氧化碳浓度开始上升，在 T = 800s 时，有毒气体浓度超过了人员所能忍受的临界值，在随后的时间内其浓度进一步增加，达 480ppm 左右。监测点 B 在火灾发生后 300s 时，开始有一氧化碳产生，在火灾发展的过程中其浓度持续增加，T = 1000s 时浓度为 100ppm，未超过人体所能忍受的临界值。由于出口 A、B 已释放了大量的气体且出口 C 处距离火源较远，使得监测点 C 处没有气体蔓延至该点。

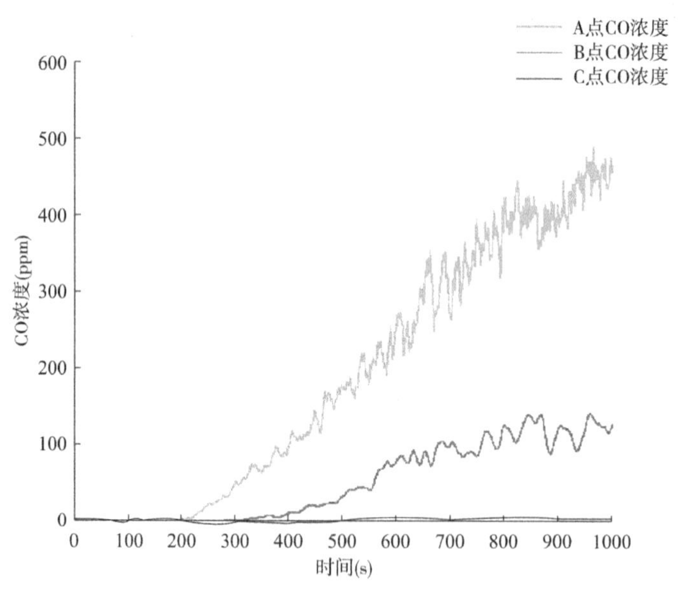

图 8-15　集控室火灾场景下各监测点处 CO 浓度曲线

（3）环境温度变化情况。

如图 8-16 所示温度切片显示了集控室火灾发展过程中环境温度随时间变化的分布情况。T = 200s 时，由于集控室内烟气携带着热量的蔓延及热空气的上升作用，机舱二平台顶端的环境温度首先升高到 50℃，其下方温度为 35℃。T = 600s 时，集控室周围大部分区域的环境温度持续上升至 50℃，舵机间周围区域的环境温度也升至 35℃ 左右。T = 1000s

时，随着可燃物的不断燃烧，集控室内的可燃物质已濒临燃尽，其周围的环境温度有所下降，机舱二平台上半部分区域的环境温度维持在50℃左右，下方温度已下降至35℃左右。综上所述，集控室发生火灾后环境温度呈先上升后下降的趋势，但均未超过人体所能忍受的临界值60℃。

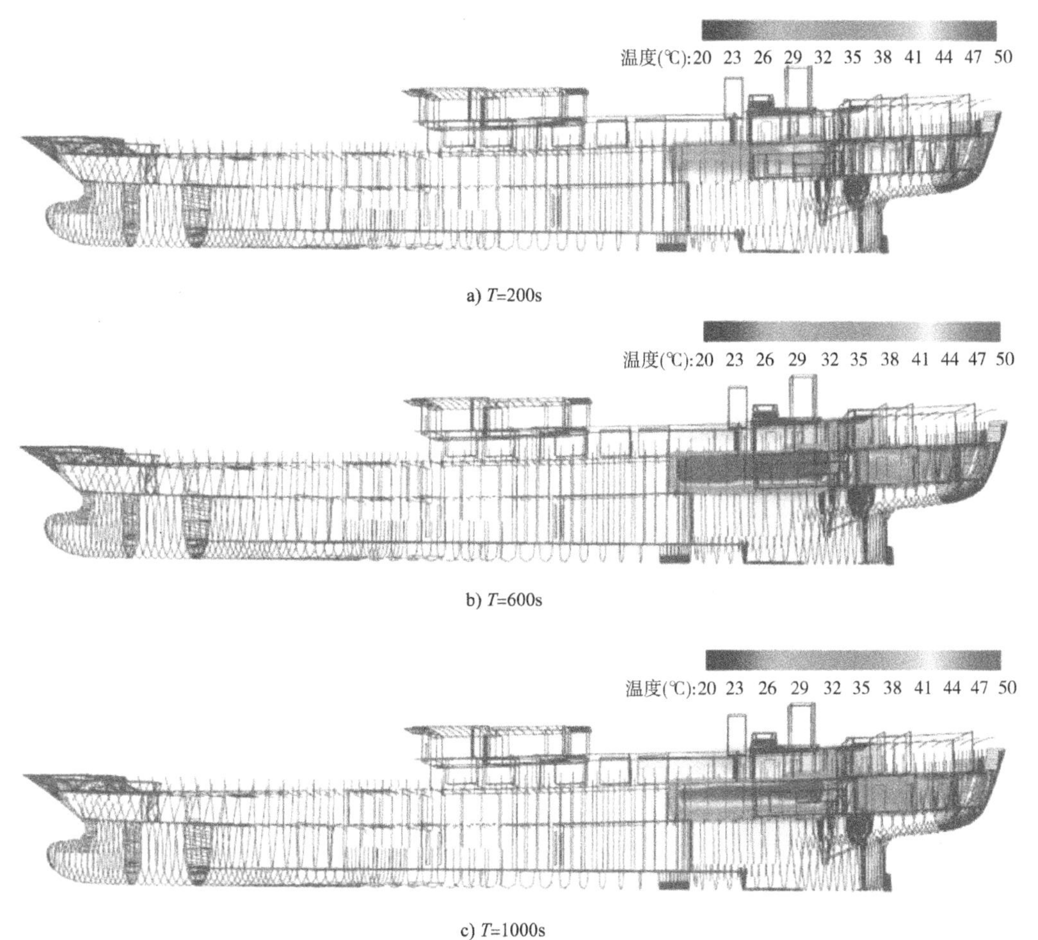

a) T=200s

b) T=600s

c) T=1000s

图 8-16 集控室火灾场景环境温度随时间变化云图

从图8-17环境温度变化曲线可以看出，监测点A处的环境温度在火灾发生后190s时开始上升，660s环境温度上升至最大值31℃，随后环境温度开始下降，1000s时，下降至27℃左右。监测点B处的环境温度在300s时开始上升，但幅度不大，至1000s时环境温度为22℃左右。监测点C距离火源最远，在仿真过程中未受到影响。综上所述，在集控室火灾仿真过程中主甲板出口处的环境温度未超过船员所能忍受的临界值60℃。

（4）仿真结果汇总分析。

在远洋渔船集控室的火灾模拟中，利用各监测点所得数据的最小值作为该场景下可用逃生时间，具体数值如表8-12所示。在主甲板以上A、B、C三个出口中，A距离火源最

近，选取三项指标中最小的临界时间作为集控室火灾场景下的可用逃生时间。通过对比分析得出集控室火灾场景下的可用逃生时间为235s。

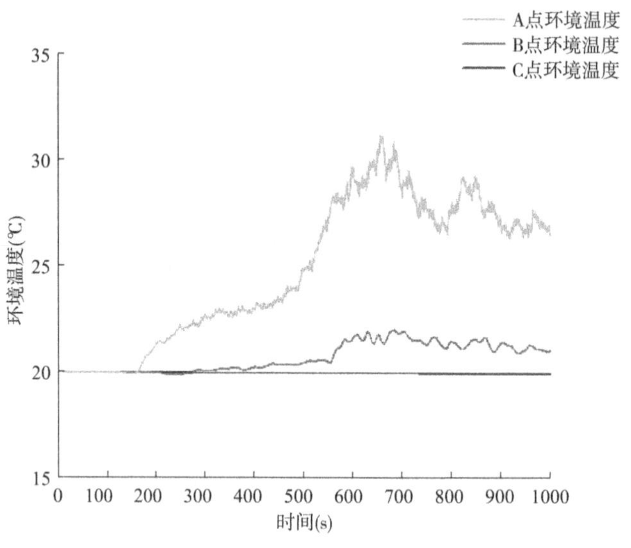

图8-17 集控室火灾场景下各监测点处环境温度变化曲线

集控室火灾场景下各监测点处的各项指标危险临界时间 表8-12

监测点	能见度（m）	环境温度（℃）	CO浓度（ppm）
A	235	>1000	800
B	420	>1000	>1000
C	>1000	>1000	>1000

3）船员舱室火灾

（1）能见度变化情况。

图8-18是船员室火灾场景下烟气蔓延情况，起火点位于主甲板62#肋位左舷的船员舱室，由于船员舱室内布置了床铺、窗帘等易燃物，燃烧时可产生大量烟气。在火灾发生后70s时，烟气充满起火的船员舱室并有部分向走廊溢出。$T=150s$时，烟气扩散至走廊内，由于烟气温度比周围空气温度高，使得烟气具有一定的浮力，部分烟气沿着走廊通过楼梯口扩散至驾驶室。火灾发生后300s时，由于烟气受到浮力的作用，驾驶室、船长室、海图室已经充满了烟气，走廊内部烟气浓度升高，部分烟气通过C点的出口向外排出。$T=600s$时，烟气已经弥漫至主甲板及驾驶甲板的舱室。从图中可以看出船员舱室前端烟气浓度较高，在烟气的蔓延过程中，大量的烟气通过主甲板上的出口向外扩散。$T=1000s$时，整个主甲板以上区域的船员舱室已经被浓烟所覆盖，主甲板船员舱室两端的出口具有良好排烟作用，使得大量烟气向外排出。综上所述，船员舱室发生火灾后，烟气沿着走廊及楼梯口向着各个船员舱室及驾驶室蔓延，最终覆盖整个船员舱室，大量烟气通过主甲板

的出口向外排出。由于浓烟的遮挡作用，给船员安全疏散造成了巨大的困难。

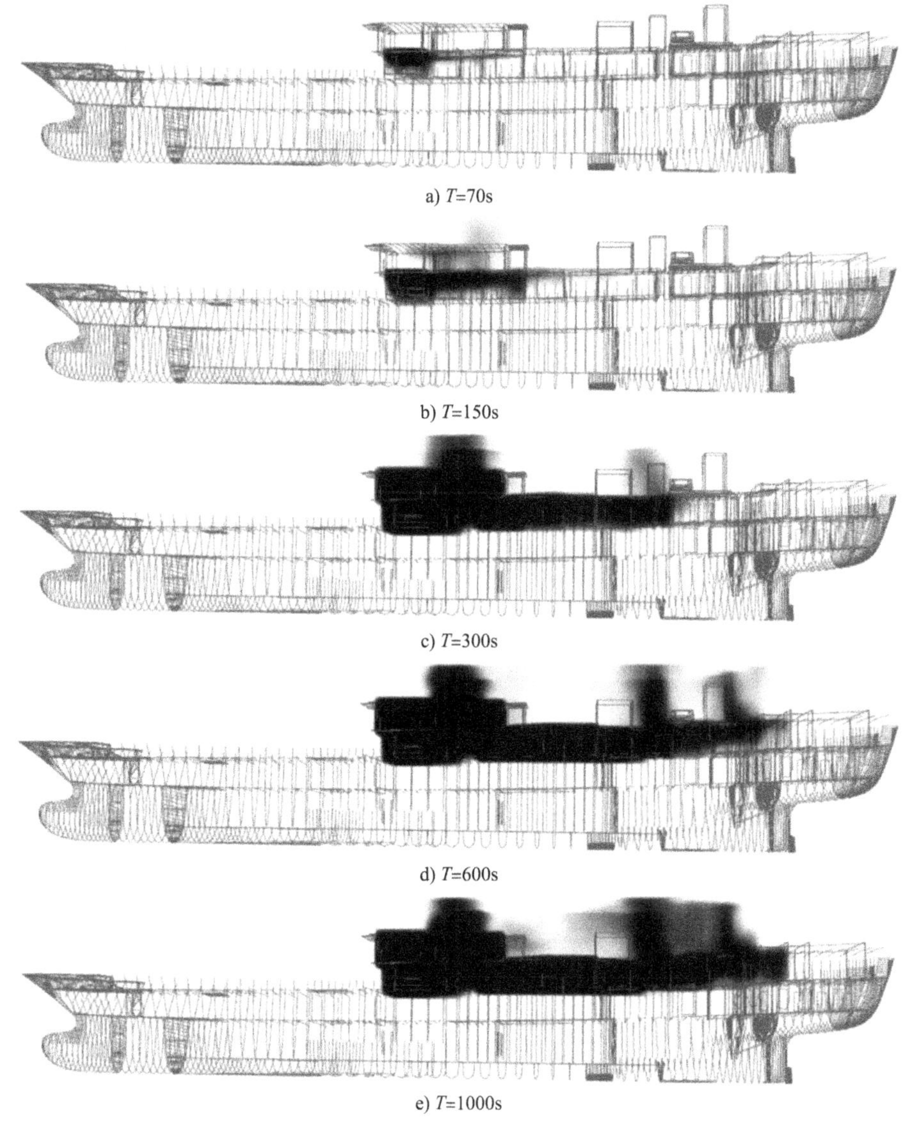

a) T=70s

b) T=150s

c) T=300s

d) T=600s

e) T=1000s

图 8-18 船员室火灾场景下烟气蔓延情况

从图 8-19 能见度变化曲线可以看出，距离发生火灾的船员舱室越近的监测点能见度下降的速度越快，同时达到能见度临界值的时间也越快。在仿真的 1000s 过程中，A 到 C 各监测点能见度开始下降的时间依次为 325s，214s，102s；各监测点能见度下降至 5m 的时间依次为 472s，244s，146s。监测点 B、C 距离着火点较近，随着火灾的持续发展能见度最终趋近于 0m，监测点 A 距离着火点较远，受到出口排烟作用的影响能见度下降至 1m 左右。在船员舱室发生火灾 600s 以后船员完全失去视野，不能辨别方向，严重威胁着船员的安全撤离。

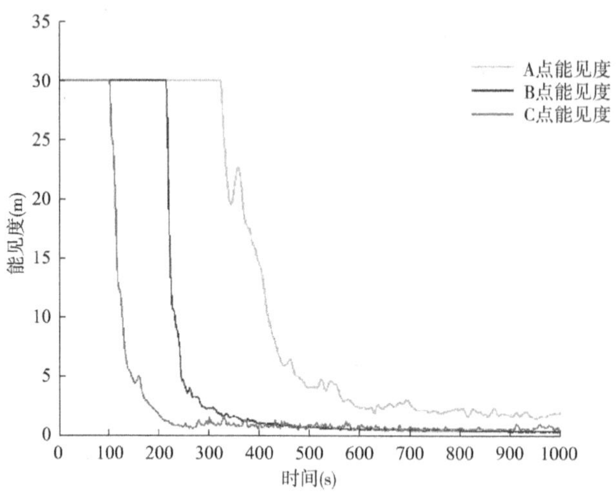

图 8-19　船员室火灾场景下各监测点处能见度变化曲线

（2）CO 分布情况。

船员舱室内的床铺、衣柜、被褥等燃烧不充分产生有毒的一氧化碳气体，其分布情况如图 8-20 所示。当火灾发生后 300s 时，起火船员舱室的一氧化碳浓度升高至 300ppm，邻近的船员舱室、走廊和驾驶甲板舱室的一氧化碳浓度也升至 90ppm。随着火灾的持续蔓延，当 $T=600$s 时，驾驶室一氧化碳的浓度增加至 300ppm，走廊及周围舱室气体的浓度进一步上升至 180ppm。当火灾发生后 1000s 时，主甲板以上的船员舱室一氧化碳浓度整体升高到 300ppm，然而随着大量气体通过主甲板的出口不断排出，船员舱室内一氧化碳的浓度未超过人体可以忍受的安全范围。可能会对船员造成头晕、头痛、恶心的影响，但不会影响船员的生命安全。

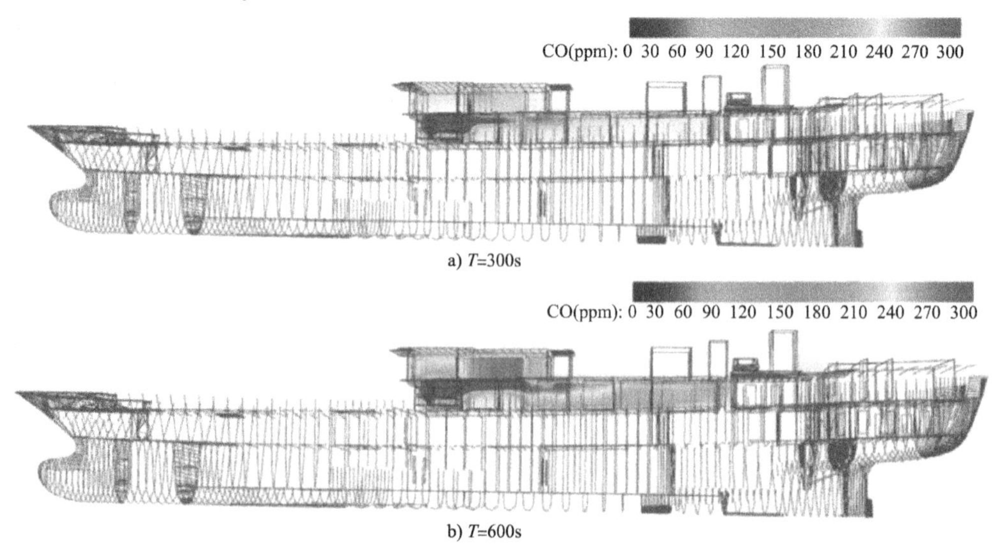

图　8-20

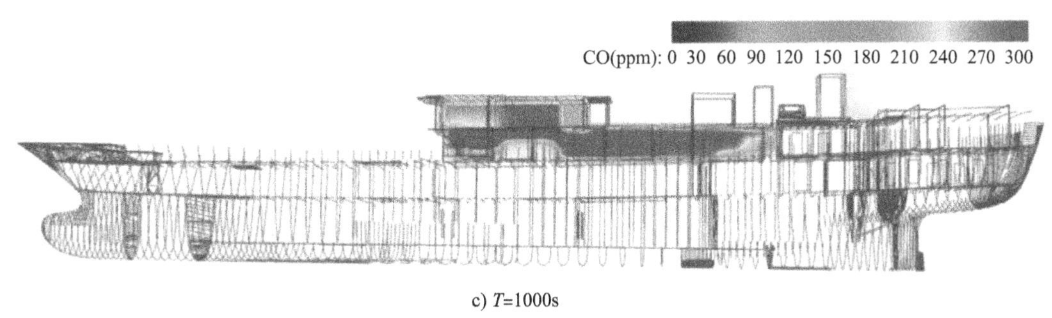

c) T=1000s

图 8-20 船员室火灾场景 CO 随时间变化分布云图

从图 8-21 一氧化碳变化曲线可以看出，监测点 A 距离船员舱室较远，在火灾发生 300s 后监测点 A 处一氧化碳浓度开始缓慢上升，仿真结束后气体浓度在 50ppm 左右。监测点 B 在火灾发生后 200s 时，一氧化碳浓度开始上升，到仿真结束 1000s 时，气体浓度达最大值 200ppm。监测点 C 距离着火点较近，在火灾发生后 93s 时，气体浓度开始增加，由于一氧化碳随着烟气通过门向外扩散，气体浓度波动较大，但总体呈上升趋势，随着火灾的持续发展可燃物燃尽，一氧化碳浓度开始下降。综上所述，在船员舱室发生火灾后，各监测点一氧化碳浓度均呈上升趋势，但是未超过人体忍受的临界值，不会给船员安全的疏散造成威胁。

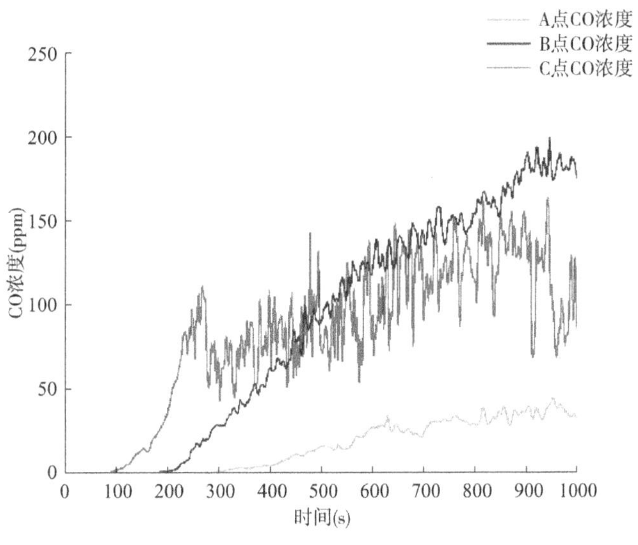

图 8-21 船员室火灾场景下各监测点处 CO 变化曲线

(3) 环境温度变化情况。

图 8-22 温度切片揭示了船员舱室火灾发展过程中环境温度随时间变化的分布情况。在 $T=300$s 时，火源附近舱室环境温度升至 40℃，驾驶室、海图室及船长室的环境温度上升至 30℃。随着船员舱室可燃物的不断燃烧，驾驶甲板以上的舱室的环境温度进一步升高

至40℃，走廊及火源周围舱室的环境温度进一步升高。$T = 1000s$ 时，发生火灾的船员舱室可燃物质已濒临燃尽，驾驶甲板上方的舱室环境温度开始下降，主甲板船员舱室环境温度也呈现了下降的趋势。虽然，船员舱室发生火灾后火源附近的舱室、走廊及驾驶甲板上的舱室环境温度上升明显，但都未超过人体可以忍受的临界值60℃，所以船员舱室发生火灾后，除发生火灾的舱室外其他场所环境温度没有对船员的安全逃生造成威胁。

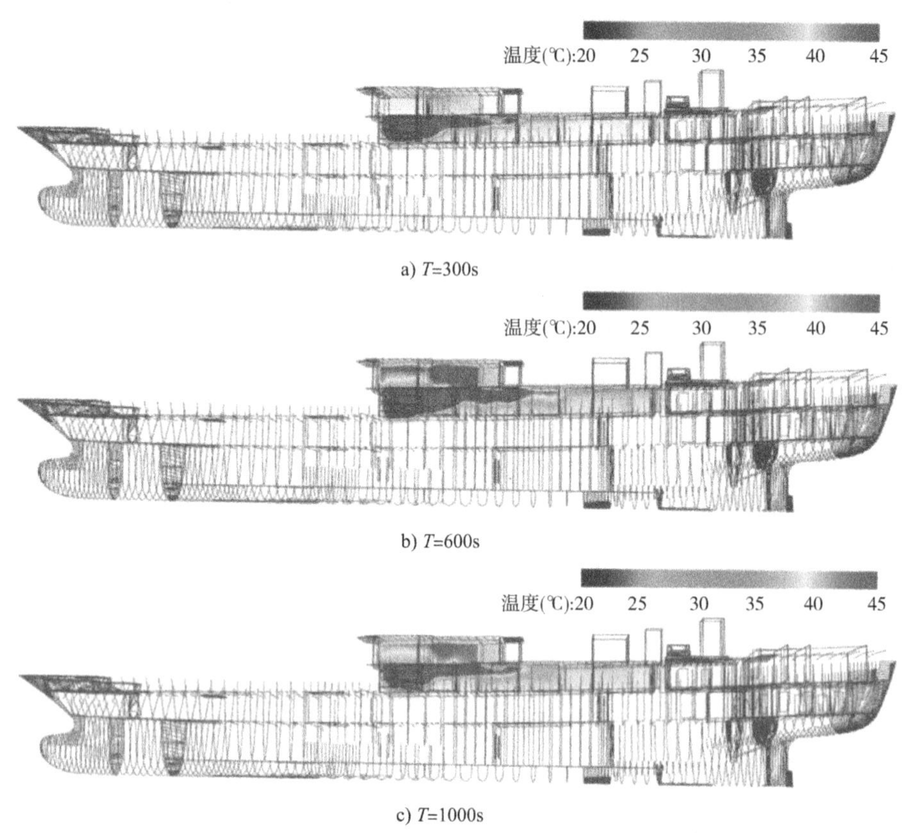

a) T=300s

b) T=600s

c) T=1000s

图 8-22　船员室火灾场景下环境温度分布云图

从图8-23的环境温度变化曲线可以看出，监测点C处的环境温度在火灾发生后100s时开始上升，895s环境温度上升至最大值46℃，随后环境温度开始下降，1000s时，下降至29℃左右。监测点B在232s时开始上升，但幅度不大，至1000s时环境温度为23℃左右。监测点A距离火源较远，在仿真过程中未受到影响。综上所述，在船员舱室发生火灾的过程中主甲板逃生口处的环境温度未超过船员忍受的临界值。

在船员舱室的火灾模拟中，利用各监测点所得数据的最小值作为该场景下可用逃生时间，具体数值如表8-13所示。在主甲板以上A、B、C三个监测点中，C距离火源最近，对比能见度、环境温度、一氧化碳浓度三组数据，得出船员舱室发生火灾的可用逃生时间为146s。

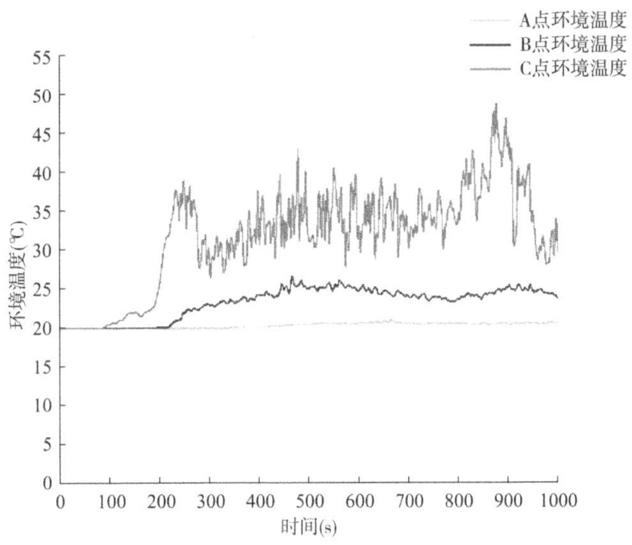

图 8-23 船员室火灾场景下各监测点处温度变化曲线

船员室火灾场景下各监测点处的各项指标危险临界时间 表 8-13

监测点	能见度（m）	环境温度（℃）	CO 浓度（ppm）
A	474	>1000	>1000
B	244	>1000	>1000
C	146	>1000	>1000

8.3 基于 Pathfinder 的船员逃生仿真

在前文内容中，基于 PyroSim 对远洋渔船的三种火灾场景进行了模拟，并通过对能见度、CO 浓度及环境温度三个危险因素的对比分析，得出了船员可用安全逃生时间。为判断在不同火灾场景下船员能否安全逃生，现在运用 Pathfinder 建立远洋渔船船员的逃生模型，确定船员逃生过程所需时间，进而得出船员的必需安全逃生时间（RSET）。通过比较两组时间，确定三种火灾场景下船员的安全性，并对船员逃生过程中存在的问题进行优化。

8.3.1 Pathfinder 软件简介

Pathfinder 是美国 Thunderhead Engineering 公司开发的一款功能强大的智能疏散软件，

它可被广泛应用于制定安全疏散应急演练、建筑防灾系统优化设计以及科学研究等领域[38]。该软件为使用者提供三大基本功能视图模式，包括二维视图、三维视图和导航视图。在二维视图场景下，Pathfinder 具有网格捕捉功能，有利于用户快速搭建疏散模型；三维视图场景下，用户可以在任意角度观察模型的立体形状，方便了模型的修正；导航视图场景下，用户可以快速定位模型中的物件，有利于模型的构建。同时，该软件可以定义模型中人员的特征，如人员肩宽、行走速度、虚拟化身等。国际海事组织也推荐使用疏散仿真软件对船舶等海上装备安全进行评估，该组织还出版了专门的报告用于指导。

8.3.2 人员固定特征参数

人员的固定特征是疏散过程中的重要参数，它是由肩宽、身高、移动速度共同组成的。通常情况下建筑物内人员可分为成年女性、成年男性、儿童、老人四类，各类人员的特征参数如表 8-14 所示[39]。本文中的船舶类型为远洋捕捞型渔船，舱室内所有工作人员全部为成年男性船员，故将船员的移动速度设为 1.35m/s。

人员固定特征参数　　表 8-14

人员类型	肩宽（cm）	身高（m）	移动速度（m/s）
成年女性	45	1.65	1.25
成年男性	50	1.7	1.35
儿童	30	1.3	0.9
老人	50	1.6	0.8

8.3.3 船员逃生安全判定标准

（1）性能化人员逃生设计。

为了保障火灾发生时人员可以顺利到达安全场所，出现了两种疏散设计的方法，分别为指令性规范设计和性能化规范设计[40]。指令性规范设计实施过程简单，易操作。但是，该方法在不同场所应用时差异较大，对于某些场所该设计是合理的，而其他场所应用指令性规范设计会造成过严或过松的结果。性能化规范设计是基于安全目标来开展的，采用量化分析方法判断能否达到预设的安全目标，从而确立科学有效的疏散设计方案。

作者采用性能化规范设计的方法，首先确立船员在火灾场景下安全逃生的判定标准，其次，采用 PyroSim 软件计算得出船员的可用逃生时间，利用 Pathfinder 计算得出船员的必需安全逃生时间，最后判断远洋渔船发生火灾时船员能否安全逃生。人员逃生过程是否安全可用安全逃生时间和必需安全逃生时间做比较而决定的，即在 ASET 大于 RSET 时才能保证人员的安全性，具体关系如图 8-24 所示[41]。

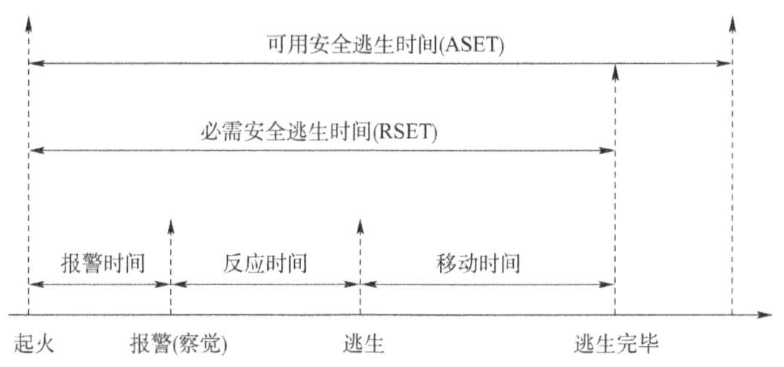

图 8-24 人员逃生时间构成

（2）必需安全逃生时间。

从火灾开始的时刻至火场中所有人都撤离到一个安全的地点的时刻，这段时间称为必需安全逃生时间。船员的必需逃生时间又由火灾探测报警时间（$T_{警}$）、人员预动作时间（$T_{预}$）和人员行动时间（$T_{移}$）这三部分时间组成，具体表达如下：

$$\mathrm{RSET} = T_{警} + T_{预} + T_{移}$$

①火灾探测报警时间。

从火灾开始时刻至触发报警装置时刻的这段时间称为火灾探测报警时间。该艘远洋渔船装有感烟探测报警装置，对火灾发生时烟气的感知能力较强。由于远洋渔船机舱空间狭小，一旦发生火灾时烟气可迅速触发烟雾报警系统，因此本文将探测报警时间（$T_{警}$）设为 30s[42]。

②预动作时间。

从人员收到报警的时刻到逃生行动开始的这段时间称为预动作时间，它是由识别时间和反应时间共同组成的。识别时间指警报信号发出后人员还未反应的时间。反应时间是指人员识别警报信号后作出反应向安全地带逃生的时间。由于远洋渔船上的人员类型全部为船员，熟悉船舶上的各类装置并经过专业的培训，依照最不利原则假定船员的预动作时间（$T_{预}$）为 30s[43]。

③人员行动时间。

从开始逃生的时刻到全部人员抵达安全位置的时间称为人员行动时间。缩短人员的逃生行动时间对于保证人员生命安全意义重大，作者通过 Pathfinder 仿真技术得出该值。

8.3.4 建立船员逃生模型

该船额定人数为 58 人，根据舱室布置图，建立了如图 8-25 所示的船员逃生模型，主视图中从上至下共有 5 层，依次为罗经甲板、驾驶甲板、主甲板、二甲板和舱底平面。前文模拟发生火灾的位置分别是机舱、集控室、船员舱室，因此将船员分配在船舶的上层建筑和机舱内。模型中的各种设备、管路、床铺、衣柜等做了适当简化，图中封闭区域表示各个舱室、设备等，每个船员舱室都设有安全出口，逃生目的地位于罗经甲板。自罗经甲板至舱底平面，从左舷到右舷，由船艏至船艉依次布置6个用于船员行走的楼梯，编号分别为S1、S2、S3、S4、S5、S6。罗经甲板两侧布置6个抛投式膨胀救生筏，每个救生筏可容纳10人，全船58人经过出口抵达救生筏处表示船员安全逃生。

a) 主视图

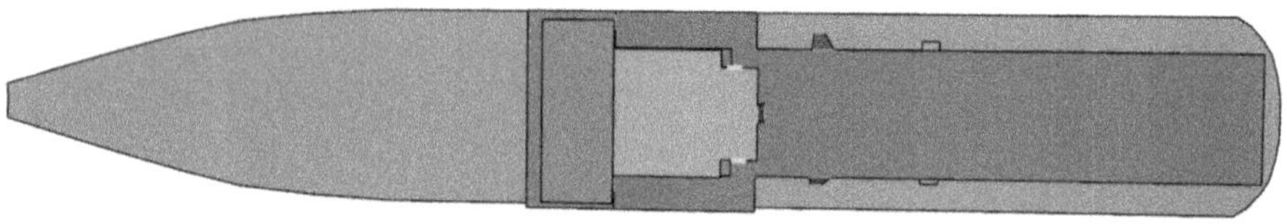

b) 俯视图

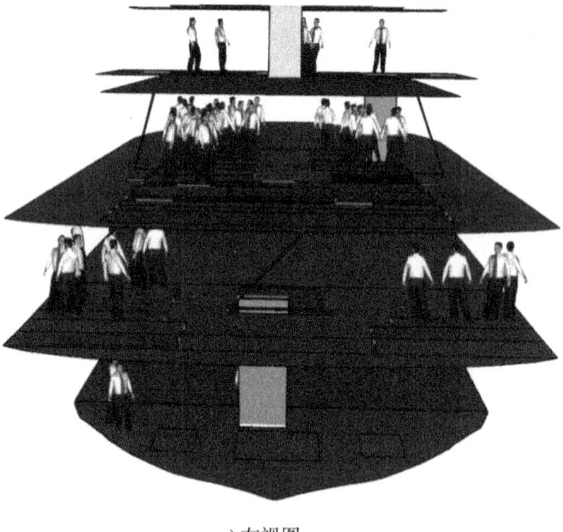

c) 左视图

图8-25　远洋渔船逃生模型

8.3.5 仿真结果分析

（1）船员逃生时间分析。

图8-26为船员逃生过程中人数变化情况，远洋渔船疏散船员人数共58人，实线表示

已经成功逃生的船员人数，虚线表示剩余船员人数。从图中可以看出，随着逃生时间的持续增加，远洋渔船内船员人数逐渐下降，$T = 80\mathrm{s}$ 时船员逃生人数近一半，全部船员转移到指定位置共耗时 145s。

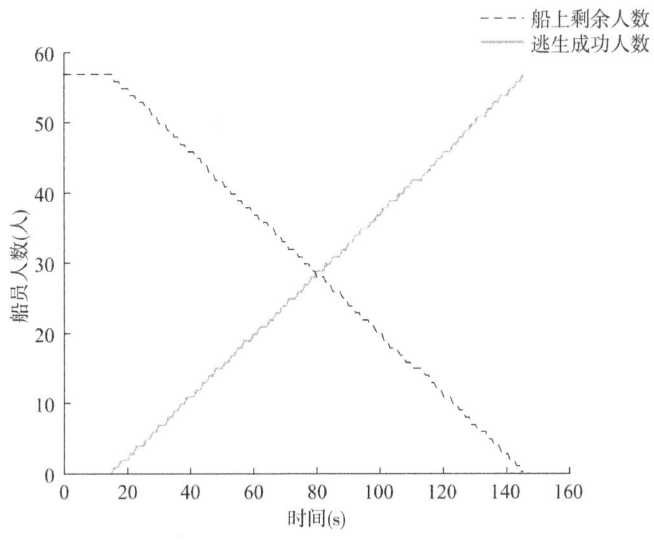

图 8-26 船员人数变化图

图 8-27 展示了各楼梯的使用情况。S1 是驾驶甲板通向罗经甲板的楼梯，当 $T = 15\mathrm{s}$ 时开始有船员通过，随后船员通过率在 0.4 人/s 左右浮动直到所有船员成功逃生，可以看出该楼梯是所有船员逃向救生筏的必经之路；S2 是连接驾驶室和主甲板船员室的楼梯，在仿真过程中无船员通过，表明在 Steering 模式下驾驶室内的船员选择了距离救生筏更近的路径逃生；S3 是主甲板左舷至驾驶甲板的楼梯，当 $T = 18\mathrm{s}$ 开始有船员通过，人员通过率达 0.4 人/s 左右。一段时间后开始下降，可以看出，左舷主甲板以下舱室内的船员在 $T = 85\mathrm{s}$ 后全部离开；S4 是主甲板右舷至驾驶甲板的楼梯，当 $T = 18\mathrm{s}$ 时开始有人通过，人员通过率达 0.4 人/s 左右一段时间后开始下降，从图中可以看出右舷主甲板以下舱室内的船员在 $T = 106\mathrm{s}$ 后全部离开；S5 是二甲板平台通向主甲板尾部走廊的楼梯，当 $T = 9\mathrm{s}$ 时船员的通过率开始上升，达到极值 0.68 人/s 一段时间后开始下降，可以看出当 $T = 56\mathrm{s}$ 后机舱内所有船员均已离开；S6 是机舱底部通向二甲板平台的楼梯，在 $T = 8\mathrm{s}$ 时船员的通过率开始上升，达到极值点 0.35 人/s 后开始下降，由于机舱底部船员人数较少，可以看出在 $T = 32\mathrm{s}$ 后机舱底部船员全部离开。

通过以上分析可以发现，各楼梯疏散船员用时分别为 130s、0s、67s、88s、47s、24s。可见楼梯 S1、S3、S4、S5 的使用率较高，考虑到船舶的空间布置问题，可在主甲板至驾驶甲板和驾驶甲板至罗经甲板间增加楼梯数量进行优化。

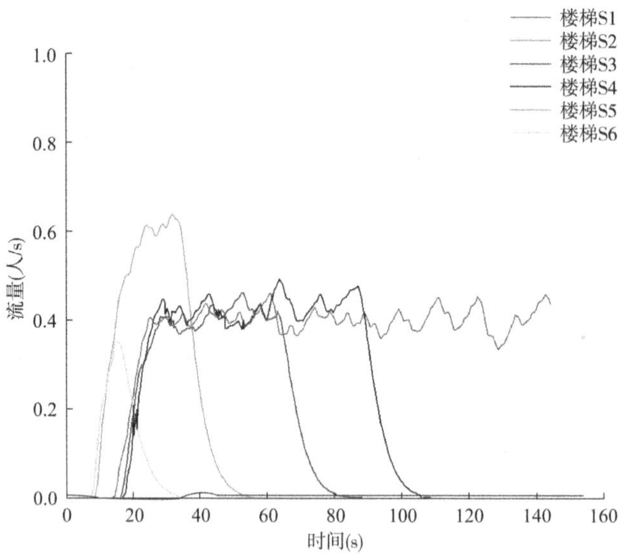

图 8-27　各楼梯人员通过率

（2）船员人流密度情况。

图 8-28 揭示了船员在逃生过程中人员密度较大的区域。疏散仿真开始后，船员在 Steering 模式下自主选择最短路径逃生。在 $T=25$s 时，驾驶甲板楼梯 S1 处船员密度为 2 人/m^2，同时主甲板楼梯 S3、S4 处也出现了明显拥挤的情况，船员密度为 3 人/m^2。$T=55$s 时，主甲板左舷楼梯 S3 处船员全部转移到驾驶甲板处，主甲板右舷楼梯 S4 处拥挤的情况加剧，由于楼梯 S1 处的拥堵和船舱内船员陆续抵达 S1 楼梯处，驾驶甲板处船员密度上升到了 3 人/m^2。当 $T=85$s 时，还未逃生的船员全部来到了驾驶甲板并滞留在驾驶甲板。从上述分析可知，船员逃生过程中主要集中在主甲板楼梯处及驾驶甲板楼梯处，由于人群的拥挤，船员身体之间发生接触，相互摩擦，在很大程度上增加了船员的逃生时间。此外，拥挤也会给船员带来恐慌情绪，可能产生踩踏事件，带来灾难性的后果。

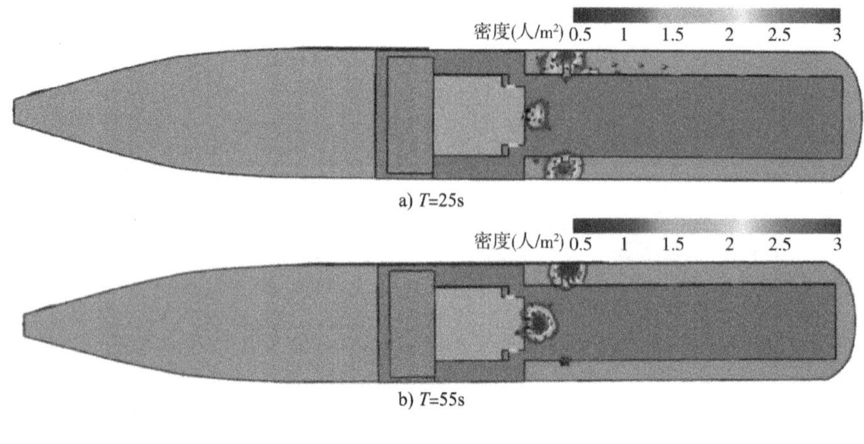

图　8-28

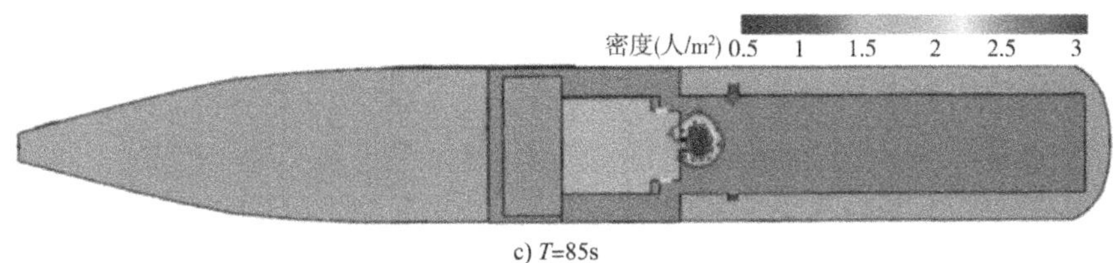

c) T=85s

图 8-28 船员密度云图

（3）船员疏散轨迹。

图 8-29 为各舱室内船员运动轨迹，在 Steering 模式下船员们选择了最短路线朝向本层甲板的楼梯运动。舱底平面及二甲板平面船员数量较少，行动轨迹较为稀疏；主甲板及驾驶甲板船员人数较多，通道和走廊处轨迹线较为稠密，特别是主甲板和驾驶甲板的楼梯处，轨迹线呈团簇状，表示船员人数在该位置人数多，较为拥挤。

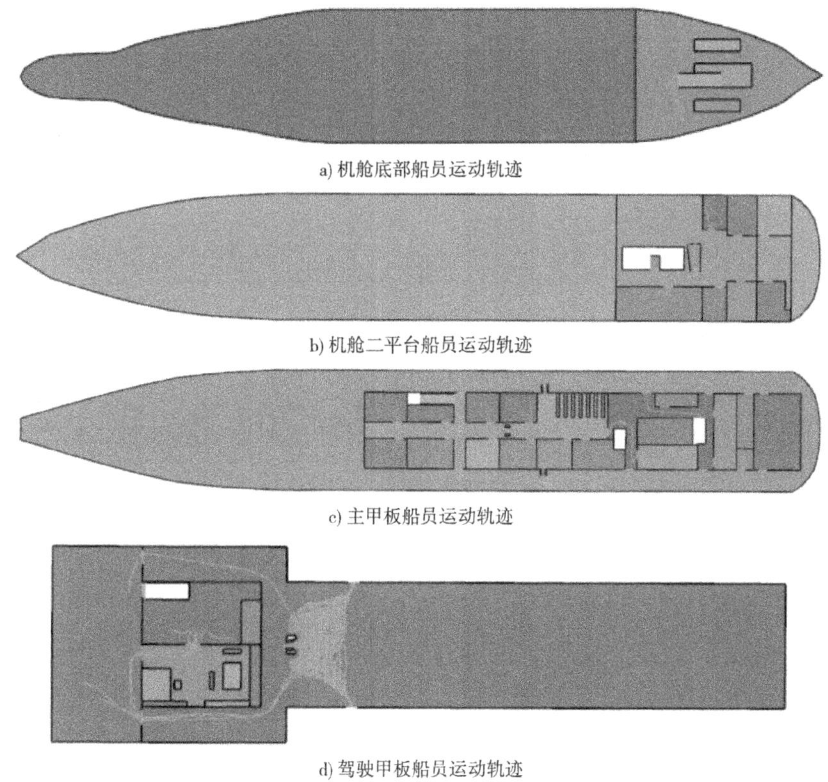

a) 机舱底部船员运动轨迹

b) 机舱二平台船员运动轨迹

c) 主甲板船员运动轨迹

d) 驾驶甲板船员运动轨迹

图 8-29 远洋渔船各甲板船员运动轨迹图

8.3.6 优化方案

（1）改进方案一。

从图 8-27 对各楼梯的人流量分析中可以看出，楼梯 S1、S3、S4 的使用率较高。另外，从图 8-28 所示船员逃生的过程可以看出，主甲板两端及驾驶甲板楼梯处船员人数最为密集。由于船员逃生过程中出现拥堵，在此期间，船员的心理素质各不相同，很容易出现踩踏及伤亡事件，同时船员的拥堵也延长了逃生时间。因此，在原有模型的基础上，针对该问题在驾驶甲板至罗经甲板左右舷各增加一条楼梯。通过增加主甲板至驾驶甲板楼梯的数量进一步分析楼梯数量对船员逃生的影响。

图 8-30 为主甲板至驾驶甲板增加楼梯后的船员人数变化曲线。该船船员总人数为 58 人，当 $T=80$s 时，船员成功逃生人数达到一半，$T=145$s 时全部船员成功逃生。图 8-30 中船员全部成功逃生所用时间与图 8-27 中船员全部成功逃生所用时间相同，没有明显的变化，可见在主甲板至驾驶甲板左右舷增加楼梯后对船员总体的逃生时间没有影响。

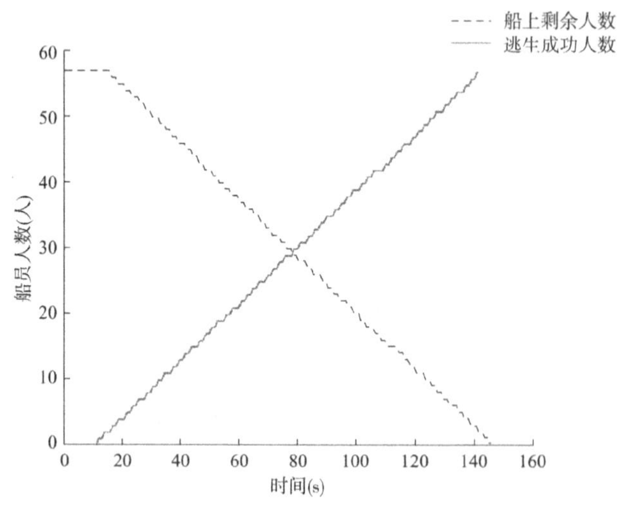

图 8-30　主甲板至驾驶甲板增加楼梯后的船员人数变化

图 8-31 是主甲板至驾驶甲板左右舷增加楼梯后的船员密度云图，当 $T=25$s 时，船员主要集中在主甲板及驾驶甲板楼梯处。与图 8-28 相比较可以看出增加主甲板至驾驶甲板左右舷的楼梯数量后，缓解了楼梯 S3、S4 的疏散压力。当 $T=55$s 时，远洋渔船上全部船员都来到了驾驶甲板，此时的人员密度达 3 人/m^2。由此可知，楼梯 S1 所承担的疏散任务最重，此处船员聚集在楼梯口附近造成拥挤，延长了船员的逃生时间。

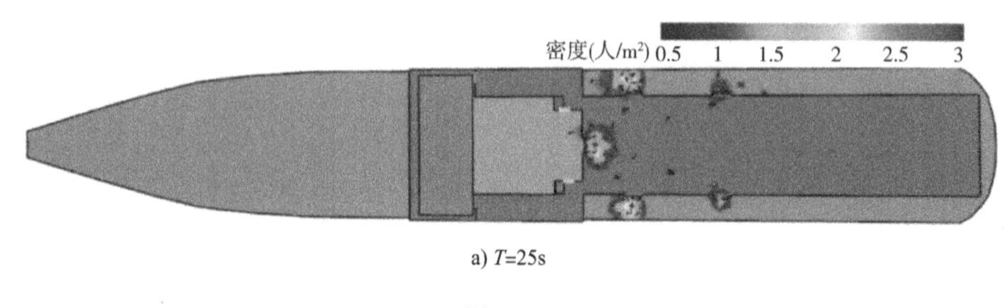

a) T=25s

图　8-31

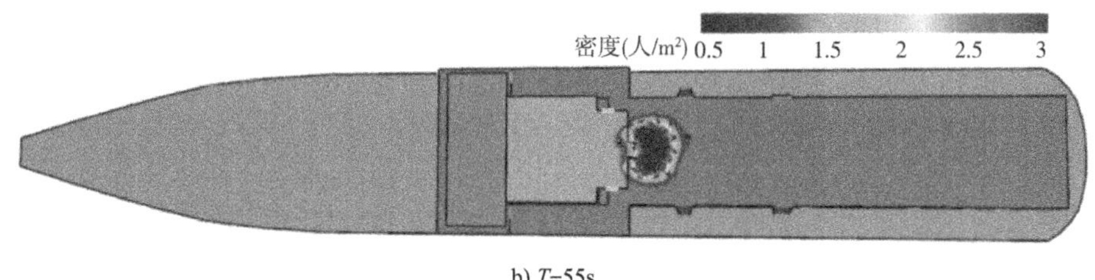

b) T=55s

图 8-31 主甲板至驾驶甲板增加楼梯后的船员密度云图

（2）改进方案二。

虽然增加主甲板至驾驶甲板左右舷楼梯数量后对船员逃生过程的时间几乎没有影响，但是在一定程度上缓解了楼梯 S3、S4 的拥挤情况，对船员的疏散是有益的。在此基础上，增加驾驶甲板至罗经甲板间楼梯的数量。在船员身高、肩宽及移动速度不变的情况下，船员逃生所用时间如表 8-15 所示。

船员成功逃生所用时间表 表 8-15

楼梯数量	时间（s）	楼梯数量	时间（s）
1	145	4	62
2	84	5	59
3	70		

如图 8-32 船员人员密度云图所示，$T=25$s 时，船员主要分布于主甲板楼梯处，但船员的拥挤情况得到了缓解。同时，驾驶甲板楼梯处不再出现大量船员滞留的现象，极大地提高了船员逃生过程的安全性，避免了因拥挤造成的恐慌心理，提高了船员逃生的效率。$T=55$s 时，仅剩少数船员还未成功撤离该船。

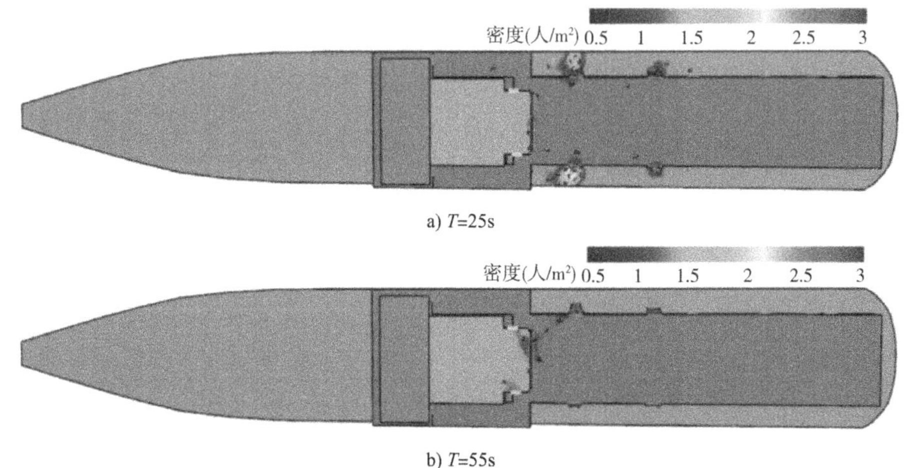

a) T=25s

b) T=55s

图 8-32 驾驶甲板至罗经甲板增加楼梯后的船员密度云图

从图 8-33 船员逃生过程中的移动路径情况可以看出，主甲板船员室人员的主要逃生路径为走廊及甲板两端的通道。主甲板及驾驶甲板处团簇状的路径分布情况也得到有效的改进，使得船员在逃生时井然有序，逃生路径分布均匀。

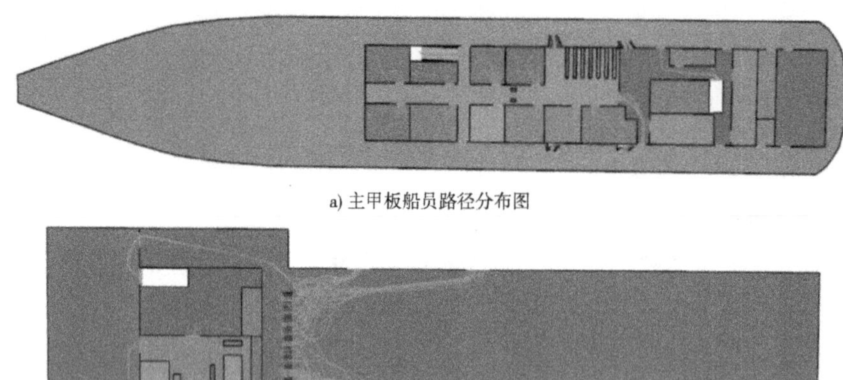

a) 主甲板船员路径分布图

b) 驾驶甲板船员路径分布图

图 8-33　优化后各甲板船员运动轨迹图

（3）优化结果分析。

图 8-34 为优化前后船舶已经成功逃生人数的对比曲线。从图中可知，优化前仿真开始后 20s 距离罗经甲板较近的船员先到达指定位置，在该情形下船员的行动时间（$T_{移}$）为 145s。实线表示在优化方案一的基础上进一步优化的最优结果，仿真开始后 14s 已经有船员成功逃生，该种情况下船员的行动时间（$T_{移}$）缩短为 59s，与优化前相比船员的行动时间（$T_{移}$）缩短了 86s。

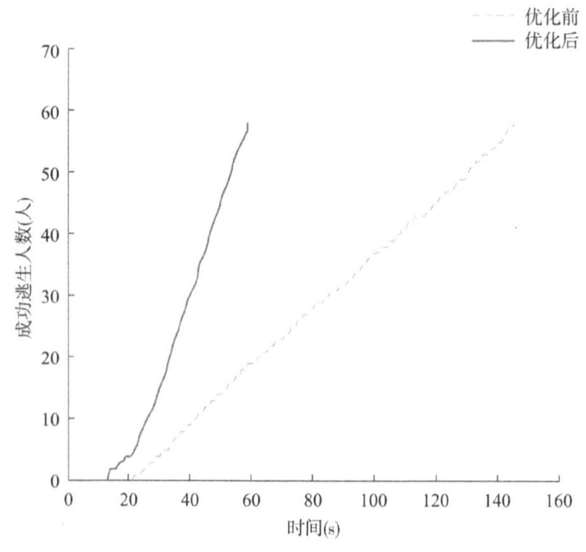

图 8-34　优化前后成功逃生人数变化曲线

在火灾报警时间（$T_{警}$）为 30s 和船员预动作时间（$T_{预}$）为 30s 的条件下，求得优化前船员的必需安全逃生时间为 205s，采用船员逃生方案二的最优结果得出船员的必需安全逃生时间为 119s。结合上一章内容，通过对各类火灾场景得出的可用安全逃生时间与必需安全逃生时间进行比较，从而评判船员在各类火灾发生时能否安全逃生，判定结果如表 8-16 所示。

各类火灾场景船员逃生安全性判定 表 8-16

项目	火灾场景	ASET（s）	RSET（s）	安全性判定
优化前	机舱火灾	154	205	不安全
	集控室火灾	235		安全
	船员室火灾	146		不安全
优化后	机舱火灾	154	119	安全
	集控室火灾	235		安全
	船员室火灾	146		安全

8.4 利用细水雾抑制船舶火灾的模拟研究

远洋渔船航行在远离陆地和城市的大洋中，发生火灾后很难得到外界的救援。细水雾灭火系统在船舶中应用广泛，其用水量少，能够减少自由液面的生成，对船舶的稳性影响小。结合前文对船舶火灾的类型的分析，采用 PyroSim 建立远洋渔船机舱和船员室的火灾模型，并对相关参数进行设置，通过对不同尺寸细水雾对不同类型火灾的灭火效果的分析，提出了应用细水雾灭火系统时的注意事项。

8.4.1 细水雾简介

2010 年，美国国家消防协会发布了《细水雾消防系统的标准》[44]，标准明确了细水雾是在距喷嘴 1m 处的位置，应用最低设计压力，通过特殊喷嘴喷水产生的水微粒，水雾液体总体积中直径大于 1000μm 的水雾液体占 1%，直径小于或等于 1000μm 水雾液体占 99%，可表示为 $D_{V0.99} \leqslant 1000\mu m$。

8.4.2 细水雾分类

不同于陆地上的交通工具，当远洋渔船发生火灾时，在一些特定的条件下，需要用大量的水进行扑救，很容易形成自由液面，从而导致船体的稳定性降低，危及船舶的安全。高压细水雾系统与传统的消防水系统相比，其实际用水量并不多，对船舶稳性造成的影响可以忽略不计，在船舶发生火灾时可以第一时间起到降低火势的作用。细水雾除了具有水本身的阻隔热辐射和浸润的作用外，还具有更好的冷却作用。如图8-35所示，我国将细水雾分为以下三个等级[45]：

（1）Ⅰ级细水雾是指 $D_{V0.1}=100\mu m$ 与 $D_{V0.9}=200\mu m$ 连线的左侧区域。

（2）Ⅱ级细水雾是指Ⅰ级细水雾边界与 $D_{V0.1}=200\mu m$ 同 $D_{V0.9}=400\mu m$ 连线之间的区域。

（3）Ⅲ级细水雾是指Ⅱ级细水雾边界与 $D_{V0.9}=1000\mu m$ 之间的区域。

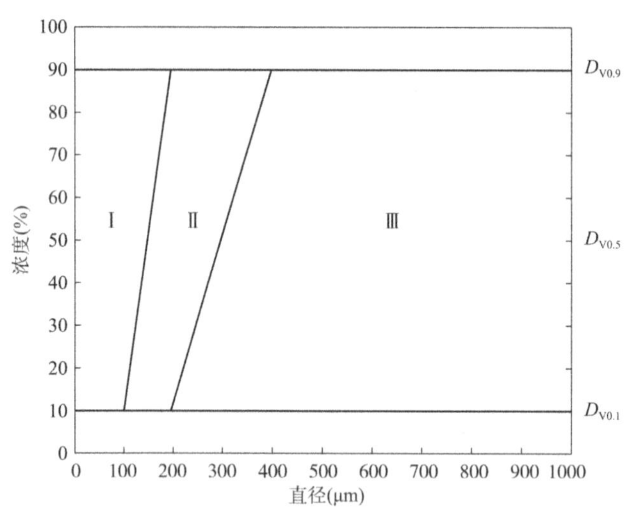

图8-35　细水雾雾滴直径分级图

8.4.3　细水雾抑制船员室火灾

（1）参数设置。

船员室的实际尺寸为：长×宽×高=3.6m×2.5m×2.1m。从船员室实际尺寸出发，对其进行几何建模，模型中包含3组床位，3组衣柜。同时根据细水雾雾滴直径分级情况，分别选取雾滴直径大小为50μm、300μm、700μm的细水雾对船员室进行灭火，设置水雾喷头的坐标为 $W1$（1.8m，1.4m，2m）。图8-36为主甲板左舷船员室模型及火情布置情况，在船员室左舷下方设置一个着火点来模拟船舶的甲类火灾。在坐标 $T1$（1.8m，1.4m，1m）处设置热电偶来监测船员室的温度。

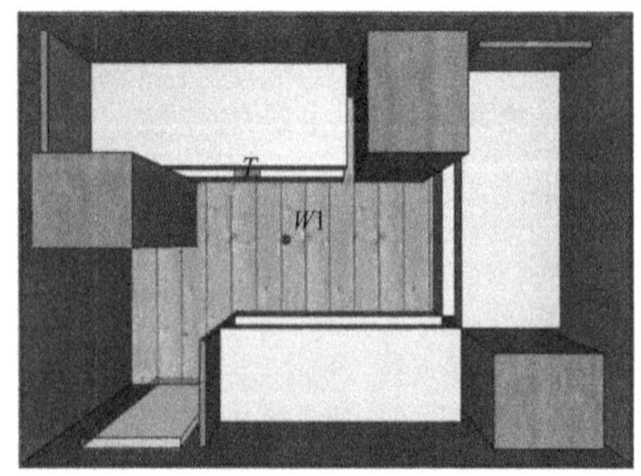

图8-36　船员室火灾模型

（2）灭火情况分析。

从图8-37不同雾滴直径下热电偶监测的温度曲线图可以看出，火场的温度变化呈增长-蔓延-衰退三个阶段。在不设置细水雾灭火系统的情况下，火灾发生550s后船员室的中心温度达到峰值1250℃左右，760s后温度开始下降；环境温度超过74℃时触发高压细水雾灭火系统，在使用雾滴直径大小为50μm和300μm的细水雾对船员室灭火时，室内中心温度都较未设置细水雾灭火系统时低，然而室内的中心温度都出现了先下降随后又逐步上升的情况，特别是50μm的细水雾灭火能力较差；利用雾滴直径为700μm的细水雾进行灭火，火灾发生400s时船员室中心温度达到峰值750℃左右，随后温度逐步下降，可见直径为700μm的细水雾对船舶的甲类火灾有较好的灭火效果。结果表明，在船舶发生甲类火灾时，雾滴直径较大的细水雾灭火效果较好。原因是大颗粒的水雾具有较好的浸润作用，同时可以有效地降低舱室的温度。此外，细水雾在遇到火后，形成了大量的蒸汽，减少了自由液面的生成，降低了对船舶稳性的影响。

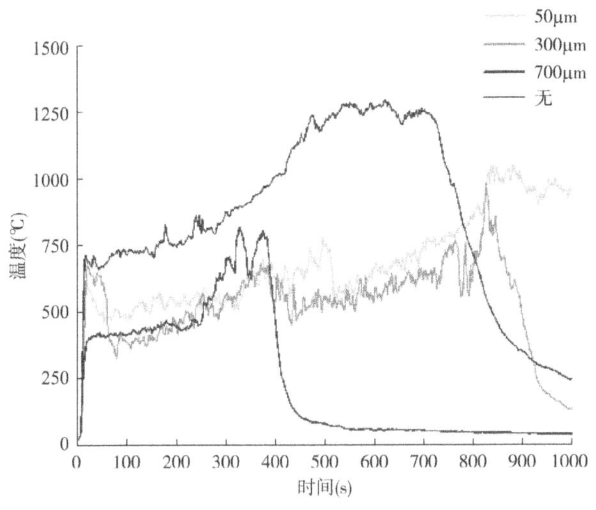

图8-37 热电偶测得火源上方温度值

8.4.4 细水雾抑制船舶机舱火灾

（1）参数设置。

该船机舱的真实尺寸为：长×宽×高＝11m×10m×5m。从机舱实际尺寸出发，对其进行几何建模，模型中左右舷各布置一台发电机，中部布置了一台主机。设置水雾喷头的坐标分别为$M1$（2.5m，2.5m，4.9m）、$M2$（2.5m，－2.5m，4.9m）、$M3$（7m，2.5m，4.9m）、$M4$（7m，－2.5m，4.9m）的四组细水雾喷嘴，如图8-38所示，同时根据细水雾雾滴直径分级情况，分别选取雾滴直径大小为50μm、300μm、700μm的细水雾对船舶机舱进行灭火。在机舱底部左舷前方设置一火源模拟船舶的乙类火灾。在距离火源上方0.5m处设置热电偶来监测机舱内的温度变化情况。

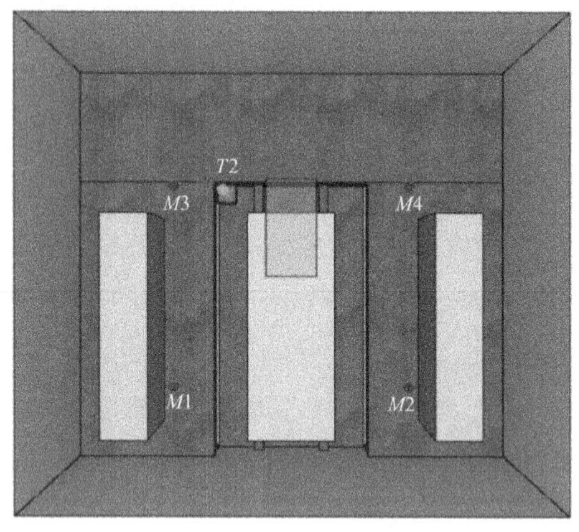

图8-38 机舱火灾模型

（2）灭火情况分析。

从图8-39不同雾滴直径下热电偶监测的火源上方温度变化情况可以看出，雾滴直径为50μm的细水雾灭火性能更好。雾滴直径为700μm的细水雾在降低火源温度时用时长，特别是在350s时火源温度突然上升。通过比较可以看出雾滴直径越小的细水雾对油类火灾的灭火能力越强。造成这样结果的原因是较小的雾滴颗粒尺寸具有较大的相对表面积，在高温环境中蒸发速度更快，带走大量的热能，使火焰迅速降温。然而大尺寸的雾滴还没有被加热蒸发，就已经掉落到油池中。因为柴油与雾滴之间存在温度差，会引起柴油的飞溅，从而加速燃烧，让火焰的温度骤然升高。结果表明，在船舶发生乙类火灾时，雾滴直径较小的细水雾灭火效果更好。

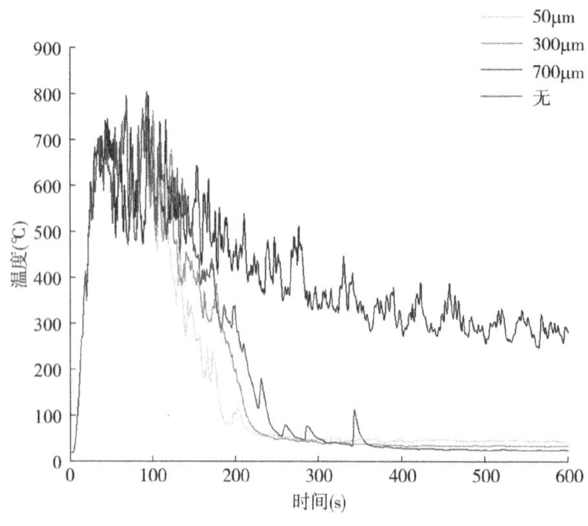

图8-39 热电偶测得温度值

8.5 结论与展望

8.5.1 结论

作者以某77m秋刀鱼兼鱿鱼钓船为研究对象，基于专业的火灾仿真模拟软件PyroSim对该船的几种火灾场景进行了仿真，将危险因素达到临界时间的最小值作为可用安全时间。另外，利用人员应急疏散仿真软件Pathfinder对船员的疏散过程进行了仿真模拟，并且针对船员逃生过程中存在的拥挤问题进行了优化，从而得出船员逃生过程中的必需安全逃生时间，通过比较ASET和RSET两组时间的大小来评判船员能否安全逃生。最后，对于抑制远洋渔船火灾提出一些建议，主要研究成果如下：

（1）通过对渔业互保协会数据统计和大量远洋渔船火灾案例的分析，总结事故规律及致因，详细地介绍了火源多、可燃物多、易蔓延、疏散困难、消防设备少、难以扑救和损失大7个远洋渔船火灾的特点。在此基础上，对火灾安全判定标准和性能化人员逃生设计分别进行了系统地阐述，为本章奠定了理论基础。

（2）船舶火灾仿真的过程中发现，在竖直方向主甲板尾部的楼梯口与机舱二甲板开口相互连通形成烟囱效应，致使机舱及集控室发生火灾时烟气沿着垂直方向上升，加速了烟气的蔓延。在水平方向，由于主甲板存在出口，机舱内的烟气大量地溢出，造成主甲板船员室及走廊烟气浓度增加的时间较长。然而，船员室发生火灾后，烟气很难在较短的时间向外排出，使得邻近船员室及走廊的能见度迅速下降。同理，距离火源越近，一氧化碳浓度和环境温度的值越高。通过对各监测点处数据对比分析得出，三种火灾场景下能见度、一氧化碳浓度和环境温度对船员产生危害的临界值分别为154s、235s、146s，该值就是几种火灾场景下的可用安全逃生时间。

（3）在船员逃生仿真的过程中发现，罗经甲板连接驾驶甲板的楼梯S1和驾驶甲板连接主板的两个楼梯S3、S4的使用率最高，大量船员聚集在主甲板两侧楼梯口和驾驶甲板楼梯处，造成了船员拥挤现象的发生。所有船员转移到指定位置共耗时145s，此时船员的必需安全逃生时间为205s，仅有集控室火灾场景下的船员可以安全逃生。改进方案一是在主甲板至驾驶甲板增加楼梯，虽然在这种情况下船员移动到指定位置的时间没有发生改变，但是在一定程度上缓解了楼梯S3、S4的压力，降低了船员的恐慌情绪。改进方案二是在方案一的基础上在驾驶甲板至罗经甲板间增加楼梯的数量，当楼梯数量增加到 5 个时，船员移动到指定位置的时间由原来的 145s 缩短到了 59s，前后缩短了 86s，此时的必需安全逃生时间为 119s，三种火灾场景下的可用安全逃生时间均大于该值，表明对楼梯进行优化后提高了船员的逃生效率，具有一定的实际意义。

（4）利用高压细水雾抑制火势时，不同雾滴直径的细水雾对不同类型的火灾的灭火效果是不同的，即远洋渔船的甲类火灾应采用雾滴直径较大的细水雾灭火，乙类火灾应采用雾滴直径较小的细水雾灭火。

8.5.2 展望

与陆地上建筑物的火灾相比，远洋渔船火灾具有其独有的特点。与此同时，针对远洋渔船的火灾领域的研究较少，缺乏该领域的文献作为参考。作者的研究工作还有很多不足之处，计划在后续的科研工作中积极探索，具体工作如下：

（1）火源位置仅选取了发生概率较高的几个位置，在后续的仿真过程中应考虑多种火灾场景带来的影响，如储藏室、厨房等发生火灾的情景。

（2）目前仅对造成船员逃生拥挤的楼梯进行了优化，在未来的研究中还应考虑舱室布置情况及救生筏位置的问题。

（3）当前研究只研究了船舶静止状态下发生火灾时船员的逃生过程，然而真实的海洋环境复杂多变。在后续的研究中，将开展船舶倾斜状态对船员移动速度的影响研究。

参考文献

[1] 农业农村部渔业渔政管理局．中国渔业年鉴 2021［M］．北京：中国农业出版社，2022.

[2] 沈王强．渔船重大事故的分析与预防［J］．中国水产，2021（08）：56-58.

[3] ALLISON D M，MARCHAND A J，MORCHAT R M. Fire performance of composite materials in ships and offshore structures［J］. Marine Structures，1991，4（2）：129-140.

[4] SU S，LIANG W，NIE Y，et al. Numerical computation and characteristic analysis on the center shift of fire whirls in a ship engine room fire［J］. Safety Science，2012，50（1）：12-18.

[5] LI J，HUANG Z. Fire and explosion risk analysis and evaluation for LNG ships［J］. Procedia engineering，2012，45：70-76.

[6] HE Q，LI C，LU S，et al. Experimental study of pool fire burning behaviors in ceiling vented

ship cabins [J]. Procedia engineering, 2014, 71: 462-469.

[7] SONER O, ASAN U, CELIK M. Use of HFACS-FCM in fire prevention modelling on board ships [J]. Safety Science, 2015, 77: 25-41.

[8] SPYROU K J, KOROMILA I A. A risk model of passenger ship fire safety and its application [J]. Reliability Engineering System Safety, 2020, 200: 106937.

[9] HOOVER J B, TATEM P A. Application of CFAST to shipboard fire modeling III. Guidelines for users [R]. NRL/MR/6180-01-8550 (Navy Technology Center for Safety and Survivability. Chemistry Division, 2001), 2001.

[10] HOOVER J B, TATEM P A. Application of CFAST to shipboard fire modeling II. Specification of Complex Geometry [R]. Naval Research Lab, NRL/MR/6180-00-8489, 2000.

[11] HOOVER J B, TATEM P A. Application of CFAST to shipboard fire modeling I. Development of the Fire Specification [J]. Naval Research Lab, NRL/MR/6180-00-8466, 2000.

[12] BAILEY J L, TATEM P A F. Validation of Fire/Smoke Spread Model (CFAST) Using ExUSS SHADWELL Internal Ship Conflagration Control (ISCC) Fire Tests [M]. Naval Research Laboratory, 1995.

[13] SU S, WANG L. Three dimensional reconstruction of the fire in a ship engine room with multilayer structures [J]. Ocean Engineering, 2013, 70: 201-207.

[14] 杨文博，任玉清．基于 FTA 的渔船火灾事故风险分析 [J]．中国渔业质量与标准，2020，10（05）：49-54.

[15] 方万水，姜龙光，周文友．船舶大舱图像型火灾探测器的设计及应用 [J]．船舶工程，2012，34（06）：40-43.

[16] 李先锋，徐森，花义明．基于 OpenCV 计算机视觉的海事视频船舶火灾烟雾检测技术 [J]．舰船科学技术，2021，43（22）：202-204.

[17] 谢锦涛．基于视频的船舶舱室火灾烟雾检测算法研究 [D]．大连：大连理工大学，2020.

[18] YOSHIDA K, MURAYAMA M, ITAKAKI T. Study on evaluation of escape route in passenger ships by evacuation simulation and full-scale trials [C] //Proceedings of the 9th International Fire Science and Engineering Conference (Interflam), 2001: 17-19.

[19] GWYNNE S, GALEA E R, LYSTER C, et al. Analysing the evacuation procedures employed on a thames passenger boat using the maritime EXODUS evacuation model [J]. Fire Technology, 2003, 39 (3): 225-246.

[20] LEE D, PARK J H, KIM H. A study on experiment of human behavior for evacuation simulation [J]. Ocean Engineering, 2004, 31 (8): 931-941.

[21] BLES W, NOOY S A E, BOER L C. Influence of ship listing and ship motion on walking speed [C] //Conference on pedestrian and evacuation dynamics (PED 2001). Springer, 2001: 437.

[22] WEIDMANN U. Transporttechnik der Fussgänger [J]. Strasse und Verkehr, 1992, 78 (3): 161-169.

[23] GLEN I. BMT fleet technology [C] //1st International Conference Escape, Evacuation and Recovery, Lloyd's List, 2004.

[24] BRUMLEY A, KOSS L. The implication of human behavior on the evacuation of ferries and cruise ships [J]. Proceedings of AME, 1998, 98.

[25] MEYER-KÖNIG T, KLÜPFEL H, SCHRECKENBERG M. Assessment and analysis of evacuation processes on passenger ships by microscopic simulation [J]. Pedestrian and evacuation dynamics, 2002: 297-302.

[26] 刘众擎，何宏舟，李晖，等. 船舶客舱火灾全尺度燃烧室及其相似. 模型设计 [J]. 安全与环境学报，2018，18 (03)：940-945.

[27] 杜世欣. 火灾环境下船舶人员疏散路径优化算法研究 [D]. 哈尔滨：哈尔滨工程大学，2020.

[28] 曹时. 基于元胞自动机的船舶人员疏散路径优化 [D]. 哈尔滨：哈尔滨工程大学，2016.

[29] 徐澄. 基于元胞自动机人员疏散仿真的客船布置优化研究 [D]. 武汉：武汉理工大学，2014.

[30] 黄有波，吕淑然. 建筑火灾仿真工程软件——PyroSim 从入门到精通 [M]. 北京：北京化工出版社，2017.

[31] 王当利. 熟悉与基本安全——船舶防火与灭火 [M]. 武汉：武汉理工大学出版社，2008.

[32] 李胜利. FDS 火灾数值模型 [M]. 北京：化学工业出版社，2019.

[33] 许超逸. 船舶机舱火灾特性的数值模拟研究 [D]. 哈尔滨：哈尔滨工业大学，2016.

[34] 张晨. 船舶火灾烟气蔓延与人员疏散模拟研究 [D]. 大连：大连海事大学，2020.

[35] 熊锡龙. 船舶高级消防 [M]. 武汉：武汉理工大学出版社，2008.

[36] 薛冰寒. 基于 BIM 的地铁火灾人员疏散模拟研究 [D]. 徐州：中国矿业大学，2019.

[37] 张耀伟，廖艳芬，胡善超，等. 大型综合购物广场中庭火灾烟气的数值模拟 [J]. 安全与环境学报，2017，17 (01)：113-117.

[38] 王春雪，吕淑然．人员应急疏散仿真工程软件——Pathfinder 从入门到精通［M］．北京：化学工业出版社，2016.

[39] 刘世松．高层建筑火灾疏散研究［D］．北京：北京建筑大学，2020.

[40] 余明高．火灾风险评估［M］．北京：机械工业出版社，2019.

[41] 谢晨晨．博物馆火灾场景下应急疏散仿真研究［D］．扬州：扬州大学，2021.

[42] 李文健．火灾背景下高层建筑异质人群疏散方法优化研究［D］．赣州：江西理工大学，2021.

[43] 陈斌．邮轮客舱火灾及人员安全疏散仿真研究［D］．武汉：武汉理工大学，2020.

[44] 美国国家标准学会．水雾防火系统的标准：ANSI/NFPA 750-2010［S］．美国，2010.

[45] 中国海事服务中心．船舶高级消防［M］．大连：大连海事大学出版社，2012.

第 9 章

小型木质海洋渔船安全风险评估研究

9.1 引言

我国是渔船保有量最多的国家。据统计，截至2021年末，我国渔船拥有量为52万艘[1]。其中，木质渔船的数量占比超过50%。木质渔船的船体主要由木材制成，木材具有密度低、强度高、耐冲击、可以直接取之于自然界且易于加工等优点，一直以来都是造船的主要材料[2]。但由于木质渔船长期浸泡在海水里，随着使用年限的增加，很容易出现船体蚀耗、接缝开裂等问题，严重影响船体的结构及性能，给渔船在海上航行和作业带来一定的安全隐患。

根据部分小型木质海洋渔船数据，木质渔船往往都存在建造日期久远、技术状况较差的安全隐患问题。部分船东重视生产效益，忽视渔船安全状况，导致维护保养投入少，渔船设备工作可靠性下降，渔船发生故障的风险增加。且小型木质海洋渔船的船员人数一般为两人，船员大多年龄偏大，其身体状况、对法律法规的掌握程度及使用现代化设备的熟练度都难以满足渔船安全驾驶的要求。然而，船员作为渔船的操纵者，对渔船的安全起着至关重要的作用[3]。人为失误是造成海上事故的最重要原因[4]，在海上复杂多变的环境下，渔船的技术状况以及船员状况直接影响着渔船的安全。

目前，国内外专家学者关于渔船安全评估的研究取得了不俗的成绩。Priharanto Y E采用模糊FMEA模型对渔船主机的关键部件进行风险等级划分，准确地获取潜在风险值，有助于精准地对渔船主机进行维护[5]。Kimera D对老旧渔船甲板机械的可靠性进行了研究，结果表明由于船龄偏大以及日常疏于维护保养，大多数渔船的甲板机械可靠性较低[6]。Celik M等为了调查渔船事故发生的根本原因，基于模糊层次综合评价法来确定人为失误在事故中的影响，对渔船事故进行了定量评估[7]。Li Y等采用层次分析法和聚类分析法相结合的方法，计算渔船各项安全指标的权重，运用模糊综合评判法对渔船安全进行评价[8]。Lambert D M等采用安全检查表等方法，预测了渔船是否会产生安全问题，并制定相关措施来预防渔船安全问题的发生[9]。Celik M为了提高海上事故调查的效率，运用故障树分析渔船技术状况对渔船的影响，研究表明，该研究可以使调查人员更清晰地找到导致海上事故发生的真正原因[10]。Irvana R等运用综合安全评估对导致渔船安全事故的因素进行了研究，结果表明，机械故障导致的渔船安全事故发生的风险最高[11]。Song B H等建立了渔船安全管理综合评估指标体系，并将其应用于发生事故较多的近海渔船，对每艘渔船的风险进行了定量确认，划分了每艘渔船的安全风险等级[12]。Jin D等针对美国东部海域的捕捞区域进行研究，构建了渔船事故概率模型，结果表明在此区域内中型渔船的事故率更高[13]。

郭永尚对渔船的基本特征、船体结构、作业方式、稳性计算和排水舷口等安全指标进行了全面的剖析，并提出了切实可行的评估方法[14]。吕梁等基于船体、稳性、机舱布置和主机马力等指标对小型渔船的安全隐患进行了分析，对渔船在海上可能遇到的诸多风险提出了预防措施[15]。王晓娟对我国小型渔船存在的渔船技术状况差、缺乏安全设备等问题进行了分析，提出小型渔船最主要的问题是船体质量差，并针对存在的问题提出了防范措施[16]。王贵彪等通过调研浙江沿海渔区，分析沿海小型渔船现状及其存在的问题与困境，并提出促进小型渔船发展的对策[17]。罗福才等在木质渔船检验过程中，发现部分木质渔船的固定压载、结构、总布置和装载等存在问题，并参照国内相关法定检验规则对各项安全问题进行评估，并提出改进措施[18]。

综上所述，目前的渔船安全评估研究大多是针对中、大型渔船的研究，很少有学者针对小型渔船进行系统的分析，面向小型木质海洋渔船安全风险评估的研究更是少之又少。为此，作者致力于分析渔船因素及船员因素对小型木质海洋渔船航行安全的影响，从渔船因素和船员因素两个方面建立影响渔船安全的评估指标体系，结合模糊 AHP-DEMATEL 法的优势，构建小型木质海洋渔船安全风险评估模型，划分渔船的风险等级，从而开展小型木质海洋渔船安全风险评估。本章力图在一定程度上克服主观性，使构建的小型木质海洋渔船安全风险评估模型更为科学、客观，期望该研究对于规避由渔船故障及船员失误引发的海上事故风险有一定的参考价值，为渔船在海上安全及船员生命财产安全提供保障。

9.2 小型木质海洋渔船安全风险评估指标体系

根据安全科学以及安全系统工程原理，影响渔船安全的因素通常包括“人-船-环境-管理”四个方面。考虑到本题目的难度、所需时间以及受研究条件所限，作者仅针对渔船安全评估中“人-船”两个方面进行研究，并以小型木质海洋渔船为研究对象，基于渔船技术状况及船员状况分析影响渔船安全的因素。为了保证评估结果的科学性和合理性，选取的评估指标一般应遵循独立性、代表性、可操作性、针对性和完备性等原则。

为构建科学有效的小型木质海洋渔船安全风险评价体系，通过电话、网络以及小范围的专家座谈交流等方式，调研咨询了渔业渔政主管部门、高等院校和科研机构的 18 位专家学者。在广泛请教专家意见的基础上，令渔船和船员为一级指标；渔船结构、渔船设备、稳性、船龄、身心状况、适任情况和船员行为等 7 个因素为二级指标；结构完整性、结构强度、机电设备、救生设备和通导及信号设备等 19 个因素为三级指标；水密结构、风雨密结构、推进装置、操舵装置和导航设备等 19 个因素为四级指标。最终构建的评估指标体系如图 9-1 所示。

图 9-1 海洋渔船安全风险评估指标体系

9.2.1 渔船因素

1）渔船结构

小型渔船的设计建造往往不如大船严格，存在诸多偷工减料和不合理的问题，船体质量更是无法保证[14]。其次，日常的维修保养不到位也会导致船体老化严重，所以结构的完整性和结构强度是评估渔船安全的最重要因素。

（1）结构完整性。

木质渔船船体结构的完整性会随着渔船使用年限增加、环境影响等因素产生变化。本体系主要根据考虑水密结构、风雨密结构和其他结构等状况判断渔船的结构完整性。

（2）结构强度。

船体发生破坏和变形的原因可简单分为两个方面，一是外力的影响，二是船体结构的强度不够。对于木质渔船来说，虽然木材具有较好的强度，但其缺陷更为明显。木材易于腐朽，船体容易出现蚀耗，且伴随着含水率的变化船体结构会产生变形、裂纹等损害[2]，少数甚至会出现断裂，在海上如遇大风浪天气时极有可能引发安全事故。此外，船体排板涉及渔船建造之初船体结构设计和组装的合理性，对木质渔船结构强度安全性具有较大的影响。

2）渔船设备

设备故障是导致海上事故发生的主要原因之一[19]，船龄偏大或疏于日常维护会使设备容易发生故障及损坏。渔船设备技术状况是否良好是判断渔船条件好坏的一个重要方面。对于小型木质海洋渔船，其设备可以分为机电设备、救生设备、消防设备、通导及信号设备。

（1）机电设备。

机电设备是渔船重要的组成部分，其特征是多样性与复杂性。渔船老化、疏于日常维护保养是导致机电设备故障的主要原因之一。来自中国渔业互保协会的相关数据显示[20]，机械设备故障是发生触损事故的主要原因。

小型木质海洋渔船的机电设备，主要包括推进装置、操舵装置、锚及系泊设备和蓄电池组等。其中，推进装置是船舶动力装置中重要的组成部分，由主机、轴系、推进器和传动设备组成[21]，其作用是推动船舶航行；操舵装置是控制渔船航向、改变渔船运动方向的装置，由船舶艉部的舵机、驾驶台内的操纵装置及传动装置组成[22]。舵机失灵导致的海上碰撞事故时有发生，保证操舵装置的可靠性可以有效减少碰撞事故。

（2）救生设备。

小型木质海洋渔船救生设备主要包括救生衣、救生圈和烟火信号等。在日常工作中救生设备容易被忽视，普遍存在数量配备不符合要求、存放位置不易于取用、设备老化和出现损坏无法正常使用等问题，一旦渔船遇险将会阻碍船员紧急逃生。

（3）消防设备。

消防设备是为渔船防火安全设置的工具，因木质渔船易于燃烧，一旦发生火灾，若不及时扑灭会对船上人员的安全造成极大的威胁，所以消防设备配备齐全、设备状况良好是渔船发生火灾时保证船员生命安全的关键。对于12m以下的小型海洋渔船，其消防设备包括灭火器、太平斧和消防水桶等。

（4）通导及信号设备。

通导及信号设备是预防事故发生、船员海上求生的重要设备。渔船通导及信号设备配备应规范、齐全，设备一旦出现故障需及时检修。在海上，经常发生因未显示信号设备而碰撞的事故。小型海洋渔船的通导及信号设备通常包括导航设备、通信设备、安全信息接收装置与信号设备等。其中，导航设备通常包括船载磁罗经、船用雷达和船载GPS卫星导航系统等[23]，为渔船提供导航及定位的功能。导航设备配备是否齐全、状况是否良好也是评估渔船安全状况的重要因素之一。

3）稳性

影响渔船稳性的因素众多，例如未按图纸建造渔船，擅自改动渔船结构；私自加高上层建筑或加宽、加长船体；排水舷口面积不符合规定；渔获物装载位置不合理；渔具配置数量过多等[24]。且木质渔船的材质也会影响稳性，由于木材具有吸水性，长时间的作业时会增加渔船自重，从而影响渔船稳性。

（1）稳性资料。

海洋渔船调研结果表明，我国大部分渔船都缺少稳性资料。尤其是小型木质海洋渔船，因为建造日期久远，且大部分为非正规船厂建造，几乎都没有完整的稳性资料。《国内海洋渔船法定检验技术规则（2019）》（以下简称《规则2019》）针对缺少稳性资料的渔船提出了测量稳性的简易方法[25]。

（2）渔获捕捞作业和装积载。

渔获捕捞作业不规范、渔获物超载及装载位置不合理都会导致渔船重心偏移，从而降低渔船的稳性，给渔船带来倾覆的风险。

（3）渔具配置。

渔具配置的数量及重量也能影响渔船稳性，样本渔船调查结果显示，不少渔船存在渔具摆放杂乱、未按规范放置的情况。在渔船狭小的工作空间中，渔具放置不规范不仅影响渔船的稳性，也会在船员作业时造成安全隐患。

4）船龄

根据《农业部关于加强老旧渔业船舶管理的通知》[26]（以下简称《通知》）规定，船长 12m 以下的木质渔船限制使用船龄为 18 年以上。对于木质渔船来说，船龄越大，渔船的结构及性能就越差，渔船技术状况难以处于一个良好的状态，船体强度下降、电路老化、设备故障增加是导致事故的重要原因。

9.2.2 船员因素

渔船船员因素对渔船安全的影响非常复杂，本节主要从船员的身心状况、适任情况和船员行为三个方面考虑。

1）身心状况

在海上高强度作业和复杂多变的环境下，船员的身心状况尤为重要，直接影响着船员的工作效率。虽然沿海渔船船员与远洋渔船船员在航行时间和航区上有区别，沿海渔船船员一般不会出现长时间在海上作业的情况，但身心状况依然是船员在海上日常生活和工作中不可忽视的因素。

（1）身体状况。

海上作业不同于陆地作业，需要船员具备良好的身体素质应对海上的恶劣环境。在前期文献查阅和本文样本调研中发现，我国沿海地区海洋渔船船员大多年龄偏大[27]，随着年龄的增长，人的体能、精力随之下降，因此船员的身体状况更加值得关注。

（2）心理状况。

渔船船员的心理状况主要包括负面情绪、心理素质等。心理因素不是独立存在的，它往往是先由心理转化成思想，再由思想转换成行为[28]。海上紧急事件频发往往会对船员的心理状况产生影响，进而影响渔船在海上的安全。

（3）疲劳度。

船员在进行捕捞作业与长时间航行时精神高度集中、体力消耗大，导致身体疲劳，且疲劳程度与船员的年龄和身体状况有很大关系。在海上时常出现由于船员过度疲劳而疏于瞭望造成的海上事故，船员疲劳过度很大程度地升高了船舶搁浅事故发生的概率。

2）适任情况

适任情况主要考察船员的证书、资历和文化水平等条件。适任能力较差的船员在工作中难以较好地处理设备的操纵、日常维护以及突发事件，造成事故的风险较大。由于海上航行作业情况复杂，受多方面因素影响，多数情况下渔船的运动态势无法被精准地预测，所以具有良好的适任情况是船员出海的安全保证。

（1）持证情况。

渔业船员必须按规定进行培训，考核通过取得证书后方可进行水上相关工作。船员的证书一般按航区、船舶等级、职务和部门等划分，渔船船长不足 12m 或主机总功率不足

50kW 的海洋渔船最低配员标准为一名机驾长[29]。获取相应的适任证书是从事海上工作的必要条件，为此，渔船船员上船工作前必须参加专业培训，才能更好地掌握理论基础及实操能力，降低船员工作时产生事故的风险。

（2）工作年限。

目前，《中华人民共和国渔业船员管理办法》（以下简称《管理办法》）规定船员初次申请渔业船员证书应不超过60周岁[29]，对于船员来说工作年限越长，在海上航行、作业的经验就越多，反应能力越快。相较于工作年限较短缺乏经验的新手，具有丰富海上资历的船员能更好地处理船上的工作。

（3）文化水平。

文化水平可以反映船员是否具备丰富的专业知识，高校毕业的船员文化水平较高，理论基础较好，可以更快地适应船上工作。目前由于存在渔业船员老龄化、部分船员文化水平相对较低和安全意识淡薄的问题，随着科技的发展渔船设备不断更新，这部分船员可能存在设备使用障碍。

（4）应急能力。

影响船员应急能力的因素较多，船员在海上作业时应急能力受疲劳程度、专业技术水平、海上资历和反应灵活度等因素的影响，由于船员在渔船应急反应过程中处于主导地位，所以对船员来说，只有具备一定的应急能力才能在海上遇险时迅速做出判断及应对措施。

3）船员行为

目前国内关于船员行为的研究相对较少，大多是理论分析。刘清等针对船员行为能力致因不足的情况，通过界定船员的心理素质运用探索性因子分析法提取出影响船员行为的船员心理素质指标体系，构建SEM模型进行实例验证，结果表明船员行为能力会受到心理素质的显著的正向影响[30]。

（1）工作态度。

《管理办法》对船员作出了相应规定，船员在船工作期间，在上级发布职权范围内的命令时船员应具有服从意识，积极遵守船上的相关规定。工作态度积极的船员能更好地胜任工作，工作态度对船员工作效率及渔船安全有着显著的影响。

（2）安全意识。

超航区、超风力出海、侥幸心理和经验心理等都是安全意识不足的体现，船员未按规定显示号灯导致碰撞事故发生、船员缺少对设备的维护保养等案例反映出船员安全意识不足的问题，船员安全意识不足极易导致发生海上事故，威胁船员的安全。

（3）遵守法规。

我国对于海上安全生产极为重视，船员需严格遵守法律法规及安全生产规定。由于文化程度较低及缺乏对法律法规的重视等因素，部分船员存在对相关法规一知半解或完全不熟悉的情况，在海上不能严格地按照法律法规的要求规范自身行为，以致于出现违反法规规定的情况，造成不利影响。

9.3 小型木质海洋渔船安全风险评估模型研究

小型木质海洋渔船安全风险评估模型包含渔船和船员等多方面因素，各因素之间的权重大小会直接影响最终的评估结果。为了使评估结果更具有科学性和准确性，选择合理且适当的权重计算方法是非常必要的。确定指标权重的计算方法较多，主要有熵权法、变异系数法、主成分分析法和层次分析法等[31]。在进行风险评估时，层次分析法能够解决研究对象数据复杂和多样的问题，具有简洁、实用和方便的特点，因此得到了广泛的关注。但是 AHP 受专家主观影响较为严重，且没有考虑各影响因素之间的相互作用关系，因此需要对 AHP 进行改进。决策实验室法（Decision-making Trial and Evaluation Laboratory，简称DEMATEL）是一种能够充分考虑各因素之间相对重要程度和相互影响关系的决策方法。

为了能较好地反映出评估中的一些模糊因素，使评估结果相对准确可靠，作者首先运用 AHP 方法确定各指标的初始权重，然后利用 AHP-DEMATEL 方法修正各指标的权重，以改善专家主观性的影响，使评估模型更具客观性和科学性。最后利用模糊综合评价法构建小型木质海洋渔船安全风险评估模型。

9.3.1 决策实验室法基本原理

决策实验室法是美国 Battelle 实验室的学者 Gabus A 和 Fontela E 于 20 世纪 70 年代提出的一种运用图论和矩阵工具的系统分析方法[32]。该方法是通过专家们建立所研究系统中各影响因素之间的逻辑关系以及直接影响矩阵，将直接影响矩阵规范化并求出其综合影响矩阵，利用综合影响矩阵计算出各影响因素对其他影响因素的影响度以及被影响度，进而计算出各影响因素的原因度与中心度，将上述计算结果绘制成影响因素关联图，确定影响因素间的因果关系以及每个影响因素在系统中的地位[33]。具体的计算步骤如下：

（1）确定研究系统中各影响因素。

决策实验室法的第一步是根据研究系统的相关数据，从研究目的出发，确定整个研究系统的影响因素，设系统中 n 个影响因素为 N_1，N_2，…，N_n。

（2）建立直接影响矩阵。

决策实验室法的第二步是需要判断系统中各影响因素之间的相互影响关系，根据专家们的意见来进行影响程度等级打分，整理专家打分的结果建立各影响因素的直接影响矩阵。

首先，判断各影响因素之间是否存在相互影响的关系，假设影响因素 N_1 对影响因素 N_2 有影响作用[34]，可以画一个由 N_1 指向 N_2 的箭头，专家们根据影响程度的大小来进行 0/5 等级的打分，并绘制影响关系有向图，如图 9-2 所示。其中，0 表示没有影响，1 表示影响稍弱，2 表示影响弱，3 表示影响强，4 表示影响较强，5 表示影响极强。

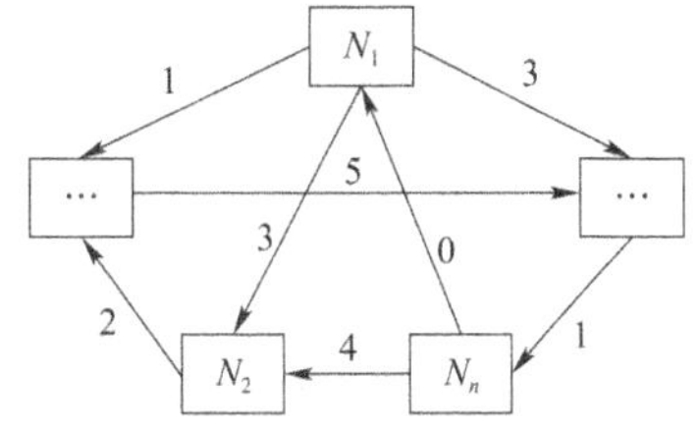

图 9-2 影响关系有向图

其次，根据影响关系有向图进行整理汇总，得到各影响因素直接关系矩阵 A，如表 9-1 所示。其中，a_{ij} 表示影响因素 N_i 对 N_j 的影响强度，并设 a_{ii} 为 0。

直接影响矩阵 A 表 9-1

A	N_1	N_2	…	N_i	…	N_j	…	N_n
N_1	0	a_{12}	…	a_{1i}	…	a_{1j}	…	a_{1n}
N_2	a_{21}	0	…	a_{2i}	…	a_{2j}	…	a_{2n}
⋮	⋮	⋮	0	⋮		⋮		⋮
N_i	a_{i1}	a_{i2}	…	0	…	a_{ij}	…	a_{in}
⋮	⋮	⋮		⋮	0	⋮		⋮
N_j	a_{j1}	a_{j2}	…	a_{ji}	…	0	…	a_{jn}
⋮	⋮	⋮		⋮		⋮	0	⋮
N_n	a_{n1}	a_{n2}	…	a_{ni}	…	a_{nj}	…	0

（3）标准化直接影响矩阵。

决策实验室法的第三步是对直接影响矩阵 A 进行标准化处理。首先将直接影响矩阵 A 的各行元素求和，并求出其最大值 M，直接影响矩阵 A 除以最大值 M，得到标准化直接影响矩阵 K，即：

$$K = \frac{A}{\max\limits_{1 \leqslant i \leqslant n} \sum\limits_{j=1}^{n} a_{ij}} \tag{9-1}$$

（4）计算综合影响矩阵。

决策实验室法的第四步是对标准化直接影响矩阵 K 进行计算，得到综合影响矩阵 D，即：

$$D = K + K^2 + K^3 + \cdots + K^n = K(1-K)^{-1} \tag{9-2}$$

（5）计算影响度和被影响度。

决策实验室法的第五步是求出各影响因素的影响度和被影响度。将综合影响矩阵 D 中各元素记为 d_{ij}，其含义为影响因素 N_i 对影响因素 N_j 的影响程度。将综合影响矩阵 D 的各行元素相加得到影响度 f_i，表示某一影响因素对其他所有影响因素所产生的影响程度。将综合影响矩阵 D 的各列元素相加得到被影响度 g_i，表示某一影响因素受到其他所有影响因素的影响程度。其计算公式为：

$$f_i = \sum_{j=1}^{n} d_{ij} \tag{9-3}$$

$$g_i = \sum_{i=1}^{n} d_{ij} \tag{9-4}$$

（6）计算中心度和原因度。

决策实验室法的第六步是求出各影响因素的中心度和原因度。将某一影响因素的影响度 f_i 和被影响度 g_i 相加得到该影响因素的中心度 H_i，表示该影响因素在系统中的地位和重要程度，中心度数值越大，说明该影响因素越重要。将某一影响因素的影响度 f_i 和被影响度 g_i 相减得到该影响因素的原因度 E_i，表示该影响因素易受到其他因素影响的程度。原因度 E_i 大于 0，表示该影响因素对其他影响因素有较大影响，称该影响因素为原因因素；若原因度 E_i 小于 0，则表示该影响因素易受到其他影响因素的影响，称该影响因素为结果因素。其计算公式为：

$$H_i = f_i + g_i \tag{9-5}$$

$$E_i = f_i - g_i \tag{9-6}$$

（7）绘制影响因素关联图。

决策实验室法的最后一步是以中心度 H_i 和原因度 E_i 分别为横坐标和纵坐标绘制关系指标因果关联图。通过影响因素关联图可以直观地看出各影响因素在系统中的重要程度。

9.3.2 AHP-DEMATEL 法

AHP-DEMATEL 法综合了层次分析法和决策实验室法两种方法的优点，充分考虑影响因素之间的相互影响作用和各影响因素的权重值，有效地解决了两种方法的缺点，降低了 AHP 法带来的主观性严重的问题，提高了整个计算模型的客观性和科学性。具体的计算步骤如下：

（1）根据层次分析法求出初始权重。

AHP-DEMATEL 方法的第一步是运用 AHP 法求出各影响因素的初始权重 ω_i。

（2）根据决策实验室法求出中心度。

AHP-DEMATEL 方法的第二步，根据上文中所给出的 DEMATEL 法的计算方法，求出各影响因素的中心度 H_i。

（3）计算综合影响度。

AHP-DEMATEL 方法的第三步，运用 AHP 法和 DEMATEL 法求出的结果，构造各影响因素的综合影响权重 z_i，即：

$$z_i = \frac{H_i \cdot w_i}{\sum_{i=1}^{n} H_i \cdot w_i} \tag{9-7}$$

9.3.3 基于 AHP 法确定小型木质海洋渔船各指标权重

（1）构造各层次判断矩阵。

为了确定小型木质海洋渔船各指标的权重，作者邀请业内多位专家参与调研，采用调查问卷表形式，邀请专家根据每个影响因素之间的相对重要程度进行 1 ~ 9 级打分。共发放调查表 90 份，收回 85 份。在收回的专家调查评分表中，对每个判断矩阵进行了计算，未通过一致性检验（CR <0.1）的不予采纳，最终通过一致性检验且有效的专家调查表共 63 份。通过比较有效的 63 份调查表中各专家对相同的两指标间的打分值，综合各专家打分意见，选取专家打分中的众数，最终整理成一份评分表。通过这份综合打分表得到了各层次指标的判断矩阵，考虑到可能不一定满足一致性检验的要求，又对判断矩阵中的个别分数进行了微调，利用 Matlab 软件计算各层次判断矩阵，并进行一致性检验，最终得到了各层次评估指标的权重。具体的计算结果见表 9-2 ~ 表 9-16。

准则层比较判断矩阵 表 9-2

影响因素	渔船	船员	权重
渔船	1	1	0.500
船员	1	1	0.500

$\lambda_{max} = 2$，RI = 0，CI = 0，CR = 0 < 0.1，该判断矩阵满足一致性检验。

渔船因素各指标比较判断矩阵 表 9-3

渔船因素	渔船结构	渔船设备	稳性	船龄	权重
渔船结构	1	3	1/3	5	0.2622
渔船设备	1/3	1	1/5	3	0.1175
稳性	3	5	1	7	0.5650
船龄	1/5	1/3	1/7	1	0.0553

$\lambda_{max}=4.117$，$RI=0.9$，$CI=0.039$，$CR=0.0433<0.1$，该判断矩阵满足一致性检验。

船员因素各指标比较判断矩阵 表 9-4

船员因素	身心状况	适任情况	船员行为	权重
身心状况	1	3	1/3	0.2583
适任情况	1/3	1	1/5	0.1047
船员行为	3	5	1	0.6370

$\lambda_{max}=3.0385$，$RI=0.58$，$CI=0.0193$，$CR=0.0332<0.1$，该判断矩阵满足一致性检验。

渔船结构各指标比较判断矩阵 表 9-5

渔船结构因素	结构完整性	结构强度	权重
结构完整性	1	3	0.7500
结构强度	1/3	1	0.2500

$\lambda_{max}=2$，$RI=0$，$CI=0$，$CR=0.0433<0.1$，该判断矩阵满足一致性检验。

渔船设备因素各指标比较判断矩阵 表 9-6

渔船设备因素	机电设备	救生设备	消防设备	通导及信号设备	权重
机电设备	1	1/7	1/7	1/3	0.0506
救生设备	7	1	1	5	0.4225
消防设备	7	1	1	5	0.4225
通导及信号设备	3	1/5	1/5	1	0.1044

$\lambda_{max}=4.0735$，$RI=0.9$，$CI=0.0245$，$CR=0.0272<0.1$，该判断矩阵满足一致性检验。

稳性因素各指标比较判断矩阵 表 9-7

稳性因素	稳性资料	渔获捕捞作业和装积载	渔具配置	权重
稳性资料	1	3	3	0.6000
渔获捕捞作业和装积载	1/3	1	1	0.2000
渔具配置	1/3	1	1	0.2000

$\lambda_{max}=3$，$RI=0.58$，$CI=0$，$CR=0<0.1$，该判断矩阵满足一致性检验。

身心状况因素各指标比较判断矩阵 表 9-8

身心状况因素	身体状况	心理状况	疲劳度	权重
身体状况	1	1/3	3	0. 2583
心理状况	3	1	5	0. 6370
疲劳度	1/3	1/5	1	0. 1047

$\lambda_{max}=3.0385$，RI = 0.58，CI = 0.0193，CR = 0.0332 < 0.1，该判断矩阵满足一致性检验。

适任情况因素各指标比较判断矩阵 表 9-9

适任情况因素	持证情况	工作年限	文化水平	应急能力	权重
持证情况	1	1/3	3	1/5	0. 1175
工作年限	3	1	5	1/3	0. 2622
文化水平	1/3	1/5	1	1/7	0. 0553
应急能力	5	3	7	1	0. 5650

$\lambda_{max}=4.117$，RI = 0.9，CI = 0.039，CR = 0.0433 < 0.1，该判断矩阵满足一致性检验。

船员行为因素各指标比较判断矩阵 表 9-10

船员行为因素	工作态度	安全意识	遵守法规	权重
工作态度	1	1/5	1/3	0. 1047
安全意识	5	1	3	0. 6370
遵守法规	3	1/3	1	0. 2583

$\lambda_{max}=3.0385$，RI = 0.58，CI = 0.0193，CR = 0.0332 < 0.1，该判断矩阵满足一致性检验。

结构完整性因素各指标比较判断矩阵 表 9-11

结构完整性因素	水密结构	风雨密结构	其他结构	权重
水密结构	1	3	5	0. 6370
风雨密结构	1/3	1	3	0. 2583
其他结构	1/5	1/3	1	0. 1047

$\lambda_{max}=3.0385$，RI = 0.58，CI = 0.0193，CR = 0.0332 < 0.1，该判断矩阵满足一致性检验。

结构强度各指标比较判断矩阵 表 9-12

结构强度因素	蚀耗及裂纹	船体排板	权重
蚀耗及裂纹	1	5	0. 8333
船体排板	1/5	1	0. 1667

$\lambda_{max}=2$，RI = 0，CI = 0，CR = 0 < 0.1，该判断矩阵满足一致性检验。

机电设备因素各指标比较判断矩阵　　表 9-13

机电设备因素	推进装置	操舵装置	锚及系泊设备	蓄电池组	权重
推进装置	1	3	5	7	0.5650
操舵装置	1/3	1	3	5	0.2622
锚及系泊设备	1/5	1/3	1	3	0.1175
蓄电池组	1/7	1/5	1/3	1	0.0553

$\lambda_{max}=4.117$，RI = 0.9，CI = 0.039，CR = 0.0433 < 0.1，该判断矩阵满足一致性检验。

救生设备因素各指标比较判断矩阵　　表 9-14

救生设备因素	救生圈	救生衣	遇险烟火信号	权重
救生圈	1	1/3	3	0.6370
救生衣	3	1	5	0.2583
遇险烟火信号	1/3	1/5	1	0.1047

$\lambda_{max}=3.0385$，RI = 0.58，CI = 0.0193，CR = 0.0332 < 0.1，该判断矩阵满足一致性检验。

消防设备因素各指标比较判断矩阵　　表 9-15

消防设备因素	灭火器	太平斧	消防水桶	权重
灭火器	1	5	3	0.6370
太平斧	1/5	1	1/3	0.1047
消防水桶	1/3	3	1	0.2583

$\lambda_{max}=3.0385$，RI = 0.58，CI = 0.0193，CR = 0.0332 < 0.1，该判断矩阵满足一致性检验。

通导及信号设备因素各指标比较判断矩阵　　表 9-16

通导及信号设备因素	导航设备	通信设备	安全信息接收装置	信号设备	权重
导航设备	1	3	7	5	0.5437
通信设备	1/3	1	7	5	0.3109
安全信息接收装置	1/7	1/7	1	1/3	0.0479
信号设备	1/5	1/5	3	1	0.0975

$\lambda_{max}=4.2281$，$RI=0.9$，$CI=0.076$，$CR=0.0845<0.1$，该判断矩阵满足一致性检验。

（2）各指标综合权重计算及总排序。

对各层次指标进行综合权重的计算，计算结果如表 9-17～表 9-20 所示。

一级指标权重计算结果 表 9-17

一级指标	权重	一级指标	权重
渔船 B1	0.5000	船员 B2	0.5000

二级指标综合权重计算结果 表 9-18

指标	B1 0.5000	B2 0.5000	综合权重 W_i
C1	0.2622		0.1310
C2	0.1175		0.0590
C3	0.5650		0.2830
C4	0.0533		0.0270
C5		0.2583	0.1290
C6		0.1047	0.0520
C7		0.6370	0.3190

三级指标综合权重计算结果 表 9-19

指标	C1 0.1310	C2 0.0590	C3 0.2830	C5 0.1290	C6 0.0520	C7 0.3190	综合权重 W_i
D1	0.75						0.0980
D2	0.25						0.0330
D3		0.0506					0.0029
D4		0.4225					0.0250
D5		0.4225					0.0250
D6		0.1044					0.0061
D7			0.6				0.1690
D8			0.2				0.0570
D9			0.2				0.0570
D10				0.2583			0.0330
D11				0.6370			0.0820
D12				0.1047			0.0140

续上表

指标	C1 0.1310	C2 0.0590	C3 0.2830	C5 0.1290	C6 0.0520	C7 0.3190	综合权重 W_i
D13					0.1175		0.0060
D14					0.2622		0.0140
D15					0.0553		0.0030
D16					0.5650		0.0290
D17						0.1047	0.0330
D18						0.6370	0.2030
D19						0.2583	0.0830

四级指标综合权重计算结果 表 9-20

指标	D1 0.0980	D2 0.0330	D3 0.0029	D4 0.0250	D5 0.0250	D6 0.0061	综合权重 W_i
E1	0.6370						0.0630
E2	0.2583						0.0250
E3	0.1047						0.0100
E4		0.8333					0.0270
E5		0.1667					0.0060
E6			0.5650				0.0017
E7			0.2622				0.0007
E8			0.1175				0.0003
E9			0.0553				0.0002
E10				0.2583			0.0060
E11				0.6370			0.0160
E12				0.1047			0.0030
E13					0.6370		0.0160
E14					0.1047		0.0030
E15					0.2583		0.0060
E16						0.5437	0.0032
E17						0.3109	0.0020
E18						0.0479	0.0003
E19						0.0975	0.0006

根据上述各层次权重的计算，汇总整理计算得到渔船安全风险评估各个指标层对目标

层评价因素的综合权重及排序，如表9-21所示。

渔船安全风险评估综合权重及总排序表 表9-21

一级指标		二级指标		三级指标		四级指标		总排序
名称	权重	名称	权重	名称	权重	名称	权重	
渔船	0.5000	渔船结构	0.1310	结构完整性	0.0980	水密结构	0.0630	5
						风雨密结构	0.0250	13
						其他结构	0.0100	18
				结构强度	0.0330	蚀耗及裂纹	0.0270	11
						船体排板	0.0060	19
		渔船设备	0.0590	机电设备	0.0029	推进装置	0.0017	28
						操舵装置	0.0007	29
						锚及系泊设备	0.0003	31
						蓄电池组	0.0002	33
				救生设备	0.0250	救生圈	0.0060	19
						救生衣	0.0160	14
						遇险烟火信号	0.0030	24
				消防设备	0.0250	灭火器	0.0160	14
						太平斧	0.0030	24
						消防水桶	0.0060	19
				通导及信号设备	0.0061	导航设备	0.0032	23
						通信设备	0.0020	27
						安全信息接收装置	0.0003	31
						信号设备	0.0006	30
		稳性	0.2830	稳性资料	0.1690			2
				渔获捕捞作业和装积载	0.0570			6
				渔具配置	0.0570			6
		船龄	0.0270					11
船员	0.5000	身心状况	0.1290	身体状况	0.0330			8
				心理状况	0.0820			4
				疲劳度	0.0140			16

续上表

一级指标		二级指标		三级指标		四级指标		总排序
名称	权重	名称	权重	名称	权重	名称	权重	
船员	0.5000	适任情况	0.0520	持证情况	0.0060			19
				工作年限	0.0140			16
				文化水平	0.0030			24
				应急能力	0.0290			10
		船员行为	0.3190	工作态度	0.0330			8
				安全意识	0.2030			1
				遵守法规	0.0830			3

9.3.4 基于 DEMATEL 方法确定各指标权重

在小型木质海洋渔船安全风险评估体系中，各层次指标相对较多，且 AHP 法在选取指标时通常会选择相对独立的指标，往往会忽略指标间的相互影响作用，因此，需要引入 DEMATEL 法对 AHP 法求得的权重结果进行修正。充分考虑各个指标对其他指标的影响度、被影响度、中心度和原因度等综合作用，能在一定程度上消除调查问卷的主观性，增加评估结果的客观性，使评价模型更贴近实际[35]。

（1）建立直接影响矩阵 A。

考虑到指标间的相互影响状况，基于各专家的意见，建立本文的各指标的直接影响矩阵 A，如表 9-22 所示。

（2）标准化直接影响矩阵 K。

对直接影响矩阵 A 进行标准化计算[35]，得到标准化直接影响矩阵 K，如表 9-23 所示。由于指标较多，为更加清晰明了地体现各影响因素之间的相互作用关系，表格中“0.0000”部分用空白表示。

（3）计算综合影响矩阵 D。

根据计算公式 $D=K\ (1-K)^{-1}$，计算得到综合影响矩阵 D，如表 9-24 所示。与表 9-23 类似，表格中的空白部分表示“0.0000”。

（4）计算影响度、被影响度、中心度及原因度。

根据综合影响矩阵 D 计算各个影响因素之间的影响度 f_i、被影响度 g_i、中心度 H_i 与原因度 E_i[36]，计算结果如表 9-25 所示。

表9-22

直接影响矩阵A

指标	E1	E2	E3	E4	E5	E6	E7	E8	E9	E10	E11	E12	E13	E14	E15	E16	E17	E18	E19	D7	D8	D9	C4	D10	D11	D12	D13	D14	D15	D16	D17	D18	D19
E1	0	1	2	0	0	0	0	0	0	0	0	0	0	0	0	0	0	0	0	0	0	0	0	0	0	0	0	0	0	0	0	0	0
E2	1	0	2	0	0	0	0	0	0	0	0	0	0	0	0	0	0	0	0	0	0	0	0	0	0	0	0	0	0	0	0	0	0
E3	0	2	0	0	0	0	0	0	0	0	0	0	0	0	0	0	0	0	0	0	0	0	0	0	0	0	0	0	0	0	0	0	0
E4	5	4	3	0	0	0	0	0	0	0	0	0	0	0	0	0	0	0	0	0	0	0	0	0	0	0	0	0	0	0	0	0	0
E5	3	2	1	0	0	0	0	0	0	0	0	0	0	0	0	0	0	0	0	0	0	0	0	0	0	0	0	0	0	0	0	0	0
E6	0	0	0	0	0	0	3	0	0	0	0	0	0	0	0	0	0	0	0	0	0	0	0	0	0	0	0	0	0	0	0	0	0
E7	0	0	0	0	0	4	0	0	0	0	0	0	0	0	0	0	0	0	0	0	0	0	0	0	0	0	0	0	0	0	0	0	0
E8	0	0	0	0	1	0	0	0	0	0	0	0	0	0	0	0	0	0	0	0	0	0	0	0	0	0	0	0	0	0	0	0	0
E9	1	0	0	0	0	0	0	0	0	0	0	0	0	0	0	0	0	0	0	0	0	0	0	0	0	0	0	0	0	0	0	0	0
E10	0	0	0	0	0	0	0	0	0	0	1	0	0	0	0	0	0	0	0	0	0	0	0	0	0	0	0	0	0	0	0	0	0
E11	0	0	0	0	0	0	0	0	0	2	0	0	0	0	0	0	0	0	0	0	0	0	0	0	0	0	0	0	0	0	0	0	0
E12	0	0	0	0	0	0	0	0	0	0	0	0	0	0	0	0	0	1	0	0	0	0	0	0	0	0	0	0	0	0	0	0	0
E14	0	0	0	0	0	0	0	0	0	0	0	0	0	0	2	0	0	0	0	0	0	0	0	0	0	0	0	0	0	0	0	0	0
E15	0	0	0	0	0	0	0	0	0	0	0	0	1	1	0	0	0	0	0	0	0	0	0	0	0	0	0	0	0	0	0	0	0
E16	0	0	0	0	0	0	0	0	0	0	0	0	0	0	0	0	2	1	0	0	0	0	0	0	0	0	0	0	0	0	0	0	0
E17	0	0	0	0	0	0	0	0	0	0	0	0	0	0	0	0	0	3	3	0	0	0	0	0	0	0	0	0	0	0	0	0	0
E18	0	0	0	0	0	0	0	0	0	0	0	0	0	0	0	0	3	0	3	0	0	0	0	0	0	0	0	0	0	0	0	0	0
E19	0	0	0	0	0	0	0	0	0	0	0	0	0	0	0	2	3	3	0	0	0	0	0	0	0	0	0	0	0	0	0	0	0
D7	0	0	0	0	0	0	0	0	0	0	0	0	0	0	0	0	0	0	0	0	1	1	0	0	0	0	0	0	0	0	0	0	0
D8	0	0	0	0	0	0	3	0	0	0	0	0	0	0	0	0	0	0	0	0	0	1	0	0	0	0	0	0	0	0	0	0	0
D9	0	0	0	0	0	0	0	0	0	0	0	0	0	0	0	0	0	0	0	0	1	0	0	0	0	0	0	0	0	0	0	0	0
C4	4	3	3	5	0	3	3	3	3	0	0	0	0	0	0	2	2	2	2	0	0	0	0	0	0	0	0	0	0	0	0	0	0

续上表

指标	E1	E2	E3	E4	E5	E6	E7	E8	E9	E10	E11	E12	E13	E14	E15	E16	E17	E18	E19	D7	D8	D9	C4	D10	D11	D12	D13	D14	D15	D16	D17	D18	D19
D10	0	0	0	0	0	0	0	0	0	0	0	0	0	0	0	0	0	0	0	0	0	0	0	0	3	2	0	0	0	2	1	0	0
D11	0	0	0	0	0	0	0	0	0	0	0	0	0	0	0	0	0	0	0	0	0	0	0	3	0	2	0	0	0	3	3	2	1
D12	0	0	0	0	0	0	0	0	0	0	0	0	0	0	0	0	0	0	0	0	0	0	0	3	3	0	0	0	0	2	2	1	0
D13	0	0	0	0	0	0	0	0	0	0	0	0	0	0	0	0	0	0	0	0	0	0	0	0	0	0	0	0	1	0	0	0	0
D14	0	0	0	0	0	0	0	0	0	0	0	0	0	0	0	0	0	0	0	0	0	0	0	1	1	1	0	0	0	1	0	0	0
D15	0	0	0	0	0	0	0	0	0	0	0	0	0	0	0	0	0	0	0	0	0	0	0	0	0	0	0	0	0	0	0	1	2
D16	0	0	0	0	0	0	0	0	0	0	0	0	0	0	0	0	0	0	0	0	0	0	0	0	0	0	0	0	0	0	0	0	0
D17	0	0	0	0	0	0	0	0	0	0	0	0	0	0	0	0	0	0	0	0	0	0	0	0	0	0	0	0	0	0	0	3	2
D18	0	0	0	0	0	0	0	0	0	0	0	0	0	0	0	0	0	0	0	0	0	0	0	0	0	0	0	0	0	0	1	0	1
D19	0	0	0	0	0	0	0	0	0	0	0	0	0	0	0	0	0	0	0	0	0	0	0	0	0	0	0	0	0	0	0	1	0

标准化影响矩阵 *K* 表 9-23

指标	E1	E2	E3	E4	E5	E6	E7	E8	E9	E10	E11	E12	E13	E14	E15	E16	E17	E18	E19	D7	D8	D9	C4	D10	D11	D12	D13	D14	D15	D16	D17	D18	D19
E1		0.0286	0.0571																														
E2	0.0286		0.0571																														
E3		0.0571																															
E4	0.1429	0.1143	0.0857																														
E5	0.0857	0.0571	0.0286																														
E6							0.0857																										
E7						0.1143																											
E8					0.0286																												
E9	0.0286																																
E10											0.0286																						
E11										0.0571																							
E12																		0.0286															
E13															0.0286																		
E14															0.0571																		
E15													0.0286	0.0286																			
E16																	0.0571	0.0286															
E17																		0.0857	0.0857														
E18																	0.0857		0.0857														
E19																0.0571	0.0857	0.0857															
D7																					0.0286	0.0286											
D8							0.0857															0.0286											
D9																					0.0286												

续上表

指标	E1	E2	E3	E4	E5	E6	E7	E8	E9	E10	E11	E12	E13	E14	E15	E16	E17	E18	E19	D7	D8	D9	C4	D10	D11	D12	D13	D14	D15	D16	D17	D18	D19
C4	0.1143	0.0857	0.0857	0.1429		0.0857	0.0857	0.0857	0.0857							0.0571	0.0571	0.0571	0.0571														
D10																									0.0857	0.0571				0.0571	0.0286		
D11																								0.0857		0.0571				0.0857	0.0857	0.0571	0.0286
D12																								0.0857	0.0857					0.0571	0.0571	0.0286	
D13																													0.0286				
D14																								0.0286	0.0286	0.0286				0.0286			
D15																																0.0286	0.0571
D16																																	
D17																																0.0857	0.0571
D18																															0.0286		0.0286
D19																																0.0286	

综合影响矩阵 ***D***

表 9-24

指标	E1	E2	E3	E4	E5	E6	E7	E8	E9	E10	E11	E12	E13	E14	E15	E16	E17	E18	E19	D7	D8	D9	C4	D10	D11	D12	D13	D14	D15	D16	D17	D18	D19
E1	0.0009	0.0320	0.0590																														
E2	0.0287	0.0042	0.0590																														
E3	0.0016	0.0574	0.0034																														
E4	0.1464	0.1243	0.1012																														
E5	0.0875	0.0618	0.0371																														
E6						0.0099	0.0866																										
E7						0.1154	0.0099																										
E8	0.0025	0.0018	0.0011		0.0286																												
E9	0.0286	0.0009	0.0017																														
E10										0.0016	0.0286																						
E11										0.0572	0.0016																						
E12																0.0002	0.0027	0.0290	0.0027														
E13													0.0008	0.0008	0.0286																		
E14													0.0016	0.0016	0.0573																		
E15													0.0286	0.0286	0.0025																		
E16																0.0005	0.0608	0.0345	0.0082														
E17																0.0054	0.0167	0.0955	0.0953														
E18																0.0054	0.0956	0.0165	0.0953														
E19																0.0581	0.0988	0.0973	0.0168														
D7						0.0003	0.0025														0.0294	0.0294											
D8						0.0099	0.0866														0.0008	0.0286											
D9						0.0003	0.0025														0.0286	0.0008											

续上表

指标	E1	E2	E3	E4	E5	E6	E7	E8	E9	E10	E11	E12	E13	E14	E15	E16	E17	E18	E19	D7	D8	D9	C4	D10	D11	D12	D13	D14	D15	D16	D17	D18	D19
C4	0.1406	0.1126	0.1125	0.1429	0.0024	0.0965	0.0940	0.0857	0.0857							0.0611	0.0727	0.0711	0.0695														
D10																								0.0133	0.0923	0.0632				0.0694	0.0408	0.0107	0.0053
D11																								0.0923	0.0133	0.0632				0.0957	0.0951	0.0689	0.0364
D12																								0.0948	0.0948	0.0108				0.0713	0.0697	0.0405	0.0079
D13																													0.0286			0.0009	0.0017
D14																								0.0343	0.0343	0.0325				0.0353	0.0059	0.0034	0.0014
D15																															0.0009	0.0303	0.0581
D16																																	
D17																															0.0025	0.0876	0.0598
D18																															0.0287	0.0033	0.0303
D19																															0.0008	0.0287	0.0009

各因素综合影响关系表 表 9-25

影响因素	影响度 f_i	被影响度 g_i	中心度 H_i	原因度 E_i
E1	0.0919	0.4368	0.5287	-0.3449
E2	0.0919	0.3949	0.4868	-0.3030
E3	0.0624	0.3749	0.4373	-0.3125
E4	0.3718	0.1429	0.5147	0.2290
E5	0.1863	0.0310	0.2174	0.1553
E6	0.0965	0.2322	0.3287	-0.1358
E7	0.1253	0.2821	0.4074	-0.1568
E8	0.0339	0.0857	0.1196	-0.0518
E9	0.0312	0.0857	0.1169	-0.0545
E10	0.0303	0.0589	0.0891	-0.0286
E11	0.0589	0.0303	0.0891	0.0286
E12	0.0347	0.0000	0.0347	0.0347
E13	0.0303	0.0311	0.0614	-0.0008
E14	0.0606	0.0311	0.0917	0.0295
E15	0.0597	0.0884	0.1481	-0.0286
E16	0.1040	0.1307	0.2347	-0.0268
E17	0.2129	0.3473	0.5602	-0.1344
E18	0.2129	0.3439	0.5568	-0.1310
E19	0.2710	0.2878	0.5588	-0.0168
D7	0.0617	0.0000	0.0617	0.0617
D8	0.1259	0.0588	0.1848	0.0671
D9	0.0322	0.0588	0.0910	-0.0267
C4	1.1472	0.0000	1.1472	1.1472
D10	0.2950	0.2347	0.5296	0.0603
D11	0.4648	0.2347	0.6995	0.2302
D12	0.3898	0.1697	0.5594	0.2201
D13	0.0311	0.0000	0.0311	0.0311
D14	0.1471	0.0000	0.1471	0.1471
D15	0.0892	0.0286	0.1178	0.0607
D16	0.0000	0.2718	0.2718	-0.2718
D17	0.1499	0.2444	0.3943	-0.0944
D18	0.0623	0.2743	0.3366	-0.2121
D19	0.0304	0.2016	0.2319	-0.1712

（5）绘制影响因素关联图。

以表 9-25 中求出的综合影响关系表中的中心度 H_i 和原因度 E_i 分别为横坐标和纵坐标绘制关系指标因果关联图[37]，如图 9-3 所示。从图中可以看出，影响小型木质海洋渔船安全风险的原因因素（原因度 $E_i>0$）按影响程度从大到小排序为：船龄 C4、心理状况 D11、蚀耗及裂纹 E4、疲劳度 D12、船体排板 E5、工作年限 D14、渔获捕捞作业和装积载 D8、稳性资料 D7、文化水平 D15、身体状况 D10、遇险烟火信号 E12、持证情况 D13、太平斧 E14 和救生衣 E11。这些评价指标主动影响性较强，更容易影响其他评价指标，对其他指标的影响程度要大于被影响程度。

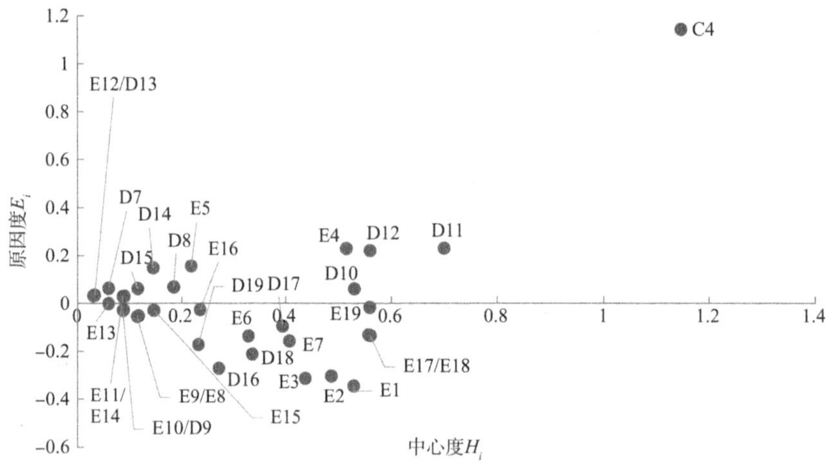

图 9-3 评价指标原因-结果图

而影响小型木质海洋渔船安全风险的结果因素（原因度 $E_i<0$）按被影响程度从大到小排序为：水密结构 E1、其他结构 E3、风雨密结构 E2、应急能力 D16、安全意识 D18、遵守法规 D19、操舵装置 E7、推进装置 E6、通信设备 E17、安全信息接收装置 E18、工作态度 D17、蓄电池组 E9、锚及系泊设备 E8、消防水桶 E15、救生圈 E10、导航设备 E16、渔具配置 D9、信号设备 E19 和灭火器 E13。这些评级指标的被影响性较强，更容易受到其他评价指标的影响而发生改变，在小型木质海洋渔船安全风险评估时更应该重视这些评价指标。中心度反映了各评价指标在渔船安全风险评估中的重要性，从图 9-3 中可以看出船龄 C4 的中心度最高，说明船龄对小型木质海洋渔船安全风险的影响程度最大，在渔船安全管理中应该重点关注船龄因素的影响。

（6）计算综合影响度及各指标总排序。

为了弥补 AHP 法和 DEMATEL 法两者各自的计算缺陷，将两者计算结果中各评价指标的综合权重和中心度相结合，再对其进行归一化处理[38]，可得到各评价指标的综合影响度，如表 9-26 所示。

渔船安全风险评估综合影响度 表 9-26

影响因素	中心度 H_i	AHP 权重 w_i	$H_i \cdot w_i$	综合影响度 z_i	总排序
E1	0. 5287	0. 0630	0. 03331	0. 10299	3
E2	0. 4868	0. 0250	0. 01217	0. 03763	9
E3	0. 4373	0. 0100	0. 00437	0. 01352	15
E4	0. 5147	0. 0270	0. 01390	0. 04297	7
E5	0. 2174	0. 0060	0. 00130	0. 00403	18
E6	0. 3287	0. 0017	0. 00056	0. 00173	23
E7	0. 4074	0. 0007	0. 00029	0. 00088	27
E8	0. 1196	0. 0003	0. 00004	0. 00011	32
E9	0. 1169	0. 0002	0. 00002	0. 00007	33
E10	0. 0891	0. 0060	0. 00053	0. 00165	24
E11	0. 0891	0. 0160	0. 00143	0. 00441	17
E12	0. 0347	0. 0030	0. 00010	0. 00032	31
E13	0. 0614	0. 0160	0. 00098	0. 00304	20
E14	0. 0917	0. 0030	0. 00027	0. 00085	28
E15	0. 1481	0. 0060	0. 00089	0. 00275	21
E16	0. 2347	0. 0032	0. 00075	0. 00232	22
E17	0. 5602	0. 0020	0. 00112	0. 00346	19
E18	0. 5568	0. 0003	0. 00017	0. 00052	30
E19	0. 5588	0. 0006	0. 00034	0. 00104	26
D7	0. 0617	0. 1690	0. 01042	0. 03222	11
D8	0. 1848	0. 0570	0. 01053	0. 03257	10
D9	0. 0910	0. 0570	0. 00519	0. 01604	14
C4	1. 1472	0. 0270	0. 03097	0. 09578	4
D10	0. 5296	0. 0330	0. 01748	0. 05404	6
D11	0. 6995	0. 0820	0. 05736	0. 17736	2
D12	0. 5594	0. 0140	0. 00783	0. 02422	13
D13	0. 0311	0. 0060	0. 00019	0. 00058	29
D14	0. 1471	0. 0140	0. 00206	0. 00637	16
D15	0. 1178	0. 0030	0. 00035	0. 00109	25
D16	0. 2718	0. 0290	0. 00788	0. 02437	12
D17	0. 3943	0. 0330	0. 01301	0. 04023	8
D18	0. 3366	0. 2030	0. 06834	0. 21131	1
D19	0. 2319	0. 0830	0. 01925	0. 05952	5

从表9-26各指标的综合影响度结果及总排序可以看出，安全意识D18的综合影响度为0.21131，其所占的权重最大。而心理状况D11、水密结构E1、船龄C4、遵守法规D19和身体状况D10这几个评价指标的综合影响度均大于0.05，可以认为其是影响渔船安全的重要因素，其余的指标综合影响度均小于0.05，说明这些评价指标的影响度较小。

9.3.5 小型木质海洋渔船安全风险评估标准

作者将渔船因素及船员因素的每个指标评估等级划分为优、良、中和差四个等级，分别对应4分、3分、2分和1分。根据《规则2019》《通知》《管理办法》等有关要求，在充分咨询业内专家学者的基础上，经过综合考量最终确定了各项指标的评估标准。以渔船结构中的结构完整性指标为例，结构完整性从水密结构、风雨密结构和其他结构三个方面进行评估，评估标准如表9-27所示。

结构完整性评估表　　表9-27

项目	安全要求	渔船状况	评分等级
水密结构	1. 首防撞舱壁结构完整，无破坏 2. 机舱前后舱壁结构完整，无破坏 3. 鱼舱水密舱壁结构完整 4. 各种管路采取水密措施	所有项全部满足要求	4
		有一项不满足要求	3
		有两项不满足要求	2
		有三项不满足要求	1
风雨密结构	1. 上层建筑的门窗能够保持风雨密 2. 机舱天窗能保证风雨密 3. 上层建筑围壁处满足风雨密 4. 风雨密关闭设备的设置符合要求	所有项全部满足要求	4
		有一项不满足要求	3
		有两项不满足要求	2
		有三项不满足要求	1
其他结构	1. 舱口围板高度满足要求 2. 机舱棚的出入口高度满足要求 3. 通风口围板高度满足要求 4. 排水舷口面积满足要求 5. 排水舷口无遮挡 6. 封闭上层建筑围壁上出入口的门槛高度满足要求	所有项全部满足要求	4
		有一项不满足要求	3
		有两项不满足要求	2
		有三项不满足要求	1

9.3.6 多层次模糊综合评价模型

小型木质海洋渔船安全风险评估的各评估指标涉及渔船和船员两大部分，评估因素较多，评估系统较为复杂，各评估因素都是根据人为主观因素进行判断的，会导致评估结果产生一定的模糊性。通过模糊理论，采用模糊综合评价方法能够很好地解决评价系统中主观性强、评估指标复杂等问题，使评估结果更具客观性和准确性[39]。

（1）确定指标因素集和评价集。

使用模糊综合评价时，首先要确定指标因素集和评价集。根据前文中的小型木质海洋渔船安全风险评估指标体系，可确定指标因素集为：

第一层：

A = {渔船 B1，船员 B2}

第二层：

B1 = {渔船结构 C1，渔船设备 C2，稳性 C3，船龄 C4}

B2 = {身体状况 C5，适任情况 C6，船员行为 C7}

第三层：

C1 = {结构完整性 D1，结构强度 D2}

C2 = {机电设备 D3，救生设备 D4，消防设备 D5，通导及信号设备 D6}

C3 = {稳性资料 D7，渔获捕捞作业和装积载 D8，渔具配置 D9}

C5 = {身体状况 D10，心理状况 D11，疲劳度 D12}

C6 = {持证情况 D13，工作年限 D14，文化水平 D15，应急能力 D16}

C7 = {工作态度 D17，安全意识 D18，遵守法规 D19}

第四层：

D1 = {水密结构 E1，风雨密结构 E2，其他结构 E3}

D2 = {蚀耗及裂纹 E4，船体排板 E5}

D3 = {推进装置 E6，操舵装置 E7，锚及系泊设备 E8，蓄电池组 E9}

D4 = {救生圈 E10，救生衣 E11，遇险烟火信号 E12}

D5 = {灭火器 E13，太平斧 E14，消防水桶 E15}

D6 = {导航设备 E16，通信设备 E17，安全信息接收装置 E18，信号设备 E19}

在专家的指导下，本文将各评价指标的结果分为优、良、中和差 4 个分数等级，分别对应为 4 分、3 分、2 分和 1 分。根据渔船与船员的实际情况对各评价指标进行打分，并根据最终分数结果将渔船安全状况分为 3 个等级，因此在本书中小型木质海洋渔船安全风险评估各因素的评价集为：

$V = \{v_1$ 低风险，v_2 中等风险，v_3 高风险$\}$

在咨询业内专家的基础上，将低风险、中等风险和高风险 3 个评价等级分别对应的分数区间为：

$P_1 = [3.2, 4)$，$P_2 = [2.4, 3.2)$，$P_3 = [0, 2.4)$。

（2）构建模糊评价矩阵。

各评价指标对于评价等级的隶属程度要用隶属函数来表示。隶属函数的确认方法通常有模糊统计法、借助已有的客观尺度和指派法[40]。作者采用指派法，利用专家的主观经验来确定隶属函数，各评估等级隶属函数公式如下所示：

$$y_1=\begin{cases}0 & (x<3.2)\\ \dfrac{x-3.2}{4-3.2} & (3.2\leqslant x\leqslant 4)\end{cases} \tag{9-8}$$

$$y_2=\begin{cases}0 & (x<2.4)\\ \dfrac{x-2.4}{3.2-2.4} & (2.4\leqslant x<3.2)\\ \dfrac{4-x}{4-3.2} & (3.2\leqslant x\leqslant 4)\end{cases} \tag{9-9}$$

$$y_3=\begin{cases}1 & (x<2.4)\\ \dfrac{3.2-x}{3.2-2.4} & (2.4\leqslant x<3.2)\\ 0 & (3.2\leqslant x\leqslant 4)\end{cases} \tag{9-10}$$

式中：x——评价指标分数；

y_1——隶属“低风险”的元素；

y_2——隶属“中等风险”的元素；

y_3——隶属“高风险”的元素。

将各个渔船安全风险评估打分表的结果代入上面的公式中，通过计算可以得到各评价指标的隶属度 r_{ij}，从而可以构建模糊评价矩阵 R：

$$R=\begin{bmatrix}R_1\\R_2\\\vdots\\R_n\end{bmatrix}=\begin{bmatrix}r_{11} & r_{12} & \cdots & r_{1m}\\ r_{21} & r_{22} & \cdots & r_{2m}\\ \vdots & \vdots & & \vdots\\ r_{n1} & r_{n2} & \cdots & r_{nm}\end{bmatrix} \tag{9-11}$$

（3）各层次模糊综合评价。

根据 AHP-DEMATEL 法计算得到的综合影响度 z_i，结合模糊评价矩阵 R，得到模糊综合评价模型为：

$$B=z_i\cdot R=(z_1,\ z_2,\ \cdots,\ z_n)\cdot\begin{pmatrix}r_{11} & r_{12} & \cdots & r_{1m}\\ r_{21} & r_{22} & \cdots & r_{2m}\\ \vdots & \vdots & & \vdots\\ r_{n1} & r_{n2} & \cdots & r_{nm}\end{pmatrix} \tag{9-12}$$

本模型共有四层评估模型，每层的因素集最多为6个，最少为2个。在对影响小型木质海洋渔船安全风险的指标进行评估时，为了均衡兼顾各评价指标的权重，本文选择加权平均算子模型 $M(\bullet, \oplus)$，分别对四个层次中的因素集进行计算，得出对应的评价向量。

（4）计算小型木质海洋渔船安全风险评估总得分。

为了直观表达模糊综合评价的结果，清晰反映小型木质海洋渔船安全风险等级，采用取平均值的单值化方法对其进行反模糊化处理，取

$\overline{P}_1 = 3.6$，$\overline{P}_2 = 2.8$，$\overline{P}_3 = 1.2$，即 $P = [3.6, 2.8, 1.2]$。

可以得到渔船安全风险的最终评价得分 F：

$$F = BP^T \tag{9-13}$$

当最终分数 $F < 2.4$，评价为高风险；当最终分数 $2.4 \leqslant F < 3.2$，评价为中等风险；当最终分数 $F \geqslant 3.2$，评价为低风险。

9.4 评估模型的应用

9.4.1 样本采集

为了验证构建的渔船安全风险评估模型的准确性及合理性，以及能否准确评估海洋小型木质渔船的安全风险状况，作者对珠海市某几个渔港的渔船进行了调研和数据采集，并选择4艘渔船及其船员，运用所确定的评估标准，根据样本渔船及船员的实际情况填写打分表，得到的样本渔船及船员的各评估指标打分情况如表9-28所示。

小型木质海洋渔船样本信息评分表　　表9-28

评价指标	1号渔船	2号渔船	3号渔船	4号渔船
水密结构	4	4	4	2
风雨密结构	3	3	3	1
其他结构	4	3	3	1
蚀耗及裂纹	4	4	4	3
船体排板	4	4	4	1
推进装置	2	3	3	2

续上表

评价指标	1 号渔船	2 号渔船	3 号渔船	4 号渔船
操舵装置	3	3	3	1
锚及系泊设备	3	3	3	2
蓄电池组	3	4	4	2
救生圈	4	4	4	1
救生衣	3	4	4	1
遇险烟火信号	4	4	4	3
灭火器	2	4	4	2
太平斧	1	3	3	2
消防水桶	1	1	4	1
导航设备	4	4	4	4
通信设备	4	3	3	4
安全信息接收装置	4	3	3	4
信号设备	4	3	3	2
稳性资料	3	2	4	1
渔获捕捞作业和装积载	4	2	4	1
渔具配置	4	2	3	1
船龄	1	1	1	1
身体状况	3	4	4	1
心理状况	3	4	4	2
疲劳度	3	4	4	1
持证情况	1	4	4	4
工作年限	3	4	4	4
文化水平	3	4	4	1
应急能力	3	4	4	2
工作态度	1	3	3	1
安全意识	2	3	4	1
遵守法规	4	4	4	2

9.4.2 评估计算

每艘渔船的安全技术状况及船员的情况有较大的区别，会造成其隶属度不同，需要根据每艘渔船及其船员的打分表数据确定其隶属度。以 1 号渔船为例，将打分表数据代入式（9-8）～式（9-10），得到1号渔船的隶属度，如表9-29所示。

1号渔船安全评价指标隶属度 表9-29

评价指标	隶属度		
	低风险	中等风险	高风险
水密结构	1	0	0
风雨密结构	0	0. 75	0. 25
其他结构	1	0	0
蚀耗及裂纹	1	0	0
船体排板	1	0	0
推进装置	0	0	1
操舵装置	0	0. 75	0. 25
锚及系泊设备	0	0. 75	0. 25
蓄电池组	0	0. 75	0. 25
救生圈	1	0	0
救生衣	0	0. 75	0. 25
遇险烟火信号	1	0	0
灭火器	0	0	1
太平斧	0	0	1
消防水桶	0	0	1
导航设备	1	0	0
通信设备	1	0	0
安全信息接收装置	1	0	0
信号设备	1	0	0
稳性资料	0	0. 75	0. 25
渔获捕捞作业和装积载	1	0	0
渔具配置	1	0	0
船龄	0	0	1
身体状况	0	0. 75	0. 25
心理状况	0	0. 75	0. 25
疲劳度	0	0. 75	0. 25
持证情况	0	0	1
工作年限	0	0. 75	0. 25
文化水平	0	0. 75	0. 25
应急能力	0	0. 75	0. 25
工作态度	0	0	1
安全意识	0	0	1
遵守法规	1	0	0

从表9-29可以得到，三级指标结构完整性隶属度为：

$$R_{D1}=\begin{pmatrix}1 & 0 & 0\\0 & 0.75 & 0.25\\1 & 0 & 0\end{pmatrix}$$

根据AHP-DEMATEL得到结构完整性指标的综合权重 z_i 为：

$$z_{D1}=(0.10299,\ 0.03763,\ 0.01352)$$

对其进行归一化处理，得到：

$$z'_{D1}=(0.688,\ 0.244,\ 0.088)$$

可以得到三级指标结构完整度的评价向量为：

$$B_{D1}=z'_{D1}\cdot R_{D1}=(0.668,\ 0.244,\ 0.088)\cdot\begin{pmatrix}1 & 0 & 0\\0 & 0.75 & 0.25\\1 & 0 & 0\end{pmatrix}=(0.756,\ 0.183,\ 0.061)$$

同理，可得到三级指标结构强度的评价向量为：

$$R_{D2}=\begin{pmatrix}1 & 0 & 0\\1 & 0 & 0\end{pmatrix}$$

$$z'_{D2}=(0.915,\ 0.085)$$

$$B_{D2}=z'_{D2}\cdot R_{D2}=(0.915,\ 0.085)\cdot\begin{pmatrix}1 & 0 & 0\\1 & 0 & 0\end{pmatrix}=(1,\ 0,\ 0)$$

同理，可得到三级指标机电设备的评价向量为：

$$R_{D3}=\begin{pmatrix}0 & 0 & 1\\0 & 0.75 & 0.25\\0 & 0.75 & 0.25\\0 & 0.75 & 0.25\end{pmatrix}$$

$$z'_{D3}=(0.607,\ 0.321,\ 0.036,\ 0.036)$$

$$B_{D3}=z'_{D3}\cdot R_{D3}=(0.607,\ 0.321,\ 0.036,\ 0.036)\cdot\begin{pmatrix}0 & 0 & 1\\0 & 0.75 & 0.25\\0 & 0.75 & 0.25\\0 & 0.75 & 0.25\end{pmatrix}=(0,\ 0.2948,\ 0.7052)$$

同理，可得到三级指标救生设备的评价向量为：

$$R_{D4}=\begin{pmatrix}1 & 0 & 0\\0 & 0.75 & 0.25\\1 & 0 & 0\end{pmatrix}$$

$$z'_{D4} = (0.265, 0.688, 0.047)$$

$$B_{D4} = z'_{D4} \cdot R_{D4} = (0.265, 0.688, 0.047) \cdot \begin{pmatrix} 1 & 0 & 0 \\ 0 & 0.75 & 0.25 \\ 1 & 0 & 0 \end{pmatrix} = (0.312, 0.516, 0.172)$$

同理，可得到三级指标消防设备的评价向量为：

$$R_{D5} = \begin{pmatrix} 0 & 0 & 1 \\ 0 & 0 & 1 \\ 0 & 0 & 1 \end{pmatrix}$$

$$z'_{D5} = (0.455, 0.136, 0.409)$$

$$B_{D5} = z'_{D5} \cdot R_{D5} = (0.455, 0.136, 0.409) \cdot \begin{pmatrix} 0 & 0 & 1 \\ 0 & 0 & 1 \\ 0 & 0 & 1 \end{pmatrix} = (0, 0, 1)$$

同理，可得到三级指标通导及信号设备的评价向量为：

$$R_{D6} = \begin{pmatrix} 1 & 0 & 0 \\ 1 & 0 & 0 \\ 1 & 0 & 0 \\ 1 & 0 & 0 \end{pmatrix}$$

$$z'_{D6} = (0.315, 0.479, 0.069, 0.137)$$

$$B_{D6} = z'_{D6} \cdot R_{D6} = (0.315, 0.479, 0.069, 0.137) \cdot \begin{pmatrix} 1 & 0 & 0 \\ 1 & 0 & 0 \\ 1 & 0 & 0 \\ 1 & 0 & 0 \end{pmatrix} = (1, 0, 0)$$

同理，二级指标渔船结构的评价向量为：

$$R_{C1} = \begin{pmatrix} 0.756 & 0.183 & 0.061 \\ 1 & 0 & 0 \end{pmatrix}$$

$$z'_{C1} = (0.766, 0.234)$$

$$B_{C1} = z'_{C1} \cdot R_{C1} = (0.766, 0.234) \cdot \begin{pmatrix} 0.756 & 0.183 & 0.061 \\ 1 & 0 & 0 \end{pmatrix} = (0.8131, 0.1402, 0.0467)$$

同理，可得到二级指标渔船设备的评价向量为：

$$R_{C2} = \begin{pmatrix} 0 & 0.2948 & 0.7052 \\ 0.312 & 0.516 & 0.172 \\ 0 & 0 & 1 \\ 1 & 0 & 0 \end{pmatrix}$$

$$z'_{C2}=(0.121,\ 0.277,\ 0.286,\ 0.316)$$

$$B_{C2}=z'_{C2}\cdot R_{C2}=(0.121,\ 0.277,\ 0.286,\ 0.316)\cdot\begin{pmatrix}0 & 0.2948 & 0.7052\\ 0.312 & 0.516 & 0.172\\ 0 & 0 & 1\\ 1 & 0 & 0\end{pmatrix}$$

$$=(0.4024,\ 0.1786,\ 0.419)$$

同理，可得到二级指标稳性的评价向量为：

$$R_{C3}=\begin{pmatrix}0 & 0.75 & 0.25\\ 1 & 0 & 0\\ 1 & 0 & 0\end{pmatrix}$$

$$z'_{C3}=(0.399,\ 0.403,\ 0.198)$$

$$B_{C3}=z'_{C3}\cdot R_{C3}=(0.399,\ 0.403,\ 0.198)\cdot\begin{pmatrix}0 & 0.75 & 0.25\\ 1 & 0 & 0\\ 1 & 0 & 0\end{pmatrix}=(0.601,\ 0.2992,\ 0.0998)$$

同理，可得到二级指标身心状况的评价向量为：

$$R_{C5}=\begin{pmatrix}0 & 0.75 & 0.25\\ 0 & 0.75 & 0.25\\ 0 & 0.75 & 0.25\end{pmatrix}$$

$$z'_{C5}=(0.211,\ 0.694,\ 0.095)$$

$$B_{C5}=z'_{C5}\cdot R_{C5}=(0.211,\ 0.694,\ 0.095)\cdot\begin{pmatrix}0 & 0.75 & 0.25\\ 0 & 0.75 & 0.25\\ 0 & 0.75 & 0.25\end{pmatrix}=(0,\ 0.75,\ 0.25)$$

同理，可得到二级指标适任情况的评价向量为：

$$R_{C6}=\begin{pmatrix}0 & 0 & 1\\ 0 & 0.75 & 0.25\\ 0 & 0.75 & 0.25\\ 0 & 0.75 & 0.25\end{pmatrix}$$

$$z'_{C6}=(0.015,\ 0.198,\ 0.034,\ 0.753)$$

$$B_{C6}=z'_{C6}\cdot R_{C6}=(0.015,\ 0.198,\ 0.034,\ 0.753)\cdot\begin{pmatrix}0 & 0 & 1\\ 0 & 0.75 & 0.25\\ 0 & 0.75 & 0.25\\ 0 & 0.75 & 0.25\end{pmatrix}=(0,\ 0.7388,\ 0.2612)$$

同理，可得到二级指标船员行为的评价向量为：

$$R_{C7}=\begin{pmatrix}0&0&1\\0&0&1\\1&0&0\end{pmatrix}$$

$$z'_{C7}=(0.129,\ 0.679,\ 0.192)$$

$$B_{C7}=z'_{C7}\cdot R_{C7}=(0.129,\ 0.679,\ 0.192)\cdot\begin{pmatrix}0&0&1\\0&0&1\\1&0&0\end{pmatrix}=(0.192,\ 0,\ 0.808)$$

同理，可得到一级指标渔船的评价向量为：

$$R_{B1}=\begin{pmatrix}0.8131&0.1402&0.0467\\0.4024&0.1786&0.419\\0.601&0.2992&0.0998\\0&0&1\end{pmatrix}$$

$$z'_{B1}=(0.502,\ 0.058,\ 0.201,\ 0.239)$$

$$B_{B1}=z'_{B1}\cdot R_{B1}=(0.502,\ 0.058,\ 0.201,\ 0.239)\cdot\begin{pmatrix}0.8131&0.1402&0.0467\\0.4024&0.1786&0.419\\0.601&0.2992&0.0998\\0&0&1\end{pmatrix}$$

$$=(0.5523,\ 0.1409,\ 0.3068)$$

同理，可得到一级指标船员的评价向量为：

$$R_{B2}=\begin{pmatrix}0&0.75&0.25\\0&0.7388&0.2612\\0.192&0&0.808\end{pmatrix}$$

$$z'_{B2}=(0.427,\ 0.054,\ 0.519)$$

$$B_{B2}=z'_{B2}\cdot R_{B2}=(0.427,\ 0.054,\ 0.519)\cdot\begin{pmatrix}0&0.75&0.25\\0&0.7388&0.2612\\0.192&0&0.808\end{pmatrix}$$

$$=(0.0996,\ 0.3601,\ 0.5402)$$

由上述各层次指标评价向量，可得到1号渔船的总体评价向量为：

$$B_{1号渔船}=(0.401,\ 0.599)\cdot\begin{pmatrix}0.5523&0.1409&0.3068\\0.0996&0.3601&0.5402\end{pmatrix}=(0.2811,\ 0.2722,\ 0.4466)$$

同理，可得到2号渔船的总体评价向量为：

$$B_{2号渔船} = (0.401, 0.599) \cdot \begin{pmatrix} 0.404 & 0.119 & 0.4841 \\ 0.5807 & 0.3145 & 0.1048 \end{pmatrix} = (0.5098, 0.2361, 0.2569)$$

同理，可得到3号渔船的总体评价向量为：

$$B_{3号渔船} = (0.401, 0.599) \cdot \begin{pmatrix} 0.6118 & 0.1119 & 0.2763 \\ 0.933 & 0.0502 & 0.0167 \end{pmatrix} = (0.8043, 0.0749, 0.1208)$$

同理，可得到4号渔船的总体评价向量为：

$$B_{4号渔船} = (0.401, 0.599) \cdot \begin{pmatrix} 0.0158 & 0.0812 & 0.903 \\ 0.0115 & 0 & 0.9885 \end{pmatrix} = (0.0132, 0.0326, 0.9542)$$

9.4.3 结果与分析

由公式（9-13）可以分别得到4艘渔船的安全风险最终评价得分 F 为：

$$F_1 = B_{1号渔船}P^T = (0.2811, 0.2722, 0.4466) \begin{pmatrix} 3.6 \\ 2.8 \\ 1.2 \end{pmatrix} = 2.31$$

$$F_2 = B_{2号渔船}P^T = (0.5098, 0.2361, 0.2569) \begin{pmatrix} 3.6 \\ 2.8 \\ 1.2 \end{pmatrix} = 2.8046$$

$$F_3 = B_{3号渔船}P^T = (0.8043, 0.0749, 0.1208) \begin{pmatrix} 3.6 \\ 2.8 \\ 1.2 \end{pmatrix} = 3.2502$$

$$F_4 = B_{4号渔船}P^T = (0.0132, 0.0326, 0.9542) \begin{pmatrix} 3.6 \\ 2.8 \\ 1.2 \end{pmatrix} = 1.2838$$

表9-30为四艘渔船的最终评分结果及分级划分。从中可以看出，1号渔船最终得分为2.31，介于0～2.4分之间，说明1号渔船的安全等级评估为高风险，极其容易发生安全事故，需要及时对渔船消防设备、船员持证情况和工作态度进行调整；2号渔船最终得分为2.8046，介于2.4～3.2分之间，说明2号渔船的安全等级评估为中等风险，较容易发生安全事故，需对稳性进行调整；3号渔船最终得分为3.2502，介于3.2～4分之间，说明3号渔船的安全等级评估为低风险，渔船自身安全状况较好，不易发生安全事故；4号渔船最终得分为1.2838，介于0～2.4分之间，说明4号渔船的安全等级评估为高风险，且分值比1号渔船更低，其比1号渔船更容易发生安全事故，需要引起足够的重视。

渔船安全评估等级划分

表 9-30

项目	最终评分	评估等级
1 号渔船	2. 3100	高风险
2 号渔船	2. 8046	中等风险
3 号渔船	3. 2502	低风险
4 号渔船	1. 2838	高风险

从打分表可以看出，4 号渔船的渔船结构、机电设备、救生设备、消防设备、稳性和船员身心状况等指标打分都较低，应当首先对这些指标进行优化调整，渔船结构和渔船设备关系着整艘渔船的安全问题，如果结构强度及完整性达不到要求，会对渔船的安全航行造成严重的威胁，且船员作为人为因素具有极强的不稳定性，船员的身体状况及心理状况都会直接影响船员的工作状态，进而影响渔船航行时的安全。要注意船员的身心健康问题，及时解决船员的需要，避免船员身心不健康带来的航行安全问题。

作者邀请业内三位专家同时参与这 4 艘渔船及船员状况的安全风险评估，专家评审结果如表 9-31 所示。

专家安全评估结果

表 9-31

项目	专家 1	专家 2	专家 3
1 号渔船	风险较高	风险较高	风险较高
2 号渔船	风险一般	风险一般	风险较高
3 号渔船	风险较低	风险一般	风险较低
4 号渔船	风险较高	风险较高	风险较高

通过对比表 9-30 和表 9-31 的安全风险评估结果可以看出：

（1）在专家们的主观判断中，3 号渔船整体状况较好，安全风险较低；相较于 3 号渔船，2 号渔船稍差一些；1 号、4 号渔船整体状况较差，风险较高。

（2）对比分析专家们的主观判断评估结果与本模型结果基本一致，验证了本模型具有一定的准确性及科学性。

（3）专家们无法从现有的渔船状况及船员情况中对 1 号、4 号渔船作出更细致的判断，而本模型能够更细致地区分出每艘渔船的安全风险状况，能够更客观准确地对渔船安全做出评估。

9.5 结论与展望

9.5.1 结论

构建了基于模糊 AHP-DEMATEL 方法的小型木质海洋渔船安全风险评估模型，并选取了珠海市 4 艘样本渔船及船员的情况，运用本模型进行了验证，得到了各样本渔船的风险评估等级，并将该评估结果与专家们的主观判断结果进行了比较，主要结论如下：

（1）通过对小型木质海洋渔船技术状况及船员情况进行调查分析，建立小型木质海洋渔船安全风险评估指标体系，以渔船、船员为一级指标；渔船结构、渔船设备、稳性、船龄和身心状况等 7 个因素为二级指标；以结构完整性、结构强度和机电设备等 19 个因素为三级指标；以水密结构、风雨密结构和推进装置等 19 个因素为四级指标，共计 47 个指标。

（2）运用层次分析法获取指标的初始权重，为尽量减少主观性，选择 DEMATEL 法对 AHP 法进行了修正，并基于模糊 AHP-DEMATEL 综合评估方法构建了小型木质海洋渔船安全风险评估模型，该模型能够在一定程度上消除主观因素的影响。

（3）运用本模型对珠海市的 4 艘样本渔船进行了安全风险评估，同时请业内专家对各样本渔船的安全状况进行了主观判断，本模型得出的评估结果与专家结果比较一致，且本模型能够更细致地区分出每艘渔船的安全风险状况，例如样本 4 号高风险渔船的渔船结构、机电设备、救生设备、稳性和船员身心状况等指标打分较低，因此为保证渔船的航行作业安全，应首先对渔船结构、渔船设备进行优化，并且关注渔船船员的身心健康状况。

（4）从各指标的综合影响度结果及总排序可以得出，渔船因素中船龄和水密结构，以及船员因素中安全意识、心理状况、身体状况和遵守法规是影响小型木质渔船安全的重要因素。

（5）本研究工作首次对珠海市的小型木质海洋渔船安全风险进行了系统分析和评估，具有一定的创新性。

9.5.2 展望

渔船安全是一个庞大且复杂的系统，由于影响海洋渔船安全风险的因素众多，作者针对小型木质海洋渔船的安全风险评估的研究，还存在一些不足之处：

（1）对于指标的选取，各指标权重结果及评估标准等主要依靠专家意见，虽然运用AHP-DEMATEL方法克服了部分主观性，但主观性依然不可避免，今后需要进一步增强指标与评估标准的客观性，对难以量化的指标如水密结构、风雨密结构、蚀耗及裂纹和船员行为等进行定量化的探索，尽可能地减少人为主观性的影响。

（2）在建立指标体系时，由于调查覆盖面不够广，以及作者知识储备和经验方面的欠缺，对指标的选取还不够全面，且指标数量较多，较为繁琐。下一步作者将对指标进行更全面、细致的完善及改进，使指标体系更加科学合理，并将“环境”与“管理”两大因素纳入评估体系进行考虑。

（3）受调研条件所限，只对珠海市进行了实例验证，接下来的研究中将会在小型木质海洋渔船分布量较广的其他城市再次进行实例验证，并且进一步对渔船船员开展调研，特别是针对人为因素开展深入研究，以增加评估方法的科学性与评估结果的准确性。

参考文献

[1] 农业农村部渔业渔政管理局，全国水产技术推广总站，中国水产学会．中国渔业统计年鉴（2022）[M]．北京：中国农业出版社，2022.

[2] 张维英，孙风胜．船体结构[M]．北京：科学出版社，2022.

[3] 王振兴．大风浪天气滚装船航行安全预警系统的研究[D]．大连：大连海事大学，2010.

[4] 冯伟，张存有，孙晓磊．论船员安全意识的培养[J]．中国水运（下半月），2019，19（09）：33-34 +55.

[5] PRIHARANTO Y E，YAQIN R I，MARJIANTO G，et al. Risk assessment of the fishing vessel main engine by Fuzzy-FMEA approach [J]. Journal of Failure Analysis and Prevention，2023：1-15.

[6] KIMERA D，NANGOLO F N. Reliability maintenance aspects of deck machinery for ageing/aged fishing vessels [J]. Journal of Marine Engineering & Technology，2022，21（2）：100-110.

[7] CELIK M，CEBI S. Analytical HFACS for investigating human errors in shipping accid ents [J]. Accident Analysis & Prevention，2009，41（1）：66-75.

[8] LI Y，HE W，XU Q. A research method of fishing vessel safety based on AHP and Fuzzy comprehensive evaluation [C] //2019 2nd International Conference on Safety Produce Informatization（IICSPI）. IEEE，2019：510-514.

[9] LAMBERT D M, THUNBERG E M, FELTHOVEN R G, et al. Guidance on fishing vessel risk assessments and accounting for safety at sea in fishery management design [J]. 2015.

[10] CELIK M, LAVASANI S M, WANG J. A risk-based modelling approach to enhance shipping accident investigation [J]. Safety Science, 2010, 48 (1): 18-27.

[11] IRVANA R, FADILLAH A, MANULLANG S. Risk assessment shipping accident of fishing ves-sel [C] //IOP Conference Series: Earth and Environmental Science. IOP Publishing, 2020, 557 (1): 012028.

[12] SONG B H, KIM C S. Development of the safety management risk assessment factors and indicators for coastal/offshore fishing vessels [J]. Journal of the Korean Society of Marine Environment & Safety, 2021, 27 (6): 783-788.

[13] JIN D, KITE-POWELL H L, THUNBERG E, et al. A model of fishing vessel accident prob-ability [J]. Journal of Safety Research, 2002, 33 (4): 497-497.

[14] 郭永尚. 渔业船舶结构与稳性安全评估技术标准的研究 [J]. 现代制造技术与装备, 2020, 56 (12): 113-114.

[15] 吕梁, 刘艳杰. 确保小型渔船安全的措施 [J]. 科技与企业, 2016 (03): 52 +54.

[16] 王晓娟. 论小型渔船的事故隐患与防范措施 [J]. 江西农业, 2016 (09): 87.

[17] 王贵彪, 万会发, 张海波, 等. 浙江沿海小型渔船现状分析及研究 [J]. 中国水运(下半月), 2017, 17 (11): 41-42.

[18] 罗福才, 欧阳胡明, 林焰, 等. 木质渔船安全问题研究 [J]. 水产科学, 2005 (12): 57-58.

[19] 黄志. 综合评价船舶安全状况方法的分析与比较 [J]. 南通航运职业技术学院学报, 2007 (03): 72-74.

[20] 中国渔业互保协会. 中国渔业船舶安全分析报告(1994—2015) [M]. 北京: 中国农业出版社, 2018.

[21] 杨建军, 潘建忠, 沈千军. 船舶主动力装置 [M]. 北京: 中国农业出版社, 2017.

[22] 杨建军, 谢加洪, 刘黎明. 轮机管理 [M]. 北京: 中国农业出版社, 2017.

[23] 陈庆义. 船艺与操纵 [M]. 北京: 中国农业出版社, 2017.

[24] 张茂松. 浅谈渔船装载不合理对稳性的影响 [J]. 河北渔业, 2009 (10): 58.

[25] 中华人民共和国海事局. 国内海洋小型渔船法定检验技术规则(2019)[EB/OL]. (2018-12-28) [2023-03-16]. https: //www. msa. gov. cn.

[26] 中华人民共和国农业部. 农业部关于加强老旧渔业船舶管理的通知 [EB/OL]. (2007-05-20) [2021-10-01]. http: //www. moa. gov. cn/nybgb/2007/dwuq/201806/t201806136151892. html.

[27] 李永生，王沉平．国内海洋渔船安全风险评估体系的研究［J］．浙江海洋大学学报（自然科学版），2020，39（02）：180-186.

[28] 陈立新．渔船安全综合评估模型研究［D］．大连：大连海洋大学，2019.

[29] 中华人民共和国农业农村部．中华人民共和国渔业船员管理办法［EB/OL］.（2022-01-07）［2023-04-02］．http：//www. moa. gov. cn/govpublic/CYZCFGS/202201/t20220127_ 6387842. htm.

[30] 刘清，郑志鹏．船员心理素质对其安全行为能力的影响机理［J］．水运管理，2019，41（11）：1-5.

[31] 王可．煤矿险兆事件管理水平评价指标体系研究［D］．西安：西安科技大学，2018.

[32] 李明辉，夏靖波，陈才强．基于决策试验和评价实验法与解释结构模型的含有可达影响因子的网络谱系模型［J］．吉林大学学报（工学版），2012，42（3）：782-788.

[33] 荣庆川，马欣．基于 AHP-DEMATEL 分析方法的车险理赔风险评价研究［J］．保险职业学院学报，2020，34（05）：30-36.

[34] 曾伟锋．基于 EML-DEMATEL-CA 法的矿山提升系统优化及应用［J］．现代矿业，2022，38（10）：208-212.

[35] 章志新．高速城市环线服务区功能拓展的 AHP-DEMATEL 综合法选址评价体系研究［D］．长沙：长沙理工大学，2016.

[36] 赵艺为．航道承载力理论及评价模型研究［D］．武汉：武汉理工大学，2020.

[37] 黄俊．基于 DEMATEL/ISM 方法的既有隧道扩挖施工安全风险因素模型研究［J］．工程技术研究，2018（10）：6-7 + 11.

[38] 钱羿同，徐森，马美玲．基于 AHP-DEMATEL 的海绵城市 PPP 项目关键成功因素研究［J］．浙江理工大学学报（社会科学版），2021，46（06）：614-622.

[39] 李昱瑾，赵慧．公路网现状评价体系及应用［J］．综合运输，2022，44（02）：138-144.

[40] 邹浩，曾革．基于 AHP 和余弦决策法的城市轨道交通安全性评价［J］．湖南城市学院学报（自然科学版），2012，21（03）：26-29.

第10章

基于综合安全评估的渔船火灾事故风险评估研究

10.1 引言

渔业是我国农业乃至国民经济的重要组成部分。经过70多年的发展[1]，中国渔业已经发生了历史性变化，取得了巨大成就，在保障食物安全、增加农民收入及农村就业、助力生态文明建设等方面发挥了重要作用，为世界渔业发展贡献了“中国智慧”“中国方案”“中国力量”。据统计[2]，2021年，我国渔业经济总产值为29689.73亿元，其中渔业产值15158.63亿元，占渔业经济总量的51.06%。然而，渔业，特别是海洋捕捞业是一项艰苦而危险的工作，就其死亡率而言，往往超越其他工作领域。频繁发生的渔船海上事故，严重影响了我国渔业的高质量发展。为此，我国政府历来重视渔业发展和渔民安全。尤其是党的十八大以来，党中央、国务院高度重视安全生产工作，2016年，印发了《关于推进安全生产领域改革发展的意见》，党中央、国务院对安全生产工作进行全面部署。要求坚持“党政同责、一岗双责、齐抓共管、失职追责[3]”。党的十九大报告指出：“树立安全发展理念，弘扬生命至上、安全第一思想，健全公共安全体系，完善安全生产责任制，坚决遏制重特大安全事故”，为安全生产工作指明了方向，稳步推进“平安渔业”建设[4]。

我国渔船数量位居世界第一，是世界渔业大国，但距离渔业强国还有较大的差距。当前，发达国家的渔船正朝着大型化、自动化、高效节能和安全环保的方向发展。虽然近些年我国也加快了渔船建设发展的步伐，但低端渔船仍然较多，并且普遍存在油耗高、船龄大、安全性能差的弊端[5]。我国的渔船安全现状很不理想[6]，各类渔船事故频繁发生，其中渔船全损事故最为突出，不仅财产损失巨大，还经常会造成人员伤亡。据中国渔业互保协会统计[7]，1994—2015年出险的渔船数量有79450艘（次），总体事故率达到12.02%，其中因火灾事故导致的全损渔船268艘（次），占全损渔船总数的8.95%，位于全损事故致因的第四位。可见，火灾事故造成的经济损失也应当予以高度重视。

当前，火灾风险问题已在很多行业引起关注，特别是陆地火灾更容易引起大规模燃烧。但陆地火灾发生后，消防人员可以迅速到达现场，能够依托陆地的优势及时采取措施。而渔船一旦发生火灾事故，很快就会陷入危险境地，不仅会造成经济上的损失，还会造成大量的人员伤亡。渔船火灾情况复杂，专业的消防人员也很难及时到场扑灭，甚至导致爆炸及向邻近渔船蔓延，严重威胁到渔船船员的生命及财产安全。因此，加强渔船安全管控、减少渔船损失、降低死亡危险依旧是重要且关键的问题[8]。

国内外的火灾风险评估主要从20世纪70年代开始的，随着船舶与海洋工程行业的高速发展，船舶火灾问题也逐渐得到了重视，因而船舶火灾风险研究也得以开展。现阶段，国内对于船舶火灾的分析及评估研究，大多针对船舶舱室火灾场景的环境及机舱火灾事故。其中，黄衍顺[9]等人利用模糊层次分析法（Fuzzy Analytical Hierarchy Process，简称FAHP）对机舱火灾风险进行了评估，并对机舱火灾的影响因素作了分析和评估；刘志军[10]等人提出了基于贝叶斯网络的船舶机舱火灾风险分析方法，建立了船舶机舱火灾贝叶网络模型，得到了影响机舱火灾风险因素的影响排序，提供了一种辅助决策方法；张战杰[11]运用贝叶斯网络技术对船舶舱室火情进行分析，将船舶机舱事件树模型转化为贝叶斯网络模型，提高了计算能力；胡靖[12]采用模型试验的方法分析封闭舱室内气体、温度随时间的变化规律，得到在火灾发展的不同阶段，火灾燃烧特性及火灾烟气的运动规律；王欣[13]等人针对某舰艇俱乐部舱室建立火灾模型，通过对火灾条件模拟设定进行研究，对防火设计方案提出了改进意见；朱小俊[14]等人采用火灾动力学模拟软件FDS对舱室进行火灾模拟分析，通过火灾不同时刻舱壁上不同位置的温度，研究了舱室整体结构性能；刘云山[15]等人对于火灾场景下的船舶舱室结构动态热力响应进行分析，为船舶结构安全和抗火设计提供借鉴。

在船舶机舱火灾及爆炸的分析方面，通常采用不同方法对机舱火灾因素进行风险识别，建立相关模型并对其进行安全评估。例如，姜晓燕[16]等人运用模糊综合评估的方法，从船员、设备和管理的角度对舰船机舱的消防安全管理进行评估，重点进行消防安全分析研究；贾佳[17]对模拟不同参数下的火灾后果进行了分析，在评估船舶生命力易损性时，主要通过事件树的方法，针对各种类型船舶的火灾事故进行综合安全评估；徐志胜[18]根据船舶特点，从火灾的发展过程出发，建立了船舶火灾事故的事故树模型。

部分学者根据火灾的形成及蔓延的机制，通过建立船舶舱室火灾的评估模型，对船舶舱室的火灾危险性进行了评估[19-20]；徐允[21]以舰船机舱主机燃油系统为例，结合船舰弹药舱特殊性，建立了火灾爆炸事故树，并做了模糊性分析，为辨识火灾爆炸的危险原因带来了参考方案；李祥茂[22]应用模糊数学分析了船舰舱壁以及甲板的耐火性，最后通过综合安全评估（Formal Safety Assessment，简称FSA）方法构建了船舰整体火灾爆炸事故的风险评估框架；罗福才[23]基于FSA的方法针对渔船全损事故进行研究，分析了渔船事故风险及带来的经济损失，并将各阶段船龄的渔船对各类型事故的影响建立风险矩阵，并提出了风险控制方案，最后通过费用和受益评估提出了合理建议。

国外专家在渔船事故带来的损失及船舶火灾的安全分析方面，做了系统比较研究。例如，Celik等[24]采取模糊扩展事故树分析方法，对航运事故进行风险分析，为航运事业的事故分析提出了一种风险建模方法；Jin等[25]采取负二项回归模型对船员损伤事故进行调查，研究了商业渔船事故所造成的船舶总损失和船员致命伤害的决定因素，得出渔船倾覆事故造成损失最严重，渔船爆炸及倾覆带来的人员伤亡最多的结论；Park 等人[26]对渔船火灾事故爆炸进行研究，分析火灾原因是电源线检查和维护不善；Loughran 等[27]提出了一种交互式表格法对渔船进行安全分析，得出渔船安全状态下需要控制的风险；Young-Sub 等[28]对 FSA 应用于渔船安全评价的可行性进行了研究，并且与其他方法进行了对比，确定其适用于渔船，并进一步提出意见，以改善渔船的安全。Irvana 等[29]将 FSA 方法应用于渔船的事故风险评估，结果表明，机械故障的风险最高，其次是船舶沉没等，并得出提高船舶的安全性建议。

综上可知，目前关于渔船火灾事故的研究和论述还相对较少，而且大部分研究仅仅是停留在渔船火灾事故的原因分析层面，在火灾事故风险评估方面的研究则是少之又少，也没有形成比较成熟的渔船火灾风险评估体系。加强渔船火灾风险评估及防控技术研究是非常必要的。为此，本章拟运用综合安全评估（FSA）方法对渔船火灾进行分析，从渔船机舱的火灾隐患、人员素质、灭火器材等几个方面，研究其对渔船火灾的影响，在此基础上提出风险控制措施和决策建议。期望通过本研究可以为船东、船长在渔船出港捕捞前进行的安全检查提供帮助，同时为渔船安全主管部门提供参考，进一步提高对于渔船火灾问题的重视程度，把渔船火灾风险控制在低频率、低风险的状态。

10.2 FSA 的基本理论与方法

10.2.1 FSA 的基本理论

在国际海事组织第 62 届海安会（MSC）上[30]，英国代表团首次将 FSA 等相关理论引入航运界，并建议在海上安全和海洋环境环保公约和规则的制定、船舶设计及船舶营运管理中加以应用。会议就如何将 FSA 应用于船舶结构、通航环境、海上交通运输等安全领域进行了相应分析及研究，并在后期分别推出“FSA 暂行指南”“用于 IMO 决策过程的综合安全评估指南”等一系列指导性文件。2002 年 3 月，IMO 批准了正式的安全评估准则，该准则是一个“制定规则的规则”框架，目的是基于概率安全评估方法对于既定或拟议法规的充分性开展评估。

在 IMO 的大力推动下，各国政府、航运企业和组织、相关高校及科研所对 FSA 进行了多层次、多角度、多方面的研究和探索[31]。国内外的众多学者对 FSA 在船舶结构、航行、生产领域的应用做了很多研究。FSA 作为 IMO 推荐方法，在水域通航安全、船舶公司运营、港口项目建设等领域的评估得到了广泛应用。然而所有评估方法都不能避免本身的局限性、针对性、差异性，为了衡量其是否适用于研究对象，需要建立一个能够根据其自身特点总结出测量指标和对照参数的评估体系。如果采取了不恰当的评估方法，会浪费大量时间和精力，计算结果也会与实际情况相差很大，导致评估的失败。因此，对研究对象采取正确、合理的评估方法十分关键[32]。FSA 风险评估的流程共分成 5 个步骤，即风险识别（Identification of Risk）、风险分析（Risk Analysis）、风险控制方案（Risk Control Options）、费用和效益评估（Cost Benefit Assessment）、决策建议（Recommendations for Decision-making）。

在评估之前，需要确定好评估对象以及相应评估范围，并分析评估对象之间的相关性，以便按照 FSA 的流程进行评估，评估流程图如图 10-1 所示。

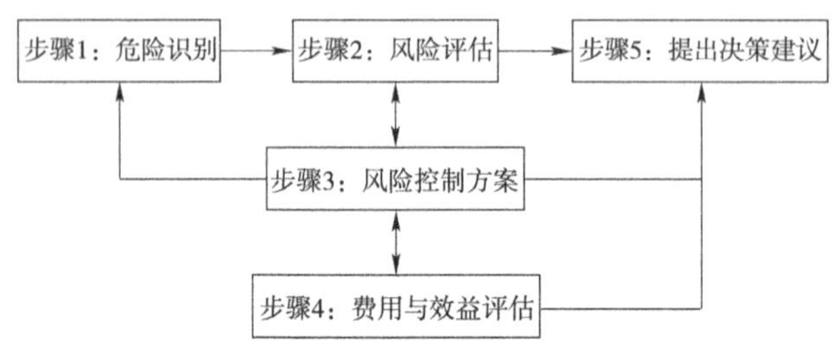

图 10-1　评估系统流程图

（1）危险识别。

危险识别指对评估对象可能存在的各种风险进行分析和识别，体现了安全评估的规范性，也是评估的起点。通过危险识别，识别出评估对象的风险因素，并区分不同类型，依据危险程度的不同进行排序。针对主要危险因素进行深入的分析研究，制定针对其特点的控制方案。

危险识别的方法主要包含以下几种：头脑风暴法、德尔菲法、故障类型和影响分析法、预先危险性分析法、危险性与可操作性研究、风险矩阵法等。一般情况下，因果关系分析法或风险贡献树等方法通常用于收集历史相关数据或者已经发生的事故较多的情况。对于需要预测的事件，则多采用头脑风暴法、故障类型和影响分析法、德尔菲法、预先危险性分析法等方法。

（2）风险评估。

风险评估是风险识别的延续和拓展，通过定性和定量的方法对风险识别中的相关因素进行分析评估。目前，许多数学理论和模型被应用于风险评估领域，虽然满足基本要求，但在具体计算方法及实际应用上还会有一定的差异。通常情况下，在水域通航领域常用的评估方法有以下几种：灰色关联理论、模糊数学理论、层次分析法、事件树分析和事故树分析理论等。

(3) 风险控制方案。

风险控制方案是在风险评估的基础上，针对研究对象的高风险区域及相关因素，通过控制风险发生途径，制定风险防控方案，并再一次对控制方案的有效性进行评估，总结归纳评估结果，选取最优的控制方案。其中方案制定要依据研究目标的特点，符合实际情况，同时要充分考虑在制定方案过程中引入的新方法、新技术可能带来其他的风险及隐患。

(4) 费用与效益评估。

针对风险控制方案制定过程中所需要的费用及产生的收益，需要考虑适用性、经济性、科学性等多种指标，并依据具有重要性的评估指标对合理的控制方案进行比较、排序。

在进行成本效益评估过程中，可根据“风险控制方案”步骤中的具体内容和要求，对实施相关风险控制方案可能产生的各种费用情况进行计算和综合统计，该费用包括在实施相关风险管理控制解决方案过程中所产生的直接和间接费用；并综合估算相应的风险控制方案中所能对应达到的实际效益。此外，通过上述综合评估，可以从整体性角度确定方案成本，计算并得出达到减少每个单位成本风险控制需要的方案费用效益比，并对所有综合控制后的方案费用效益进行综合比较，以便在“提供决策建议”步骤中，对单位风险综合控制后的方案效益作出合理化的决策，并对建议结果进行综合分析。

(5) 提出决策建议。

根据前4个步骤得出的结果，客观地对风险控制的有效性及费用收益进行评估比较。结合研究对象本身特点和实际情况，保障各方案的可行性，并对现有风险控制方案进行分析，查找其中缺点和不足并进行完善，确保风险因素在安全区域内，再提供合理的决策建议。

基于综合评估后的研究成果，通过分析风险控制方案是否有效，在尽量保证各方利益的平衡下，从中选出费用效益比最优的方案。根据最优方案在实施过程中所产生的效果及影响，在方案的有效性及利益平衡的基础上，提出合理化的建议。

10.2.2 FSA 评估方法

1) FSA 评估方法的选择原则

对于 FSA 评估方法，通常需要充分了解研究对象的特点和评价参数，在选取过程中要遵循完整性、真实性、适应性、合理性的原则[33]：

(1) 完整性原则。

在评估前期需要收集数据资料、查找书籍文献、学习方法理论。应充分了解研究对象自身特点、内部构成、影响因素，以及多种相关的评估方式，分析不同评估方法存在的优缺点。在评估方法的选择上，需保证评估方法与研究对象内部的初始条件及边界值条件形成统一的整体。

（2）真实性原则。

由于评估要求的差异，相对结果的需求可能涉及多个方面，如导致事故产生的原因、风险因素的识别、风险趋势预测、风险防控方案等，无论何种方面的需求，评估结果必须保证在科学、系统、合理的数据基础上计算得出，确保该方法计算得出的评估结果是真实可信、符合实际情况的。

（3）适应性原则。

由于研究对象在内部系统组成中可能交叉错乱，评估的侧重点差异巨大，在选用评估方法过程中应与研究对象的内部结构和特点相适应，而且受到使用范围和评估条件的限定，因此有必要根据研究对象的内部结构、发展形势和自身特点来选择合适的评估方法。

（4）合理性原则。

在满足使用要求和满足评估条件下，评估方法的选择应该尽量遵循操作简便、评估过程简单、数据易获取的原则，选择容易且耗时短的方法，以尽量提高工作效率。

通常，在结构组成较为繁杂、内部系统规模庞大、风险程度较高，以及研究对象的相关数据资料、指标参数完整齐全的情况下，应采取定性分析和定量分析相结合的方法来分析，如事故树分析法、层次分析法、模糊数学方法、风险贡献树法等。对评估要求相对简单、风险系数较低，或者尚处于前期准备阶段、理论数据和指标参数不完整的研究对象，尽量采取分析过程简单、研究资料较少的情况所适应的评估方法，如安全检查表法、经验法等。

2）事故树分析法（FTA）

事故树分析法（Fault Tree Analysis，简称 FTA），也称故障树分析法，是运用演绎推理来进行定性或定量分析，以系统故障（顶事件）作为分析对象，分析系统故障的因果关系，从而挖掘导致顶事件发生的根本原因。所谓事故树，就是用结果和原因来描述事故的有向逻辑树[34-35]。事故树遵循逻辑分析的原则，即“从结果中分析原因”，相关事件（节点）之间通过逻辑门进行连接。事故树从顶事件开始，逐层分解各自直接原因事件，直到不能再分解停止，并将导致故障的事件按因果逻辑关系一一列出，通过逻辑符号连接上下事件，用树状图来表示，得到逻辑事故树模型，并简化这个模型，采取定性或定量的方法进行分析，找出可能导致故障的各种原因，并计算故障发生概率，最后提出具有针对性的控制方案及措施。事故树是逻辑框图，可以描述系统组成部分的故障与顶事件间的关系，基本要素包括事件和逻辑门[36]。现阶段建树的方法有两类：人工建树和计算机辅助建树。其中人工建树的方法又分为以下两种：

（1）演绎法。

所谓演绎法，就是从一般性的前提出发，通过推导，即演绎，得出具体陈述或个别结论的过程。在建立事故树过程中是从顶事件开始自上而下分析。首先，将顶事件排在第一行；其次，将导致顶事件发生的直接原因（包括硬件、软件、环境因素和人为差错）并列排在第二行，并采取适当的逻辑门与顶事件连接起来；第三步，分别对上述中间事件发生的原因进行分析，将其原因并列在各自下面作为第三行，用合适的事件符号表示，并用正确的逻辑门将对应的上一级中间事件连接起来，一直到基本原因都分析出来为止。

（2）判决表法。

事故树上中的每个事件都有其输入、输出事件，根据系统结构图，可以列出各部分的输入、输出判决表来建树。首先选择一个不希望发生的事件为顶事件，然后反向从输入事件找出所有事件的原因，并用一定逻辑门连接起来，构成事故树。建造事故树的流程可归结如图 10-2 所示。

图 10-2 建造事故树流程图

3）事故树常用符号及意义

事件、逻辑门以及转移三种符号是组成事故树的基本符号。三种符号分别对应相应的含义，为了形象表示事件之间的逻辑关系和因果关系，在事故树的编制中需要使用专门表示逻辑关系的门符号、基本术语以及事件符号。在建树过程中涉及的有关术语和符号，如表 10-1 所示。

事故树的主要符号及其意义 表 10-1

种类	名称	符号	意义
事件符号	矩形符号	▭	表示结果事件：顶上事件（*T*，所要分析的对象事件，它位于事故树的顶端）和中间事件（*M*，系统中可能导致顶上事件发生的某些事件）
	圆形符号	○	表示基本原因事件，它是最基本的或不能再向下分析的原因或缺陷事件
	菱形符号	◇	表示省略事件，即表示没有必要进一步向下分析或其原因不明确的原因事件
	屋形符号	⌂	表示开关事件（正常事件），是在正常情况下必然发生或必然不发生的事件

续上表

种类	名称	符号	意义
逻辑门符号	与门		可以连接多个输入事件和一个输出事件，表示仅当所有输入事件都发生时，输出事件才发生
	或门		可以连接多个输入事件和一个输出事件，表示至少一个输出事件发生时，输出事件就发生
	条件与门		表示输入事件不仅同时发生，而且还必须满足椭圆条件，才会有输出事件发生
	条件或门		表示输入事件中至少有一个发生，在满足椭圆条件的情况下，输出事件才发生
转移符号	转入符号		表示此处和有相同字母或数字的转入符号相连接
	转出符号		表示此处和有相同字母或数字的转出符号相连接

4）事故树分析计算

事故树的设计编制工作完毕后，必须对该事故树进行定性和定量分析[37]。

（1）定性分析。

通过求解事故树的最小割集，可以发掘所有可能导致发生事故的危险事件情景；通过分析求出基本事件的结构重要度，进而确定基本事件对顶事件影响的重要程度。

（2）定量分析。

主要是对顶事件发生概率的计算。需要确定所有基本事件的发生概率才能完成顶事件发生概率的计算，针对包括各种交通系统在内的大部分系统来说，由于人的因素不确定性较强，以及事故样本有限，很难科学有效地确定每一个基本事件的发生概率，因此无法进一步对事故树进行定量分析。

因此，定性分析是事故树分析的核心，这种分析方法简单易算，结果可靠，能够满足研究需求，考虑时间及资料有限，所以通常情况下只对事故树进行定性分析。在事故树分析过程中，能导致顶事件发生的基本事件集合称为割集，其中最小限度的基本事件集合称为事故树的最小割集。求解最小割集的方法有：布尔代数化简法、行列法、素数法、分离重复事件法、矩阵法及模拟法等[38]。通常选择布尔代数化简法来求取最小割集，利用布尔代数运算定律化简事故树的结构式，得到若干交集的并集，其中每一个交集，就是一个最小割集。

事故树中有若干个基本事件，取 X_i 进行研究，那么 X_i 仅存在两种情况，即发生与不发生，分别对应于 1 和 0，这两个值又称为基本事件的状态量。

假设事故树上基本事件的数目为 n（彼此互不相干），那么对应状态的事件总和为 2^n。基本事件的组合方式不同，对应的顶层事件状态也不同，该状态是一个可变量，用 Φ 表示，同样，定义取值为 1 或 0 分别代表该顶层事件状态满足或者不满足，即表达为发生与不发生。可见，Φ 是一种结构函数，它以 X_i 为自变量，学术上称其为结构函数。

如果 X_i 以外的全部基本事件的状态值已经确定，当 X_i 分别取 1 和 0 时，顶层事件对应的状态值可能改变或者不改变，如果用 1_i 简化表示 $X_i=1$，用 0_i 表示 $X_i=0$，那么当发生 1_i 到 0_i 的变化时，对应的 Φ 有以下三种情况。

（1）$\Phi(0_i, x)=0 \to \Phi(1_i, x)=1$，此时 $\Phi(1_i, x)-\Phi(0_i, x)=1$；

（2）$\Phi(0_i, x)=0 \to \Phi(1_i, x)=0$，此时 $\Phi(1_i, x)-\Phi(0_i, x)=0$；

（3）$\Phi(0_i, x)=1 \to \Phi(1_i, x)=1$，此时 $\Phi(1_i, x)-\Phi(0_i, x)=0$。

可见，在三种情况中，只有第一种 Φ 发生了变化，当引起变化的 X_i 数量上越多，则表明 X_i 对顶层事件的重要度越大，引入结构重要系数 $I_\Phi(i)$ 来表征这种重要程度，具体定义如公式（10-1）所示：

$$I_\Phi(i)=\frac{1}{2^{n-1}}\sum_{i=1}^{n}\left[\Phi(I_i, x)-\Phi(0_i, x)\right] \tag{10-1}$$

对该式的解释为：除 X_i 外基本事件保持不变的组合状态有 2^{n-1} 种，$\sum_{i=1}^{n}\left[\Phi(I_i, x)-\Phi(0_i, x)\right]$ 表示在这些组合状态中每一种状态的发生次数。鉴于此，其对应的比值即为 X_i 重要性程度的具体表征。根据模型可以求得任意 X_i 的 $I_\Phi(i)$，再由其具体大小得到事故树中所有基本事件结构的重要度排序。

10.3 国内外渔船火灾事故统计与分析

10.3.1 我国渔船火灾事故情况

1）中国渔业互保协会参保渔船火灾事故情况

据中国渔业互保协会统计，在 1994—2015 年的 22 年间，该协会承保渔船中累计共有 79450 艘（次）渔船出险，其中火灾事故共 2329 艘（次）；在渔船火灾事故中，由于电气设备（包括线路）起火所导致的火灾事故 1011 艘（次），占全部火灾事故的 43.41%；由于机舱失火所导致的火灾事故 422 艘（次），为全部火灾事故的 18.12%；由于修理用火

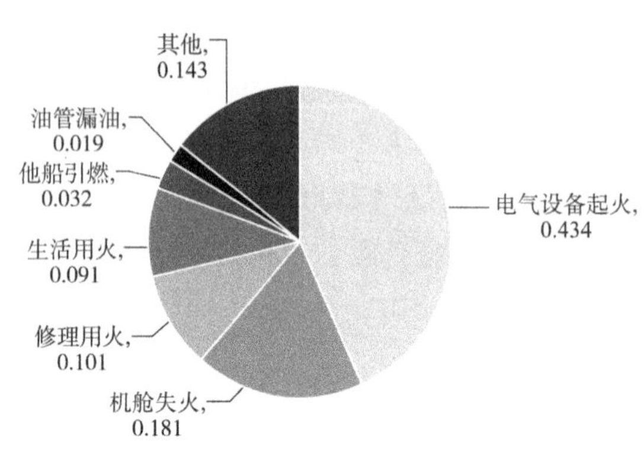

图 10-3 火灾事故原因分布

所导致的火灾事故 234 艘（次），占全部火灾事故的 10.05%；由于生活用火所导致的火灾事故 211 艘（次），占全部火灾事故的 9.06%；由于他船引燃所导致的火灾事故 74 艘（次），占全部火灾事故的 3.18%；由于油管漏油所导致的火灾事故 43 艘（次），占全部火灾事故的 1.85%。火灾事故原因分布如图 10-3 所示。

根据渔船发生火灾事故的比例，渔船船龄与火灾事故数量有着一定关联。船龄 5 年及以下的渔船发生火灾事故 788 艘（次），占船龄 5 年及以下渔船所有事故总数的 2.42%；船龄在 6 ~ 10 年的渔船火灾事故共计 558 艘（次），占该船龄渔船全部事故的 2.40%；11 ~ 15 年船龄的渔船发生火灾事故共 564 艘（次），占该船龄渔船所有事故总数的 4.00%；船龄在16 ~ 20 年发生渔船火灾事故共为 271 艘（次），占该船龄渔船全部事故的 4.46%；船龄在 20 年以上的渔船发生火灾事故数为 85 艘（次），占该船龄渔船全部事故的 5.24%。虽然随着船龄增大火灾发生数量呈现减少趋势，但是渔船船龄越大，火灾事故所占比重越大。按船龄分档渔船火灾事故对比图如图 10-4 所示。

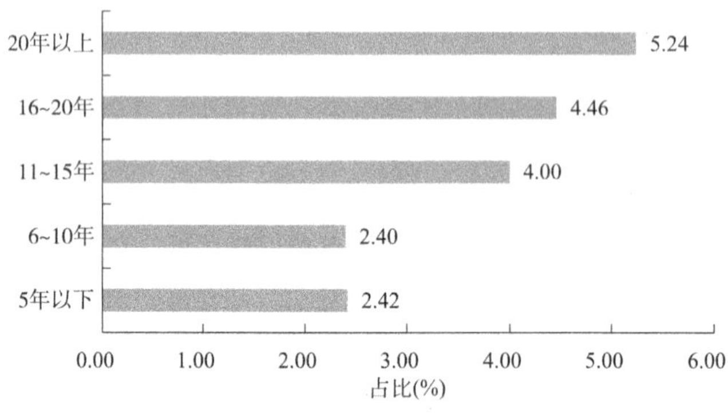

图 10-4 按船龄分档渔船火灾事故对比图

出险渔船发生的各类事故全损率如图 10-5 所示。其中，风灾事故导致的全损率为 12.32%；火灾事故全损率为 11.51%；碰撞事故全损率为 0.68%；触礁事故全损率为 1.35%；搁浅事故全损率为 1.55%；触损事故全损率为 0.79%。结果表明，虽然渔船火灾事故发生数量低于其他事故，但是渔船火灾造成的全损率与风灾事故相差不多，远高于其他类型事故的全损率。

2）我国北方沿海某省海洋渔船火灾事故情况

在渔业主管部门的协助下，本节收集了 2010—2019 年我国北方沿海某省海洋渔船事故统计资料。经分析，该省 10 年来共发生 522 起事故，造成 926 人死亡，166 艘渔船沉没，经济损失达 35524. 8 万元。其中碰撞事故 61 起，死亡人数 228 人，沉船 36 艘，损失达 10801 万元；自然灾害 79 起，死亡 226 人，沉船 46 艘，经济损失 8455. 5 万元；渔船沉没事件共 65 艘，死亡人数 161 人，造成 6356 万元的损失；渔船人员不慎溺水及落水事件 205 起，导致 222 人死亡，造成经济损失 4663 万元；火灾事件发生 29 起，死亡 5 人，沉船 21 艘，经济损失达 3049 万元；机械损伤事件 63 起，死亡 59 人，沉船 1 艘，经济损失 1396. 5 万元；其他事故（包括触礁、触损、人员触电、中毒等）共计 20 起，死亡人数 25 人，沉船 4 艘，经济损失共计 813. 8 万元。2010—2019 年该省渔船事故类型统计情况如图 10-6 所示，图 10-7 为该省渔船各类型事故的经济损失统计情况。

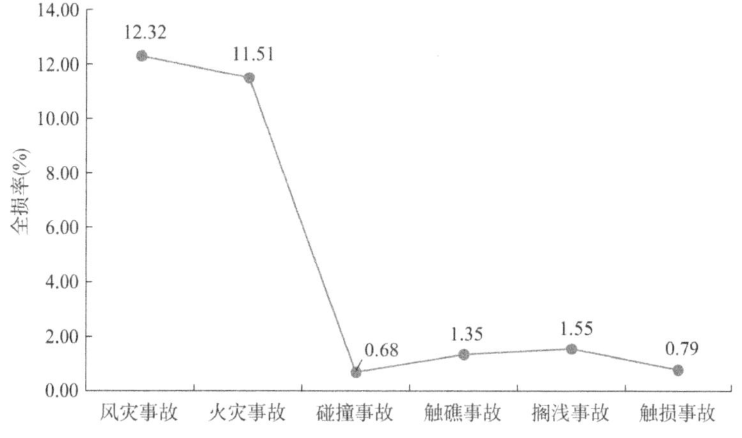

图 10-5 渔船各事故类型全损率

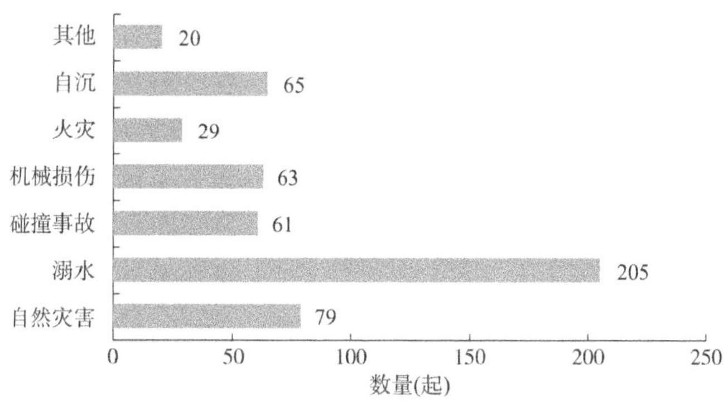

图 10-6 某省渔船事故类型（2010—2019 年）

根据该省近十年来统计的渔船事故数据，相比于其他类型的事故，虽然渔船火灾事故数量不多，但是造成的经济损失不能忽视。通过计算该省近十年来各类型事故中，平均每起事故所造成的经济损失，即各类型事故经济损失/各类型事故数量，可以得出火灾事故的经济损失相对较大的结论。各类型事故平均经济损失如图 10-8 所示。

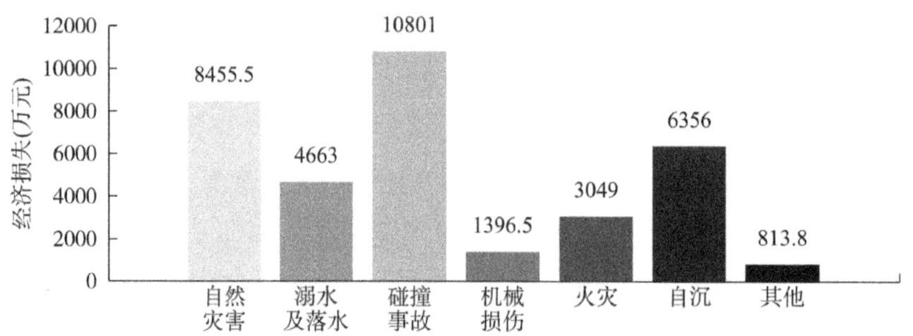

图 10-7　某省渔船事故类型经济损失（2010—2019 年）

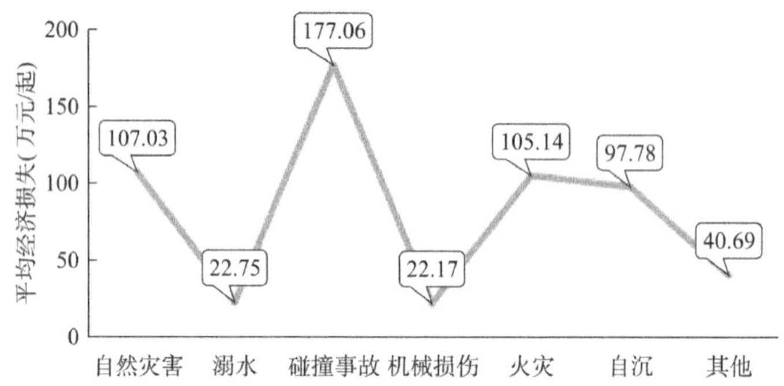

图 10-8　某省渔船事故类型平均经济损失（2010—2019 年）

从 2010—2019 年该省发生的渔船火灾事故统计数据来看，渔船火灾平均经济损失仅次于碰撞事故和自然灾害。在 29 起渔船火灾事故中，死亡人数为 5 人，21 艘渔船沉船。机舱（不包括电气、电线）失火导致的渔船火灾有 9 艘（次），占全部火灾事故的 31.03%；有 6 艘（次）渔船是由于渔船电线短路所引起的火灾，占全部火灾事故的 20.68%；在生活区取暖所引起的渔船火灾有 3 艘（次），占全部火灾事故的 10.34%；渔船在维修、作业时所造成的火灾事故有 3 艘（次），占火灾事故总数的 10.34%；因为火灾太大，灭火器无法扑灭的火灾也有 1 艘（次）；此外还有 7 艘（次）渔船火灾查找不到原因。渔船火灾事故种类如图 10-9 所示。

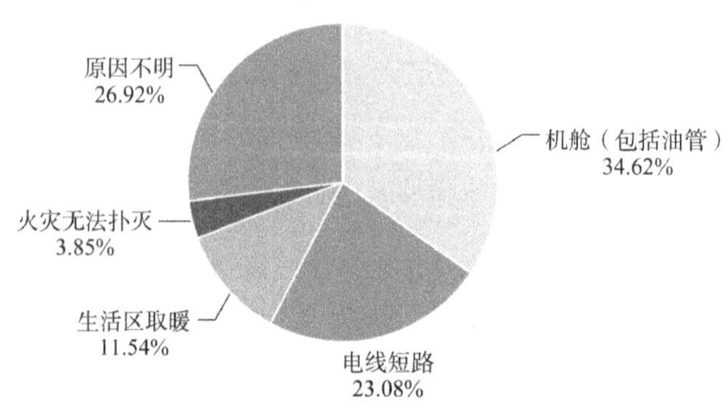

图 10-9　某省渔船火灾事故种类（2010—2019 年）

10.3.2 英国渔船火灾事故情况

作者收集到英国海事调查局（Marine Accident Investigation Branch，简称 MAIB）公开发布的 1999—2016 年共 21 起渔船火灾事故调查报告资料，并且对这些事故调查报告进行了比较详细的整理分析。统计表明：有 12 起火灾发生在机舱，占调查总数的 57.14%；2 起火灾发生在厨房，占调查总数的 9.52%；起居室、餐厅、船尾各发生 1 起火灾，分别占总数的 4.76%；还有 4 起火灾的具体发生位置没有明确指出，为调查总数的 19.05%。渔船火灾事故发生场所分布如图 10-10 所示。

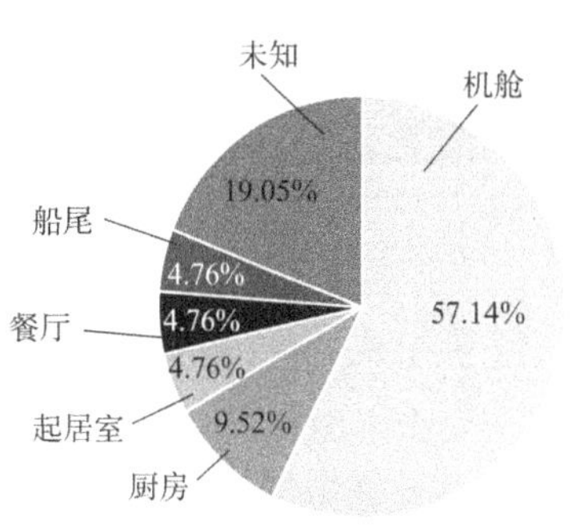

图 10-10 MAIB 调查渔船火灾事故发生场所

英国海事调查报告中提及的渔船机舱火灾事故原因主要分两类：渔船机舱内的电气设备引发的火灾；机舱内燃油与热表面接触或高温环境下引起的火灾。其中电气设备原因包括电线、电池故障、电流过大、产生的电弧等。机舱燃油的原因主要为机舱内的燃料与各种明火或热表面接触引起火灾。通过整理分析，电气设备以及机舱燃油所引发的火灾原因如表 10-2 所示。

MAIB 调查机舱起火原因 表 10-2

	起火原因
电气设备	1. 电池、电线设备缺陷引起自燃 2. 电流过大导致电缆绝缘破裂 3. 机舱供电电缆产生的电弧
机舱燃油	1. 机舱柴油油箱破损与热表面接触 2. 燃油管道接口漏油与热表面接触 3. 主机燃料或润滑油系统泄漏与热表面接触 4. 主机运行的时间过长，引燃排气管道中未燃烧的燃料 5. 柴油从辅助发动机燃油提升泵的柔性管道泄漏与热表面接触 6. 机舱烟头未完全熄灭引起失火

此外，MAIB 还对渔船火灾事故中的人员因素以及安全问题做了调查，包括船长和船员缺乏安全意识、未定期进行基本消防和应急演练、人员能力不足、探火、灭火设备不足等问题。此外，调查报告中还收集了部分英国专家以及安全部门的要求及建议。由于我国渔船火灾事故调查缺少详尽的报告，通过英国海事调查局比较细致的渔船火灾原因调查及

分析报告，容易找出事故原因之间的逻辑关系，为后期建立事故树的基本事件提供了支撑，更重要的是英国的渔船火灾事故类型和数据与我国的基本一致，对于我国渔船火灾事故防控也有一定的参考意义。

10.3.3 渔船火灾事故特点及其影响因素

1）渔船火灾事故特点

渔船是一种重要的渔业生产工具，这使得渔船发生火灾以后与陆上不同，主要表现在以下几个方面[39-42]：

（1）蔓延速度快。渔船结构的防火级别不高，选用的防火材料参差不齐，一旦发生火灾，其蔓延速度迅速而猛烈。短时间的温度升高造成渔船的设备损坏，从而造成火灾的连锁反应。

（2）扑灭难度大。航行及作业中的渔船一旦发生火灾，很难扑灭，同行船舶无法提供有效的救援，也很难在风浪中靠近进行施救；码头上靠泊的渔船发生火灾后也很难救助，由于船体空间较小，走廊等通道狭窄，不利于消防人员扑救；国内渔船群体停靠较为普遍，当火灾面积较大，消防人员很难在陌生环境中进行快速扑救，这会增加救援难度。

（3）损失大。一是火灾对渔船自身的损失极大，尤其是木质渔船；二是渔船上装备的各种设备、网具及渔获物等较多，发生火灾后很难进行全面有效的抢救，从而造成的损失也会更大。

（4）影响大。由于渔船上可燃物较多，火灾形成后燃烧迅速，导致船舱内温度急剧升高从而引发燃油爆炸；由于船舱内部空间较小且结构比较复杂，火灾形成后人员难以逃离。

（5）二次污染。渔船发生火灾和爆炸后，燃油、有害物质以及污染物流入水中，造成水体污染。沉船也会给过往船舶带来危险。

2）渔船火灾事故的影响因素

渔船的火灾比较特殊，通常认为影响渔船火灾事故的主要因素可以分为人为因素、渔船因素、环境因素和管理因素四个方面：

（1）人为因素。

①明火或暗火引起。

船员在船舱内随意吸烟，不注意掐灭烟头，在维修船体设备时擦出的火花，使用电焊设备在操作过程中飘落的火星等，都会引起渔船火灾。据中国渔业互保协会统计，由于修理用火所导致的火灾事故占全部火灾事故的10.05%，英国海事调查报告中也有1起烟头引起的火灾。

②渔船装卸油操作不当。

船舶对于装卸货油和用油有着严格的标准和要求，专人专责，这是因为一旦发生疏忽，极易造成火灾。

③船员疏忽大意。

由于渔船本身的特殊性，船舱内大部分机器、设备用油较多，一旦船员疏忽大意没有及时发现油液泄漏，油液极易流淌至各处，造成大面积火灾甚至爆炸。据统计，1994—2015 年间，中国渔业互保协会承保的渔船共有 43 艘（次）因油管泄漏所导致的火灾事故。

④船员的心理健康状况。

船员在船上长时间工作，生活和工作都比较单调、枯燥，当遇到火灾发生时，不良心理会引起人员反应迟缓、行动缓慢、或直接逃走等现象，易导致操作错误，引起火灾的进一步恶化。

⑤处理不当。

由于船员的消防意识薄弱，采取的灭火措施不够科学正确，将造成更大的火灾事故甚至爆炸，所产生的流火会造成更大面积的燃烧。英国海事报告中也提到了大量的人为因素所带来的安全问题。

（2）渔船因素。

①物质自身的因素。

渔船柴油机的排气管道、过热的蒸汽管等部分高温表面，往往都会用隔热材料包裹起来予以保护，但是由于一些特殊原因，例如更换、维修等，将隔热材料卸后未及时安装，此时一旦遇上溢油、漏油等情况，油滴落到热表面上极易引发火灾。

②输油管破裂或渗漏。

绝大多数的渔船船龄较大，管道已经老化或者生锈，这样的渔船极易发生漏油事件，油滴流到高温设备上很容易引起失火甚至爆炸，这种情况在渔船机舱内更容易发生。据中国渔业互保协会统计，在 1994—2015 年期间，承保渔船由于机舱失火所导致的火灾事故 422 艘（次），占全部火灾事故的 18.12%。

③机械设备出现故障或缺陷。

渔船的内部空间很小，复杂性强，长期在海上捕捞作业及潮热天气极易导致设备受潮、故障，如果检修不及时或者检修不到位，机械设备过热，极易发生火灾。

④电气设备。

渔船的高强度捕捞很容易导致船舶电气设备超负荷工作，再加上线路的老化和短路，更易擦出火花，引起火灾。据中国渔业互保协会统计，1994—2015 年期间，由于电气设备（包括线路）起火所导致的火灾事故为 1011 艘（次），占全部火灾事故的 43.41%。

⑤船舱易燃物。

渔船的船舱内常常会有很多备用网具、杂物及其他易燃物存在，由于没有及时清理，堆放在角落，容易由明火作业或者吸烟飘落的火星引燃以及起火后的蔓延引起更大的连锁火灾。

⑥厨房因素。

渔船厨房多采用液化气为燃料，液化气存储条件较为严格，由于渔船厨房条件有限，厨房引起的火灾，甚至爆炸，极易蔓延到渔船各处甚至导致沉船。据统计，在1994—2015年期间，中国渔业互保协会承保的渔船因生活用火导致的火灾事故为211艘（次）。

（3）环境因素。

①意外因素。

渔船作业和靠泊中都可能发生部分非人为的不可抗力事件。比如雷击造成的火灾以及执法部门无法查明准确火灾原因的事故。

②舱室因素。

渔船部分舱室空间狭小、通风较差，舱室内杂物较多，为自燃情况提供了有利条件。

（4）管理因素。

渔船管理往往较为松散，一般没有规范系统的管理制度。渔船船员总体素质低下，且管理较为松懈，很少有对船员容易引起火灾的做法的严格约束和管控。

10.4 基于FSA的渔船火灾事故研究

10.4.1 风险识别

通常认为渔船安全系统是一个由人、船、环境、管理等四个方面的要素共同构成的大系统。渔船火灾事故原因通常也应包括这四个方面，本节只考虑渔船在航行、作业过程中发生的火灾，不考虑渔港环境因素和管理因素，重点从机舱隐患、人为因素和灭火设备缺陷三个方面进行研究：

（1）机舱隐患。

我国渔船普遍老龄化严重，且造船工艺参差不齐。渔船机舱火灾的发生通常来自渔船自身的隐患，其主要危险来自机舱可燃物、电气设备运转、电气设备线路等方面。

①渔船机舱属于相对封闭的空间，在航行或捕捞作业时机器的高速运转会产生大量热量，极易引起火灾的发生。据统计，接近20%的渔船火灾是机舱火灾引起的（不包括电气设备原因），通过调研北方某省渔船火灾事故，约有30%的渔船火灾是由机舱火灾造成的。其主要原因是渔船机舱油管接口处渗漏、破裂，油污残留在机舱机器周围或者流淌到高温部位，由于机舱情况复杂，火灾一旦发生会迅速蔓延到渔船各部，极易引发渔船火灾，甚至引起爆炸事故。

②渔船常年在海上作业，潮湿的天气加快了渔船机舱电气设备及电线老化速度，时常会发生短路、断路、漏电等情况，引起渔船内部火灾。而这也是导致渔船火灾的最主要原因，如不及时更换，船龄越大，电线及电气设备损坏越严重，引发火灾的风险越高。据中国渔业互保协会统计，43%的承保渔船火灾事故是电气设备线路故障造成的，而且2010—2019年的北方沿海某省海洋渔船火灾事故数据统计中，也有接近25%的火灾事故由电气电路故障所引起。

（2）人为因素。

人为因素是导致渔船安全事故的重要原因之一。渔船船员素质普遍低于其他类船舶，能力更是参差不齐，防火意识和灭火能力存在严重的不足。为此，需要重点关注人为原因带来的渔船火灾隐患。由于人的操作失误所引起的火灾通常都是明火引起的，主要包括机舱内电气电焊维修、吸烟、船员未按规定操作电气设备等。

①私拉线路、使用大功率电器以及煤炉取暖。这些隐患很容易会导致线路负荷增加，导致局部发热从而引起失火。据中国渔业互保协会统计，由于生活用火所导致的火灾事故有211艘（次）；2010—2019年期间，某省海洋渔船火灾事故统计数据表明，仅在生活区取暖所引发的渔船火灾事故就有3艘（次）。这些事故往往都是渔船船员安全意识淡薄、存有侥幸心理或人员管理不到位所造成的。

②电气电焊维修。据估计，在电气电焊维修过程中所造成的渔船火灾，约占全部渔船火灾数量的10%，特别是木质渔船。渔船在航行过程中或者在船坞进行电气或电焊维修时，局部高温给火灾事故带来很大隐患，有些时候产生的火花随处迸溅，在没有防火措施的情况下很容易引发火情。

③未熄灭的烟头也是一个容易引起火灾的因素。烟头中心温度在700℃到800℃，明显超过了木、棉、麻、毛织物、纸张、家具等可燃物的燃点。燃着的烟头虽小，但仍是燃烧的明火。烟头丢掉后，一般可以继续燃烧1~4min，如果通风正常，很容易起火。渔船上工作劳动强度大，大部分从业人员都有吸烟习惯，随处吸烟、随意处置烟头情况普遍存在，这些明火遇到可燃物在不经意间会随时燃烧。

④船上人员的心理素质也可能会造成大面积火灾。渔船上的人员很多没有从业证书，存在未经过系统培训就上船作业的情况，这种现象在小渔船上尤为突出。当渔船发生火灾

时，船员往往不能采取有效应对措施，甚至慌乱之下会直接逃离现场；也有一些人员灭火技能不足，造成火灾的蔓延和进一步扩大；部分渔船机舱没有应急部署表，也未针对机舱可能出现的火灾情况进行消防演练，导致机舱火灾发生时人员处理不当。

（3）灭火设备缺陷。

我国渔船的消防设备存在很大的缺陷，国家渔业机械仪器质量监督检验中心对 11 个沿海省（自治区、直辖市）59 个渔港、187 艘海洋渔船的手提式灭火器进行了抽样检查，合格率仅为 11.2%[43]。渔船在航行和作业中可能突发火情，及时发现并扑灭渔船初期火灾，是减少渔船损失、保证渔船人员生命财产安全最有力的保障。灭火设备缺陷是造成火灾无法扑灭的原因之一。

自动灭火设备和灭火器是处置火灾初期的必备装备，是扑灭初期火灾最直接有效的方式。自动灭火设备失效，灭火器数量不够、种类不全、压力不足、随意存放等缺陷，往往会直接影响渔船初期火灾的扑灭，初期火灾没有形成有效控制就会导致火灾蔓延，由于灭火器的问题造成火灾没有及时扑灭从而引发更大的过火面积的案例比比皆是。尤其是渔船机舱可燃物多，情况复杂，当发生失火情况后，必须依靠灭火器对其进行处置。

渔船机舱火灾的原因多种多样，也具有很大的不确定性，完全找到渔船所有的隐患不现实。渔船在海上作业，环境条件都不稳定，会出现各种问题，再加上渔船人员工作强度大、压力大、精力有限、得不到有效休息等等，还有很多危险隐患无法预测，也无法一一找出，只能通过分析找到引发机舱火灾的主要因素。

10.4.2 风险评估

渔船机舱火灾的事故树分析如下：

1）最小径集的求取

由于最小径集与最小割集的对偶性，事故树的对偶树（亦称成功树）的最小割集，就是原事故树的最小径集。可用最小径集表示原事故树的等效事故树，若一个最小径集的所有基本事件都不发生，则顶上事件就不会发生。由于该事故树中“或”门显然比“与”门多，其最小径集的数量少，所以为了使分析过程得以简化，从求取最小径集入手方便。

将事故树的“与”门与“或”门相互转换，将全部事件的发生变成不发生，即所有事件上都加“′”，使之成为事件求“补”的形式。最小割集（径集）的求解方式通常包括行列法、结构法和布尔代数法等。相比于其他方法，布尔代数法是一种常用且简单实用的方法。故采用布尔代数法，求出最小径集如下：

$$
\begin{aligned}
T' &= A' + B' \\
&= M_1'M_2'X_1' + M_3'X_2'M_4'
\end{aligned}
$$

$= (M'_5 + M'_6)\ M'_7X'_3X'_1 + X'_{20}X'_{21}X'_{22}X'_2X'_{23}X'_{24}X'_{25}$

$= [(X'_4X'_5X'_6X'_7) + (X'_8X'_9X'_{10}X'_{11}X'_{12}X'_{13}X'_{14})][X'_3(M'_8 + X'_{15} + X'_{16})]\ X'_1 +$

$X'_{20}X'_{21}X'_{22}X'_2X'_{23}X'_{24}X'_{25}$

$= X'_1X'_3X'_4X'_5X'_6X'_7X'_{17}X'_{18}X'_{19} + X'_1X'_3X'_4X'_5X'_6X'_7X'_{16} + X'_1X'_3X'_4X'_5X'_6X'_7X'_{15} +$

$X'_1X'_3X'_8X'_9X'_{10}X'_{11}X'_{12}X'_{13}X'_{14}X'_{17}X'_{18}X'_{19} + X'_1X'_3X'_8X'_9X'_{10}X'_{11}X'_{12}X'_{13}X'_{14}X'_{16} +$

$X'_1X'_3X'_8X'_9X'_{10}X'_{11}X'_{12}X'_{13}X'_{14}X'_{15} + X'_{20}X'_{21}X'_{22}X'_2X'_{23}X'_{24}X'_{25}$

则得到原事故树的 7 个最小径集如下：

$P_1 = \{X_1, X_3, X_4, X_5, X_6, X_7, X_{17}, X_{18}, X_{19}\}$

$P_2 = \{X_1, X_3, X_4, X_5, X_6, X_7, X_{16}\}$

$P_3 = \{X_1, X_3, X_4, X_5, X_6, X_7, X_{15}\}$

$P_4 = \{X_1, X_3, X_8, X_9, X_{10}, X_{11}, X_{12}, X_{13}, X_{14}, X_{17}, X_{18}, X_{19}\}$

$P_5 = \{X_1, X_3, X_8, X_9, X_{10}, X_{11}, X_{12}, X_{13}, X_{14}, X_{16}\}$

$P_6 = \{X_1, X_3, X_8, X_9, X_{10}, X_{11}, X_{12}, X_{13}, X_{14}, X_{15}\}$

$P_7 = \{X_{20}, X_{21}, X_{22}, X_2, X_{23}, X_{24}, X_{25}\}$

用最小径集表示的等效事故树如图 10-11 所示，其中 P_1、P_2、P_3、P_4、P_5、P_6、P_7 分别表示 7 个最小径集。

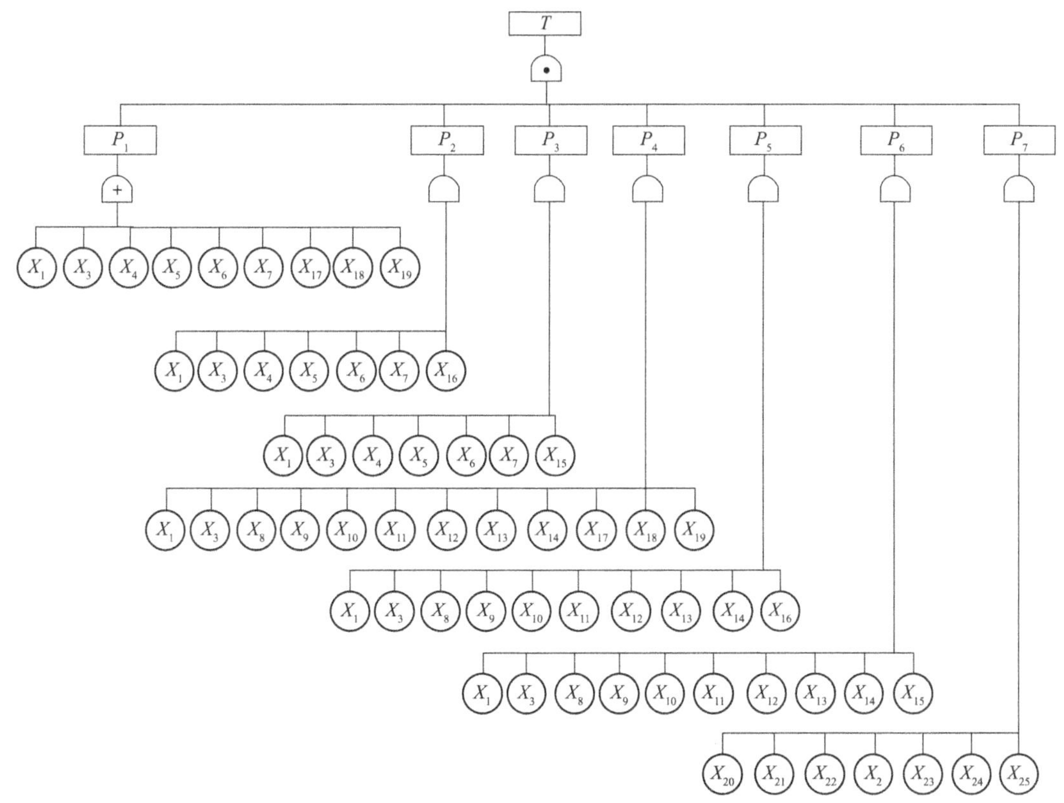

图 10-11　原事故树的等效树

2）结构重要度分析

对事故树进行结构重要度分析，就是从事故树的结构入手，分析各基本事件相对于顶上事件的重要程度。一般情况下，运用事故树的最小割集或最小径集计算基本事件 X_i 结构重要度系数，主要采用公式 10-2 计算：

$$I_{\phi(i)}=\frac{1}{k}\sum_{j=1}^{k}\frac{1}{n_j}\quad (j\in k_j) \tag{10-2}$$

式中：k——最小割集（或径集）的总数；

k_j——第 j 个最小割集（或径集）；

n_j——第 k_j 个最小割集（或径集）的基本事件数。

由公式（10-2）可得基本事件 X_1 的结构重要度系数为：

$$I_{\varphi(1)}=\frac{1}{7}\times\left(\frac{1}{9}+\frac{1}{7}+\frac{1}{7}+\frac{1}{12}+\frac{1}{10}+\frac{1}{10}\right)\approx 0.097$$

同理可得：

$$I_{\varphi(1)}=I_{\varphi(3)}\approx 0.097$$

$$I_{\varphi(4)}=I_{\varphi(5)}=I_{\varphi(6)}=I_{\varphi(7)}\approx 0.057$$

$$I_{\varphi(8)}=I_{\varphi(9)}=I_{\varphi(10)}=I_{\varphi(11)}=I_{\varphi(12)}=I_{\varphi(13)}=I_{\varphi(14)}\approx 0.040$$

$$I_{\varphi(15)}=I_{\varphi(16)}\approx 0.035$$

$$I_{\varphi(17)}=I_{\varphi(18)}=I_{\varphi(19)}\approx 0.028$$

$$I_{\varphi(20)}=I_{\varphi(21)}=I_{\varphi(22)}=I_{\varphi(23)}=I_{\varphi(24)}=I_{\varphi(25)}=I_{\varphi(2)}\approx 0.020$$

由此，得出各基本事件的结构重要度排序如下：

$$I_{\varphi(1)}=I_{\varphi(3)}>=I_{\varphi(4)}=I_{\varphi(5)}=I_{\varphi(6)}=I_{\varphi(7)}>I_{\varphi(8)}=I_{\varphi(9)}=I_{\varphi(10)}=I_{\varphi(11)}=I_{\varphi(12)}=I_{\varphi(13)}=I_{\varphi(14)}>I_{\varphi(15)}$$
$$=I_{\varphi(16)}>I_{\varphi(17)}=I_{\varphi(18)}=I_{\varphi(19)}>I_{\varphi(20)}=I_{\varphi(21)}=I_{\varphi(22)}=I_{\varphi(2)}=I_{\varphi(23)}=I_{\varphi(24)}=I_{\varphi(25)}$$

分析原事故树中 7 个最小径集，其中有 6 个最小径集包含电气自燃或引燃的基本事件，与渔船火灾事故数据中，电气设备（包括线路）起火是导致火灾事故最主要的原因相吻合，从侧面验证了该事故树的相对合理性。通过基本事件的结构重要度排序可知，机舱火灾中可燃物（X_4，X_5，X_6，X_7）的结构重要度大于机舱着火源（X_8，X_9，X_{10}，X_{11}，X_{12}，X_{13}，X_{14}）的结构重要度，在渔船机舱火灾中可燃物相比于着火点更为重要。人为原因（X_{20}，X_{21}，X_{22}）和消防因素（X_2，X_{23}，X_{24}，X_{25}）结构重要度相同，说明探火、灭火同样重要。

10.4.3 渔船机舱火灾事故控制方案

基于以上针对渔船机舱火灾事故树求得的 7 个最小径集，提出以下七个防控方案：

（1）依据成功路径 P_1 中的基本事件 X_1、X_3、X_4、X_5、X_6、X_7、X_{17}、X_{18}、X_{19}，为有效防控事故，应该同时做到以下几点：

①时刻监控渔船机舱锅炉或其他压力容器的压力报警，防止达到爆炸压力极限；保证机舱良好通风，避免机舱温度过高或者可燃气体挥发后达到爆炸极限；加强对机舱内擦拭过油污的纱、棉等杂物的管控，禁止使用后随意放置。

②重视机舱油污所带来的隐患，经常清理残留和泄漏的各类油污，定期检查、必要时更换机舱管路接口及破损情况，防止管路中的油类渗漏。

③加强电气设备及线路的日常检修管理。电气设备及线路在超过使用年限或损坏时，应及时更换；如果尚在使用年限内，发现电线老化严重或有漏电等现象，要及时予以更换维修，避免造成火灾事故；避免在易燃物附近铺设电气线路。

（2）依据成功路径 P_2 中的基本事件 X_1、X_3、X_4、X_5、X_6、X_7、X_{16}，为有效防控事故，应该同时做到以下几点：

①时刻监控渔船机舱锅炉或其他压力容器的压力报警，防止达到爆炸压力极限；保证机舱良好通风，避免机舱温度过高或者可燃气体挥发后达到爆炸极限；加强对机舱内擦拭过油污的纱、棉等杂物的管控，禁止使用后随意放置。

②重视机舱油污所带来的隐患，经常清理残留和泄漏的各类油污，定期检查、必要时更换机舱管路接口及破损情况，防止管路中的油类渗漏。

③设置标准的断电保护装置，防止电气设备在电流过大的情况下依然保持工作状态，防止由于电流过大导致的电线自燃现象。

（3）依据成功路径 P_3 中的基本事件 X_1、X_3、X_4、X_5、X_6、X_7、X_{15}，为有效防控事故，应该同时做到以下几点：

①时刻监控渔船机舱锅炉或其他压力容器的压力报警，防止达到爆炸压力极限；保证机舱良好通风，避免机舱温度过高或者可燃气体挥发后达到爆炸极限；加强对机舱内擦拭过油污的纱、棉等杂物的管控，禁止使用后随意放置。

②重视机舱油污所带来的隐患，经常清理残留和泄漏的各类油污，定期检查、必要时更换机舱管路接口及破损情况，防止管路中的油类渗漏。

③对机舱电气设备线路接头进行定期检查，防止电线接头松动、掉落造成电气设备线路短接，发生短路引起自燃；其次，严格控制渔船机舱私自接线、拉线，造成配线不合理情况的发生。

（4）依据成功路径 P_4 中的基本事件 X_1、X_3、X_8、X_9、X_{10}、X_{11}、X_{12}、X_{13}、X_{14}、X_{17}、X_{18}、X_{19}，为有效防控事故，应该同时做到以下几点：

①时刻监控渔船机舱锅炉或其他压力容器的压力报警，防止达到爆炸压力极限；保证机舱良好通风，避免机舱温度过高或者可燃气体挥发后达到爆炸极限；加强对机舱内擦拭

过油污的纱、棉等杂物的管控，禁止使用后随意放置。

②机舱内电气焊作业必须采取防火保护措施，避免火星飞溅；对机舱排烟管路采取有效隔热包裹，并对其定期检查；机舱内吸烟必须确保烟头完全熄灭后离手；保持机舱环境干燥，保持正常通风，及时清理潮湿场所；机舱电气开关采取严格控制，禁止湿手触碰、使用。

③加强电气设备及线路的日常检修管理。电气设备及线路在超过使用年限或损坏时，应及时更换；如果尚在使用年限内，发现电线老化严重或有漏电等现象，要及时予以更换维修，避免造成火灾事故；避免在易燃物附近铺设电气线路。

（5）依据成功路径 P_5 中的基本事件 X_1、X_3、X_8、X_9、X_{10}、X_{11}、X_{12}、X_{13}、X_{14}、X_{16}，为有效防控事故，应该同时做到以下几点：

①时刻监控渔船机舱锅炉或其他压力容器的压力报警，防止达到爆炸压力极限；保证机舱良好通风，避免机舱温度过高或者可燃气体挥发后达到爆炸极限；加强对机舱内擦拭过油污的纱、棉等杂物的管控，禁止使用后随意放置。

②机舱内电气焊作业必须采取防火保护措施，避免火星飞溅；对机舱排烟管路采取有效隔热包裹，并对其定期检查；机舱内吸烟必须确保烟头完全熄灭后离手；保持机舱环境干燥，保持正常通风，及时清理潮湿场所；机舱电气开关采取严格控制，禁止湿手触碰、使用。

③设置标准的断电保护装置，防止电气设备在电流过大的情况下依然保持工作状态，防止由于电流过大导致的电线自燃现象。

（6）依据成功路径 P_6 中的基本事件 X_1、X_3、X_8、X_9、X_{10}、X_{11}、X_{12}、X_{13}、X_{14}、X_{15}，为有效防控事故，应该同时做到以下几点：

①时刻监控渔船机舱锅炉或其他压力容器的压力报警，防止达到爆炸压力极限；保证机舱良好通风，避免机舱温度过高或者可燃气体挥发后达到爆炸极限；加强对机舱内擦拭过油污的纱、棉等杂物的管控，禁止使用后随意放置。

②机舱内电气焊作业必须采取防火保护措施，避免火星飞溅；对机舱排烟管路采取有效隔热包裹，并对其定期检查；机舱内吸烟必须确保烟头完全熄灭后离手；保持机舱环境干燥，保持正常通风，及时清理潮湿场所；机舱电气开关采取严格控制，禁止湿手触碰、使用。

③对机舱电气设备线路接头进行定期检查，防止电线接头松动、掉落造成电气设备线路短接，发生短路引起自燃；其次，严格控制渔船机舱私自接线、拉线，造成配线不合理情况的发生。

（7）依据成功路径 P_7 中的基本事件 X_{20}、X_{21}、X_{22}、X_2、X_{23}、X_{24}、X_{25}，为有效防控事故，应该同时做到以下几点：

①强化渔船船员的安全能力和安全意识。首先，应采取培训的方式，强化人员安全意识，提高船员应急处理能力，使安全生产理念深入人心；定期进行消防演练，组织渔船船

员根据机舱不同着火位置进行人员部署，并使用消防设备开展扑救演练。

②加强消防器材的配备、检查和管理。应派专人定期检查渔船消防设施，包括灭火器的数量、种类、使用日期以及压力。放置消防设施的时候，应当根据具体要求，放置于规定地方并且确保方便取用，尽可能确保每处有火灾隐患的地方都有灭火设备，且消防设备随时处于可用状态。另外，在年度检验和期间检查过程中，应针对渔船消防器材落实情况重点查验，通过自检可有效减少消防器材管理疏忽方面的隐患。

③火灾报警装置的安装及检查。机舱内需安装火灾报警装置，并且定期对其测试，确保报警装置正常运行，能够在第一时间发现火情并发出警报。

风险矩阵是项目管理过程中经常用来识别风险的一种重要结构性方法。它能够对项目风险中潜在的危险进行评估，是一种简单的、定性与定量分析相结合的方法。美国空军电子系统中心（Electronic Systems Center，简称 ESC）于 1995 年 4 月首次提出此方法[44]，自 1996 年以来，ESC 采用风险矩阵法对很多项目进行了风险评估。

风险矩阵法对风险影响及风险概率两个方面因素进行综合考虑，针对风险因素的影响进行最直接的评估。通过分析中国渔业互保协会承保的渔船火灾事故情况，以及某省对 2010—2019 年间渔船事故造成的经济损失以及人员伤亡情况的统计数据，根据公安部对火灾等级的划分及农业农村部对水上交通事故的分级标准，结合渔船事故的实际情况，给出渔船事故后果严重性的等级，如表 10-3 所示。

渔船事故后果严重性的等级 表 10-3

后果严重性	等级定义或说明
特别重大损失	造成 30 人以上死亡，或者 100 人以上重伤，或者 500 万元以上直接财产损失
重大损失	造成 10 人以上 30 人以下死亡，或者 50 人以上 100 人以下重伤，或者 100 万元以上 500 万元以下直接财产损失
较大损失	造成 3 人以上 10 人以下死亡，或者 10 人以上 50 人以下重伤，或者 50 万元以上 100 万元以下直接财产损失
一般损失	造成 3 人以下死亡，或者 10 人以下重伤，或者 50 万元以下直接财产损失

以中国渔业互保协会承保的渔船以及某省 2010—2019 年间渔船事故统计数据为参照，对渔船火灾事故发生频率解释如表 10-4 所示。

火灾事故发生频率的划分 表 10-4

频率	解释或说明	频率	解释或说明
经常	平均不到 2 个月发生一次	可能	平均 3 ~ 6 个月发生一次
偶尔	平均 2 ~ 3 个月发生一次	极少	平均 6 个月以上发生一次

渔船火灾风险评估主要针对渔船火灾所造成的经济损失及人员伤亡情况。根据渔船火灾发生的频率及其后果严重程度，通过咨询渔船安全领域相关专家的意见，根据渔船实际情况将渔船火灾风险划分为3个层次，即不可接受的高风险、引起重视的中风险和合理可行的低风险，建立如表10-5所示的风险矩阵。

风险矩阵 表10-5

风险概率	后果严重性			
	一般损失	较大损失	重大损失	特别重大损失
极少	低风险	低风险	低风险	中风险
可能	低风险	低风险	中风险	高风险
偶尔	低风险	中风险	高风险	高风险
经常	中风险	高风险	高风险	高风险

根据中国渔业互保协会参保渔船数据，从不同船龄火灾事故发生的数量占该船龄总事故数量的比例来看，渔船船龄与火灾事故数量存在着正相关关系。渔船船龄越大，火灾事故所占该船龄总事故的比重越大，故将渔船船龄划分为以下5个阶段：5年以下、5～10年、11～15年、16～20年和20年以上，由于船龄大小影响渔船自身因素的改变，所以将渔船因素所引起的火灾事故类型在渔船寿命期内进行状况组合，如表10-6所示。

渔船因素与船龄组合 表10-6

渔船因素	船龄（年）				
	<5	5～10	11～15	16～20	>20
设备故障	1	2	3	4	5
机舱管路	6	7	8	9	10
电气设备线路	11	12	13	14	15

综合某省渔船火灾事故类型数量及经济损失统计来看，设备故障引起的火灾事故所造成的损失通常为一般损失，机舱燃油（滑油）管路引起的火灾事故所造成的损失通常为重大损失，电气线路引起的火灾事故所造成的损失通常为较大损失。渔船船龄越大，发生火灾事故的概率越大。为此，确定0～10年船龄的渔船发生概率为可能，10～20年船龄的渔船发生概率为偶尔，20年以上船龄的渔船发生概率为经常。对照表10-5可知，状况1、2、3、4、11、12属于合理可行的低风险；状况5、6、7、13、14属于引起重视的中风险；状况8、9、10、15属于不可接受的高风险。

船龄对渔船火灾风险的影响仅仅是针对渔船自身因素而言的，消防因素及人为因素的影响则难以从数据中体现出来。通过渔船火灾数据资料，很难比较全面地找出渔船火灾事故原因，为进一步分析渔船机舱火灾的原因，通过火灾事故和致因之间的逻辑关系建立渔船机舱火灾事故树，以分析火灾风险和控制措施。

10.4.4 费用效益分析

1）渔船机舱火灾事故的编制

（1）顶事件的确立。

渔船火灾事故的影响因素很多，这些因素既相互独立，又相互联系。统计分析表明，我国渔船火灾事故中，电气设备引发的火灾高达43.41%，这是由于渔船机舱内布置的电气设备较多，电气设备发生火灾的风险最大。另外，机舱自身发生火灾的占比也达到18.12%。为此，选取渔船机舱内发生的火灾作为顶事件，根据火灾发生要素，考虑渔船机舱在正常的通风条件下，不考虑不可抗力因素及其他因素，针对火灾对渔船整体的影响，建立渔船机舱火灾事故树。

（2）事件的逻辑关系。

火灾不是瞬间形成的，往往是由于发生火灾后没有及时扑灭、火势蔓延所造成的。一般情况下，自燃和引燃是引起火灾的主要方式。当然，有时候也存在直接爆炸所导致的火灾。渔船机舱在正常的通风条件下，引燃需要满足可燃物和着火点两个因素。根据热源不同，物质自燃分为受热自燃和自热自燃两种。在温度较高的渔船机舱内，可燃物质和空气接触发生加快氧化过程，造成自燃情况。机舱内的电气设备及线路在发生自热的情况下也会自行燃烧。

（3）确定基本事件。

“机舱失火”后“扑救失效”而蔓延成无法扑灭的火灾，因此这两个事件必须同时发生才会造成渔船火灾的形成，故用“与”门将事件连接起来。机舱失火的情况包括引燃、自燃、机舱爆炸，这三种情况只要有一个发生就会导致机舱失火，其之间是“或”门关系。灭火设备缺陷、人员处理不当和探火系统故障这三种情况都会导致扑救失败，故用“或”门连接。

渔船机舱内有大量的燃（滑）油、舱底积油以及其他可燃物，这些可燃物分别存在机舱各处，故用“或”门连接。当机舱内的着火点遇到这些可燃物后会迅速引起失火。根据北方沿海某省渔船火灾事故原因的初步调查，以及MAIB公布的渔船火灾事故的调查报告中的着火点分析，着火点主要包括长时间使用的电机、机舱排烟管道、机舱内进行电气焊所产生的火花、人员吸烟、机械撞击产生的火花、电气设备静电（电弧）、电气设备产生的火花等。这些着火点任意发生一个都可引燃机舱内可燃物，所以这些着火点为“或”门关系。

如前文所述，电气设备起火占全部渔船火灾事故的43.41%。渔船（尤其是灯光围网类渔船）机舱电气设备较多，线路布置也非常密集，一旦出现短路，极易发生自燃或引燃周围易燃物。机舱内电气电线老化后在没有断电保护的情况下，发生短路就会自燃，其之间的关系需同时发生，故为“与”门；长时间摩擦、腐蚀、自然老化通常是电线老化的原因，采用“或”门连接。

机舱发生火灾后，人员处理不当、灭火系统缺陷、探火系统故障这三个原因都会造成火灾扑救失败，在MAIB发布的事故调查报告中也充分证实了这一点，我国渔船在实际中也存在相同问题，故这三个原因用“或”门相连。

MAIB在调查分析渔船火灾时发现，人员处理不当的安全问题主要包括：渔船上缺少火灾事故的应急方案，也未对机舱火灾情况进行部署；渔船消防演练和培训的情况寥寥无几，船员灭火技能不足。当发现火灾后，船员还会发生立即撤离火灾现场的情况。我国渔船火灾事故统计分析报告中也有类似的问题，发生其中任意一种情况都会造成火灾处理不当，故为“或”门关系。

在MAIB火灾事故调查报告中，灭火系统方面的缺陷主要包括有：机舱自动灭火系统存在重大缺陷、手提式灭火器存在缺陷、灭火器没有放在规定的位置。这三个灭火设备缺陷任意发生一个都无法扑灭火灾，其之间应为“或”门关系。

根据渔船火灾事故的风险识别，结合我国以往渔船火灾事故的数据以及MAIB调查渔船火灾发生的原因或安全问题，分析引起火灾的原因之间的逻辑关系，针对渔船机舱火灾风险所引起顶事件发生的直接的、必要的和充分的原因，在咨询多位业内专家的基础上，结合实船调研过程中了解到的情况，构建出渔船机舱火灾事故树如图10-12a）、b）、c）所示。“T”为顶事件、“$M_1 \sim M_8$”为中间事件、“$X_1 \sim X_{25}$”为底事件。

2）渔船火灾防控的效益

经济效益源于投入和产出之间的互动关系，产出与投入相比，当价值提升或富裕社会作用时，即达成经济效益；反之，产出对比投入后出现价值耗散，作用减少或不为市场所接受，即形成负经济效益[45]。同样，应用于安全投入产出的效益是：为了保证安全水平，预防发生事故时必要的安全投入在产出过程中确保了利益正向外部性，这种利益或好处被归为安全投入效益。对于渔船火灾来说，通过一系列措施降低渔船火灾发生概率，保证渔船安全作业，安全效益就是最大的效益。通常渔船火灾防控的效益可以分为经济效益和非经济效益。

（1）渔船火灾防控的经济效益[46]。

在减少渔船火灾损失问题上，安全投入可分为灭火和防火两大类。灭火效益是通过降低人员伤亡、减少火灾损失、增加渔船的平均寿命，从而实现的经济利益。防火效益是指通过安全管理和维修，有计划采取防止火灾事故发生的相应措施及对策，从而确保和维持渔船的生产作业，以此获得经济上的效益。

渔船机舱火灾
T
机舱失火
A
扑救失效
B
引燃
M1
C
自燃
M2
D
机舱爆炸
X1
处理不当
M3
探火系统故障
X2
灭火设备缺陷
M4
未落实应急部署
X20
灭火技能不足
X21
惊慌逃离
X22
自动灭火系统故障
X23
灭火器缺陷
X24
灭火器存放不合理
X25
a)
C
引燃
M1
可燃物
M5
着火源
M6
其他可燃物
X4
船底积油
X5
燃、滑油管道破裂
X6
燃、滑油渗漏
X7
电机过热
X8
排烟管道
X9
电气焊
X10
未熄灭烟头
X11
机械撞击
静电
X13
电器火花
X14
b)

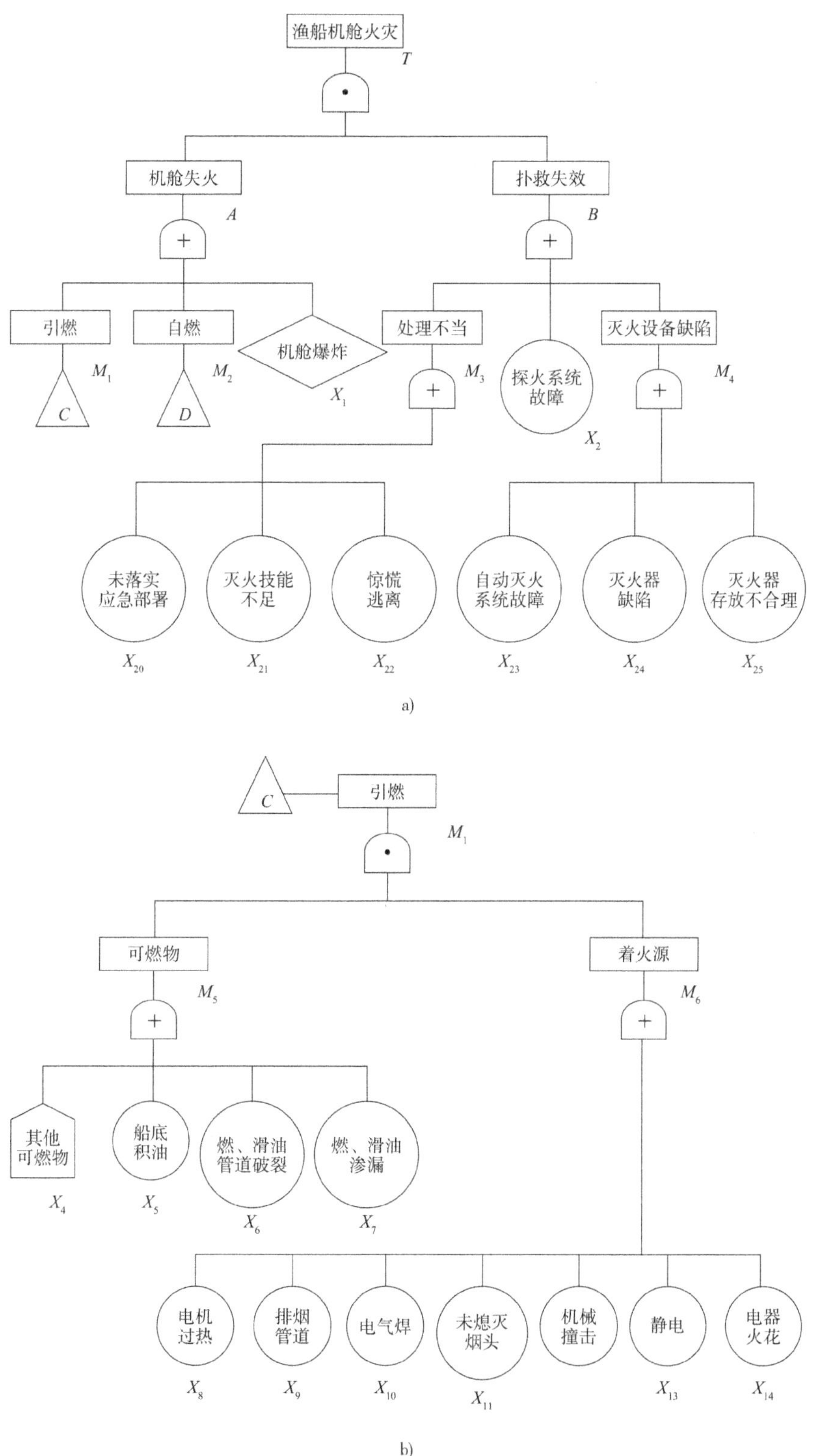

图 10-12

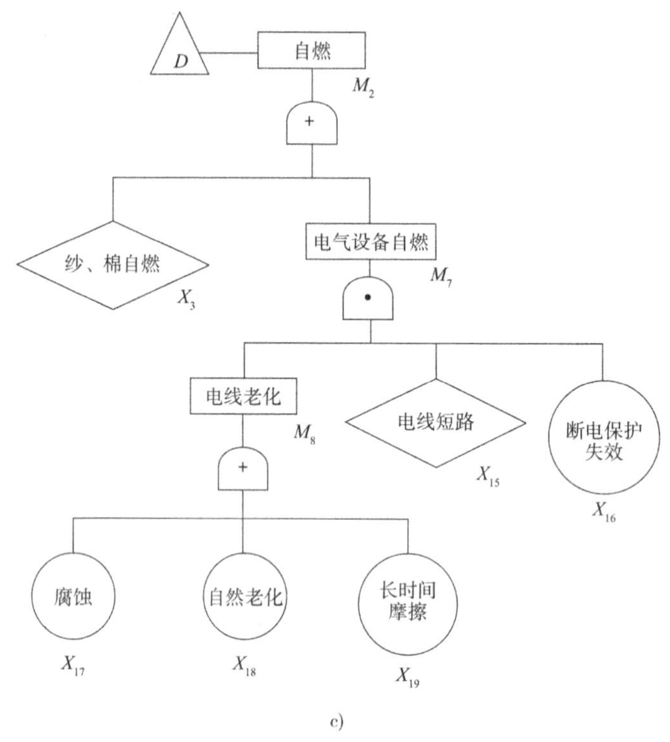

c)

图 10-12　渔船火灾事故树

（2）渔船火灾防控的非经济性效益。

渔船火灾防控的非经济性效益是指社会效益。它主要是通过减少对海洋环境的破坏及污染，以及树立船舶公司的良好信誉、形象等方面来体现。社会效益很难以经济的方式对其效益的相对客观值进行合理衡量，而且在实际中也未有一个社会效益的度量尺度。

3）费用与效益的组成

（1）费用的组成。

费用计入根据成本方式不同可划分为直接成本和间接成本。直接成本通常包括直接材料和直接人工费用，间接成本通常包括除直接材料、直接人工费用以外的一切费用。在渔船安全费用评估中，为了更好地评估维修费用以上核算都是处于计划的基础上。核算直接成本包括材料费用、人工费用和管理费用，间接费用包括除直接费用外所有费用。具体实施中会有部分误差，但并不影响最优“控制方案”的选取。

（2）效益的组成。

对安全方面投资的效益直接体现在避免、减少各种伤亡事故上。它可以带来社会和经济两方面的效益。

①安全社会效益。如维护社会稳定、树立典型的社会模范、塑造船舶企业的良好形象、树立信誉度、保障工作人员的生命和健康等。

②安全经济效益。减少渔船死亡人数的累计和渔船事故发生的数量、降低环境破坏的严重程度、减少第三方责任赔偿的损失、增加渔船的使用寿命等。

由于在实际核算时安全社会效益很难用经济的手段来合理地衡量其效益的相对客观值，并且在实际操作中也没有一个社会效益的度量尺度。因此本节所分析的效益核算，仅仅只是核算安全经济效益。

4）渔船机舱火灾效益费用分析

综合安全评估的费用与效益分析是 FSA 方法中的难点。通过费用与效益分析可以指导安全经济决策，从而选取最佳控制方案，这对于 FSA 方法中选择“风险控制方案”具有重要意义。一般来说，费用效益评估最直观的方法是采用费用与效益的比值大小来作为参考，即方案中的费用/效益或者效益/费用，费用/效益的比值越大，控制方案越差；效益/费用的比值越大，控制方案越好。借鉴功能-成本比较法的思想，计算模型如公式（10-3）所示：

$$\mathrm{SIRD}_j = \frac{\sum P_i L_i R_i}{C_j} \tag{10-3}$$

式中：SIRD_j——第 j 种方案的投资合理度；

$P_i L_i R_i$——对第 i 种投资总效果；

P_i——第 i 种危险发生的概率；

L_i——第 i 种危险的最大损失后果；

R_i——对第 i 种危险的消除程度；

C_j——第 j 种方案的工程总投资。

在运用该方法对控制方案进行选取时，针对渔船机舱火灾防控方案的费用效益评估需要以下数据：

（1）计算渔船机舱事故树中，每个基本事件的发生概率，以及每个基本事件发生后最大损失后果。

（2）分别统计 7 个控制方案中采取措施所需要的直接和间接费用。其中包括消除渔船机舱可燃物所需要的清理费用、人工费用、管理费用及其他间接费用；机舱电气设备的维修更换以及电线检查铺设所需要的材料费用、人工费用、管理费用及其他间接费用；减少机舱着火点所需要的材料费用、人工费用、管理费用及其他间接费用；消防演练所需要更换的材料费用、消防培训费用、管理费用及其他间接费用；灭火器的检查费用、材料费用、人工费用管理费用及其他间接费用。

（3）针对每个控制方案采取的措施，计算该方案中基本事件的消除危险程度。包括安装、检查、维修电气设备及油路管道消除危险程度；清理机舱油污及可燃物所消除的危险程度；措施中控制每一个热源及着火源所消除的危险程度；每个灭火设备以及探火设备的安装与维修所消除的危险程度；人员培训后所掌握的灭火技能以及应急能力所能消除的危险程度。

本节调研了大连的若干船舶制造有限公司（船厂）对于渔船维修的费用情况，咨询了某渔船船员培训中心的人员培训费用和时间情况，通过网络及电话咨询了部分厂家关于一些设备的价格，得到渔船机舱电气电线更换维修、机舱燃油清理及管路更换、渔船船员消防培训、灭火器材所需的相关费用，部分费用情况如表 10-7 所示。

部分费用情况 表 10-7

项目	所需费用	人工费用
渔船电气电线维修	3000 ~ 4000 元	2000 元
机舱燃油清理	4000 元	3000 元
渔船船员消防培训	125 元/人	0
灭火器材	9L 水基型灭火器 100 元/个	0
	9L 泡沫型灭火器 250 元/个	0
	9L 干粉型灭火器 150 元/个	0
	9L 二氧化碳型灭火器 350 元/个	0

（1）渔船电气电线维修

渔船机舱电气电线更换维修的费用主要是对机舱电气、电线等设备定期进行检查维修。维修费用根据船厂不同价格会有一些浮动，基本在 3000 ~ 4000 元，人工费用在 2000 元左右。船用电缆材料价格一般为 20 元/m。

（2）机舱燃油清理

机舱燃油清理及管路更换是对渔船机舱的油路管道的检查和修理，并更换泄漏接口。渔船油污清理的过程，其费用在船厂计算后至少需要 4000 元左右，人工费用约 3000 元。

（3）渔船船员消防培训

渔船船员消防培训主要包括渔船船员的培训和安全管理。从我国渔船船员培训机构情况来看，渔船船员培训所产生的培训费用约 125 元/人，消防培训所需时间仅需 1 天。

（4）灭火器材

根据我国有关法律法规规定，不同类型、不同航区、不同主机功率的渔船对灭火器材的要求各不相同，根据《渔业船舶法定检验规则》（2017）对手提式灭火器的基本要求，手提式灭火器的容量应不大于 13. 5L，且不小于 9L。通常，一个 9L 水基型灭火器的价格在 100 元左右，一个 9L 泡沫型灭火器的价格在 250 元左右，一个 9L 干粉型灭火器的价格在 150 元左右，一个 9L 二氧化碳型灭火器的价格在 350 元左右。渔船人员可自行购买、配备符合数量的手提式灭火器以及更换不同种类和过期灭火器，人工费用忽略不计。

如果能够获取每个控制方案中所需费用的所有信息，以及每个基本事件发生的概率及最大损失后果，则可以得到每个方案的费用与效益比值，从而对渔船机舱火灾的控制方案进行排序及选取。

10.4.5 决策建议

渔船安全系统是一个由诸多因素组成的复杂的大系统，降低渔船火灾风险水平，需要从上而下开展系统的火灾防控管理工作。渔船机舱火灾事故不是一个因素造成的，往往每一个隐患都能引起火灾，所以每一项措施所达到的安全效益对于防止渔船机舱火灾的发生都非常重要。基于事故树求得 7 个最小径集以及各基本事件结构重要度的分析，提出以下建议：

（1）对于船龄 20 年以上的渔船，应严格检查渔船机舱电气设备、电缆损坏、腐蚀状况以及是否超过使用年限等情况，并根据渔船实际运营情况定期进行维修或更换，定期检查渔船机舱的断电保护设备，防止由于电流过大导致的电线自燃。针对隐患较多、较严重的渔船，必须禁止其出海作业，责令船东立即整改。

（2）对于船龄在 20 年以内的渔船，主要对机舱油路连接口泄漏、腐蚀、损坏等情况进行检查。针对机舱内的油污水指派专业人员进行定期清理，确保渔船机舱在火灾可燃物上的控制力度；对机舱内的热源进行仔细筛查，包括机舱排烟管路的隔热保护措施，尽量减少大面积热表面；更换渔船老旧灯泡，采用防爆照明设备；在机舱内进行电气焊作业时，必须采取防火保护措施，避免火星飞溅；在机舱内吸烟时，务必确保烟头完全熄灭后离手；木质渔船或易燃部位需使用阻燃材料包裹或者使用阻燃类的涂料，避免高温引发周围可燃物的自燃；时刻监控渔船机舱可燃气体浓度及压力报警，防止爆炸；加强机舱内擦拭过油污的纱、棉等抹布的严格管控，禁止使用后随意放置。

（3）必须组织渔船开航前安全检查，全面开展消防装备的使用训练；针对渔船易发生火灾的场所以及不同类型的火灾，定期进行消防演练，保证每名渔船船员能够熟练掌握火灾应急预案及基本灭火知识；通过典型火灾案例对渔船上吸烟乱扔烟头、私拉电线、私自使用大功率电器、取暖设备等现象引发的渔船火灾及其严重后果进行宣传，将防火宣传标语和标志粘贴在易发生火灾场所；树立船员对火灾处理的责任意识，强调各种陋习对渔船火灾的危害。

（4）消除渔船灭火设备缺陷所带来的风险。杜绝灭火器数量不足、种类不全、超过有效期、压力不足等问题；按照有关规定合理存放灭火器材，确保灭火设备处于随时可用状态，禁止存在火灾隐患的渔船出海生产作业。

10.5 结论与展望

10.5.1 结论

风险评估技术已经广泛应用于船舶与海洋工程领域，然而针对渔船安全风险评估的研究只是刚刚起步，开展渔船火灾风险评估研究，对于保证渔船安全和可靠性、降低火灾带来的人员伤亡、经济损失和环境污染等风险具有重要意义。本研究完成工作包括以下几个方面：

（1）总结了中国渔业互保协会1994—2015年承保渔船的事故数据，以及北方沿海某省近十年来的渔船事故数据，并以此数据为基础，分析出了渔船火灾的事故特点及其影响因素；结合火灾研究方法、火灾发生特点，充分考虑渔船火灾特殊性，确立渔船火灾事故综合安全评估框架。

（2）针对渔船火灾事故数据统计及火灾事故调查报告，重点考虑渔船机舱发生的火灾情况，从机舱隐患、人为因素和灭火器缺陷三个方面分析了渔船机舱火灾事故的原因，并针对其中存在的原因进行了风险识别。

（3）针对渔船火灾带来的经济损失和人员伤亡，结合公安部对火灾等级的划分，以及农业农村部关于渔业水上交通事故分级标准，将事故后果严重性分为一般损失、较大损失、重大损失和特别重大损失等四个等级，建立了渔船火灾事故风险矩阵，将事故风险水平划分为不可接受的高风险、引起重视的中风险和合理可行的低风险等三个风险等级。最后，根据北方沿海某省渔船火灾事故经济损失统计情况，结合不同船龄段火灾事故发生的比例，确定了渔船主要火灾风险状况：船龄10年以上的渔船机舱管道泄漏、船龄20年以上渔船的电气设备和电线起火所引起火灾为不可接受的高风险；船龄20年以上渔船的机械故障、船龄10年以下的机舱管道泄漏和船龄10～20年渔船的电气电线起火属于中风险。

（4）收集并研究了英国海事调查局公开发布的21起渔船火灾事故的调查报告，通过调查火灾的原因及存在的安全问题，针对我国渔船机舱火灾风险识别中得到的主要因素，依据火灾要素的发生条件，综合考虑我国渔船火灾风险特点，建立了渔船机舱火灾事故树，在此基础上对于各基本事件进行了定性分析，求得7个最小径集，提出了渔船机舱火灾的防控方案。

（5）根据船龄对渔船机舱火灾风险的影响，结合渔船机舱事故树中得到的控制方案，按照火灾“预防为主，防消结合”的原则，提出了降低渔船机舱火灾隐患的措施：对船龄在20年以上的渔船，首先是检查和排除机舱内的电气电线隐患，其次是及时清理机舱内泄漏的燃油；船龄在20年以内的渔船，对机舱内泄漏燃油的清理，有关设备、管道的检查维修则是首选，其次是针对渔船机舱内电气电线隐患的检查和维修。

10.5.2 展望

渔船火灾的风险研究是一个非常复杂的系统工程，引起渔船火灾的因素具有很大的不确定性，需要考虑很多环节，才能分析渔船火灾的风险概率，从而最大程度地控制火灾的发生。由于很多客观因素的限制，本研究还有很多不足，有待于今后继续深入研究，具体如下：

（1）在做具体的分析和研究时，数据和资料来源于中国渔船互保协会、北方某沿海省份以及英国海事调查局官方网站。其中，在MAIB关于渔船火灾事故的调查报告中，事故原因的分析比较详细，但是事故的样本量太少；而我国渔船的火灾事故又缺乏详细的调查报告，在获取的几份事故报告中，又缺乏详细的原因分析，难以认定事故的具体原因。

（2）在建立事故树以及基于事故树进行分析时，均假定各基本事件的发生是相互独立的，而且基本事件只有发生与不发生两种状态，而在实际情况中，很可能会出现共因事件和不确定事件，事故树的建立和分析方法还有待进一步完善。

（3）渔船机舱火灾的风险因素还需要进一步优化，包括渔船机舱火灾风险的量化表述，以便准确分析渔船机舱火灾的风险性，并且需要针对影响渔船机舱火灾各因素进行更为全面的分析和评估。

（4）针对渔船有关费用的调研和分析难度太大，以至于针对各方案中费用和效益的分析难以定量研究，未能实现各控制方案的排序，下一步应该开展深入细致的调查研究。

（5）在后续的研究中，拟将渔船机舱火灾风险评估应用在实际某艘渔船上，以期为渔船消防安全检查工作提供参考和借鉴，并为渔船建造中火灾风险管控提供有力依据，以最大限度地降低人员、财产的损失。

参考文献

[1] 余向东，袁晓初，王丹．大国渔业崛起—新中国渔业七十年回顾［J］．中国水产，2020（1）：2-9.

[2] 农业农村部渔业渔政管理局，全国水产技术推广总站，中国水产学会．中国渔业统计年鉴（2022）［M］．北京：中国农业出版社，2022.

[3] 中国共产党中央委员会，中华人民共和国国务院．关于推进安全生产领域改革发展的意见［EB/OL］．（2016-12-18）［2023-9-18］．https：//www. gov. cn/zhengce/2016-12/18/content_ 5149663. htm.

[4] 黄超．平安渔业创建过程中问题与对策探究［J］．中国水产，2019（1）：45-49.

[5] 韩翔希．国内外渔船研究现状［J］．船舶工程，2019，41（4）：6-14.

[6] 姚杰，任玉清．渔船安全技术状况综合评价体系的研究［J］．大连海洋大学学报，2011，26（5）：458-462.

[7] 中国渔业互保协会．中国渔业船舶安全分析报告（1994—2015）［M］．北京：中国农业出版社，2018.

[8] NUNEZ-SANCHEZ M J，PEREZ-ROJAS L，SCIBERRAS L，et al. Grounds for a safety level approach in the development of long-lasting regulations based on costs to reduce fatalities for sustaining industrial fishing vessel fleets［J］. Marine Policy，2020，113：103806.

[9] 黄衍顺，陈梦华，马焱．船舶机舱火灾风险评估［J］．中国修船，2009，22（5）：15-18.

[10] 刘志军，纪卓尚，林焰．基于贝叶斯网络的船舶机舱火灾风险分析［J］．中国造船，2010，51（3）：199-205.

[11] 张战杰，武变霞．船舶火灾评估中的贝叶斯网络技术研究［J］．舰船科学技术，2016，38（12）：178-180.

[12] 胡靖．船舶封闭舱室火灾温度分布特性实验研究［D］．合肥：中国科学技术大学，2010.

[13] 王欣，仲晨华，牟金磊，等．某舰艇俱乐部火灾危险性分析及防火设计方案改进［J］．船海工程，2015，44（3）：150-154＋158.

[14] 朱小俊，仲晨华，杨志青，等．船舶火灾防火设计中舱室及舱壁温度分布试验模拟研究［J］．中国造船，2012，53（4）：59-67.

[15] 刘云山，薛鸿祥，周佳，等．火灾场景下船舶舱室结构动态热力响应分析研究［J］．中国造船，2018，59（4）：161-169.

[16] 姜晓燕，蔡敬标，陆守香．模糊综合评价方法在舰船机舱消防安全管理中的应用［J］．火灾科学，2001，（10）4：222-226.

[17] 贾佳．舰船火灾生命力评估方法研究［D］．合肥：中国科学技术大学，2014.

[18] 徐志胜，姜学鹏．安全系统工程［M］．3 版．北京：机械工业出版社，2016.

[19] 张光辉，浦金云，陈晓红．舰艇火灾综合评估［J］．船舶，2006（1）：30-33.

[20] 邹高万，刘顺隆，周允基，等. 中国船舶机舱火灾研究现状 [J]. 中国安全科学学报，2004，14 (5)：76-79.

[21] 徐允. 基于风险的舰船火灾爆炸危险源评估方法研究 [D]. 上海：上海交通大学，2010.

[22] 李祥茂. 基于风险的舰船火灾爆炸评估方法研究 [D]. 上海：上海交通大学，2008.

[23] 罗福才，林焰，王运龙. 基于综合安全评估的渔船安全风险分析 [J]. 大连海事大学学报，2011，37 (2)：51-53 +57.

[24] CELIK M，LAVASANI S M，WANG J. A risk-based modelling approach to enhance shipping accident investigation [J]. Safety Science，2010，48 (1)：18-27.

[25] JIN D，KITE-POWELL H，TALLEY W. The safety of commercial fishing：determinants of vessel total losses and injuries [J]. Journal of Safety Research，2001，32 (2)：209-228.

[26] PARK B S，KANG I K，HAM S J，et al. The main factor and counterplan for marine casualties of fishing vessel according to the type of fishing gear in Korea [J]. Journal of the Korean Society of Fisheries and Ocean Technology，2016，52 (3)：232-240.

[27] LOUGHRAN C G，PILLAY A，WANG J，et al. A preliminary study of fishing vessel safety [J]. Journal of Risk Research，2002，5 (1)：3-21.

[28] YOUNG-SUB K，ANTHONY JOBY C. A feasibility study on the application of safety assessment to the fishing vessels [J]. Journal of Ship and Ocean Technology，2004，8 (3)：1-7.

[29] IRVANA R，FADILLAH A，MANULLANG S. Risk assessment shipping accident of fishing vessel [C] //IOP Conference Series：Earth and Environmental Science. IOP Publishing，2020，557 (1)：012028.

[30] 张爽，肖仲明，王莉，等. 风险理念在国际海事组织框架下的地位和影响 [J]. 造船技术，2015 (1)：1-3 +48.

[31] 宋世俊. 综合安全评估（FSA）方法及在船舶交通管理水域的应用研究 [D]. 大连：大连海事大学，2011.

[32] 张纹瑞. 基于船舶操纵模拟系统的 FSA 评估模型 [D]. 大连：大连理工大学，2018.

[33] 江建华. 船舶海上应急的综合安全评估（FSA）研究 [D]. 上海：上海海事大学，2005.

[34] 李明宸，董文洪，袁书生，等. 阶段事故树分析在舰艇火灾消防上的应用 [J]. 火力与指挥控制，2012，37 (2)：52-56.

［35］International Maritime Organization. Formal safety assessment FSA-container vessels［EB/OL］.［2023-9-20］. https：//www. imo. org/en/OurWork/Safety/Pages/FormalSafetyAssessment. aspx.

［36］KABIR S. An overview of fault tree analysis and its application in model based dependability analysis［J］. Expert Systems with Applications，2017，77：114-135.

［37］朱守胜. 基于事故树分析的营运客车交通安全风险研究［D］. 西安：长安大学，2016.

［38］谢宇宁. 基于事故树的 X 油库安全风险评估研究［D］. 衡阳：南华大学，2019.

［39］徐天然. 浅谈渔船机舱火灾的主要原因及预防对策［J］. 中国水产，2018（11）：54-55.

［40］黄超. 浅谈渔业船舶火灾事故调查与处置办法［J］. 中国水产，2018（9）：34-37.

［41］范贤. 做好渔业消防安全工作之思考［J］. 安全，2017，38（12）：58-59+63.

［42］杨培军. 渔船火灾的原因及预防对策［J］. 水上消防，2013（4）：27.

［43］顾海涛，韩梦遐. 国内海洋渔船手提式灭火器配备现状、问题与对策建议［J］. 中国船检，2020（12）：87-89.

［44］常虹，高云莉. 风险矩阵方法在工程项目风险管理中的应用［J］. 工业技术经济，2007，26（11）：134-137.

［45］许玉江. 煤矿安全经济效益分析及对策［J］. 煤炭技术，2013，32（7）：297-298.

［46］戴耀存，黄寿锋，方诚. 综合安全评估（FSA）中的费用与效益问题［J］. 浙江交通职业技术学院学报，2008（2）：34-37+64.

第11章

渔船综合效益评估模型研究

11.1 引言

随着我国渔业的不断发展，渔船的标准化问题日益受到渔业主管部门的高度关注。2013 年 12 月，农业部公布了《远洋渔船船型标准化工作方案》，该方案提出了“安全、环保、高效、节能、适居”的远洋渔船船型标准化工作发展方针，同时要求到 2020 年，主要作业区域的远洋渔船要达到标准船型全覆盖，新建成的远洋渔船标准化率达到 80% 以上[1]。2017 年 1 月，农业部在我国多年来渔船与资源管理实践的基础上，参考国际通行做法，进一步研究制定了《关于进一步加强国内渔船管控　实施海洋渔业资源总量管理的通知》，该通知确立了投入和产出双向控制的理论框架，是结合我国渔业发展现状，在渔船管理和海洋渔业资源管理制度方面的重大创新[2]。

纵观世界渔业发展历史，我国是渔业发展最悠久的国家之一，也是世界上拥有各类渔船数目最多的国家。据农业农村部渔业渔政管理局统计，截至 2021 年末，我国拥有各类渔船总计 52.08 万艘、1001.58 万总吨。其中，机动渔船为 35.70 万艘、977.48 万总吨，总功率 1845.20 万 kW；非机动渔船为 16.38 万艘、24.10 万总吨[3]。我国渔船数量巨大，船型却杂乱无章。在渔船船型标准化工作方面，我国有关部门虽然做了不少工作，但是一直没有形成一套非常完善的渔船船型标准化管理体系，船东往往根据资金规模和个人偏好来设计和建造渔船。这些原因直接导致了不合理、工艺差、技术含量低或船舶造价高等诸多问题的渔船船型层出不穷，渔业船舶建造质量难以保障，航行及作业安全存在诸多隐患。着眼于经济社会发展的大趋势，安全、经济和环保必然是未来渔船发展的主攻方向。为此，开展渔船综合效益评估模型研究，将有助于解决渔船的盲目发展、船型不合理和安全隐患高等诸多问题，同时对新形势下的渔船船型的推广和普及也具有重要的借鉴和指导意义。

在渔船船型优化及评估方面，国内外专家学者已经做出了很多有参考意义的研究。例如，杨忠振等[4]基于国际货物贸易的时空波动性，以运输总成本最小为目标，构建了确定集装箱运输最佳船型的优化模型；陈建平等[5]采用变量法和模糊决策理论建立了船型主尺度系列方案，确定了船型主尺度方案技术和经济评估指标，进行评估指标的模糊决策；路平远[6]将邮轮的技术指标和经济指标相比较得出权重方案，并根据模糊综合评估方法对邮轮船型选择方法作出综合评估，得出一些待选方案，通过筛选比对，最终得到中国大陆到东南亚邮轮航线最优船型方案；周凯捷[7]以经济、技术和环保三个指标为基准构建了综合评估指标体系，从多角度全面地分析了长江集装箱船的船型选择问题，并建立了船型方案优选模型。苏胜芳等[8]充分分析了小型运输船的经济性相关指标，并对各指标给出了相应的评估标准，计算得出了小型运输船的最佳船型；Utne I B[9]使用 QFD 方法，构建了挪威渔船实时监测系统，可以实现对渔船的 CO_2 排放情况进行实时监测；杨蕖[10]顺应渔业船舶节能减排的趋势，考虑到绿色低碳因素，建立了比较合理的渔船船型决策系统；刘龙[11]根据我国渔船的节能方式、各种节能产品的性能和权威机构对节能产品的节能效果测评，构建出了我国渔船节能产品的评估体系。

然而，在渔船综合效益评估研究方面，目前国内外鲜有报道。通过开展渔船综合效益评估研究，可以构建出全面科学的渔船综合效益评估框架，也能够为我国实现渔船船型标准化提供重要参考，同时，还有利于渔船船东根据评估情况及时调整渔业生产战略，尽可能避免出现经济投入与产出效益倒挂的问题，以期实现海洋渔业安全绿色发展的最终目标。

11.2 渔船综合效益评估理论概述

11.2.1 综合效益评估的概念

所谓综合效益评估是从技术、经济、环境、社会及人文等各方面以各种数学方法构建数学模型，从而进行表述、分析并量化所评估对象得到评估结果的过程[12]。综合效益评估有着系统的分析功能，可以对影响被评估对象综合效益的各种因素作出系统的量化描述，最终得到被评估对象的整体发展水平及发展趋势。除此之外，综合效益评估还能从横向、纵向两个角度对被评估对象作出分析：既可以从横向角度通过统计相关数据来判断不同对象的差异，又可以从纵向角度分析不同时间具有相同功能的评估对象的历史发展过程。随着综合效益评估的结构不断优化，被评估对象的结构也可以得以优化。

综合效益评估通常情况下由评估者、评估对象、评估目的、评估指标、权重系数及综合评估模型这六个要素组成：

（1）评估者。

评估者既可以是个人形式也可以是群体形式。评估者的确定是整个综合效益评估活动的开端，开展综合效益评估活动的评估目的、评估指标、评估模型、权重系数等皆需要由评估者明确。

（2）评估对象。

评估对象一般是由多个因素组成的比较复杂的系统工程，确定了评估对象的本质即可分析后续的评估目的、确立评估指标等。所以评估对象的确定可以直接决定后续评估的内容、流程与方法。

（3）评估目的。

评估目的是综合效益评估的指南针，对整个评估系统具有指导作用。即，在对某个对象进行综合效益评估之前，首先要明确为什么要开展这次综合效益评估，其次需要弄清影响被评估对象综合效益的因素，以及对后续发展有着什么意义等。

（4）评估指标。

评估指标是评估者根据评估对象及评估目的确立的、能够综合反映被评估对象整体综合效益的依据。由于被评估对象所涉及的因素较多且具有一定的系统性，会确立很多个影响被评估对象综合效益的评估指标，且每个评估指标都能从不同角度全面地描述被评估对象的综合效益，具有一定的代表性。

（5）权重系数。

权重系数即评估指标重要性所占比重，它是每个综合效益评估指标对于整个评估指标体系的重要性所占的比重。权重系数不是由一个或者几个人确立，而是根据多个业内专家的不同建议，以一定的数学方法融合而成。为了最终评估结果的科学性和合理性，权重系数的合理设定起着非常重要的作用。

（6）综合评估模型。

综合效益评估模型是综合运用多种数学方法将评估者依照指标量化标准对各评估指标的打分情况结合成一个整体，并确立综合评估标准的数学模型。需要综合考虑评估对象以及评估目的的特征，在众多数学方法中选择最为合理的方法来构建评估数学模型，且一般会采用多种数学方法来实现评估数学模型的科学性及合理性。

11.2.2 综合效益评估的功能

综合效益评估是通过建立指标体系并量化评估标准，然后对每个指标进行衡量打分，设立评估等级标准，最终将各指标的打分情况应用一些数学方法归一成一个数值结果，并根据评估标准得出最终评估结果的过程。因此综合效益评估体系具备以下功能：

（1）信息搜集功能。

信息搜集功能是综合效益评估体系正常运行的前提保证。在综合效益评估体系建立之前，需要大量搜集与评估对象相关的各类信息，从不同角度全面了解评估对象，这样才能筛选出与评估对象的综合效益相关的指标。

（2）描述功能。

综合效益评估体系具有表述出被评估对象当前各方面的发展水平和未来发展趋势的功能。

（3）解释功能。

综合效益评估体系不仅表述出被评估对象当前各方面的发展水平和未来发展趋势，还拥有与之相对应的相关数据作为科学依据，来解释评估对象当前的发展状态和将来发展趋势的因果关系。

（4）评估功能。

综合效益评估体系最为重要的功能即为评估功能。建立综合效益评估体系的最终目的，就是结合某一时间、某一地区、某一领域的相关特征对评估对象进行系统的评估，根据得出的评估结果来判断其是否满足国家相关要求，还有多少差距，还可对比不同地区发展情况的差异。

（5）监督功能。

在对评估对象完成综合效益评估且得到的结果满足国家相关要求之后，该综合效益评估体系还可以对这一时间、地区、领域内该评估对象的发展做出一定的监督功能。当发现某一发展因素出现偏离或发展受到阻碍时，可以及时地采取相应的措施对影响因素做出正面干预，以避免出现严重的后果。

（6）预测功能。

综合效益评估体系可以对评估对象的发展趋势、发展变化及其变化原因做出相应的预测。除此之外还可以针对未来发展趋势做出不同的发展策略，比较不同发展策略对评估对象的影响程度的大小，并将这些发展策略进行优劣比较，得出最为适合的发展策略。

11.2.3 综合效益评估的流程

为保证综合效益评估的有效进行，综合效益评估的流程一般要包括以下五个步骤：

（1）明确评估对象和目的。

评估者首先要明确评估对象和评估目的，以保证综合效益评估可以科学有效地进行。

（2）对评估对象系统进行分析。

在确定了评估对象和评估目的之后，评估者需要查阅大量与评估对象相关的书籍资料，并统计相关的数据，分析出评估对象的系统组成、特征及发展现状，为了建立出科学、全面、可靠的综合效益评估指标体系，评估者需要对评估对象有着多角度全方位的了解，并为后续的综合效益评估提供理论依据。

（3）建立综合效益评估指标体系。

评估指标是综合效益评估指标体系的核心，评估指标可以直观地反映出评估对象综合效益的相关情况。因此在构建综合效益评估指标体系之前要确定指标体系的结构具体包括哪些要素，然后分析不同要素对评估对象综合效益的影响，选取不同的因素作为评估指标，从而建立出科学的、全面的综合效益评估指标体系。

（4）建立综合效益评估模型。

综合效益评估模型主要包括各指标的评估标准及评估方法的选取。指标的评估标准是结合多位领域专家的相关建议与相关的法规条例做出的细则量化，并得出相应的分值与评估标准。评估方法的选取应根据被评估对象的具体特征而定，通常会综合运用多种数学方法，然后依照评估标准得出各评估指标的分数，以适当的数学方法结合到一起，得到最终评估结果。将评估结果划分为不同等级，以区间的方式对不同评估等级做出界定，将最终评估结果带入到相应区间内，得到综合效益评估等级。

（5）对评估对象进行综合效益评估。

最后，评估者根据综合效益评估模型对评估对象进行全面的综合效益评估，得到最终评估结果。

综合效益评估的一般工作流程如图 11-1 所示。

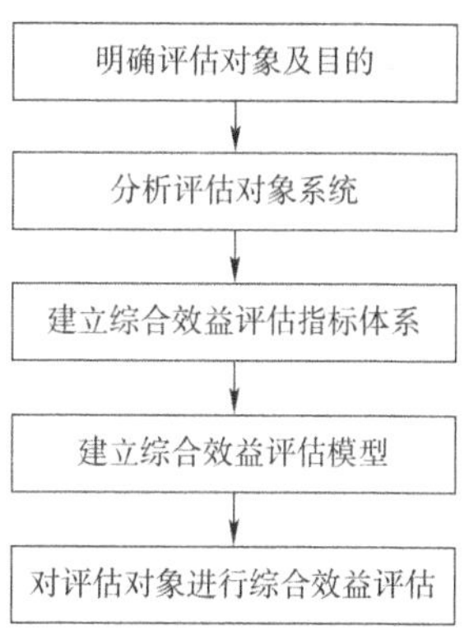

图 11-1 综合效益评估流程图

11.2.4 常用的几种综合效益评估方法

在对某些领域做综合效益评估时，由于被评估对象涉及范围广泛，因此综合效益评估方法应全面地适合于各领域当中。常用的综合评估方法有层次分析法、模糊综合评估方法等。

（1）层次分析法。

层次分析法，是由美国运筹学家、数学家托马斯·塞蒂（Saaty T L）于 20 世纪 70 年代提出的一种系统分析方法[13]。层次分析法可以将复杂的事物分解成不同层次和因素，在不同层次和因素间通过两两比较的方法得出解决复杂问题的多种方案权重，为最佳方案选择提供理论依据。此方法可以将难以通过定量方法分析的事物以定性与定量相结合的方法进行系统分析，是一种将复杂问题程序化、数学化与简单化的一种系统评估分析方法。

（2）模糊综合评估方法。

模糊综合评估方法是美国自动控制专家查德（Zadeh L A）教授提出的一种应用非常广泛的评估方法[14]。该方法以模糊数学的概念为基础，确定被评估对象的指标体系并确立评语集，对很多不能直观得出评估结果的事物进行模糊化处理，同时确定每个评语集的隶属度（Membership Degree），建立相应的隶属度函数（Membership Function），得出模糊关系矩阵。最终选择合适的模糊算子将模糊关系矩阵归一化得到最终评估结果。

11.3　渔船综合效益评估指标体系研究

因为渔船种类、特点和作业方式的多样性，要从不同角度全方面地选取评估指标并进行分析，如果在某些角度出现认识的偏差，则会影响对渔船综合效益的整个评估结果。因此，要选取合适的指标对渔船综合效益进行评估，必须遵循科学性、全面性、系统性、适用性、独立性和时效性原则[15-16]，兼顾船东需求以及渔业可持续发展状况，构建全面科学的渔船效益评估指标体系。

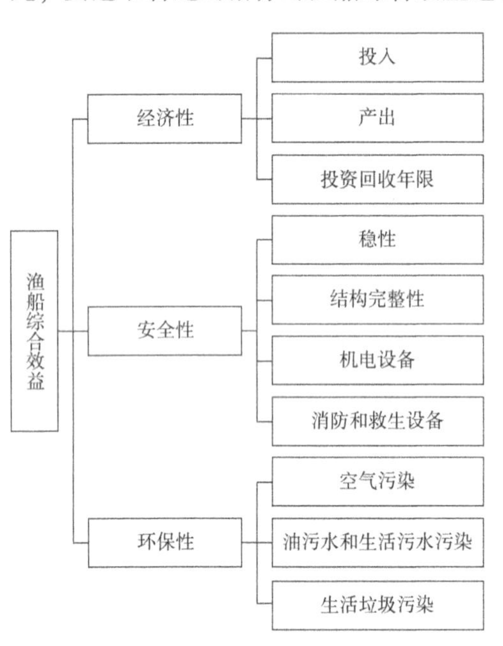

图 11-2　渔船综合效益评估指标体系

在广泛调研业内专家的基础上，渔船综合效益评估可以考虑三个方面，即经济性、安全性和环保性。从船东角度，渔船的经济性指标能帮助其直观地进行投资决策，安全性指标能保证所建造渔船顺利完成出海任务，环保性指标则可以约束渔船减少对环境的污染[17]，保证渔业的可持续发展。为此，构建了渔船综合效益评估指标体系（图 11-2），该体系共包括三层：第一层为目标层，评估渔船综合效益所处的等级；第二层为要素层，包含经济性、安全性和环保性三个要素；第三层为指标层，共包括 10 个指标。

11.3.1　经济性

经济效益（Economic Benefits），是指经济活动中劳动耗费和劳动成果之间的对比，主要反映社会再生产各个环节对人力、物力、财力的利用效果。通常可以表示为：经济效益 = 产出/投入。当然，评估的角度与层次不同，经济效益所包含的内容也不尽相同。站在渔船船东的角度，经济效益是指渔船经营过程中的产出与消耗之比，具体包括投入、产出和投资回收年限等，这些指标都可以定量地衡量效益水平的高低[18-21]。

（1）渔船投入。

渔船的投入主要表现在渔船的造船成本上。造船成本主要有船体成本、轮机成本、舾装成本、电气成本、属具和备品、生产专用费和其他费用。这些投入费用会随着时间、地区的变化而产生相应的变化。因此在进行综合效益评估时要选取同一时间同一地点的投入成本作为渔船投入指标[22]。

（2）渔船产出。

渔船的产出主要表现为渔船出海进行捕捞活动所收获的海产品，如金枪鱼，鱿鱼等。

（3）渔船的投资回收年限。

渔船的投资回收年限指自渔船正式营运之日起，所得到各种渔获经济价值达到投入成本费用所需要的时间。

11.3.2 安全性

渔船的安全性能是所有渔业从业人员的生命财产的重要保障，也是完成出海生产活动，捕捞海产品的换取价值达到投资回收年限的前提，是渔船综合效益评估的重要评估指标之一。当然，涉及渔船安全性的指标往往包括很多因素，根据有关渔船安全事故统计分析方面的研究结果，本文考虑的指标包括渔船的稳性、结构完整性、机电设备、消防和救生设备等[23-25]。

（1）稳性：稳性是渔船最重要的安全性能之一，是保证渔船“不翻”的核心要素，当然也是保证渔船航行、作业安全的核心指标。由于渔船船舶尺度、吨位比较小，而作业海域经常远离陆地且具有风大浪高的特点，稳性的优劣直接关系到渔船的航行和生产安全。本章主要考虑的情况包括渔船的完整稳性指标是否满足要求，甲板以上是否擅自增加对稳性影响较大的建筑、设施等，固定压载是否擅自移动、减少或卸除，排水舷口状况是否良好等。

（2）结构完整性：主要考虑与渔船安全关系密切的结构完整性状况。因渔船所在的作业海域、航区及捕鱼种类不同，其自然环境也不尽相同，因此渔船的水密舱壁、防撞舱壁、舷墙和栏杆的强度、高度等均要符合规定。

（3）机电设备：主要考虑机电设备中与渔船安全关系密切的因素。主要包括相关的机电设备是否符合要求，在单一机电设备故障的情况下能否继续保持渔船的航行，对于无限航区的渔船是否具备从“瘫船”状态不需外供应动力就能启动的能力等。

（4）消防和救生设备：主要考虑消防设备和救生设备中与渔船安全关系密切的因素。主要包括船体、结构舱壁、甲板和上层建筑等是否以不燃材料建成，通风系统是否完整，消防泵、灭火器是否配备齐全并定期进行检查等，救生衣的配备是否满足全体船员的需求，救生衣的质量标准是否符合。

11.3.3 环保性

渔船从事生产作业对于海洋生态环境所造成的负面影响不是一朝一夕可以看出来的，往往都具有长期性和隐匿性。为此，渔船的环保性指标也应当更为全面。当前，暂且考虑空气污染、油污水和生活污水污染及生活垃圾污染等三个方面。

（1）空气污染：渔船航行时所造成的空气污染主要包括排放的氮氧化物（NO_x）、硫氧化物（SO_x）和颗粒物质（PM）对空气造成的污染[26]。

（2）油污水和生活污水污染：渔船航行时所造成的油污水污染主要指原油、燃油、油泥、油渣和炼制品在内的任何形式的石油排放（或泄漏）到海里所造成的污染。渔船所造成的生活污水污染主要指任何形式的厕所、小便池的排放物，医务室等排水孔的排出物，以及混有上述排出物的其他废水排入海洋所造成的污染[27]。

（3）生活垃圾污染：渔船排放动物尸体、货物残留物、食用油、生活废弃物、渔具、食品废弃物、焚烧炉灰和塑料所造成的海洋垃圾污染[28]。

11.4 渔船综合效益评估模型研究

11.4.1 各评估指标权重的获取

渔船综合效益评估指标体系中，各指标影响的重要性（即权重）通常是不一样的，本章拟采用层次分析法，在专家咨询的基础上获取各指标的权重分配。运用层次分析法可以尽量减少判断矩阵中数据的主观性，保证数据的客观性和科学性，从而确保得出的指标权重具有较高的可信度，指标权重能代表该项指标在整个评估体系中的重要性。

通过咨询高等院校、渔业企业、渔船检验机构、船厂及渔船设计单位等相关领域的22位专家，依照每个领域专家所填写的指标权重调查表，结合层次分析法进行计算，并且将所有计算结果进行算术平均后，得到了渔船综合效益评估指标权重分配（表11-1）。渔船综合效益评估指标体系权重为要素层 B 各指标权重与其对应指标层权重的乘积。

渔船综合效益评估指标权重 表 11-1

目标层 A	要素层 B	要素层权重	指标层 C	各要素层对应指标层权重	指标层权重
渔船综合效益评估指标体系	经济性	0.2493	投入 C1	0.4126	0.1029
			产出 C2	0.2599	0.0648
			投资回收年限 C3	0.3275	0.0817
	安全性	0.5936	稳性 C4	0.4999	0.2968
			结构完整性 C5	0.1667	0.0989
			机电设备 C6	0.1667	0.0989
			消防和救生设备 C7	0.1667	0.0989
	环保性	0.1571	空气污染 C8	0.1428	0.0225
			油污水和生活污水污染 C9	0.4286	0.0673
			生活垃圾污染 C10	0.4286	0.0673

指标层各项指标的权重系数柱状图如图 11-3 所示。结果表明，权重系数值最大的五项指标分别为稳性 C4、投入 C1、结构完整性 C5、机电设备 C6 及消防和救生设备 C7。相比其他指标而言，船东和专家们更看重渔船的安全性。权重数值在 0.06 以上的还有产出 C2、投资回收年限 C3、油污水和生活污水污染 C9 和生活垃圾污染 C10。这些均是渔船综合效益评估的核心指标，能够直观地体现出船东对渔船的关注现状。

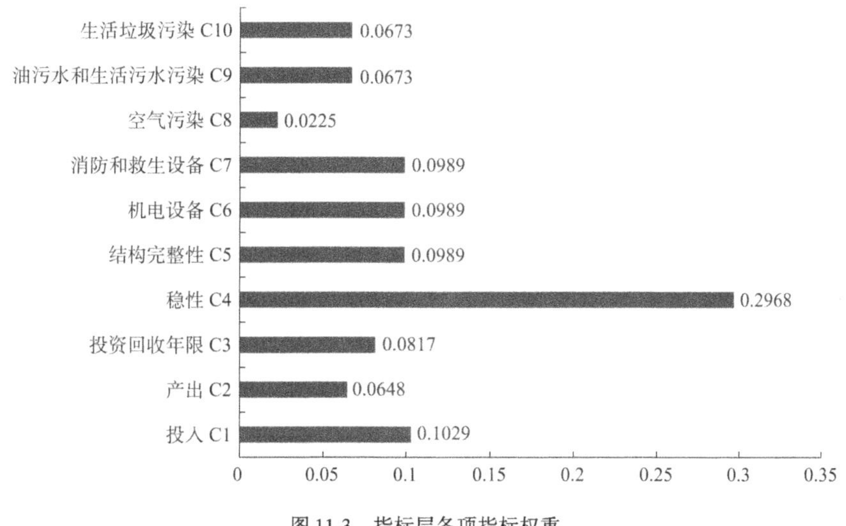

图 11-3 指标层各项指标权重

11.4.2 各指标的评估标准

各指标权重分配确定之后，还需要确定各指标的标准。本章将各指标划分为三个等级，通过咨询高等院校、渔业企业、船检机构、船厂和渔船设计单位等领域的22位相关专家，得到了渔船综合效益评估指标的评估标准。

（1）渔船投入。

对其进行定性划分为：

好：造船成本中每一大项的投入费用均不超过该地区该年份的平均物价；

中：部分大项投入超过该地区该年份的平均物价，但整体投入不超过平均物价的30%；

差：整体投入超过该地区该年份平均物价的30%。

（2）渔船产出。

定性划分为：

好：以该年度该地区的市场价值为准，此渔船所收获的海产品的市场价值大于此次出海成本；

中：此渔船所收获的海产品的市场价值大于但接近此次出海成本；

差：此渔船所收获的海产品的市场价值小于此次出海成本。

（3）渔船的投资回收年限。

渔船的投资回收年限评估标准，可以根据2007年农业部颁布的《关于加强老旧渔业船舶管理的通知》来确定[29]：

①海洋钢质捕捞渔船；

海洋钢质捕捞渔船限制使用船龄如表11-2所示。

海洋钢质渔船限制使用船龄 表11-2

船长	限制使用船龄	船长	限制使用船龄
小于12m	21年	大于或等于24m	29年
大于或等于12m且小于24m	25年		

②海洋木质捕捞渔船；

海洋木质捕捞渔船限制使用船龄如表11-3所示。

海洋木质渔船限制使用船龄 表11-3

船长	限制使用船龄	船长	限制使用船龄
小于12m	18年	大于或等于24m	25年
大于或等于12m且小于24m	23年		

③使用梢木、坤甸木、稠木等特种木材制造的，限制使用船龄为30年；

④海洋玻璃钢捕捞渔船的限制使用船龄为35年；

⑤海洋钢丝网水泥捕捞渔船的限制使用船龄为29年；

⑥从事远洋作业的，限制使用船龄为35年。

从渔船建造完工之日起开始计算渔船的限制使用船龄。渔船的投资回收年限越小越好，为此，渔船投资回收年限评估标准可以定性划分为：

好：投资回收年限小于为该渔船所规定的限制使用船龄的2/3；

中：投资回收年限虽未达到但接近为该渔船所规定的限制使用船龄；

差：投资回收年限大于为该渔船所规定的限制使用船龄。

（4）稳性。

渔船稳性评估标准定性划分为：

好：稳性指标符合《渔业船舶法定检验规则（船长大于或等于12m国内海洋渔业船舶2017）》[30]（以下简称《规则2017》）要求，甲板以上无损坏稳性的建筑、设施等，固定压载左右对称、在纵向适当分布，排水舷口状况良好；

中：稳性指标符合《规则2017》要求，甲板以上有1~2个损坏稳性的建筑、设施等，减少或移动固定压载，排水舷口有效面积不满足要求或被部分遮挡；

差：稳性指标符合《规则2017》要求，甲板以上有私自改建的结构、设施等，擅自卸除固定压载，排水舷口被全部遮挡。

（5）结构完整性。

结构完整性评估标准定性划分为：

好：水密舱壁、防撞舱壁的结构完整性，舷墙、栏杆的强度及高度等均符合《规则2017》；

中：有1~2个检验指标不满足《规则2017》，其中部分细节不规范，但不影响安全航行；

差：多个检验指标不满足《规则2017》，有严重的安全隐患。

（6）机电设备。

机电设备评估标准定性划分为：

好：相关机电设备均符合《规则2017》，能适应渔船各种作业条件，在任何环境下机电设备均能正常工作。在发生单一故障的情况下，仍能保证渔船的航行。对于无限航区的渔船，具备从“瘫船”状态不需外供应动力就能启动的能力；

中：相关机电设备均符合《规则2017》，能适应大部分渔船作业条件。在单一故障时，仍能保证渔船航行。对于无限航区的渔船，不具备从“瘫船”状态不需外供应动力就能启动的能力；

差：部分机电设备符合《规则2017》，不能适应渔船各种恶劣作业条件。单一故障时，不能保证渔船的航行。对于无限航区的渔船，不具备从“瘫船”状态不需外供应动力就能启动的能力。

（7）消防设备和救生设备。

消防设备和救生设备的评估标准定性划分为：

好：船体、上层建筑、结构舱壁、甲板及甲板室都是以不易燃烧的材料建造。排风系统完好无损，可以正常工作。脱险通道畅通无杂物堆积。取暖设备固定装设，不以明火取暖。至少设置一台消防泵。消防水带按要求配备相应的数量并至少有一根备用水带。灭火器定期检查且除按规定配备外，至少有50%的备用灭火器。按要求配备救生艇、救生筏。为船上所有人员配备救生衣，且船长大于24m的渔船配备的为救生衣（150），小于24m的渔船配备的为救生衣（100）。救生衣与救生圈应该放置在驾驶室、机舱控制室等任何有船员工作的地方。救生设备标记清晰可见，不易脱落；

中：少部分时间排风系统无法正常工作。脱险通道有部分杂物堆积，只有一台消防泵，消防水带按规定配备但没有备用消防水带。灭火器按规定配备但没有备用灭火器，按要求配备了救生艇、筏，配备了足够的救生衣，但皆为普通救生衣且存放在一处，救生设备标记模糊；

差：船体等建造材料容易燃烧，大部分时间里排风系统无法正常工作，脱险通道有大量杂物堆积，没有配备消防泵、消防水带、救生艇、救生筏，救生衣、救生圈配备不足，不足以供给所有船员。

（8）空气污染。

根据《规则2017》：渔船安装的船用柴油机，NO_x 的排放量应满足下述标准（n 为柴油机额定转速），若不满足则禁止使用：

①17.0g/（kW·h），当 n 小于130r/min；

②13.5g/（kW·h），当 n 大于或等于130r/min，但小于2000r/min；

③9.8g/（kW·h），当 n 大于或等于2000r/min。

渔船使用的任何燃油中的硫含量不可以超过以下标准：

2012年1月1日以前4.50%（m/m）；

2012年1月1日及以后3.50%（m/m）；

2020年1月1日及以后0.50%（m/m）。

因此，空气污染评估标准的定性划分为：

好：符合《规则2017》，且船上焚烧都在船上焚烧炉内焚烧，规则禁止焚烧的物品不予焚烧；

中：所使用的柴油机及燃油符合《规则2017》最低标准，所有废品均在燃烧炉内焚烧；

差：不符合《规则2017》要求，所有废品随意燃烧。

（9）油污水和生活污水污染。

根据《规则2017》：若满足下列条件，400总吨及以上的渔业船舶可以将油类或油性混合物排放入海：

①渔业船舶正在航行途中；

②排放的油性混合物已经经过滤油设备加工处理；

③排出物经过稀释，含油量不超过15ppm。

如果能够满足下列条件，小于400总吨的渔船可以将油类或油性混合物排放入海：

①渔业船舶正在航行途中；

②排出物经过稀释，含油量不超过15ppm。

如果符合下述情况之一，则可以将生活污水排入海中：

①如果使用经认可的设备排放经过打碎或经过消毒的生活污水则可以在距离最近陆地3n mile以外处排放生活污水入海，否则应在距离最近陆地12n mile以外排放入海。但无论任何情况，不可以将集污舱柜中的生活污水或来自装有活动物住所的生活污水在同一地点短时间内排光，而是应该驾驶渔船以不少于4kn的航速在航行途中以匀速排放入海；

②渔船上的经许可的生活污水设备正在运作，而且经过处理的生活污水排放入海时，在周围没有出现肉眼可见的漂浮固体，也不使周围海水变色。

因此，油污水和生活污水指标的定性评估标准为：

好：符合《规则2017》，按要求排放油化物及生活污水；

中：有1~2个检验指标不符合《规则2017》；

差：多个检验指标未达到《规则2017》要求，未按要求随意排放油化物及生活污水。

（10）生活垃圾污染。

根据《规则2017》要求，仅当渔业船舶处于在航状态且尽可能远离最近陆地时，方允许在特殊区域之外向海洋排放以下垃圾，但必须满足：

①若将食品废弃物和一切其他垃圾废弃物排放入海，必须满足距最近陆地不少于3n mile，且废弃物和垃圾经过研磨机或粉碎机处理；

②若排放未处理过的食品废弃物，则应在距离最近陆地12n mile之外的地方排放入海；

③若排放无法通过常规方法回收的货物残留物，则应在距离最近陆地12n mile之外的地方排放入海，这些货物残留物不得含有任何被列为有害海洋环境的物质；

④若排放动物尸体入海时，应该尽可能地远离最近陆地等。

因此，生活垃圾污染指标的定性评估标准为：

好：符合《规则2017》，按要求排放生活垃圾；

中：有1—2个检验指标不符合《规则2017》；

差：多个检验指标未达到《规则 2017》要求，随意排放垃圾。

11.4.3 渔船综合效益评估模型

（1）多层次模糊综合评估方法。

根据第 3 章所介绍的模糊综合评估方法原理，得出一级模糊综合评估的计算表达式：

$$B_i = A \cdot R = (a_1, a_2, \cdots, a_m) \cdot \begin{Bmatrix} r_{11} & r_{12} & \cdots & r_{1n} \\ r_{21} & r_{22} & \cdots & r_{2n} \\ \vdots & \vdots & & \vdots \\ r_{m1} & r_{m2} & \cdots & r_{mn} \end{Bmatrix} = (b_1, b_2, \cdots, b_n) \quad (11\text{-}1)$$

接下来将 B_i 视为一个因素，得到一个新的因素集 $B = \{B_1, B_2, \cdots, B_m\}$，给定 B_i 中各因素赋予权重，得到权重向量 $A = (a_1, a_2, \cdots, a_m)$，即可得出二级模糊综合评估的表达式：$C = A \cdot R = \{C_1, C_2, \cdots, C_m\}$。若每个子集 C_i 因素仍然较多，可以再划分子集，进而得到三级评估、四级评估等[31]。

在评估渔船综合效益时，应对所有评估指标依权重的大小均衡兼顾，体现整体特性。所以，选择的模糊算子“·”为加权平均型 $M(\cdot, \oplus)$，即：

$$B_j = \sum_{i=1}^{n} A_i \cdot R_{ij},\ j = 1, 2, \cdots, m \quad (11\text{-}2)$$

（2）因素集确定。

因素集是多层次模糊综合评估的基础，因此本模型建立的多层次因素集合如图 11-4 所示。

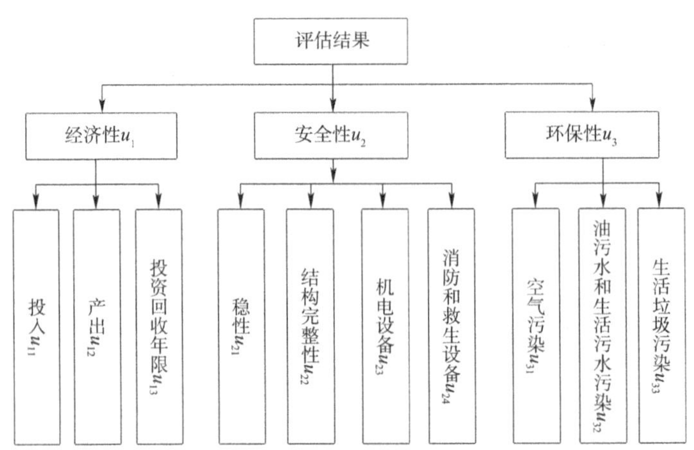

图 11-4　二级模糊综合评估流程的因素集及层次

本模型中各指标的等级标准如表 11-4 所示。

各指标等级标准　　表 11-4

等级	好	中	差
分数	[100～85]	(85～70]	(70～0]

根据表 11-4 中的等级标准，建立出评估指标对应上一级指标等级的隶属度函数 $f_{ij}(u_i)$[32]：

$$f_{i1}(u_i)=\begin{cases}1 & (85\leqslant u_i\leqslant 100)\\ \dfrac{u_i-70}{85-70} & (70\leqslant u_i<85)\\ 0 & (u_i<70)\end{cases} \tag{11-3}$$

$$f_{i2}(u_i)=\begin{cases}\dfrac{100-u_i}{100-85} & (85\leqslant u_i\leqslant 100)\\ 1 & (70\leqslant u_i<85)\\ 0 & (u_i<70)\end{cases} \tag{11-4}$$

$$f_{i3}(u_i)=\begin{cases}0 & (u_i\geqslant 85)\\ \dfrac{85-u_i}{85-70} & (70\leqslant u_i<85)\\ 1 & (u_i<70)\end{cases} \tag{11-5}$$

式中，i 代表第 i 个因素，$i=1$，2，3；j 代表因素的第 j 个等级，$j=1$，2，3。

(3) 模糊关系矩阵建立。

利用式子对各因素值进行转化，得

$$r_{11}=f_{11}(u_{11}),\ r_{12}=f_{12}(u_{11}),\ r_{13}=f_{13}(u_{11}); \tag{11-6}$$

$$r'_{21}=f'_{21}(u_{21}),\ r'_{22}=f'_{22}(u_{22}),\ r'_{23}=f'_{23}(u_{23}); \tag{11-7}$$

$$r''_{31}=f''_{31}(u_{31}),\ r''_{32}=f''_{32}(u_{32}),\ r''_{33}=f''_{33}(u_{33}). \tag{11-8}$$

由此可以得出经济性模糊关系矩阵 R_j，安全性模糊关系矩阵 R_a 和环保性模糊关系矩阵 R_h，即：

$$R_j=\begin{bmatrix}r_{11} & r_{12} & r_{13}\\ r_{21} & r_{22} & r_{23}\\ r_{31} & r_{32} & r_{33}\end{bmatrix} \tag{11-9}$$

$$R_a=\begin{bmatrix}r'_{11} & r'_{12} & r'_{13}\\ r'_{21} & r'_{22} & r'_{23}\\ r'_{31} & r'_{32} & r'_{33}\end{bmatrix} \tag{11-10}$$

$$R_h = \begin{bmatrix} r''_{11} & r''_{12} & r''_{13} \\ r''_{21} & r''_{22} & r''_{23} \\ r''_{31} & r''_{32} & r''_{33} \end{bmatrix} \tag{11-11}$$

（4）二级模糊综合评估。

利用专家评分法建立经济性、安全性和环保性权重向量（一级权重向量）A_j、A_a、A_h，结合模糊关系矩阵进行一级模糊综合评估。三个系统的评估表达式为：

$$B_j = A_j \cdot R_j \tag{11-12}$$

$$B_a = A_a \cdot R_a \tag{11-13}$$

$$B_h = A_h \cdot R_h \tag{11-14}$$

同理，利用专家评分建立的渔船经济性、安全性和环保性的权重向量结合一级模糊综合评估的结果构建二级模糊矩阵 R_n，进行二级模糊综合评估。其最终综合评估表达式为：

$$C_n = A \cdot R_n \tag{11-15}$$

（5）评估结果确定。

将评估结果分为三个等级：好（v_1）、中（v_2）、差（v_3），分别用 3、2、1 表示。运用重心法进行反模糊化得到一个精确值。重心法可表述为：

$$C^* = \frac{\sum_i \mu(c_i) \cdot c_i}{\sum_i \mu(c_i)} \tag{11-16}$$

根据所得结果 C^*，即可判断出评估对象的最终评估等级。

11.5 模型验证

为验证所构建模型的适用性和合理性，走访调研了三家远洋渔业公司，考虑样本的代表性和差异性，选取了捕捞对象不同、作业海域不同的三艘远洋渔船作为样本渔船。三艘样本渔船的基本信息见表 11-5。

样本渔船信息表 表 11-5

远洋渔船	捕捞产品	作业海域
A 船	金枪鱼	印度洋
B 船	金枪鱼	太平洋
C 船	鱿鱼	大西洋

通过邀请五位业内专家，依照确定的渔船综合效益评估指标体系及评估标准针对样本

渔船进行评估，得到的打分反馈表如表 11-6 所示。

样本渔船打分表 表 11-6

渔船综合效益评估指标体系	指标层	打分情况		
		A 船	B 船	C 船
经济性 u_1	投入 u_{11}	85	95	70
	产出 u_{12}	80	90	80
	投资回收年限 u_{13}	75	80	70
安全性 u_2	稳性 u_{21}	90	95	85
	结构完整性 u_{22}	80	80	70
	机电设备 u_{23}	95	95	80
	消防和救生设备 u_{24}	100	100	65
环保性 u_3	空气污染 u_{31}	75	80	70
	油污水和生活污水污染 u_{32}	70	85	70
	生活垃圾污染 u_{33}	75	85	60

首先对 A 船进行一级模糊综合评估，将数据代入渔船综合效益评估模型，将打分情况代入相应的隶属度函数，由公式计算出 B_j、B_a、B_h：

$$B_j = A_j \cdot R_j = [0.4126, 0.2599, 0.3275] \cdot \begin{bmatrix} 1 & 1 & 0 \\ 0.67 & 1 & 0 \\ 0.33 & 1 & 0.67 \end{bmatrix} = [0.6948, 1, 0.2194]$$

$$B_a = A_a \cdot R_a = [0.4999, 0.1667, 0.1667, 0.1667] \cdot \begin{bmatrix} 1 & 0.67 & 0 \\ 0.67 & 1 & 0.33 \\ 1 & 0.33 & 0 \\ 1 & 0 & 0 \end{bmatrix}$$

$$= [0.9450, 0.5566, 0.0550]$$

$$B_h = A_h \cdot R_h = [0.1428, 0.4286, 0.4286] \cdot \begin{bmatrix} 0.33 & 1 & 0.67 \\ 0 & 1 & 1 \\ 0.33 & 1 & 0.67 \end{bmatrix} = [0.1885, 1, 0.8115]$$

由以上计算结果可以看出，船 A 的经济性、安全性、环保性的评估结果分别为“中”“好”和“中”。

则，A 船的二级模糊关系矩阵为：

$$R_A = \begin{bmatrix} 0.6948 & 1 & 0.2194 \\ 0.9450 & 0.5566 & 0.0550 \\ 0.1885 & 1 & 0.8115 \end{bmatrix}$$

因此，A 船的二级模糊综合评估结果为：

$$C_A = A \cdot R_A = [0.2493, 0.5936, 0.1571] \cdot \begin{bmatrix} 0.6948 & 1 & 0.2194 \\ 0.9450 & 0.5566 & 0.0550 \\ 0.1885 & 1 & 0.8115 \end{bmatrix}$$

$$= [0.7638, 0.7368, 0.2148]$$

应用反模糊化公式（11-16）可得：

$$C^* = \frac{\sum_i \mu(c_i) \cdot c_i}{\sum_i \mu(c_i)} = 2.3200$$

因此，A 船的综合效益评估结果为“中偏好”。

同理，B 船的综合效益模糊综合评估结果为：

$$C_B = A \cdot R_B = [0.2493, 0.5936, 0.1571] \cdot \begin{bmatrix} 0.8919 & 0.6378 & 0.1081 \\ 0.9450 & 0.3867 & 0.0550 \\ 0.9529 & 1 & 0.0471 \end{bmatrix}$$

$$= [0.9331, 0.5456, 0.0669]$$

$$C^* = \frac{\sum_i \mu(c_i) \cdot c_i}{\sum_i \mu(c_i)} = 2.5604$$

可见 B 船的综合效益评估结果为“好偏中”。

同理，对船 C 的综合效益进行模糊综合评估，计算结果为：

$$C_C = A \cdot R_C = [0.2493, 0.5936, 0.1571] \cdot \begin{bmatrix} 0.1741 & 1 & 0.8259 \\ 0.6116 & 0.8333 & 0.3884 \\ 0 & 0.5714 & 1 \end{bmatrix}$$

$$= [0.3141, 0.7916, 0.5936]$$

$$C^* = \frac{\sum_i \mu(c_i) \cdot c_i}{\sum_i \mu(c_i)} = 1.8355$$

可以得出 C 船的综合效益评估结果为“中偏差”。

图 11-5 为三艘样本渔船的综合效益评估结果。结果表明，B 船的综合效益最好，A 船次之，而 C 船最差。进一步对比分析这三艘样本渔船各项评估指标的得分情况，得到样本渔船评估指标对比如图 11-6 所示。

从图 11-6 中可以看出，A 船与 B 船在安全性指标的量化分值大体相同，但 A 船的其他 6 个指标得分情况均次于 B 船，也就是说 A 船的经济性和环保性弱于 B 船，因此 A 船的综合效益差于 B 船。C 船的经济性与环保性打分结果为中，安全性为中偏差，由于综合评估模型中安全性占的权重最大，所以 C 船的综合效益评估等级为中偏差。

综上可知，该评估模型不需要过多烦琐的步骤，操作简单。即使捕捞对象、作业海域及作业环境不同，但通过上述指标的量化打分，可以直观地得出该渔船的综合效益等级，并可以根据不同的渔船综合效益等级反模糊化的结果差异对其进行排序。因此，所构建的评估模型具有一定的科学性、可行性和客观性，可以在一定程度上克服评估人员及船东的主观随意性。

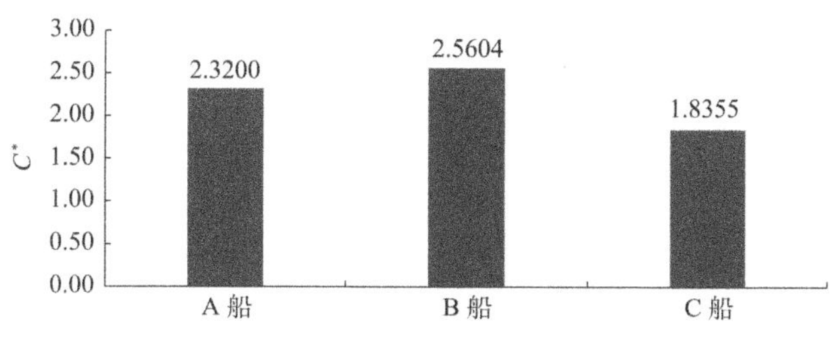

图 11-5 样本船综合效益评估

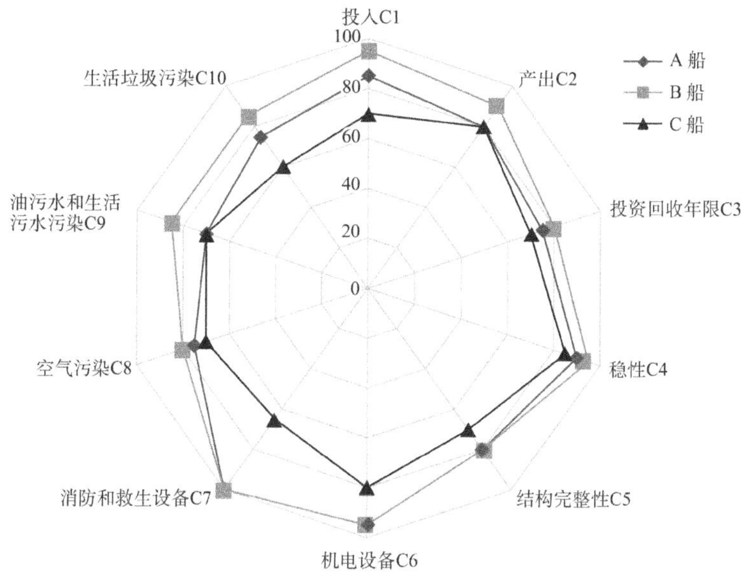

图 11-6 样本船评估指标对比

11.6 结论与展望

11.6.1 结论

随着我国渔业的不断发展，尤其是渔业经济方式转变为以个体经济为主之后，渔船作为渔业主要生产工具，近些年来船型不合理、船舶质量难以保障、安全隐患多、经济性不合理、严重污染海洋及大气环境等问题比较突出。基于以上考虑，提出了渔船综合效益评估指标体系及评估模型，可以为渔船船东、渔船修造厂及渔船设计单位提供重要参考依据。

主要工作如下：

（1）依据评估体系的建立原则，从经济性、安全性和环保性等三个方面共选取了 10 个评估指标，构建了渔船综合效益的评估指标体系，并研究确定了各个评估指标的评估标准。

（2）建立了渔船综合效益评估模型。通过对多个领域专家的调研回馈，运用层次分析法确定了各项评估指标的权重分配，划分了评估等级，并建立了二级模糊综合评估模型，并最终得到评估结果。

（3）以某三家远洋渔业公司的三艘远洋渔船为样本，运用建立的模型得到了这三艘样本渔船的综合效益评估等级。根据评估模型可以得出远洋公司在选择渔船时为了达到良好的综合效益，应首要考虑其安全性，然后由捕捞海产品的经济价值决定作业海域以满足渔船的经济性，最后要满足环保性各项指标。验证结果表明，本章确定的评估模型具有一定的科学性、可行性和客观性，可以在一定程度上克服评估人员和船东的主观随意性。

11.6.2 展望

本工作仅仅是渔船综合效益评估的初步探索，由于诸多原因，本工作内容还需要在后续研究中进一步完善：

（1）目前我国对渔船综合效益评估的研究较少，本章尝试从经济性、安全性和环保性等三个方面选取指标构建评估模型进行探讨，由于指标选取要兼顾到不同渔船的适用性并涉及多个方面，因此指标的选取是关键点也是难点。目前初步建立了一套渔船综合效益评估指标体系，但仍然不够成熟，有待于进一步完善。

（2）指标体系中指标的选取、指标的权重确定、运用的评估方法等皆对最终渔船综合效益的评估等级起着至关重要的作用。指标权重的确定主要依赖于专家的个人经验，主观性较强，因此最终评估结果或许会有偏差。如何提高指标权重分配的客观性有待进一步地研究。

（3）构建的渔船综合效益评估模型还不够深入细致，各指标的等级划分、评估标准的确定以及评估结果的等级划分都还比较粗糙，未来将对于评估等级以及评估标准展开更加细致而深入的研究。

参考文献

[1] 石玉平 . 2020 年我国新建远洋渔船标准化率达 80% ［N］. 中国船舶报 . 2014.

[2] 我国海洋渔业资源管理向科学化、精细化迈进——于康震副部长在“十三五”海洋渔船双控和资源总量管理责任书签订仪式上的讲话（摘编）［J］. 中国水产，2017，（4）：5-8.

[3] 农业农村部渔业渔政管理局，全国水产技术推广总站，中国水产学会 . 中国渔业统计年鉴（2022）［M］. 北京：中国农业出版社，2022.

[4] 杨忠振，赵俊 . 基于贸易货物波动的集装箱船型选择研究［J］. 交通运输系统工程与信息，2013，13（5）：93-100.

[5] 陈建平，徐洁 . 基于模糊决策理论的船型主尺度优化［J］. 船海工程，2016，45（4）：10-15.

[6] 陆平远 . 中国大陆至东南（北）亚邮轮航线船型技术经济论证［D］. 大连：大连海事大学，2013.

[7] 周凯捷 . 长江干线集装箱运输市场及船型问题研究［D］. 大连：大连海事大学，2014.

[8] 苏胜方，郭庆祝 . 小型运输船船型经济性论证分析［J］. 水路运输，2007，2（20）：68-71.

[9] UTNE I B. Improving the environmental performance of the fishing fleet by use of Quality Function Deployment（QFD）［J］. Journal of Cleaner production. 2009，17（8）：724-731.

[10] 杨蕖 . 渔业船舶低碳船型方案决策支持系统［D］. 大连：大连理工大学，2013.

[11] 刘龙 . 渔船节能技术及其评估体系研究［D］. 青岛：中国海洋大学，2010.

[12] 张颖 . 荒漠化防治综合效益评估［M］. 北京：光明出版社，2021.

[13] 王莲芬，许树柏 . 层次分析法引论［M］. 北京：中国人民大学出版社，1992.

[14] 李洪兴，汪培庄 . 模糊数学［M］. 北京：国防工业出版社，1994.

[15] 侯定丕，王战军 . 非线性评估的理论探索与应用［M］. 合肥：中国科学技术大学出版社，2001.

[16] 方祥麟，姚杰，卓永强 . 船舶交通及操纵安全系统评价模型与方法［M］. 大连：大连海事大学出版社，2003.

[17] 赵福波 . 我国渔船标准体系现状与发展对策［J］. 中国水产，2007，384（11）：65-67.

[18] 张光发，张维英 . 船舶技术经济论证方法［M］. 北京：农业科学技术出版

社，2013.
［19］张仁颐．船舶工程经济学［M］．上海：上海交通大学出版社，2001.
［20］邓颂凯，孙琛．我国远洋渔船投入产出分析［J］．沈阳农业大学学报（社会科学版），2010，12（4）：411-414.
［21］高玉德．船舶营运成本控制［M］．北京：人民交通出版社，1999.
［22］刘祖源，施金龙，毛筱菲．船舶贸易与经营［M］．北京：人民交通出版社，2000.
［23］黄亚南，孙凤胜．渔业船舶稳性及检验［M］．大连：大连海事大学出版社，2017.
［24］谢永和，赵丽萍．渔船船体及船舶设备［M］．北京：海洋出版社，2004.
［25］刘国平．渔船轮机及电气设备［M］．北京：海洋出版社，2010.
［26］徐立．关于靠港船舶硫排放控制政策研究［J］．交通运输部管理干部学院学报，2014（2）：6.
［27］笪靖，蔡军，王威．船舶生活污水污染及治理方式［J］．科技资讯，2007（18）：2.
［28］吴炜焱．船舶垃圾排放开启新准则时代［J］．中国船检，2013（5）：3.
［29］中华人民共和国农业部．农业部关于加强老旧渔业船舶管理的通知［EB/OL］（2007-05-20）［2023-11-07］．http：//www.moa.gov.cn/nybgb/2007/dwuq/201806/t20180613_6151892.htm.
［30］中华人民共和国农业部渔业船舶检验局．渔业船舶法定检验规则（船长大于或等于12m国内海洋渔业船舶2017）［EB/OL］（2017-09-06）［2023-11-08］．http：//www.moa.gov.cn/xw/bmdt/201712/t20171215_5959539.htm.
［31］杨纶标．模糊数学原理及应用［M］．北京：科学出版社，2011.
［32］陈鹏，潘东，石开仪，等．基于多层次模糊综合评估的选煤厂分选效果评估［J］．工矿自动化．2017，1（43）56-59.